中外哲學典籍大全
總主編 李鐵映 王偉光
中國哲學典籍卷

經部易類

周易外傳校注

〔清〕王夫之 著
谷繼明 校注

中国社会科学出版社

圖書在版編目（CIP）數據

周易外傳校注／（清）王夫之著；谷繼明校注．—北京：中國社會科學出版社，2021.5

（中外哲學典籍大全．中國哲學典籍卷）

ISBN 978－7－5203－8184－0

Ⅰ．①周…　Ⅱ．①王…②谷…　Ⅲ．①《周易》—研究　Ⅳ．①B221.5

中國版本圖書館CIP數據核字（2021）第059450號

出 版 人　趙劍英
項目統籌　王　茵
責任編輯　孫　萍
責任校對　趙　威
責任印製　王　超

出　　版　中国社会科学出版社
社　　址　北京鼓樓西大街甲158號
郵　　編　100720
網　　址　http://www.csspw.cn
發 行 部　010－84083685
門 市 部　010－84029450
經　　銷　新華書店及其他書店

印　　刷　北京君昇印刷有限公司
裝　　訂　廊坊市廣陽區廣增裝訂廠
版　　次　2021年5月第1版
印　　次　2021年5月第1次印刷

開　　本　710×1000　1/16
印　　張　35
字　　數　369千字
定　　價　129.00元

中外哲學典籍大全

學術委員會

「中國哲學典籍卷」

學術委員會

主　任　陳　來　趙汀陽　謝地坤　李存山　王　博

委　員（按姓氏拼音排序）

白　奚　陳壁生　陳　静　陳立勝　陳少明　陳衛平　陳　霞　丁四新　馮顔利　干春松　郭齊勇　郭曉東　景海峰　李景林　李四龍　劉成有　劉　豐　王中江　王立勝　吴　飛　吴根友　吴　震　向世陵　楊國榮　楊立華　張學智　張志强　鄭　開

項 目 負 責 人　張志强

提要撰稿主持人　劉　豐　趙金剛

提要英譯主持人　陳　霞

總序

中外哲學典籍大全的編纂，是一項既有時代價值又有歷史意義的重大工程。

中華民族經過了近一百八十年的艱苦奮鬥，迎來了中國近代以來最好的發展時期，迎來了奮力實現中華民族偉大復興的時期。中華民族衹有總結古今中外的一切思想成就，才能並肩世界歷史發展的大勢。爲此，我們須編纂一部匯集中外古今哲學典籍的經典集成，爲中華民族的偉大復興、爲人類命運共同體的建設、爲人類社會的進步，提供哲學思想的精粹。

哲學是思想的花朵，文明的靈魂，精神的王冠。一個國家、民族，要興旺發達，擁有光明的未來，就必須擁有精深的理論思維，擁有自己的哲學。哲學是推動社會變革和發展的理論力量，是激發人的精神砥石。哲學解放思維，净化心靈，照亮前行的道路。偉大的時代需要精邃的哲學。

一　哲學是智慧之學

哲學是什麽？這既是一個古老的問題，又是哲學永恒的話題。追問哲學是什麽，本身就是「哲學」問題。從哲學成爲思維的那一天起，哲學家們就在不停追問中發展、豐富哲學的篇章，給出一個又一個答案。每個時代的哲學家對這個問題都有自己的詮釋。哲學是什麽，是懸疑在人類智慧面前的永恒之問，這正是哲學之爲哲學的基本特點。

哲學是全部世界的觀念形態，精神本質。人類面臨的共同問題，是哲學研究的根本對象。本體論、認識論、世界觀、人生觀、價值觀、實踐論、方法論等，仍是哲學的基本問題和生命力所在！哲學研究的是世界萬物的根本性、本質性問題。人們可以給哲學做出許多具體定義，但我們可以嘗試用「遮詮」的方式描述哲學的一些特點，從而使人們加深對何爲哲學的認識。

哲學不是玄虛之觀。哲學來自人類實踐，關乎人生。哲學對現實存在的一切追根究底、「打破砂鍋問到底」。它不僅是問「是什麼」(being)，而且主要是追問「爲什麼」（why），特別是追問「爲什麼的爲什麼」。它關注整個宇宙，關注整個人類的命運，關注人生。它關心柴米油鹽醬醋茶和人的生命的關係，關心人工智能對人類社會的挑戰。哲學是對一切實踐經驗的理論升華，它關心具體現象背後的根據，關心人類如何會更好。

哲學是在根本層面上追問自然、社會和人本身，以徹底的態度反思已有的觀念和認識，從價值理想出發把握生活的目標和歷史的趨勢，展示了人類理性思維的高度，凝結了民族進步的智慧，寄託了人們熱愛光明、追求真善美的情懷。道不遠人，人能弘道。哲學是把握世界、洞悉未來的學問，是思想解放、自由的大門！

古希臘的哲學家們被稱爲「望天者」，亞里士多德在形而上學一书中說，「最初人們通過好奇—驚讚來做哲學」。如果說知識源於好奇的話，那麼產生哲學的好奇心，必須是大好奇心。這種「大好奇心」祇爲一件「大事因緣」而來，所謂大事，就是天地之間一切事物的「爲什麼」。哲學精神，是「家事、國事、天下事，事事要問」，是一種永遠追問的精神。

哲學不衹是思維。哲學將思維本身作爲自己的研究對象，對思想本身進行反思。哲學不是一般的知識體系，而是把知識概念作爲研究的對象，追問「什麽才是知識的真正來源和根據」。哲學的「非對象性」的思想方式，不是「純形式」的推論原則，而有其「非對象性」之對象。哲學之對象乃是不斷追求真理，是一個理論與實踐兼而有之的過程，是認識的精粹。哲學追求真理的過程本身就顯現了哲學的本質。天地之浩瀚，變化之奥妙，正是哲思的玄妙之處。

哲學不是宣示絶對性的教義教條，哲學反對一切形式的絶對。哲學解放束縛，意味著從一切思想教條中解放人類自身。哲學給了我們徹底反思過去的思想自由，給了我們深刻洞察未來的思想能力。哲學就是解放之學，是聖火和利劍。

哲學不是一般的知識。哲學追求「大智慧」。佛教講「轉識成智」，識與智相當於知識與哲學的關係。一般知識是依據於具體認識對象而來的、有所依有所待的「識」，而哲學則是超越於具體對象之上的「智」。

公元前六世紀，中國的老子説，「大方無隅，大器晚成，大音希聲，大象無形，道隱無名。夫唯道，善貸且成」。又説，「反者道之動，弱者道之用。天下萬物生於有，有生於無」。對道的追求就是對有之爲有、無形無名的探究，就是對天地何以如此的探究。這種追求，使得哲學具有了天地之大用，具有了超越有形有名之有限經驗的大智慧。這種大智慧、大用途，超越一切限制的籬笆，達到趨向無限的解放能力。

哲學不是經驗科學，但又與經驗有聯繫。哲學從其作爲學問誕生起，就包含於科學形態之中，是以科學形態出現的。哲學是以理性的方式、概念的方式、論证的方式來思考宇宙人生的根本問題。在亞里士多德那裏，凡是研究實體（ousia）的學問，都叫作「哲學」。而「第一實體」則是存在者中的「第一個」。研究第一實體的學問稱爲「神學」，也就是「形而上學」，這正是後世所謂「哲學」。一般意義上的科學正是從「哲學」最初的意義上贏得自己最原初的規定性的。哲學雖然不是經驗科學，却爲科學劃定了意義的範圍、指明了方向。哲學最後必定指向宇宙人生的根本問題，大科學家的工作在深層意義上總是具有哲學的意味，牛頓和愛因斯坦就是這樣的典範。

哲學不是自然科學，也不是文學藝術，但在自然科學的前頭，哲學的道路展現了；在文學藝術的山頂，哲學的天梯出現了。哲學不斷地激發人的探索和創造精神，使人在認識世界的過程中，不斷達到新境界，在改造世界中從必然王國到達自由王國。

哲學不斷從最根本的問題再次出發。哲學史在一定意義上就是不斷重構新的世界觀、認識人類自身的歷史。哲學的歷史呈現，正是對哲學的創造本性的最好説明。哲學史上每一位哲學家對根本問題的思考，都在爲哲學添加新思維、新向度，猶如爲天籟山上不斷增添一隻隻黄鸝翠鳥。

如果説哲學是哲學史的連續展現中所具有的統一性特徵，那麽這種「一」是在「多」個哲學的創造中實現的。如果説每一種哲學體系都追求一種體系性的「一」的話，那麽每種「一」的體系之間都存在着千絲相聯、多方組合的關係。這正是哲學史昭示於我們的哲學多樣性的意義。多樣性與統一性的依存關係，正是哲學尋求現象與本質、具體與普遍相統一的辯證之意義。

哲學的追求是人類精神的自然趨向，是精神自由的花朵。哲學是思想的自由，是自由的思想。

中國哲學，是中華民族五千年文明傳統中，最爲内在的、最爲深刻的、最爲持久的精神追求和價值觀表達。中國哲學已經化爲中國人的思維方式、生活態度、道德準則、人生追求、精神境界。中國人的科學技術、倫理道德，小家大國、中醫藥學、詩歌文學、繪畫書法、武術拳法、鄉規民俗，乃至日常生活也都浸潤着中國哲學的精神。華夏文化雖歷經磨難而能够透魄醒神，堅韌屹立，正是來自於中國哲學深邃的思維和創造力。

先秦時代，老子、孔子、莊子、孫子、韓非子等諸子之間的百家争鳴，就是哲學精神在中國的展現，是中國人思想解放的第一次大爆發。兩漢四百多年的思想和制度，是諸子百家思想在争鳴過程中大整合的結果。魏晋之際，玄學的發生，則是儒道冲破各自藩籬，彼此互動互補的結果，形成了儒家獨尊的態勢。隋唐三百年，佛教深入中國文化，又一次帶來了思想的大融合和大解放，禪宗的形成就是這一融合和解放的結果。兩宋三百多年，中國哲學迎來了第三次大解放。儒釋道三教之間的互潤互持日趨深入，朱熹的理學和陸象山的心學，就是這一思想潮流的哲學結晶。

與古希臘哲學强調沉思和理論建構不同，中國哲學的旨趣在於實踐人文關懷，它更關注實踐的義理性意義。中國哲學當中，知與行從未分離，中國哲學有着深厚的實踐觀點和生活觀點，倫理道德觀是中國人的貢獻。馬克思説，「全部社會生活在本質上是實踐的」，實踐的觀點、生活的觀點也正是馬克思主義認識論的基本觀點。這種哲學上的契合性，正是馬克思主義能够在中國扎根並不斷中國化的哲學原因。

「實事求是」是中國的一句古話。今天已成爲深邃的哲理，成爲中國人的思維方式和行爲基準。實事求是就是解放思想，解放思想就是實事求是。實事求是是毛澤東思想的精髓，是改革開放的基石。只有解放思想才能實事求是。實事求是就是中國人始終堅持的哲學思想。實事求是就是依靠自己，走自己的道路，反對一切絶對觀念。所謂中國化就是一切從中國實際出發，一切理論必須符合中國實際。

二　哲學的多樣性

實踐是人的存在形式，是哲學之母。實踐是思維的動力、源泉、價值、標準。人們認識世界、探索規律的根本目的是改造世界，完善自己。哲學問題的提出和回答，都離不開實踐。馬克思有句名言：「哲學家們只是用不同的方式解釋世界，而問題在於改變世界！」理論只有成爲人的精神智慧，才能成爲改變世界的力量。

哲學關心人類命運。時代的哲學，必定關心時代的命運。對時代命運的關心就是對人類實踐和命運的關心。人在實踐中產生的一切都具有現實性。哲學的實踐性必定帶來哲學的現實性。哲學的現實性就是强調人在不斷回答實踐中各種問題時應該具有的態度。

哲學作爲一門科學是現實的。哲學是一門回答並解釋現實的學問，哲學是人們聯繫實際、面對現實的思想。可以説哲學是現實的最本質的理論，也是本質的最現實的理論。哲學始終追問現實的發展和變化。哲學存在於實踐中，也必定在現實中發展。哲學的現實性要求我們直面實踐本身。

哲學不是簡單跟在實踐後面，成爲當下實踐的「奴僕」，而是以特有的深邃方式，關注着實踐的發展，提升人的實踐水平，爲社會實踐提供理論支撑。從直接的、急功近利的要求出發來理解和從事哲學，無異於向哲學提出它本身不可能完成的任務。哲學是深沉的反思，厚重的智慧，事物的抽象，理論的把握。哲學是人類把握世界最深邃的理論思維。

哲學是立足人的學問，是人用於理解世界、把握世界、改造世界的智慧之學。「民之所好，好之，民之所惠，惠之。」哲學的目的是爲了人。用哲學理解外在的世界，理解人本身，也是爲了用哲學改造世界、改造人。哲學研究無禁區，無終無界，與宇宙同在，與人類同在。

存在是多樣的，發展是多樣的，這是客觀世界的必然。宇宙萬物本身是多樣的存在，多樣的變化。歷史表明，每一民族的文化都有其獨特的價值。文化的多樣性是自然律，是動力，是生命力。各民族文化之間的相互借鑒，補充浸染，共同推動著人類社會的發展和繁榮，這是規律。對象的多樣性、複雜性，決定了哲學的多樣性；即使對同一事物，人們也會産生不同的哲學認識，形成不同的哲學派别。哲學觀點、思潮、流派及其表現形式上的區别，來自於哲學的時代性、地域性和民族性的差异。世界哲學是不同民族的哲學的薈萃，如中國哲學、西方哲學、阿拉伯哲學等。多樣性構成了世界，百花齊放形成了花園。不同的民族會有不同風格的哲學。恰恰是哲學的民族性，使不同的哲學都可以在世界舞臺上演繹出各種「戲劇」。即使有類似的哲學觀點，在實踐中的表達和運用也會各有特色。

人類的實踐是多方面的，具有多樣性、發展性，大體可以分爲：改造自然界的實踐，改造人類社會的實踐，完善人本身的實踐，提升人的精神世界的精神活動。人是實踐中的人，實踐是人的生命的第一屬性。實踐的社會性決定了哲學的社會性，哲學不是脱離社會現實生活的某種遐想，而是社會現實生活的觀念形態，是文明進步的重要標誌，是人的發展水平的重要維度。哲學的發展狀況，反映着一個社會人的理性成熟程度，反映著這個社會的文明程度。

哲學史實質上是自然史、社會史、人的發展史和人類思維史的總結和概括。自然界是多樣的，社會是多樣的，人類思維是多樣的。所謂哲學的多樣性，就是哲學基本觀念、理論學説、方法的異同，是哲學思維方式上的多姿多彩。哲學的多樣性是哲學的常態，是哲學進步、發展和繁榮的標誌。哲學是人的哲學，哲學是人對事物的自覺，是人對外界和自我認識的學問，也是人把握世界和自我的學問。哲學的多樣性，是哲學的常態和必然，是哲學發展和繁榮的内在動力。一般是普遍性，特色也是普遍性。從單一性到多樣性，從簡單性到複雜性，是哲學思維的一大變革。用一種哲學話語和方法否定另一種哲學話語和方法，這本身就不是哲學的態度。

多樣性並不否定共同性、統一性、普遍性。物質和精神，存在和意識，一切事物都是在運動、變化中的，是哲學的基本問題，也是我們的基本哲學觀點！

當今的世界如此紛繁複雜，哲學多樣性就是世界多樣性的反映。哲學是以觀念形態表現出的現實世界。哲學的多樣性，就是文明多樣性和人類歷史發展多樣性的表達。多樣性是宇宙之道。

哲學的實踐性、多樣性，還體現在哲學的時代性上。哲學總是特定時代精神的精華，是一定歷史條件下人的反思活動的理論形態。在不同的時代，哲學具有不同的内容和形式，哲學的多樣性，也是歷史時代多樣性的表達。哲學的多樣性也會讓我們能夠更科學地理解不同歷史時代，更爲内在地理解歷史發展的道理。多樣性是歷史之道。

哲學之所以能發揮解放思想的作用，在於它始終關注實踐，關注現實的發展；在於它始終關注著科學技術的進步。哲學本身没有絶對空間，没有自在的世界，只能是客觀世界的映象，觀念形態。没有了現實性，哲學就遠離人，就離開了存在。哲學的實踐性，説到底是在説明哲學本質上是人的哲學，是人的思維，是爲了人的科學！哲學的實踐性、多樣性告訴我們，哲學必須百花齊放、百家争鳴。哲學的發展首先要解放自己，解放哲學，就是實現思維、觀念及範式的變革。人類發展也必須多塗並進，交流互鑒，共同繁榮。采百花之粉，才能釀天下之蜜。

三　哲學與當代中國

中國自古以來就有思辨的傳統，中國思想史上的百家争鳴就是哲學繁榮的史象。哲學是歷史發展的號角。中國思想文化的每一次大躍升，都是哲學解放的結果。中國古代賢哲的思想傳承至今，他們的智慧已浸入中國人的精神境界和生命情懷。

中國共産黨人歷來重視哲學，毛澤東在一九三八年，在抗日戰争最困難的條件下，在延安研究哲學，創作了實踐論和矛盾論，推動了中國革命的思想解放，成爲中國人民的精神力量。

中華民族的偉大復興必將迎來中國哲學的新發展。當代中國必須有自己的哲學，當代中國的哲學必須要從根本上講清楚中國道路的哲學道理。中華民族的偉大復興必須要有哲學的思維，必須要有不斷深入的反思。發展的道路，就是哲思的道路，文化的自信，就是哲學思維的自信。哲學是引領者，可謂永恒的「北斗」，哲學是時代的「火焰」，是時代最精緻最深刻的「光芒」。從社會變革的意義上説，任何一次巨大的社會變革，總是以理論思維爲先導。理論的變革，總是以思想觀念的空前解放爲前提，而「吹響」人類思想解放第一聲「號角」的，往往就是代表時代精神精華的哲學。社會實踐對於哲學的需求可謂「迫不及待」，因爲哲學總是「吹響」這個新時代的「號角」。「吹響」中國改革開放之

「號角」的，正是「解放思想」「實踐是檢驗真理的唯一標準」「不改革死路一條」等哲學觀念。「吹響」新時代「號角」的是「中國夢」，「人民對美好生活的向往，就是我們奮鬥的目標」。發展是人類社會永恒的動力，變革是社會解放的永遠的課題，思想解放，解放思想是無盡的哲思。中國正走在理論和實踐的雙重探索之路上，搞探索没有哲學不成！

中國哲學的新發展，必須反映中國與世界最新的實踐成果，必須反映科學的最新成果，必須具有走向未來的思想力量。今天的中國人所面臨的歷史時代，是史無前例的。十三億人齊步邁向現代化，這是怎樣的一幅歷史畫卷！是何等壯麗、令人震撼！不僅中國歷史上亘古未有，在世界歷史上也從未有過。當今中國需要的哲學，是結合天道、地理、人德的哲學，是整合古今中西的哲學，只有這樣的哲學才是中華民族偉大復興的哲學。

當今中國需要的哲學，必須是適合中國的哲學。無論古今中外，再好的東西，也需要再吸收，再消化，必須要經過現代化和中國化，才能成爲今天中國自己的哲學。哲學是解放人的，哲學自身的發展也是一次思想解放，也是人的一个思維升華、羽化的過程。中國人的思想解放，總是隨著歷史不斷進行的。歷史有多長，思想解放的道路就有多長；發展進步是永恒的，思想解放也是永無止境的，思想解放就是哲學的解放。

習近平説，思想工作就是「引導人們更加全面客觀地認識當代中國、看待外部世界」。這就需要我們確立一種「知己知彼」的知識態度和理論立場，而哲學則是對文明價值核心最精練和最集中的深邃性表達，有助於我們認識中國、認識世界。立足中國、認識中國，需要我們審視我們走過的道路，立足中國、認識世界，需要我們觀察和借鑒世界歷史上的不同文化。中國「獨特的文化傳統」、中國「獨特的歷史命運」、中國「獨特的基本國情」，「決定了我們必然要走適合自己特點的發展道路」。一切現實的，存在的社會制度，其形態都是具體的，都是特色的，都必須是符合本國實際的。抽象的制度，普世的制度是不存在的。同時，我們要全面客觀地「看待外部世界」。研究古今中外的哲學，是中國認識世界、認識人類史，認識自己未來發展的必修課。今天中國的發展不僅要讀中國書，還要讀世界書。不僅要學習自然科學、社會科學的經典，更要學習哲學的經典。當前，中國正走在實現「中國夢」的「長征」路上，這也正是一條思想不斷解放的道路！要回答中國的問題，解釋中國的發展，首先需要哲學思維本身的解放。哲學的發展，就是哲學的解放，這是由哲學的實踐性、時代性所決定的。哲學無禁區、無疆界。哲學是關乎宇宙之精神，是關乎人類之思想。哲學將與宇宙、人類同在。

四　哲學典籍

中外哲學典籍大全的編纂，是要讓中國人能研究中外哲學經典，吸收人類精神思想的精華；是要提升我們的思維，讓中國人的思想更加理性、更加科學、更加智慧。

中國有盛世修典的傳統。中國古代有多部典籍類書（如「永樂大典」「四庫全書」等），在新時代編纂中外哲學典籍大全，是我們的歷史使命，是民族復興的重大思想工程。

只有學習和借鑒人類精神思想的成就，才能實現我們自己的發展，走向未來。中外哲學典籍大全的編纂，就是在思維層面上，在智慧境界中，繼承自己的精神文明，學習世界優秀文化。這是我們的必修課。

不同文化之間的交流、合作和友誼，必須達到哲學層面上的相互認同和借鑒。哲學之間的對話和傾聽，才是從心到心的交流。中外哲學典籍大全的編纂，就是在搭建心心相通的橋樑。

我們編纂這套哲學典籍大全，一是中國哲學，整理中國歷史上的思想典籍，濃縮中國思想史上的精華；二是外國哲學，主要是西方哲學，吸收外來，借鑒人類發展的優秀哲學成果；三是馬克思主義哲學，展示馬克思主義哲學中國化的成就；四是中國近現代以來的哲學成果，特別是馬克思主義在中國的發展。

編纂這部典籍大全，是哲學界早有的心願，也是哲學界的一份奉獻。中外哲學典籍大全總結的是書本上的思想，是先哲們的思維，是前人的足迹。我們希望把它們奉獻給後來人，使他們能够站在前人肩膀上，站在歷史岸邊看待自己。

中外哲學典籍大全的編纂，是以「知以藏往」的方式實現「神以知來」；中外哲學典籍大全的編纂，是通過對中外哲學歷史的「原始反終」，從人類共同面臨的根本大問題出發，在哲學生生不息的道路上，綵繪出人類文明進步的盛德大業！

發展的中國，既是一個政治、經濟大國，也是一個文化大國，也必將是一個哲學大國、思想王國。人類的精神文明成果是不分國界的，哲學的邊界是實踐，實踐的永恒性是哲學的永續綫性，打開胸懷擁抱人類文明成就，是一個民族和國家自强自立，始終佇立於人類文明潮頭的根本條件。

擁抱世界，擁抱未來，走向復興，構建中國人的世界觀、人生觀、價值觀、方法論，這是中國人的視野、情懷，也是中國哲學家的願望！

李鐵映

二〇一八年八月

序

中國古無「哲學」之名，但如近代的王國維所説，「哲學爲中國固有之學」。「哲學」的譯名出自日本啓蒙學者西周，他在一八七四年出版的百一新論中説：「將論明天道人道，兼立教法的philosophy譯名爲哲學。」自「哲學」譯名的成立，「philosophy」或「哲學」就已有了東西方文化交融互鑒的性質。

「philosophy」在古希臘文化中的本義是「愛智」，而「哲學」的「哲」在中國古經書中的字義就是「智」或「大智」。孔子在臨終時慨嘆而歌：「泰山壞乎！梁柱摧乎！哲人萎乎！」（史記孔子世家）「哲人」在中國古經書中釋爲「賢智之人」，而在「哲學」譯名輸入中國後即可稱爲「哲學家」。

哲學是智慧之學，是關於宇宙和人生之根本問題的學問。對此，中西或中外哲學是共同的，因而哲學具有世界人類文化的普遍性。但是，正如世界各民族文化既有世界的普遍性，也有民族的特殊性，所以世界各民族哲學也具有不同的風格和特色。如果說「哲學」是個「共名」或「類稱」，那麼世界各民族哲學就是此類中不同的「特例」。這是哲學的普遍性與多樣性的統一。

在中國哲學中，關於宇宙的根本道理稱爲「天道」，關於人生的根本道理稱爲「人道」，中國哲學的一個貫穿始終的核心問題就是「究天人之際」。一般說來，天人關係問題是中外哲學普遍探索的問題，而中國哲學的「究天人之際」具有自身的特點。

亞里士多德曾說：「古今來人們開始哲學探索，都應起於對自然萬物的驚異……這類學術研究的開始，都在人生的必需品以及使人快樂安適的種種事物幾乎全都獲得了以後。」「這些知識最先出現於人們開始有閒暇的地方。」這是說的古希臘哲學的一個特點，是與當時古希臘的社會歷史發展階段及其貴族階層的生活方式相聯繫的。與此不同，中國哲學是產生於士人在社會大變動中的憂患意識，爲了求得社會的治理和人生的安頓，他們大多「席不暇暖」地周遊列國，宣傳自己的社會主張。這就決定了中國哲學在「究天人之際」

中首重「知人」，在先秦「百家争鳴」中的各主要流派都是「務爲治者也，直所從言之異路，有省不省耳」（史記太史公自序）。

中國哲學與其他民族哲學所不同者，還在於中國數千年文化一直生生不息而未嘗中斷，中國文化在世界歷史的「軸心時期」所實現的哲學突破也是采取了極温和的方式。這主要表現在孔子的「祖述堯舜，憲章文武」，删述六經，對中國上古的文化既有連續性的繼承，又經編纂和詮釋而有哲學思想的突破。因此，由孔子及其後學所編纂和詮釋的上古經書就以「先王之政典」的形式不僅保存下來，而且在此後中國文化的發展中居於統率的地位。

據近期出土的文獻資料，先秦儒家在戰國時期已有對「六經」的排列，「六經」作爲一個著作群受到儒家的高度重視。至漢武帝「罷黜百家，表章六經」，遂使「六經」以及儒家的經學確立了由國家意識形態認可的統率地位。漢書藝文志著録圖書，爲首的是「六藝略」，其次是「諸子略」「詩賦略」「兵書略」「數術略」和「方技略」，這就體現了以「六經」統率諸子學和其他學術。這種圖書分類經幾次調整，到了隋書經籍志乃正式形成「經、史、子、集」的四部分類，此後保持穩定而延續至清。

中國傳統文化有「四部」的圖書分類，也有對「義理之學」「考據之學」「辭章之學」和「經世之學」等的劃分，其中「義理之學」雖然近於「哲學」但並不等同。中國傳統文化沒有形成「哲學」以及近現代教育學科體制的分科，但是中國傳統文化確實固有其深邃的哲學思想，它表達了中華民族的世界觀、人生觀，體現了中華民族的思維方式、行爲準則，凝聚了中華民族最深沉、最持久的價值追求。

清代學者戴震說：「天人之道，經之大訓萃焉。」（原善卷上）經書和經學中講「天人之道」的「大訓」，就是中國傳統的哲學；不僅如此，在圖書分類的「子、史、集」中也有講「天人之道」的「大訓」，這些也是中國傳統的哲學。「究天人之際」的哲學主題是在中國文化上下幾千年的發展中，伴隨著歷史的進程而不斷深化、轉陳出新、持續探索的。

中國哲學首重「知人」，在天人關係中是以「知人」爲中心，以「安民」或「爲治」爲宗旨的。在記載中國上古文化的尚書皋陶謨中，就有了「知人則哲，能官人；安民則惠，黎民懷之」的表述。在論語中，「樊遲問仁，子曰：『愛人。』問知（智），子曰：『知人。』」（論語顏淵）「仁者愛人」是孔子思想中的最高道德範疇，其源頭可上溯到中國文化自上古以來就形成的崇尚道德的優秀傳統。孔子説：「未能事人，焉能事鬼？」「未知生，焉知死？」（論語先進）「務民之義，敬鬼神而遠之，可謂知矣。」（論語雍也）「智者知人」，在孔子的思想中雖然保留了對「天」和鬼神的敬畏，但他的主要關注點是現世的人生，是「仁者愛人」「天下有道」的價值取向，由此確立了中國哲學以「知人」爲中心的思想範式。西方現代哲學家雅斯貝爾斯在大哲學家一書中把蘇格拉底、佛陀、孔子和耶穌作爲「思想範式的創造者」，而孔子思想的特點就是「要在世間建立一種人道的秩序」，「在現世的可能性之中」，孔子「希望建立一個新世界」。

中國上古時期把「天」或「上帝」作爲最高的信仰對象，這種信仰也有其宗教的特殊性。如梁啓超所説：「各國之尊天者，常崇之於萬有之外，而中國則常納之於人事之中，此吾中華所特長也。……其尊天也，目的不在天國而在世界，受用不在未來（來世）而在現在（現世）。是故人倫亦稱天倫，人道亦稱天道。記曰：『善言天者必有驗於人。』此所以雖近於宗教，而與他國之宗教自殊科也。」由於中國上古文化所信仰的「天」不是存在於與人世生活相隔絶的「彼岸世界」，而是與地相聯繫（中庸所謂「郊社之禮，所以事上帝也」，朱熹中庸章句注：「郊，祀天；社，祭地。不言后土者，省文也。」），具有道德的、以民爲本的特點（尚書所謂「皇天無親，惟德是輔」，「天視自我民視，天聽自我民聽」，「民之所欲，天必從之」），所以這種特殊的宗教性也長期地影響著中國哲學對天人關係的認識。相傳「人更三聖，世經三古」的易經，其本爲卜筮之書，但經孔子「觀其德義而已」之後，則成爲講天人關係的哲理之書。四庫全书總目易類序說：「聖人覺世牖民，大抵因事以寓教……易則寓於卜筮。故易之爲書，推天道以明人事者也。」不僅易經是如此，而且以後中國哲學的普遍架構就是「推天道以明人事」。

春秋末期，與孔子同時而比他年長的老子，原創性地提出了「有物混成，先天地生」（老子二十五章），天地並非固有的，在天地産生之前有「道」存在，「道」是産生天地萬物的總根源和總根據。「道」內在於天地萬物之中就是「德」，「孔德之容，惟道是從」（老子二十一章），「道」與「德」是統一的。老子說：「道生之，德畜之，物形之，勢成之。是以萬物莫不尊道而貴德。道之尊，德之貴，夫莫之命而常自然。」（老子五十一章）老子的價值主張是「自然無爲」，而「自然無爲」的天道根據就是「道生之，德畜之……是以萬物莫不尊道而貴德」。老子所講的「德」實即相當於「性」，孔子所罕言的「性與天道」，在老子哲學中就是講「道」與「德」的形而上學。實際上，老子哲學確立了中國哲學「性與天道合一」的思想，而他從「道」與「德」推出「自然無爲」的價值主張，這就成爲以後中國哲學「推天道以明人事」普遍架構的一個典範。雅斯貝爾斯在大哲學家一書中把老子列入「原創性形而上學家」，他說：「從世界歷史來看，老子的偉大是同中國的精神結合在一起的。」他評價孔、老關係時說：「雖然兩位大師放眼於相反的方向，但他們實際上立足於同一基礎之上。兩者間的統一在中國的偉大人物身上則一再得到體現……」這裏所謂「中國的精神」「立足於同一基礎之上」，就是説孔子和老子的哲學都是爲了解決現實生活中的問題，都是「務爲治者也」。

在老子哲學之後，中庸説：「天命之謂性」，「思知人，不可以不知天」。孟子説：「盡其心者知其性也，知其性則知天矣。」（孟子盡心上）此後的中國哲學家雖然對天道和人性有不同的認識，但大抵都是講人性源於天道，知天是爲了知人。一直到宋明理學家講「天者理也」，「性即理也」，「性與天道合一存乎誠」。作爲宋明理學之開山著作的周敦頤太極圖説，是從「無極而太極」講起，至「形既生矣，神發知矣，五性感動而善惡分，萬事出矣」，這就是從天道講到人事，而其歸結爲「聖人定之以中正仁義而主静，立人極焉」，這就是從天道、人性推出人事應該如何，「立人極」就是要確立人事的價值準則。可以説，中國哲學的「推天道以明人事」最終指向的是人生的價值觀，這也就是要「爲天地立心，爲生民立命，爲往聖繼絶學，爲萬世開太平」。在作爲中國哲學主流的儒家哲學中，價值觀又是與道德修養的工夫論和道德境界相聯繫。因此，天人合一、真善合一、知行合一成爲中國哲學的主要特點。

中國哲學經歷了不同的歷史發展階段，從先秦時期的諸子百家争鳴，到漢代以後的儒家經學獨尊，而實際上是儒道互補，至魏晉玄學乃是儒道互補的一個結晶；在南北朝時期逐漸形成儒、釋、道三教鼎立，從印度傳來的佛教逐漸適應中國文化的生態環境，至隋唐時期完成中國化的過程而成爲中國文化的一個有機組成部分；宋明理學則是吸收了佛、道二教的思想因素，返而歸於「六經」，又創建了論語孟子大學中庸的「四書」體系，建構了以「理、氣、心、性」爲核心範疇的新儒學。因此，中國哲學不僅具有自身的特點，而且具有不同發展階段和不同學派思想内容的豐富性。

一八四〇年之後，中國面臨着「數千年未有之變局」，中國文化進入了近現代轉型的時期。在甲午戰敗之後的一八九五年，「哲學」的譯名出現在黄遵憲的日本國志和鄭觀應的盛世危言（十四卷本）中。此後，「哲學」以一個學科的形式，以哲學的「獨立之精神，自由之思想」推動了中華民族的思想解放和改革開放，中、外哲學會聚於中國，中、外哲學的交流互鑒使中國哲學的發展呈現出新的形態，馬克思主義哲學在與中國的歷史文化傳統、中國具體的革命和建設實踐相結合的過程中不斷中國化而産生新的理論成果。中華民族的偉大復興必將迎來中國哲學的新發展，在此之際，編纂中外哲學典籍大全，中國哲學典籍第一次與外國哲學典籍會聚於此大全中，這是中國盛世修典史上的一個首創，對於今後中國哲學的發展、對於中華民族的偉大復興具有重要的意義。

李存山

二〇一八年八月

「中國哲學典籍卷」

出版前言

社會的發展需要哲學智慧的指引。在中國浩如煙海的文獻中，哲學典籍占據著重要地位，指引著中華民族在歷史的浪潮中前行。這些凝練著古聖先賢智慧的哲學典籍，在新時代仍然熠熠生輝。

收入我社「中國哲學典籍卷」的書目，是最新整理成果的首次發布，按照内容和年代分爲以下幾類：先秦子書類、兩漢魏晋隋唐哲學類、佛道教哲學類、宋元明清哲學類、近現代哲學類、經部（易類、書類、禮類、春秋類、孝經類）等，其中以經學類占多數。本次整理皆選取各書存世的善本爲底本，制訂校勘記撰寫的基本原則以確保校勘品質。全套書采用繁體竪排加專名綫的古籍版式，嚴守古籍整理出版規範，並請相關領域專家多次審稿，整理者反復修訂完善，旨在匯集保存中國哲學典籍文獻，同時也爲古籍研究者和愛好者提供研習的文本。

文化自信是一個國家、一個民族發展中更基本、更深沉、更持久的力量。對中國哲學典籍進行整理出版，是文化創新的題中應有之義。中國社會科學出版社秉持「傳文明薪火，發時代先聲」的發展理念，歷來重視中華優秀傳統文化的研究和出版。「中國哲學典籍卷」樣稿已在二〇一八年世界哲學大會、二〇一九年北京國際書展等重要圖書會展亮相，贏得了與會學者的高度讚賞和期待。

點校者、審稿專家、編校人員等爲叢書的出版付出了大量的時間與精力，在此一並致謝。由於水準有限，書中難免有一些不當之處，敬請讀者批評指正。

趙劍英

二〇二〇年八月

點校説明

王夫之，湖南衡陽人，字而農，號薑齋，别號一瓠道人、梼杌外史等。他曾居湘西石船山，故以船山先生名世。船山生於明萬曆四十七年（一六一九），卒於清康熙三十一年（一六九二），壽七十四。自晚清以來，船山以「明末三大家」之一而爲士人所推崇，其思想對近代影響巨大，在中國哲學發展過程中亦占有非常重要的地位。考慮到本叢書的體例，我們就在本書的點校説明中對船山的著作和生平作簡單介紹，周易内傳的前言對此便不再重複。

一　船山的生平和著作

船山早年從事舉業，主要以朱子學爲主。崇禎十六年（一六四三），張獻忠攻陷衡州，逼迫船山的父親王朝聘入輔。船山爲救父而自殘肢體面皮，示以不屈，後經友人營救得脱。是年十二月，明軍收復衡州。然崇禎十七年（一六四四），李自成攻陷北京，崇禎自縊；緊接著，清軍入關，大順軍西退。在此年五月到一六四六年短短不到三年時間内，南明先後有福王、潞王、唐王等幾個政權旋立即滅。一六四六年十一月，桂王立於肇慶，明年改元永曆。在這個時期，戰事主要集中在東部地區，衡州相對穩定，船山一方面上書章曠、何騰蛟、堵胤錫等人，陳述對時局的看法；一方面痛定思痛，往經典中尋求撥亂反正的道理。丙戌（一六四六年），他正式研究周易，同時開始編春秋家説。

丁亥（一六四七年）五月，清軍下衡州，船山家人逃兵難，王朝聘病亡。戊子（一六四七年），金聲恒、李成棟先後在江西、廣東反正，再加上農民軍餘部的配合，産生了抗清的一個小高潮。不過，由於力量分散、指揮不當，局面又陷入被動。船山也曾組織小部分的武裝起義，以失敗告終。他本來産生了奉老母歸隱的志向，但還是不甘心淪亡，渴望有一番作爲：「此非嚴光、魏野時也。違母遠出，以奉君命，死生以之耳。」我們在船山的著作中可以看到，批判嚴光之類的「高士」是他的重點之一。永曆四年庚寅

（一六五〇），船山前往梧州投靠永曆政權，拜行人司行人。其間他多次彈劾王化澄，王氏忌恨在心，將興大獄以陷害；船山憤激咯血，經由高必正説解，得休假離朝，往桂林依瞿式耜。是年八月，船山罹母憂；明年，船山返鄉。

永曆六年壬辰（一六五二）春，張獻忠部將孫可望將永曆帝安置在安隆，形同軟禁。秋，李定國東征，由廣州而入衡州，有好友招船山偕往投奔。船山筮得睽之歸妹，知事不可爲，遂立定幽隱之志，作章靈賦。因孫可望從中作梗，李定國力難獨支，節節敗退，衡州復爲清軍占領。此後，船山一直流離各地，躲避清軍搜索。

船山幽隱，不再躬自參加抗清鬥争，並不意味著他從此灰心放任。政治生涯的終結，正是學術生命的新開始。爲了保存文脈道統，船山開始閲讀、講解、注釋經典。永曆九年（一六五五），船山三十七歲，在晉寧山寺作周易外傳，而後成老子衍。此後一段時期内，船山遍注群經，先後作了尚書引義、讀四書大全説、春秋家説、春秋世論、詩廣傳、禮記章句等。當然，在此期間，永曆帝於辛丑（一六六一年）冬被執，南明正朔最終滅亡，船山十分悲痛。而戊午歲（一六七八年），吴三桂於衡州稱帝，其黨屬船山作勸進表，船山逃入深山，作祓禊賦以明志。

三藩之亂，吴三桂與清軍在衡州相持，民不聊生，很久纔穩定下來。船山於己未（一六七九年）還居湘西草堂，一方面修訂舊作，一方面收徒設科。其學術進入了一個新的時期。在這個時期，除了詩文之外，船山有幾部非常重要的經典解釋著作，即己未（一六七九年）的四書訓義，乙丑（一六八五年）的張子正蒙注（庚午重訂）、周易内傳，丁卯（一六八七年）的讀通鑒論，辛未（一六九一年）的宋論。壬申（一六九二年）正月初二，船山正衾而終。他自題墓石曰：

> 抱劉越石之孤憤而命無從致，希張横渠之正學而力不能企，幸全歸於兹丘，固銜恤以永世。

綜觀船山一生，前半生匍匐救世，赴湯蹈火；後半生埋首經籍，以守道自任。要言之，其正大剛健之章姿、卓絶特立之制行，實仰不愧天、俯不怍人，追往而無負於先聖，思後且有啟乎來哲。

船山精力旺盛，著述非常豐富。他對於四書五經都有自己的注釋，於周易有周易外傳、周易稗疏、周易大象解、周易内傳，於尚書有尚書稗疏、尚書引義，於詩經有詩經稗疏、詩廣傳，於禮學有禮記章句，於春秋有春秋稗疏、春秋世論、春秋家説、續春秋左氏傳博議，於四書學有讀四書大全説、四書箋解、四書訓義等。除了經部之外，他於史、子、集皆有重要著作。史學方面，比較有代表性的是讀通鑒論、宋論；子部儒家類有張子正蒙注、思問録、俟解，道家類有老子衍、莊子通、莊子解，道教類有愚鼓詞，佛教類有相宗絡索；集部有楚辭通釋等。其他著作還有很多，不一一列舉。他博涉四部、融攝三教，是中國古典思想和學術的一座高峰。

二　周易外傳的主要内容和特色

船山早歲從事舉業，受朱子學影響比較大；而後確立自己的學術思想，批評陽明，同時對朱子學亦加以規正；而後他發現自己與張載、周敦頤最相契合。嵇文甫先生總結説他「宗師橫渠，修正程朱，反對陸王」[一]，是比較中肯的。

船山的主要學術著作，自周易外傳始，以周易内傳終。可以説，易學是貫穿船山一生的學術。他論易與他經的關係説：

詩之比興，書之政事，春秋之名分，禮之儀，樂之律，莫非象也，而易統會其理。

在船山看來，易爲諸經之本。至於易學與理學的關係，船山曾説易是「性學之統宗，聖功之要領」，也就是理學所依止的最核心經典。其周易内傳發例嘗自述治易經歷曰：

夫之自隆武丙戌，始有志於讀易。戊子，避戎於蓮花峰，益講求之。初得觀卦之義，服膺其理，以出入於險阻而自

[一] 嵇文甫：王船山學術論叢，生活·讀書·新知三聯書店一九六二年版，頁一〇九。

靖；乃深有感於聖人畫象繫辭，爲精義安身之至道，告於易簡以知險阻，非異端竊盈虛消長之機，爲翕張雌黑之術，所得與於學易之旨者也。

乙未，於晉寧山寺，始爲外傳。

丙辰，始爲大象傳。亡國孤臣，寄身於穢土，志無可酬，業無可廣，唯易之爲道則未嘗旦夕敢忘於心，而擬議之難，又未敢輕言也。

歲在乙丑，從游諸生爲之解説。形枯氣索，暢論爲難，於是乃於病中勉爲作傳。

由上可見，船山的幾部易學著作皆與他的出處進退、哲學思考密切相關。上面這段話没有提到周易稗疏的著作時間，筆者經過考訂，認爲至少在外傳之後，而與内傳時間較相近。至於船山易學的宗旨，其周易内傳發例嘗總結道：

大略以乾坤並建爲宗；錯綜合一爲象；彖爻一致、四聖一揆爲釋；占學一理、得失吉凶一道爲義；占義不占利，勸戒君子、不瀆告小人爲用；畏文、周、孔子之正訓，辟京房、陳摶、日者黄冠之圖説爲防。

詳細的解説，可以參考本叢書所收周易内傳箋釋的整理説明部分。周易外傳是他的早年著作，未必包含以上所説的全部内容，但很多思想已可在外傳中見到端倪。

值得注意的是「外傳」「内傳」這樣一個詮釋系統。它自然與古代注經傳統「内—外」的區分有關，比如韓詩外傳與韓詩内傳。「外」意味著對於經典比較自由的解釋。在船山那裏，外傳是以問題爲中心，經書成了發揮問題的憑藉；内傳則謹守體例，依經文立注。「外傳」與「（詩）廣傳」「（尚書）引義」「（讀四書大全、春秋家）説」明顯爲一類的注經體式。外傳不是依經立注，而是由許多單篇小論文構成，每一篇就卦爻中的某一個話題展開討論。論述的内容，則包括治國、教民、用兵、理財、君臣關係、君子小人關係、出處、生死、修養工夫、形上學等各類問題。當然，這些問題都緊貼著他所生存的那個時代的精神。因此，外傳更展示了那個時代士人的思想風貌，以及船山剛正、博大的精神氣象。

不少學者認爲，周易外傳晦澀難讀，不易理解。困難的根本原因自然是義理的艱深，但也有一部分原因在於其修辭風格。船山十分重視修辭。如果仔細分析其修辭，那麼他文中很多寫作的方法和段落結構也就容易理解了。總體而言，外傳的風格類似經義文，這應該與他從事舉業有關係。當然，他的經義文不同於那種僵化的、程式化的八股。他認爲：「經義之設，本以揚搉大義，剔發微言；或且推廣事理，以宣昭實用。」[一] 外傳每一篇皆有一個主題，許多篇章都能看到起承轉合。它對周易卦爻辭的引證，多是拈爲己用，服從於文章的中心思想；而不是遵照古代注解，以訓詁字詞爲目的。

周易外傳是船山比較早的一部著作，相較於周易內傳的中和含蓄，外傳顯得更加宏肆，甚至有一些「狂狷」的精神。其實狂狷的境界已經是許多人難以企及的了。外傳對於道家、佛教、陽明學都有尖鋭的批評，甚至製造話題來引出批判。這些批評，固然見仁見智，許多研究佛、道和陽明學的學者也可以辯護和反批評。但有趣的是，船山於佛教有相宗絡索，於道家有莊子解，於丹道有愚鼓詞、楚辭通釋。這些都説明，船山對於他所批評

[一] 夕堂永日緒論，見船山全書第十五冊，嶽麓書社二〇一一年版，頁八六七。

的對象有深入的了解，而且並非完全拒斥佛、道、陽明學。那麼外傳的一些批評，就可以理解爲針對末流的棒喝和遮詮，其措辭雖然激烈，但只要能接通船山的所指，這些言辭，便能如冰之將釋了。

綜言之，周易外傳是以發揮周易的道理爲主，不在於解釋周易自身的文本。但他的這種發揮，恰恰是大易精神的淋漓展現。此書的論述崇有、崇實，反對凌空蹈虛。在人生觀上，船山既反對消極頽廢的枯寂隱遁，淡漠一切功利；也反對一味追求功利和貪圖享樂。在政治上，他既反對無爲而治，也反對慘苛寡恩。通過兩方否定，他的追求也可以推知，那便是儒家的中道。這種中道，是以敦實的品格、以剛健昂揚的精神奮發有爲，不因時局衰亂而沮喪放棄，不因繁榮太平而流連忘返。這種力量，不是忽然之間的爆發，一冲之後便没有了力氣；而是一步一脚印地踏在大地上，堅實地前行。唯有如此，纔没有什麼能使他有所畏懼和氣餒。中華民族至今猶能自立於世界，也是這種精神在起作用。

三　外傳的流傳及版本情況

船山幽居僻壤，所論又犯當政之忌諱，故著作未能在清代前中期廣爲流傳，只有幾種考證性的著作如周易稗疏等曾選入四庫全書，因而船山被當作考證學中的一員。清後期，經過鄧顯鶴、曾國藩等人的刊刻表章，船山的著作纔大行於世，且對中國近代許多思想家和政治人物如譚嗣同、熊十力、青年毛澤東等産生了重要影響。特别是曾國藩同治間在金陵節署所刻船山遺書，搜訪遺稿不遺餘力，又延請著名學者劉毓崧主持校勘，在近代以來比較通行。此書半頁十行，行二十二字。後來太平洋書店重印，亦主要以此本爲底本。

鄧、曾等在刊刻遺書時，主要依據的是船山後人的抄本。當遺書刊刻完成之後，這些抄本頗有散佚。一九四九年後，經過周調陽等先生的整理、研究，許多抄本的抄寫人、抄寫年代、與刻本關係等研究已經取得不少成果。在彙集各種抄本的基礎上，嶽麓書社於一九九六年出版了船山全書的點校本，此書依據多種抄本，對傳世各種刻本的一些錯誤予以了訂正，對於船山研究的文獻學基礎有極重要的意義，主持者楊堅先生可以説厥功至偉。當然，校書如掃落葉，此書在點校中也出現了一些標點的失誤；還有些誤字，不知是抄本原有的錯誤還是印本新增的。二〇一一年，嶽麓書社再版了此書，對初版做了有限的改動。

此外，王孝魚先生曾取曾國藩刻船山遺書本周易外傳加以點校，又參考了周調陽據抄本所作的校記，由中華書局於一九六二年出版。一九七六年，中華書局又出了修訂版，改爲簡體。

該書的注本方面，王孝魚先生有周易外傳選要譯解，著於二十世紀七八十年代，中華書局于二〇一三年出版。孝魚先生學殖深厚，是船山學研究的專家，吾輩楷模。譯解一書亦頗得體要。作注釋的話，自己不明白可以偷懶不注，但翻譯却是偷不了懶的。譯解不但翻譯得很認真，而且把船山隱藏的意思也都補足，與王文錦先生譯禮記同妙。可惜此書只選了外傳的一小部分。日本學者高田淳有王船山易學述義，煌煌兩巨册，以周易外傳爲中心，附帶處理了周易内傳發例、周易大象解。其論述的方式，先列船山文字的訓讀，而後加以解釋，因此主要是述解性的工作。在述解中，高田淳比較了船山易學與以往易學的異同，並涉及了船山易學在其哲學以及歷代易學史中的地位等問題。惜筆者淺陋不通日語，此書又無中譯，故無法參考。另外陳寶森、陳獻猷兩先生著有周易外傳鏡詮，對其中的字義、典故、文句等皆作了注解，還附有翻譯，用了很大的功夫。只可惜注者對於易學知識、理學思想以及那個時代的思想狀況不十分瞭解，故錯謬時見。鑒於此，筆者在撰寫研究船山易學的博士論文時，便取周易外傳、内傳加以校訂、箋釋，力求能更準確地解讀船山。二〇一六年，筆者在上海人民出版社出版了王船山周易外傳箋疏一書。當時校訂倉促，書中有一些錯别字，還有一些注釋不完整。時過數年，我對於外傳文本也有了一些新的理解。故此次對舊稿重新做了整理，除全部改爲傳統標點和版式，改正錯字之外，還增補了許多注釋，改寫了不少表述，某些費解的段落也增加了一些白話譯解。不作説解的地方，應該是我認爲容易明白的。但文句的明白，並不意味著義理的最終領會。在船山面前，我是小學生；在國内外衆多船山研究重鎮面前，我也只是一個學習者，還是真誠地請求各位方家不吝指正。

四　整理凡例

（一）本校注以曾國藩在金陵節署所刻船山遺書本爲底本（文中簡稱「底本」或「金陵本」），以嶽麓書社二〇一一年船山全書本爲對校本（文中簡稱「嶽麓本」），以中華書局所出版繁體字和簡體字點校本爲參校本。嶽麓本據抄本點校，又比勘諸本，其校記十分詳備。但仍有一些與金陵本不同的文字没有出校，不知是嶽麓本新增加的，還是抄本原有的。此次整理吸取嶽麓本校記的成果，並進一步就異文之是非作斷定，同時將嶽麓本與金陵本的異文校出。斷定爲金陵本誤的，以（）表示删字，以［］表示補字。嶽麓本的異文，本書校記直接稱作「嶽麓本作某某」，如果涉及異文的判斷，則偶爾引用嶽麓本的校記。

（二）本書的校勘和注釋以脚注的形式列出，注釋分爲以下幾類：一是注釋難字、典故，二是講解相關的易學知識背景，三是點明船山想表達的意思，四是對某些複雜或費解的語句直接加以翻譯。我們秉持「以船山釋船山」的原則，深入船山的時代背景、思想和學術資源、船山根本的哲學觀點等進行注釋。在解釋一些典故時，盡量援引船山有可能看到或用到的典籍。本注釋亦間或採擇王孝魚先生周易外傳選要譯解，以及一些研究者的説法。

（三）本書分章、標題也一仍底本，但對一卦下的多個篇章，則加「一」「二」等加以區别。正文用宋體字，原書正文間的小注用楷體字，以示區别。

（四）本書標點中，對於六十四卦名，除了在引用卦爻辭的時候加書名號（波浪綫）之外，其他情況一概不加；「易」字只是作爲典籍意義的時候才加書名號。

（五）本書在進行注釋時，還或多或少參考了嵇文甫、張岱年、朱伯崑、蕭萐父、蕭漢明、陳來、張立文、張學智、許蘇民、吴根友、汪學群、陳贇、鄧輝、劉梁劍、曾昭旭、林安梧、杜寶瑞、林亨錫等先生的説法，因整理體例，書末不再列出相關參考文獻。

谷繼明

二〇一八年六月

目録

周易外傳卷二……六七

周易外傳卷四

周易外傳卷五……二九四

周易外傳卷六……三七一

周易外傳卷七……四三七

周易外傳卷一

一　乾

道，體乎物之中，以生天下之用者也。物生而有象，象成而有數〔一〕。數資乎動以起用，而有行；行而有得於道，而有德。因數以推象，（道）［象］〔二〕自然者也，道自然而弗藉於人；乘利用以觀德，德不容已者也，致其不容已而人可相道。道弗藉人，則人

〔一〕左傳僖公十五年：「韓簡侍，曰：『龜，象也；筮，數也。物生而後有象，象而後有滋，滋而後有數。先君之敗德，及可數乎！』史蘇是占，勿從何益？」杜注曰：「龜以象示，筮以數告。象數相因而生，然後有占。」

〔二〕「象」，底本原作「道」，今據嶽麓本改。

與物俱生以俟天之流行，而人廢道；人相道，則擇陰陽之粹以審天地之經，而易統天。〔一〕故乾取（用）〔象〕〔二〕之德而不取道之象，聖人所以扶人而成其能也〔三〕。蓋歷選於陰陽，審其起人之大用者，而通三才之用也。天者象也，乾者德也，是故不言天而言乾也。

且夫天不偏陽，地不偏陰；男不偏陽，女不偏陰；君子不偏陽，小人不偏陰。天地，其位也；陰陽，其材也；乾坤，其德也〔四〕。材无定位而有德，德善乎材以奠位者也〔五〕，

〔一〕以上句意謂：物産生了之後，就有了數的規定性；同時物在發用的時候産生行爲，行爲合於道，便是這個物的德性。比如天地産生之後，天就有了健的德性，坤就有了順的德性。如果僅僅從數上來推斷物象，那麼他們是道之變化必然産生的結果，不以人的意志爲轉移；但如果從發用上來考察物的德性，那麼人便可以效仿之，從而參贊化育。

〔二〕「象」，底本作「用」，今據嶽麓本改。

〔三〕象之德，乾也；道之象，天也。船山於此所發明者，在於人之德性主體、價值的挺立。

〔四〕天地以空間言，故曰「位也」。繫辭傳謂「天地設位」，説卦傳謂「天地定位」是也。乾坤言乎德者，乾即健，坤即順，皆言乎其用也。

〔五〕奠，定也。王孝魚先生譯解曰：「材質性情固然没有定位可言，但是却能生起作用，見於行爲，成其德能；而行爲既見，德能既成之後，又可以反轉過來影響材質性情，使之更加完善。從而可以奠定天地之位，秩然而有序。」（周易外傳選要譯解，頁六。）按前文謂「天不偏陽，地不偏陰」，即「材无定位」，謂天地之位皆各有陰陽，非陽定於乾而陰定於坤也。「有德」者，謂陽德乾健，陰德坤順也。德善乎材以奠位，謂其材足以彰顯其德，而位之德有主，如天之德常顯其健是也。

故曰「天行健」。行，則周乎地外、入乎地中而皆行矣，豈有位哉！是故男德剛而女德柔，君子德明而小人德暗。男女各有魂魄，君子小人各有性情。男不無陰，而以剛奇施者，其致用陽；女不無陽，而以柔偶受者，其致用陰〔二〕。是故易之云乾，云其致用者而已。繇此言之，君子有情而小人有性，明矣。故小人之即於暗也，豈無熲光不昧、知慚思悔之時哉！此則乾之麗於小人者未嘗絶。惟恃其自然，忘其不容已〔三〕，則乾不絶小人而小人絶乾〔三〕。故易於小人，未嘗不正告焉。穆姜筮占四德而懼〔四〕，其驗也。六陽之卦爲乾，

〔二〕以位言之，上之天地、男女、君子小人是也；以德言之，上之乾坤、健順、剛柔、明暗是也；以材言之，上之陽陰、魂魄、性情是也。

〔三〕前文謂「道，自然者也」，「德，不容已者也」。則忘其不容已者，是未能自覺挺立其德性主體也。

〔三〕孟子所謂自暴自棄者是也。

〔四〕左傳襄公九年：「穆姜薨於東宮。始往而筮之，遇艮之八。史曰：『是謂艮之隨。隨，其出也。君必速也。』姜曰：『亡。是於周易曰：「隨，元亨利貞，无咎。」元，體之長也；亨，嘉之會也；利，義之和也；貞，事之幹也。體仁足以長人，嘉德足以合禮，利物足以和義，貞固足以幹事，然故不可誣也，是以雖隨无咎。今我婦人而與於亂，固在下位而有不仁，不可謂元；不靖國家，不可謂亨；作而害身，不可謂利；棄位而姣，不可謂貞。有四德者，隨而无咎；我皆无之，豈隨也哉？我則取惡，能无咎乎？必死於此，弗得出矣。』」

乾爲天，易不云天而云乾，用此義也。〔一〕

或曰：「男不偏陽，女不偏陰，所以使然者天地。天不偏陽，地不偏陰，所以使然者誰也？」曰：「道也。」曰：「老氏之言曰：『有物混成，先天地生。』今曰『道使天地然』，是先天地而有道矣；『不偏而成』，是混成矣。然則老子之言信乎？」曰：「非也。道者，天地精粹之用，與天地並行而未有先後者也。使先天地以生，則有有道而無天地之日矣，彼何寓哉？而誰得『字之曰道』？天地之成男女者，日行於人之中而以良能起變化〔二〕，非碧霄黃壚取給而來貺之〔三〕，奚況於道之與天地，且先立而旋造之乎？若夫『混成』之云，見其合而不知其合之妙也。故曰『无極而太極』，无極而必太極矣。太極動而

〔一〕以上分兩層次論述易之首卦名「乾」不名「天」之意：一者，天爲象，乾爲德，象爲自然，德則關乎人性；二者，天爲位，乾爲德，一位可有多德，而其致用之德爲一，以其致用之德爲名稱方可代表此卦。

〔二〕此涵船山「日生日成」之説，詳後。

〔三〕黃壚，淮南子覽冥訓：「上際九天，下契黃壚」，高注曰：「黃泉下有壚土也。」貺，説文：「賜也。」此句謂天地成男女，非是以天之氣、地之土等材質從外面送給人，而是賦予人以德行的材質，使其能夠發用。正如道與天地，並不是先有一個空空的、獨立的道，然後道生出天地；而是道就在天地之中，使天地能夠發用。

生陽，靜而生陰，動靜各有其時，一動一靜，各有其紀，（於）［如］〔一〕是者乃謂之道。〔二〕今夫水穀之化爲清濁之氣以育榮衛〔三〕，其化也合同，其分也纖悉，不然則病。道有留滯於陰陽未判之先而混成者，則道病矣，而惡乎其生天地也！〔四〕夫道之生天地者，則即天地之體道者是已。故天體道以爲行則健而乾，地體道以爲勢則順而坤，無有先之者矣；體道之全，而行與勢各有其德，无始混而後分矣。語其分，則有太極而必有動靜之殊矣；語其合，則形器之餘終無有偏焉者，而亦可謂之『混成』矣。夫老氏則惡足以語此哉！故聖

〔一〕「如」，底本作「於」，今據嶽麓本改。

〔二〕以上是對於周敦頤太極圖説的闡發，以太極圖説對於宇宙的看法應對道家的看法。其思問録中的相關解釋也可以作爲參考：「无極，無有一極也，無有不極也。有一極，則有不極矣。『无極而太極』也，無有不極，乃謂太極，故君子無所不用其極。行而後知有道，道猶路也。得而後見有德，德猶得也。儲天下之用，給天下之得者，舉無能名言之。天曰无極，人曰至善，通天人曰誠，合體用曰中，皆贊辭也，知者喻之耳。喻之而後可與知道，可與見德。」又曰：「太極動而生陽，動之動也；靜而生陰，動之靜也。廢然無動而靜，陰惡從生哉！一動一靜，闔辟之謂也。由闔而辟，由辟而闔，皆動也。廢然之靜，則是息矣。『至誠無息』，況天地乎！『維天之命，於穆不已』，何靜之有？」

〔三〕黄帝内經素問痹論篇第四十三：「帝曰：『榮衛之氣亦令人痹乎？』岐伯曰：『榮者，水穀之精氣也，和調於五藏，灑陳於六府，乃能入於脉也，故循脉上下，貫五藏，絡六府也。衛者，水穀之悍氣也，其氣慓疾滑利，不能入於脉也，故循皮膚之中，分肉之間，熏於肓膜，散於胸腹。逆其氣則病，從其氣則愈。』」

〔四〕本書繫辭上傳第九章：「此太極者，混淪皆備，不可析也，不可聚也。以其成天下之聚，不可析也；以其入天下之析，不可聚也。」无極，即謂其不可析；太極，即謂其不可聚。此段之意：老氏所謂混成，但有見於聚合，未見於分析也。

人見道之有在於六陽者，而知其爲乾之德。知其德之乾，則擇而執之以利用，故曰『君子行此四德者，故曰「乾元亨利貞」』也。」

二

貞者，事之幹也，信也。於時爲冬，於化爲藏，於行爲土，於德爲實，皆信也。〔一〕然則四德何以不言智乎？象云〔二〕「大明終始，六位時成」，則言智也。今夫水，火資之以能熟，木資之以能生，金資之以能瑩，土資之以能浹；是故夫智，仁資以知愛之真，禮資以知敬之節，義資以知制之宜，信資以知誠之實〔三〕。故行乎四德之中，而徹乎六位之終始。終非智則不知終，始非智則不知始〔四〕。故曰「智譬則巧也」，巧者聖之終也；曰

〔一〕在五行和月令的體系中，以下幾組是固定配合：春、夏、秋、冬（時間），生、長、收、藏（作用），木、火、金、水、土（五行），仁、禮、義、智、信（五德），元、亨、利、貞（易之四德）。

〔二〕「云」，嶽麓本作「曰」。

〔三〕上句言五行，以洪範水火木金土爲序；下句言五常四德，則以仁、禮、義、信配五行的木、火、金、土爲序。

〔四〕易文言傳：「知至至之，可與幾也；知終終之，可與存義也。」

「擇不處仁，焉得智」，擇者仁之始也。是智統四德而偏歷其位，故曰「時成」。各因其時而藉以成，智亦尊矣。

雖然，尊者非用，用者非尊。其位則寄於四德，而非有專位也。今夫水，非火則無以濟，非木則無以屯，非金則無以節，非土則無以比〔一〕。是故夫智，不麗乎〔二〕仁則察而刻，不麗乎禮則慧而輕，不麗乎義則巧而術，不麗乎信則變而譎，俱無所麗，則浮蕩而炫其孤明。幻妄〔三〕行則君子荒唐，機巧行則細人捭闔。故四德可德，而智不可德。依於四德，效大明之功，而無專位。故曰「君子行此四德者」，知而後行之，行之爲貴，而非但知也。〔四〕

〔一〕坎離既濟，離爲火；坎震屯卦，震爲木；坎兑節卦，兑爲金；坎坤比卦，坤爲土。

〔二〕「乎」，嶽麓本作「夫」。

〔三〕「妄」，嶽麓本作「忽」。

〔四〕按：五行與四德之配，先儒所説不一。周易正義以元亨利貞爲春、夏、秋、冬，爲木、火、金、水，爲仁、禮、義、信。這樣推的話，只好將土與智相配。但漢代人一般的觀念，土爲信，且分王四時。故周易正義引乾鑿度「水土二行，兼信與知」以彌縫調停。朱子直接以冬爲水、爲智，雖然符合了漢儒的説法，却與「貞，信」的訓釋不合。船山則以土爲信，而不用漢人「土王四時」之説。其原因，思問録曾有詳細的解釋：「月令位土於季夏，惟不達於相克者相成之義，疑火金之不相見而介紹之以土，且以四時無置土之位，弗獲已而以季夏當之爾……且天地之化，以不齊而妙，亦以不齊而均。時自四也，行自五也，惡用截鶴補鳧，以必出於一轍哉！易稱『元亨利貞』，配木火金土，而水不與。（自注：貞，土德，非水德，詳周易外傳。）則四序之應，雖遺一土，亦何嫌乎？天地非一印板，萬化從此刷出，拘墟者自不知耳。」

惟不知此，故老氏謂「上善之若水」，而釋氏以「瓶水青天」之月爲妙悟之宗〔一〕。其下者則刑名之察、權謀之機，皆崇智以廢德。乃〔二〕知大易之教，爲法天正人之極則也。子曰：「逝者如斯夫，不舍晝夜。」夫逝者逝矣，而將據之以爲德乎？〔三〕

三

先儒之言「元」曰：「天下之物，原其所自，未有不善。成而後有敗，敗非先成者

〔一〕五燈會元卷五：「鼎州李翱刺史，嚮藥山玄化，屢請不赴，乃躬謁之。山執經卷不顧。侍者曰：『太守在此。』守性褊急，乃曰：『見面不如聞名。』拂袖便出。山曰：『太守何得貴耳賤目？』守回拱謝，問曰：『如何是道？』山以手指上下，曰：『會麼？』守曰：『不會。』山曰：『雲在青天水在瓶。』守忻愜作禮，而述偈曰：『鍊得身形似鶴形，千株松下兩函經。我來問道无餘説，雲在青天水在瓶。』」（中華書局一九八四年版，頁二七八。）

〔二〕嶽麓本「乃」前有「然」字。

〔三〕船山批判佛、老的一個主要著眼點：佛教、道家的頓悟等衹是翫弄聰明，并不具有德性的根基。按王孝魚先生以爲此處乃駁程朱。其譯解曰：「朱晦庵解這一章，説孔子是以水的川流不息來比喻道體無一息暫停，用以勸導學生時時省察，不可有毫髮的間斷。就是程伊川也説，這一章書是在讚頌道體，教人自强不息。實則程朱二人都是受了老子或佛家的影響，並非孔子真意就是如此。」又在脚注中引讀四書大全説相互發明。（頁一六）

也；有得而後有失，非得而何以有失也？」〔一〕

請爲之釋曰：「原其所自，未有不善」，則既推美於大始矣。抑據成敗得失以徵其後先，則是刑名器數之説，非以言德矣。文言曰：「元者，善之長也。」就善而言，元固爲之長矣。比敗以觀成，立失以知得，則事之先，而豈善之長乎！象曰：「大哉乾元，萬物資始。」元者，統大始之德，居物生之先者也。成必有造之者，得必有予之者。（矣）〔已〕〔二〕臻於成與得矣，是人事之究竟，豈生生之大始乎！有木而後有車，有土而後有器，車器生於木土，爲所生者爲之始。揉之斲之〔三〕，埏之埴之，車器乃成，而後人乃得之。既成既得，物之利用者也，故曰「利物和義」。成得之未敗失者，利物之義也。

夫一陰一陽之始，方繼乎善，初成乎性，天人授受往來之際，止此生理爲之初始，故

〔一〕程傳於大有象傳下曰：「元者，物之先也。物之先豈有不善者乎？事成而後有敗，敗非先成者也；興而後有衰，衰固後於興也；得而後有失，非得則何以有失也？至於善惡、治亂、是非，天下之事莫不皆然，必善爲先，故文言曰『元者善之長也』。」朱子語類卷五十九亦載：「程子曰：『天下之理，原其所自，未有不善。』易傳曰：『成而後有敗，敗非先成者也；得而後有失，非得何以有失也？』便説得有根源。」

〔二〕「已」，底本原作「矣」，今據嶽麓本改。

〔三〕「揉之斲之」，嶽麓本作「操之斷之」。今按：當作「揉之斲之」，荀子「揉以爲輪」是也。

推善之所自生，而贊其德曰「元」。成性以還，凝命在躬，元德紹而仁之名乃立。天理日流，初終无間，亦且日生於人之心。惟嗜欲薄而心牖開，則資始之元，亦日新而與心遇，非但在始生之俄頃。而程子「雞雛觀仁」之説〔二〕，未爲周偏。要其胥爲所得所成之本原，而非從功名利賴之已然者争敗失之先，則一也。〔三〕

意者立成敗得失之衡，以破釋氏之淫辭邪？則得之爾矣。釋氏之言，銷總、別、同、異、成、壞之六相，使之相參相入，而曰「一念緣起無生」〔三〕。蓋欲齊成敗得失於一致，

〔二〕　二程遺書卷三：「觀雞雛。此可觀仁。」船山思問録内篇曰：「程子曰『雞雛可以觀人』，觀天地化機之仁也。君子以之充仁之用而已。」此亦謂程子但觀其始善，而君子之要在推擴之也。

〔三〕　按，此段及下段第一句意不易明，今試爲之釋：船山的觀點爲「性日生日成」，亦即天所賦予人者，非但僅僅在開始出生之時；而程子「雞雛可以觀仁」則是以元、善、仁僅僅在初生之時，故此説不周遍。然程子「雞雛」之説與「原其所自，未有不善」之説，皆以創始之仁爲成物、得物之本原（有此元仁之德而後自然有功有利），不由後來的功利來推美元仁（這樣便把元仁看作是功利的）。然而程子還有「成而後有敗，敗非先成者也；有得而後有失，非得而何以有失也」的説法（「立成敗得失之衡」），推想程子這樣説，大概是爲了破斥佛教把成敗得失都看作是空的論調吧。在破斥佛教上，這種説法還是可以的。程子的兩種説法「雞雛觀仁」和「成而後有敗」，層次是不同的。

〔三〕　六相圓融，此華嚴宗常有之説。以金獅子爲喻，金獅子是總相；獅子具足眼耳鼻舌身各根，此爲別相；五根相互依存，皆爲獅子之一部分，此爲同相；五根各不相同，是異相；五根和合而成一獅子，爲成相；五根各住自位，從分別角度看，是壞相。詳法藏華嚴一乘教義分齊章，及華嚴金師子章。李通玄新華嚴經論卷一：「作者勞而無功，不作隨緣自就。無功之功，功不虚棄；有功之功，功皆無常。多劫積修終歸敗壞，不如一念緣起無生，超彼三乘權學等見。」（大正藏，第三六册。）李通玄之意，正欲齊成敗得失而爲一。按：船山當曾研習李通玄新華嚴經論，他在周易内傳發例曾經批評李通玄以八卦方位説華嚴經。

以立真空之宗。而不知敗者敗其所成，失者失其所得，則失與敗因得與成而見，在事理之已然，有不容昧者。故獎成與得，以著天理流行之功效，使知敗與失者，皆人情弱喪之積，而非事理之所固有，則雙〔二〕泯理事，捐棄倫物之邪説，不足以立。雖然，於以言資始之「元」，則未也。

是故合成敗、齊得失以爲宗〔三〕，釋氏「緣起」之旨也；執成敗、據得失以爲本，法家「名實」之論也。執其固然，忘其所以然，而天下之大本不足以立；以成爲始，以得爲德，而生生之仁不著。吾懼夫執此説者之始於義而終於利矣。

夫功於天下，利於民物，亦仁者之所有事。而以爲資始之大用即此在焉，則「享其利者爲有德」〔三〕；亦且不知君子正誼明道之志，未嘗擯失與敗而以爲非道之存，況天之育萬物而非以爲功者哉！「元」者，仁也，「善之長」也，君子之以長人者也。成敗得失又奚

〔二〕嶽麓本所據底本無「雙」字。
〔三〕嶽麓本所據底本無「宗」字。
〔三〕史記游俠列傳：「鄙人有言曰：『何知仁義，已饗其利者爲有德。』故伯夷醜周，餓死首陽山，而文、武不以其故貶王；蹠、蹻暴戾，其徒誦義無窮。」明人文集中常引此語。

足論之有！

四

易之有位也，有同異而後有貴賤，有應感而後有從違〔二〕。若夫乾，則六陽均而成象者也。合六如一，不見其異，六均一致，不相爲感，故曰「大明終始」。終始不殊，六龍皆御矣。

惟既已成乎卦也，則亦有其序也。不名之爲貴賤，而名之曰先後。先後者時也，故曰「六位時成」。君子之安其序也，必因其時。先時不争，後時不失，盡道時中以俟命也。乃均之爲龍德，則固不可得而貴賤之。初者，時之「潛」也；二者，時之「見」也；三者，時之「惕」也；四者，時之「躍」也；五者，時之「飛」也；上者，時之「亢」

〔二〕王孝魚譯解曰：「得位爲貴，失位爲賤。位的貴賤以陰陽而分，不指位的本身而言。」（頁一二五）按：船山曰「有同異而後有貴賤」，謂有陰陽爻相雜之後，貴賤之分判乃顯也；非謂貴賤自身以當位與否言也。如内傳注「列貴賤者存乎位」曰：「『貴賤』猶言尊卑。居中及在上者爲貴，在下而不中者爲賤。居其『位』，則有其職分之所當然者也。」

也。一代之運，有建、有成、有守；一王之德，有遵養、有燮伐、有耆定〔一〕；一德之修，有適道、有立、有權〔二〕；推而大之，天地之數有子半、有午中、有嚮晦；近而取之，夫人之身有方剛、有既壯、有已衰；皆乾之六位也。故象曰「君子以自彊不息」，勉以乘時也。

然則初之「潛龍」，其異於蠱之「高尚」、遯之「肥」，明矣。大王翦商以前，公劉遷豳以後，周之潛也〔三〕。十三年之侯服，武之潛也〔四〕。而不特此，禮所自制，樂所自作，治所自敷，教所自立，未有事而基命於宥密〔五〕，終日有其潛焉。有其「潛」，所以效其

〔一〕 詩周頌酌：「於鑠王師，遵養時晦，時純熙矣，是用大介。」朱子集傳：「遵，循……言其初有於鑠之師而不用，退自循養，與時皆晦。既純光矣，然後一戎衣而天下大定。後人於是寵而受此蹻蹻然王者之功。其所以嗣之者，亦維武王之事是師爾。」詩大雅大明：「篤生武王，保右命爾，燮伐大商。」毛傳：「篤，厚；右，助；燮，和也。」孔疏：「遂命汝武王，使汝協和其伐大商之事，當靖以待時，天道協會而後伐之，言其伐又爲天助也。」詩周頌武：「嗣武受之，勝殷遏劉，耆定爾功。」集傳：「皇，大；遏，止；劉，殺；耆，致也。」

〔二〕 論語子罕：「子曰：『可與共學，未可與適道。可與適道，未可與立。可與立，未可與權。』」

〔三〕 詩魯頌閟宮：「后稷之孫，實維大王，居岐之陽，實始翦商。」鄭箋云：「翦，斷也。大王自豳徙居岐陽，四方之民咸歸往之。於時而有王迹，故云是始斷商。」又詳史記周本紀。

〔四〕 尚書泰誓：「惟十有三年春，大會於孟津。」武王伐紂，史記、書序以爲在十一年，劉歆、孔傳以爲十三年。船山從泰誓，以爲繼位後之十二年起兵，十三年而克。詳其尚書稗疏「惟十有三年」條。伐紂之前，武王則以諸侯服事殷也。

〔五〕 詩周頌昊天有成命：「成王不敢康，夙夜基命宥密。」毛傳：「基，始。命，信。宥，寬。密，寧也。」鄭箋云：「不敢自安逸，早夜始順天命，不敢解倦，行寬仁安静之政以定天下。寬仁所以止苛刻也，安静所以息亂也。」

「見」也。

若秦之王也，穆、康以來，獻、武以降，汲汲於用以速其飛，而早已自處於亢。當其潛而不能以潛養之，則非龍德矣。非龍德而尸其位，豈有幸哉！〔二〕故初之「勿用」，天所以敦其化，人所以深其息。故曰「君子以成德爲行，日可見之行」，此之謂也。

五

天以不遠物爲化，聖人以不遠物爲德，故天仁愛而聖人忠恕。未有其德，不能無歉於物；有其德者，無所復歉於己。初之爲潛，龍德成矣。龍德成而有絶類於愚賤之憂，則大而化者二之功，邇而察者將毋爲二之所不屑〔三〕也？雖然，彼龍者豈離田以自伐其善哉！

〔二〕王孝魚譯解曰：「這一段忽然談起秦國的歷史，而結尾又説，不夠龍德而居龍位，必無好的結果，細翫文情，是在借題發泄他對滿清命運的預斷，以此來鼓勵桂王君臣們，不要在强敵之前氣餒志沮。」（頁二九）他又解「異於蠱之高尚」謂「勸告桂王左右臣子，不可因爲在勢力還小，必須潛伏準備階段，而心懷觀望，或者消極」。（頁二七）按王孝魚先生以外傳爲桂王設戒，通篇常發其意，其間有可取者，有牽强附會者。

〔三〕「屑」，嶽麓本作「用」。

故曰「見龍在田」。王道始於耕桑，君子慎於袺襘〔二〕。尸愚賤之勞，文王所以服康田也；修愚賤之節，衛武所以勤洒埽也〔三〕。故天下蒙其德施，言行詳其辨聚，坦然寬以容物，温然仁以畜〔三〕衆，非君德誰能當此哉！位正中而體居下，龍於其時，有此德矣。然則馳情於玄怳〔四〕，傲物以高明者，天下豈「利見」有此「大人」乎！

六

九四之躍，時勸之也；九五之飛，時叶之也；上九之亢，時窮之也。若其德之爲龍，

〔二〕「袺襘」，即「結襘」。左傳昭公十一年：「單子會韓宣子於戚，視下，言徐。叔向曰：『單子其將死乎！朝有著定，會有表，衣有襘，帶有結。會朝之言必聞於表著之位，所以昭事序也；視不過結襘之中，所以道容貌也。言以命之，容貌以明之，失則有闕。』」杜注：「襘，領會；結，帶結也。」此謂單子與韓宣子會盟之時，目光在帶結的下方，是不恭敬、不慎重的表現。又本書卷六：「謹於衣裳袺襘，愼於男女飲食。」

〔三〕尚書無逸：「文王卑服，即康功田功。」孔傳：「文王節儉，卑其衣服，以就其安人之功，以就田功，以知稼穡之艱難。」船山稗疏：「服，事也。……卑服，謂文王初服之卑也。」詩大雅抑：「夙興夜寐，洒埽庭内，維民之章。」毛詩序：「抑，衛武公刺厲王，亦以自警也。」

〔三〕「畜」，嶽麓本作「聚」。今按：作「畜」是，師卦象傳「君子以容民畜衆」。

〔四〕怳，同恍。淮南子原道訓「忽兮怳兮」，高誘注「無形貌也」。謂玄虚恍惚。

則均也。夫乾盡於四月而姤起焉〔一〕，造化者豈以陽之健行而怙其終哉？時之窮，窮則災矣。然而先天而弗〔二〕違，則有以消其窮；後天而奉時者，則有以善其災。故曰「擇禍莫如輕」〔三〕。知擇禍者，悔而不失其正之謂也。

朱、均之不肖，堯、舜之窮也；桀、紂之喪師，禹、湯之窮也。堯、舜不待其窮，而先傳之賢以消其窮，災不得而犯焉。禹、湯之持其窮也，建親賢，崇忠質，不能使天下无湯、武；而非湯、武，則夏、商不亡，終不喪於「夷狄」〔四〕、盜賊之手。景亳之命〔五〕，宗周之步〔六〕，猶禹、湯晉諸廷而授之矣〔七〕。

三代以下，忌窮而悔，所以處「亢」者失其正也，而莫災於秦、宋之季。秦祚短於再

〔一〕船山此處還用十二消息遞爲消長之説；到了雜卦傳的注釋，却對於十二消息卦進行批判，可見外傳非一時卒就之書。

〔二〕「弗」，嶽麓本作「勿」。

〔三〕國語晉語六，范文子曰：「擇福莫若重，擇禍莫若輕。」

〔四〕此處「夷狄」及下「非類」「夷狄」「交於中國」，原作白框，據嶽麓本補。

〔五〕成湯作湯誥。書序：「湯既黜夏命，復歸於亳，作湯誥。」

〔六〕武王伐紂也。武成：「惟一月壬辰，旁死魄。越翼日，癸巳，王朝步自周，於征伐商。」

〔七〕謂湯、武雖以武力取代夏、商而興；但也好像是禹、湯把天下交給他們（禹把夏朝交給湯；湯把天下交給周武王）。

傳，宋寳淪於［非類］。彼蓋詹詹〔一〕然日喪亡之爲憂，而罷諸侯，削兵柄，自弱其輔，以延盜賊、［夷狄］而使乘吾之短垣。逮其末也，欲悔而不得，則抑可爲大哀也已。嗚呼！龍德成矣，而不能不亢，亢而不能不災。君子於乾之終，知姤之始，亦勿俾羸豕之蹢躅［交於中國］哉〔二〕！

七

天積日以爲歲功，歲功相積而德行〔三〕其中。然期三百六旬之中，擅一日以爲之始，則萬物聽命於此一日，德以有繫而不富矣。且一日主之，餘日畔之；一日勤之，餘日逸之。其爲曠德，可勝言哉！

〔一〕莊子齊物論「小言詹詹」，釋文引李頤曰「小辯之貌」。

〔二〕姤卦初六：「繫于金柅，貞吉。有攸往，見凶，羸豕孚，蹢躅。」此則以夷狄爲羸豕，表達了船山强烈的厭惡之情。船山此説，又見黄書古儀。比如他説：「生民以來未有之禍，秦開之而宋成之也。是故秦私天下而力克舉，宋私天下而力自詘。禍速者絶其胄，禍畏者喪其維，非獨自喪也，抑喪天地分建之極。」

〔三〕嶽麓本「行」後有「乎」字。

夫「用九」者，天行之健，不得不極，故其策二百一十有六，自冬至子初授一策，以極於大暑後之四日〔一〕，夏功成，火德伏，而後天之施乃訖焉。則前乎此者，雖夏至當上九之亢〔二〕，而乾行固未息也。故坤不逮期之半，而乾行過之。其剛健精粹，自彊不息者，六爻交任其勞而不讓，二百一十六策合致其能而不相先。群龍皆有首出之能，而無專一之主，故曰「天德不可爲首」，明非一策一爻之制命以相役也。

然則一元之化，一代之治，一人之生，一善之集，一日之修，一念之始，相續相積，何有非自彊之時？可曰「得其要而不勞，擇其勝而咸利」乎？故論必定於蓋棺〔三〕，德必馴於至極，治必臻〔四〕於絫仁。用九之吉，吉以此爾。

〔一〕繫辭傳謂「凡三百有六十，當期之日」，故船山以一策當一日。乾一爻三十六策，六爻凡二百一十六策，即二百一十六日。冬至一陽生，爲陽長之始，故自冬至節始，凡經二百一十二日，十四節氣而至大暑，第二百一十六日爲大暑之後四日。

〔二〕自大暑後四日前推至夏至，退三十四日多，以策當之，恰入上九。

〔三〕「棺」，嶽麓本作「椁」。

〔四〕「臻」，嶽麓本作「逮」。

自老氏之學以居錞〔一〕處後，玩物變而乘其衰。言易者惑焉，乃曰「陽剛不可爲物先」〔二〕。夫雷出而荂榮，氣升而灰動〔三〕，神龍不爲首而誰爲首乎？德不先剛，則去欲不淨；治不先剛，則遠佞不速。婦乘夫，臣干君，「夷凌」〔四〕夏，皆陽退聽以讓陰柔之害也，況足以語天〔五〕德乎！

八

「知至至之，知終終之」。大哉！易不言中而可繹〔六〕矣。夫離「田」而上即「天」也，

〔一〕淮南子原道訓：「錞之與刃，刃犯難而錞無患者，何也？以其託於後位也。」高注：「錞，干戈之錞也，讀曰頓。刃，矛戈之刃也。刃在前，故犯難；頓在後，故以無患。」

〔二〕此處在批評朱子。周易本義於「天德不可爲首」下注謂：「言陽剛不可爲物先。」

〔三〕禮記月令「孟春之月，律中大蔟」，鄭玄注：「律，候氣之管，以銅爲之。中，猶應也。孟春氣至則大蔟之律應，應謂吹灰也。大蔟者，林鐘之所生三分益一，律長八寸，凡律空圍九分。周語曰：『大蔟所以金奏，贊陽出滯。』」疏：「蔡邕云：『以法爲室三重，户閉，塗釁必周，密布緹縵，室中以木爲案，每律各一案，内庳外高，從其方位加律，其上以葭灰實其端。其月氣至，則灰飛而管通。』」陽氣先至而後灰動，是亦陽唱陰和也。

〔四〕「夷凌」原作白框，據嶽麓本補。

〔五〕「天」，嶽麓本所據抄本原作「夫」。

〔六〕「繹」，嶽麓本作「擇」。今按：當作「繹」，作「擇」頗不辭。

離「天」而下即「田」也。出乎田，未入乎天，此何位乎？抑何時乎？析之不容毫髮，而充之則肆其彌亘。保合之爲太和；不保不合，則閒氣乘，而有餘、不足起矣。乘而下退，息於田而爲不足；乘而上進，與於天而爲有餘。不足則不可與幾，有餘則不可與存義。勉其不足之謂文，裁其有餘之謂節。節文著[一]而禮樂行，禮樂行而中和之極建。是故幾者所必及也，義者所必制也。人爲之必盡，一閒未達而功較密也。天化之無方，出位以思而反失其素也[二]。舍愚不肖之偷，而絶賢知之妄，日夕焉於斯，擇之執之，惡容不「乾乾」「惕若」哉！

夫九三者功用之終，過此則行乎其位矣[三]。功用者我之所可知，而位者我之所不可知也。功用者太和必至之德，位者太和必至之化也。德者人，化者天。人者我之所能，天者我之所不能也。君子亦日夕於所知能，而兢兢焉有餘、不足之爲憂；安能役心之察察，

[一]「著」，嶽麓本作「具」。

[二] 下文曰「德者人，化者天。人者我之所能，天者我之所不能也」，天化爲人所不可知不可變，故此謂之「無方」。艮卦之象傳曰「君子以思不出其位」，中庸曰「君子素其位而行，不願乎其外」。

[三] 乾坤二卦，内卦爲德，外卦爲位，又見後坤卦第一節。

强數之冥冥者哉？此九三之德，以固執其中，盡人而俟天也。若釋氏之教，以現在爲不可得，使與過去、未來同消歸於幻妄，〔二〕則至者未至，而終者杳不知其終矣。君子服膺於易，執中以自健，舍九三其孰與歸！

坤

一

太極動而生陽，靜而生陰。動者至，靜者不至。故乾二十四營而皆得九，九者數之至也；坤二十四營而皆得六，六者數之未至也。數至者德亦至，數未至者德有待矣。德已至，則不疾不速而行固健；德有待，則待勸待勉而行乃無疆。固健者不戒而行，調其節而善之，御之事也；无疆者從所御而馳焉，馬〔三〕之功也。天以氣而地以形，氣流而不倦於

〔二〕金剛經佛對須菩提說「過去心不可得，現在心不可得，未來心不可得」。
〔三〕抄本作「行」，嶽麓本改從金陵本。

施，形累而不捷於往矣。陽以樂而陰以憂，樂可以忘其厲而進，憂足以迷其方而退矣。則坤且凝滯褎〔一〕回，而幾無以荷承天之職也。故易之贊坤，必贊其行焉〔二〕。

夫坤何爲而不健於行也？流連其類而爲所繫也。西南者，坤之都也，隓山峻巘〔三〕之區也，據中國言之。君子之言，言其可知者而已。〔四〕坤安其都而莫能遷矣；自然不能遷。且乾氣之施左旋，自坎、艮、震以至於離，火化西流以養子而土受其富〔五〕，則坤又靜處而得隕天

〔一〕抄本作「衰」，嶽麓本改從金陵本。

〔二〕即彖傳所謂「牝馬地類，行地无疆」。王孝魚譯解曰：「這篇文字，完全在勸導鼓勵坤趕快行動起來，捨弃西南，前往東北，割斷私朋，陽剛獨斷，因而奮發有爲，以便終於可以承受天慶天命的自然到來。反復翫索，此文必與當時實際情況深深有關……船山作外傳之時，正是桂王還在安隆身不自由之際。以地勢言，孫可望勢力範圍之内的貴州及安隆在西南，而李定國的柳州、桂林則在其東北，船山怎不熱烈希望桂王剛毅自果決，擺脱私朋，捨弃了西南而去依附在其東北的李定國呢？」（頁四三）按：以此處西南、東北之説暗寓永曆帝之事，可謂巧思；然孫可望、李定國皆在西南之域，且永曆帝爲孫可望所控制，非不欲果決而擺脱，乃身不由己也。船山外傳雖求致用，然不必眼界如此之小。他作章靈賦，拒絶友人往孫可望處的邀請，幽隱之志益堅，此後論理論事，皆在大處著眼。此處的西南、東北，如果必比附當時的政治形勢，則可視爲船山爲永曆朝廷所作規劃：勿安於西南之地，當徐圖淺近，由西南而掃平南方，進而克復北方，光復河山，建立大業。

〔三〕巘，廣韻「山峰」。

〔四〕由此可見，船山對於地理的了解，不局限於中國。此時傳教士西來，天文曆算地理知識亦隨之而入，船山有相當的了解。思問録外篇曾經論西人曆法的優劣。

〔五〕火生土，故火爲母而土爲子；離火正南，坤土西南，故曰「火化西流」。

之福〔一〕矣。其隨天行以終八位而與天合者，兑之一舍而已，又祇以養其子也。土生金。天下有仰給於彼，自保其朋，飲食恩育，不出門庭而享其宴安者，足以成配天之大業者哉？

是故君子之體坤也，乾化旋而左，則逆施而右以承之。其都不戀，其朋不私，其子不恤，反之於離以養其母，凡四舍而至於東北之艮〔二〕。艮者，一陽上止，閡（坤）〔陰〕〔三〕而不使遂者也。坤至是欲不棄其懷來〔四〕而不得矣。

夫陽之左旋也，艮抑陰而止之，震襲陰而主之，離閑陰而窒之，將若不利於陰，而陰且苦其相遇而不勝。然閑之使正，襲之使動，抑之使養其有餘，則亦終大造於陰。故隕天之福爲陰慶者，非陰所期也，而實甘苦倚伏之自然。使陰憚於行而懷土眷私，僅隨天以西（旋）〔施〕〔五〕於兑，亦安能承此慶於天哉？則坤之「利牝馬」者，利其行也；君子之以

〔一〕隕天之福，天所降施意外之福。姤九五「有隕自天」，程傳曰「猶云自天而降」，内傳曰「容蓄裁成之功自天隕，而得之意想之外」。

〔二〕四舍，指離、巽、震、艮。

〔三〕「陰」，金陵本原作「坤」，今據嶽麓本改。

〔四〕斥兑而言，上文所謂坤之子。

〔五〕「施」，金陵本原作「旋」，今據嶽麓本改。今按：前面説君子體坤當「逆施」，此處則斥其順施於兑，故當作「施」。

「喪朋」爲慶者，慶其行也。

夫地道右轉，承天之施，以健爲順，蓋亦坤德之固然。而易猶申之以戒者，爲「君子攸行」言之也。六三之「或從王事」，義猶此爾。内卦體具而坤德成矣，猶乾德之成於「乾乾」，「至」至此而「終」終此也〔一〕。四以上，坤之時位矣。〔二〕

二

氣數非有召而至〔三〕，陰陽不偏廢而成。然則易言〔四〕「履霜」，而聖人曰「辨之不早」。使早辨之，可令無霜而冰乃不堅乎？則可令大化之有陽而無陰乎？

曰：霜者露之凝也，冰者水之凝也，皆出乎地上而天化之攸行也。涸陰沍寒，刑殺萬物；而在地中者，水泉不改其流，草木之根不替其生，蟄蟲不傷其性，亦可以驗地之不

〔一〕前文云：「夫九三者功用之終，過此則行乎其位矣……功用者太和必至之德，位者太和必至之化也。」
〔二〕乾坤二卦，内卦爲德，外卦爲位，又見前乾卦第八節。
〔三〕不因人之召呼與否而爲去來，謂自然而來也。
〔四〕「言」，嶽麓本作「曰」。

成乎殺矣。天心仁愛，陽德施生；則將必於此有重（佛）［拂］〔一〕其性情者，乃遜於空霄之上，潛於重淵之下，舉其所以潤洽百昌者聽命於陰，而惟其所制，爲霜爲冰，以剡〔二〕品彙，則陽反代陰而尸刑害之怨。使非假之（水）［冰］〔三〕以益其威，則開闢之草木，雖至今存可也。治亂相尋，雖曰氣數之自然，亦孰非有以致之哉！故陰非有罪而陽則已愆，聖人所以專其責於陽也。

先期不聽於子羽，則鍾巫不弑。爵禄不偏於宋公，則子罕不僭。宫中无「二聖」之稱，則武曌不能移唐。燕、雲無借師之約，則完顏、蒙古不能蝕宋。〔四〕陰之干陽，何有不

〔一〕「拂」，金陵本作「佛」，今據嶽麓本改。

〔二〕「剡」，嶽麓本作「戕」。

〔三〕「冰」，金陵本作「水」，今據嶽麓本改。

〔四〕左傳隱公十一年：「羽父請殺桓公，將以求大宰。公曰：『爲其少故也，吾將授之矣。使營菟裘，吾將老焉。』羽父懼，反譖公於桓公而請弑之……十一月，公祭鍾巫，齊於社圃，館於寪氏。壬辰，羽父使賊弑公於寪氏，立桓公，而討寪氏，有死者。」韓非子二柄：「子罕謂宋君曰：『夫慶賞賜予者，民之所喜也，君自行之；殺戮刑罰者，民之所惡也，臣請當之。』於是宋君失刑而子罕用之，故宋君見劫。」此事又見韓詩外傳卷七、説苑君道。武則天之事，見舊唐書則天皇后本紀、資治通鑑唐紀十七麟德元年。燕雲借師，謂石敬瑭借契丹兵也，見舊五代史晉書高祖紀。自是以後，北宋欲借金兵以攻契丹而北宋亡於金人；南宋欲合蒙古以抗金而南宋亡於蒙古。讀通鑑論卷十九：「唐起兵而用突厥，故其後世師之用回紇以誅安史，用沙陀以破黄巢。而石敬瑭資契丹以篡奪，割燕雲、輸歲幣，亟病中國而自絶其胤。乃至宋人資女真以滅遼，資蒙古以滅金，卒盡淪中原於夷狄，禍相蔓延，不可復止。」

自陽假之哉！辨之早者，自明於夫婦、君臣、「夷夏」〔二〕之分數，自盡焉而不相爲假也。〔三〕

三

乾之九五，乾之位也；坤之六五，坤之位也。五〔三〕位正而坤道盛、地化光，故乾言「造」而坤言「美」，皆極其盛而言之也。

何以效之？「乾知大始，坤作成物」。因乎有者不名「始」，因乎无者不名「成」〔四〕。因乎无而始之，事近武，非天下之至健不能特有所造；因乎有而成之，事近文，非天下之至順不能利導其美。夫坤之爲美，利導之而已矣。利導之而不糅雜乎陽以自飾，至於履

〔二〕「夷夏」原作白框，據嶽麓本補。

〔三〕這一節大意：天地間不能只有陽、没有陰；禍亂雖然由陰來引起，但陰的作亂，要憑藉陽借給他的力量和名義、權勢，所以動亂的最終責任還是在陽。好比太平之世也有小人、夷狄，他們構不成危害；但如果統治者將權柄借給他們，則會釀成禍亂。

〔三〕「五」，嶽麓本作「坤」，有校。

〔四〕乾自無而創有；坤自始有而成就其有。

位以〔一〕正，而遂成乎章也。則蚑者、蝡者、芽者、荂者，〔二〕五味具，五色宣，五音發，殊文辨采，陸離斒〔三〕爛，以成萬物之美。雖然，凡此，皆出乎地上以歸功於天矣。若其未出乎中，而天不得分其美者，坤自含其光以爲黄。玄色沖而黄色實，玄色遠而黄色近。實者至足者也，近者利人者也，「含萬物」者在此矣。若是者謂之至美。以其麗乎玄而無慚也，故言乎「黄」；以其不炫乎表以充美也，故言乎「裳」。順道也，實道也，陰位之正也。聖人體之，故述而不作，以興禮樂而成文章，則成〔四〕以順而美有實，亦可以承天而履非位之位矣。六五陰不當位。

然則黄者言乎文也，裳者言乎中也〔五〕。不在上而當人中。以黄爲中，是地與青、赤、白、黑〔六〕争文，而不足以配天；以裳爲下，是五與初、二、三、四齊秩，而不足以居正。子服

〔一〕「以」，嶽麓本作「已」。
〔二〕蚑，説文「行也」。「蝡」，通「蠕」。「荂」，通「華」。
〔三〕斒，通斑，玉篇「斒爛，文也」。
〔四〕「成」，嶽麓本作「承」。
〔五〕此本象傳「黄裳元吉，文在中也」。
〔六〕「白、黑」，嶽麓本作「黑、白」。

椒因事偶占，不足據爲典要也〔二〕。

屯

一

夫有其性者有其情，有其用者有其變。極陰陽之情，盡九、六、七、八之變，則存乎其交矣。剛柔之始交，震也；再交，坎也。一再交而卦興，陽生之序也，故屯次

〔二〕左傳昭公十二年記此事：「南蒯之將叛也……枚筮之，遇坤之比，曰「黃裳元吉」，以爲大吉也，示子服惠伯曰：「即欲有事，何如？」惠伯曰：「吾嘗學此矣，忠信之事則可，不然必敗。外强內溫，忠也。和以率貞，信也。故曰『黃裳元吉』。黃，中之色也。裳，下之飾也。元，善之長也。中不忠，不得其色。下不共，不得其飾。事不善，不得其極。外內倡和爲忠，率事以信爲共，供養三德爲善，非此三者弗當。且夫易不可以占險，將何事也？且可飾乎？中美能黃，上美爲元，下美則裳，參成可筮。猶有闕也，筮雖吉，未也。」按：子服惠伯對「黃裳元吉」的解釋影響很大，王弼、程伊川、朱子都用其說。（如周易本義說：「黃，中色；裳，下飾。」）但是黃訓中，裳訓下，與象傳「文在中也」不太協調；且以裳爲下，與五位尊貴不合。所以一定要把「黃」解釋爲「文」，把「裳」解爲「中」、「內」纔協調。所以稗疏糾正説：「本義云：『黃，中色；裳，下飾。』然則象傳所云『美在中』者，黃爲中，豈裳爲美乎？衣裳之制，衣上揜裳際，復有韍佩帶紳加其上，是衣著於外，裳藏於內，故曰『在中』。黃裳者，玄端服之裳，自人君至命士皆服之，若下士則雜裳不成章美，故以黃爲美飾。五位中而純陰不雜以居之，斯以爲在中之美也。」

乾坤〔一〕。

於其始交，以剛交柔，不以柔交剛，何也？陰陽之生萬物，父爲之化，母爲之基。基立而化施，化至而基凝，基不求化而化無虚施。所以然者：陰虚也，而致用實，形之精也；陽實也，而致用虚，性之神也。〔二〕形之所成斯有性，情之所顯惟其形。故曰：「形色，天性也，惟聖人然後可以踐形。」〔三〕陽方來而致功，陰受化而成用。故乾言「造」，坤言「正位」〔四〕；造者動，正位者静〔五〕。動繼而善，静成而性，故曰「人生而静，天之性也」。繇此言之，動而虚者必凝於形器之静實。陽方來而交陰，爲天地之初幾，萬物之始兆，而屯紹乾坤以始建，信矣。

〔一〕就八經卦而言，乾一索而得震卦（即一交），再索而得坎卦（即二交），震坎交而成屯。震爲始交而在下，坎爲再交而在上。

〔二〕「致用」，金陵本原作「用致」，今據嶽麓本改。船山行文多有「致用」二字，當作「致用」。

〔三〕出孟子盡心上。

〔四〕乾象傳：「飛龍在天，大人造也。」坤文言傳：「君子黄中通理，正位居體。」

〔五〕「大人造也」，孔疏：「造，爲也，唯大人能爲之而成就也。姚信、陸績之屬皆以『造』爲造至之『造』，今案象辭皆上下爲韻，則姚信之義其讀非也。」本義：「造，猶作也。」訓作、訓至，皆有動意。

乃爲玄之言者，謂陰不盡不生〔一〕；爲釋之言者，謂之六陰區宇而欲轉之〔二〕。則浮寄其孤陽之明，銷歸其已成之實，殄〔三〕人物之所生，而別有其生。玄謂之「刀圭入口」，釋謂之「意生身」〔四〕。摶陽爲基，使陰〔五〕入而受化，逆天甚矣〔六〕。

夫陽主性，陰主形；理自性生，欲以形開。其或冀夫欲盡而理乃孤行，亦似矣〔七〕。然而天理人欲同行異情，異情者異以變化之幾，同行者同〔八〕於形色之實，則非彼所能知也。

〔一〕太玄文：「陰不極則陽不生。」

〔二〕六陰者，摩訶止觀卷五及宗鏡録卷七十六皆載：「正法念經云：『如畫師手，畫出五綵，黑、青、赤、黄、白、白白。畫手譬心，黑色譬地獄，青譬鬼，赤譬畜，黄譬脩羅，白譬人，白白譬天。此六種陰，止齊界内。』若依華嚴經云，『心如工畫師，畫種種五陰，界内界外一切世間中，莫不從心造。』」釋氏以六陰之區域皆由意生，然此皆虚妄不實，故欲轉識成智。

〔三〕「殄」，嶽麓本作「於」。依文義，作「殄」是。

〔四〕刀圭入口，道教煉丹家術語。俞琰周易參同契發揮注「服之以一九，刀圭最爲神」曰：「所謂刀圭者，刀頭圭角些子爾，及其成功則千變萬化，妙不可測，非旁門小術可得而擬論也，稱之爲神，宜哉！」唐人吴筠宗玄集形神可固論：「制伏水銀，而爲金丹。刀圭入口，天地齊年。」明代涵蟾子諸真玄奥集成卷五：「十月温養功成之後，金丹成就，吞入已腹，化凡軀以成真人也。」此謂至神之刀圭丹藥可令凡軀脱胎换骨。此與釋氏之以意識生起身軀，皆是以神爲本而生形也。

〔五〕「陰」，嶽麓本作「陽」。依文義，作「陰」是。

〔六〕刀圭、意爲陽，身軀爲陰。軀體本當静而待意、神之來施化，釋老則以神、意爲本爲體而令身軀來受化，此所以逆天也。

〔七〕此句謂：二氏以欲滅而仍有理在，似是也。

〔八〕抄本「同」後有「行」字，嶽麓本據金陵本删。

在天爲理，而理之未麗於實則爲神，理之已返於虚則爲鬼。〔一〕陽無時而不在，陰有時而消。居陽以致陰，則鬼神而已矣，既已爲人而得乎哉？故屯者，人道也；二氏之説，鬼道也。以屯紹乾坤之生，易之以立人道也。〔二〕

二

當屯之世，欲達其屯，則陰之聽命於〔三〕陽，必矣。而誰與命之？〔四〕將以其位，則五處天位，而初者其所建之侯也；將以其才，則震之一陽，威任起物，而五處險中，藏固而不

〔一〕理之在人身，既麗而未返之時，則謂之性。

〔二〕按：陽爲性理，陰爲形氣。既然理在氣中，性便要通過形來表現。説形氣，就不能否定情欲。在船山看來，佛教與道家，賤形氣而求孤理，是不對的。不過這裏仍需要指出的是，船山「天理人欲同行異情」之論，近代一些學者大加表彰，無非是覺得這句話與啟蒙思潮、資本主義萌芽相符合。這是不顧船山的語境，把船山等同於那些所謂的思想解放而已。船山雖然强調要肯定我們的形體、正視我們的慾望，但也正是我們身體的可貴，纔不能讓不合理的慾望糟蹋了如此高貴的身體。因爲要珍惜這個身體，更要加强道德的自我約束修養，纔能符合孟子所説的「踐形」。這與戴震等人的想法，不啻天淵。

〔三〕「於」，嶽麓本作「乎」。

〔四〕此先爲設問：初九、九五俱爲陽爻，而群陰將聽命於誰乎？

足以有爲也。然則爲之陰者，雖欲不「乘馬班如」而不得矣〔一〕。

嗚乎！聖人之以「得民」予初也，豈得已哉！五之剛健中正者，其位是也，其德是也，而時則非也。處泥中而犯宵露，酌名義以爲去留，二雖正以違時，四雖吉而近利矣〔二〕。違時者以難告，近利者以智聞。挾震主之威者，乃引天時，徵人事，曰「識時務者在乎俊傑」，「從吾遊者，吾能尊顯之」，則二安得不以頑民獨處其後邪？〔三〕此子家羈所以消心於返國，司空圖所以僅託於巖棲也〔四〕。

〔一〕群陰遲疑猶豫，不知道聽從於九五還是初九。

〔二〕初九是諸侯之象，被稱作「大得民也」。但這只是九五不得已的辦法。也就是説，初九是强勢的諸侯霸主，九五雖貴爲天子，位置尊貴而正當，但時勢已不在九五。正因如此，六二雖然得正居中，且最後還是前往響應九五，但是過了很長時間，所以爻辭有「十年乃字」的説法，這大概是爲初九所阻礙了。六四也得正，而且也前往與初九應和（初九是六四的正應），獲得了吉的結果，但總是有功利的想法纔去應和，所以爻辭纔説「无不利」。二爲了九五，在艱難困苦中等待了很長時間（十年乃字），所謂「微君之故，胡爲乎中露」「微君之躬，胡爲乎泥中」；六四則心眼活泛，思考比較去留的名義等，所謂「酌名義以爲去留」。

〔三〕這一段，大概有船山自身處境的寄託。當永曆政權被清軍打壓，岌岌可危之際，孫可望的大西政權表示願意接納，孫可望甚至還將永曆帝劫到貴州。而後李定國東征，兵復衡陽。船山的朋友曾邀請他去大西軍中爲南明效力，但船山占筮之後，認爲孫可望實爲陰險狡詐之徒，不可從，最終決定歸隱，作章靈賦明志。

〔四〕魯昭公用郈氏之言，欲除去季氏；子家羈諫之，不從。昭公敗，被逐出魯（見左傳昭公二十五年）。昭公薨於晉，季氏欲子家羈返魯國從政，子家羈不從（見左傳定公元年）。黃巢亂後，藩鎮割據，司空圖但隱於王官谷（見新唐書列傳一一九）。

三

畜之極，「亨」也；否之極，「傾」也；賁之極，「白」也；剥之極，「不食」也；睽之極，「遇雨」也。然則屯極而雷雨盈，雷雨盈而草昧啟。上六曰「乘馬班如，泣血漣如」，屯將無出難之望乎？曰：時可以長者，上也；不可長者，上六之自爲之也。

且夫屯雖交而難生，然物生之始，則其固有而不得辭者矣。一陽動於下，地中之陽也。自是而出震入坎之交，物且冒土而求達。乃離乎地中，出乎地上者無幾也。水體陽而用陰，以包地外，物之出也必涉焉。出而暢也[一]，則千章之繇條[二]，无所禁其長矣。出而猶豫衺回以自阻也，則夭折而不可長。故方春之旦，雷發聲，蟄蟲啟，百昌將出，必有迅風、疾雨、驟寒以抑勒之，物之摧折消阻者亦不可勝道。非資乎剛健，見險而不朒[三]者，固不足以堪此。

[一] 「也」，嶽麓本作「矣」。
[二] 史記貨殖列傳「山居千章之林」，千章，猶千棵也。尚書禹貢：「厥草惟繇，厥木惟條。」孔傳：「繇，茂；條，長也。」
[三] 朒，玉篇曰「縮朒，不寬伸之貌」。

上六與坎爲體，與五爲比，借五之尊，資陽之力，誰足以禁其長者？而柔不知決，其「乘馬班如」，猶二、四也，於是而不能出，則竟不出矣。猶乎發土而遇寒雨，乃更反而就暵於地中之陽，首鼠狐疑，楚囚對泣，將欲誰怨而可哉！

嗚乎！二、四之馬首不決於所從者，在坎中而畏險，人情之常也。上出乎險而遠乎初矣，然且棲遲迷留，頓策於歧路，夫何爲者？甚哉，初九淫威孔福之動人也！震主而疑天下之心，五雖欲光其施，豈可得哉！唐文、周墀所爲灑涕於一堂也〔二〕。周衰而萇弘誅，漢亡而北海死〔三〕。雖壯馬難拯，而弱淚不揮，非所望於愞夫之激已。〔三〕

〔二〕唐文宗大和九年（八三五），謀與李訓、鄭注等誅除宦官勢力，事敗，此即「甘露之變」。自此文宗被宦官控制，抑鬱終日。資治通鑒唐紀六十二載：「上疾少間，坐思政殿，召當直學士周墀，賜之酒，因問曰：『朕可方前代何主？』對曰：『陛下堯舜之主也。』上曰：『朕豈敢比堯舜？所以問卿者，何如周赧、漢獻耳。』墀驚曰：『彼亡國之主，豈可比聖德！』上曰：『赧、獻受制於彊諸侯，今朕受制於家奴。以此言之，朕殆不如。』因泣下霑襟。墀伏地流涕。自是不復視朝。」

〔三〕左傳哀公三年：「周人殺萇弘。」吕氏春秋孝行覽：「萇弘死，藏其血三年而爲碧。」北海，孔融也，嘗爲北海相。

〔三〕王孝魚譯解以此節爲孫可望殺嚴起恒等忠良二十餘人的密敕案而發（頁五二）。今按此節隱喻，上六爲暗弱之永曆帝，初九爲狠鷙之孫可望，九五爲奮發之臣李定國；不必局限於孫可望挾持永曆帝時殺死嚴起恒一事。

一　蒙

震、坎、艮，皆因乎地以起陽者也。初陽動乎地下，五陽次進而入乎地中，故乾坤始交而屯，綜而爲蒙之象〔一〕。陽自初而進二，自五而進上，則屯進而爲蒙，天造之草昧成矣〔二〕。天包地外，地在水中〔三〕。離乎地，未即乎天，故屯止於坎〔四〕；沐乎水，即〔五〕隮乎山，故蒙成於艮也。

〔一〕「初陽動乎地下」，謂屯之内卦震也；「五陽次進而入乎地中」，謂屯之上卦坎也。乾坤相交（一索、兩索）以生震、坎，而震、坎相重爲屯，故曰「乾坤始交而屯」。「綜」，即孔穎達所謂「覆」，屯、蒙之類是也；「錯」，即孔氏所謂「變」，乾、坤之類是也。

〔二〕蒙自屯變來，其途有二：一者，覆屯而爲蒙；二者，屯之九二、九五二陽爻各進一位。屯者，天造草昧之時；既進，則造物已成而猶蒙昧之時也。

〔三〕這是古渾天家的宇宙觀。張衡渾儀注曰：「渾天如雞子。天體圓如彈丸，地如雞子中黄孤居於天内，天大而地小。天表裏有水，天之包地，猶殼之裹黄。天地各乘氣而立，載水而浮。」船山曾經比較蓋天、渾天及西人利瑪竇之説，而主張渾天，見思問録外篇。

〔四〕坎，指水。船山的宇宙模式，自下而上四個層次：地、水、山、天。

〔五〕「即」，嶽麓本作「遂」。

當其爲屯，不能自保其必生，故憂生方亟，求於陽者，草昧之造也；而有生以後，堅脃良楛〔一〕，有不暇計者焉。逮其爲蒙，能自保其生矣，則所憂者，成材致用之美惡，求於陽者，養正之功也；姑息之愛，呴〔二〕沫之恩，非所望矣。

夫以生求益〔三〕者，待命於人，而得膏粱焉。以養正求益者，待命於人，而得藥石焉。其待命於人，均也，而所得則別。求膏粱者，於生爲急，而急則或墮其廉恥；求藥石者，於生若緩，而緩則自深其疢疾。聖人以愚賤之廉恥爲憂，而深恤其疢疾，故屯以愼於所求爲貞，而蒙以遠於所求爲困〔四〕。

且以膏粱養物〔五〕者，市恩之事；以藥石正物者，司教之尊。恩出自下，則上失其位；教行於下，必上假其權。懼屯五入險而失位，故授之以建侯之柄；幸蒙五之〔六〕順陽而假權，故告

〔一〕楛，音互。荀子勸學楊注：「楛，與苦同，惡也。」
〔二〕「呴」，嶽麓本作「洵」。按：作「呴」是，「洵」爲水名。
〔三〕「益」，嶽麓本作「人」。根據上下文對稱結構，作「益」是。
〔四〕屯六二說：「女子貞不字，十年乃字。」蒙之六四：「困蒙，吝。」象傳曰：「困蒙之吝，獨遠實也。」
〔五〕「物」，嶽麓本作「人」。
〔六〕嶽麓本無「之」字。

之以尊師之宜。聖人之於易，操之縱之、節之宣之，以平陰陽之權，善人物之生者，至矣哉！

二

六陰六陽備，而天地之變乃盡；六位具，而卦之體已成。故卦中有陰陽，爻外有吉凶，而卦與爻受之。蒙之上九，象爲「擊蒙」，豈俯而擊下乎？方蒙而擊之，是「爲寇」，非「禦寇」也。四陰爲蒙，二陽爲養蒙之主，上將何所擊哉？〔一〕

物之用陰陽也，有過、不及。不及於陰則過於陽，不及於陽則過於陰。所過者不戢〔二〕，而傷其不及者，如是者寇生於内。陰陽之行，不爲一物而設，德於此者刑於彼，故薺麥喜霜而靡草忌夏〔三〕。况其數之有盈虚，乘〔四〕乎氣之有乖沴〔五〕，如是者寇生於〔六〕外。寇生於内

〔一〕船山取十二位嚮背之説，一卦六爻爲其顯現者，其背面復有六爻。故「擊蒙」之所擊者，背面之爻也。
〔二〕戢，小爾雅「斂也」。
〔三〕禮記月令，孟夏之月靡草死。鄭玄注：「靡草，薺、亭歷之屬。」
〔四〕「乘」，嶽麓本作「成」。
〔五〕沴，音立。文選注：「氣相傷謂之沴。」
〔六〕「於」，嶽麓本作「乎」。

者，恤其蒙而調之，道在於養，二之以「包」爲德也；寇生於外者，捍其賊蒙者而保蒙，道在於禦，上之以「擊」爲功也。

夫陰陽之刑害，日與恩德並行於天壤，而物之壯者或遇之而不傷，物之蒙者乍嬰之而即折矣。是故難起於鼎革之初寧，寒酷於春和之始復，欲盛於血氣之未定，則非擊不能禦，非禦不能包。二之中與[一]上之亢，亦相資以利用矣。不知擊者，索寇於內而誅求之迫，斯嬴政之以猜忍速亡，而入苙之招，激而使之復歸於邪也，蒙何賴焉！

需

需之爲體，六來居四，自大壯來。以尼乾行[二]，三陽聚升，欲遂不果，雖有積剛至健之才，遇險而不能不有以待之也。顧待之以「往涉大川」乎？行險阻之中而行之未順也；

[一] 嶽麓本無「與」字。

[二] 船山此時猶用卦變之説，故謂需卦從大壯來。所謂「六來居四」，大壯六五之陰爻（陰稱六，陽稱九）來居四也。大壯爲剛長之卦，四陽上息；此時六五與九四相易，則是欲阻止下面三陽的上行，所以説「六來居四，以尼乾行」。

將待之以「飲食燕〔一〕樂」乎？介將雨之際而幾恐或失也。以往涉爲功者，需而不需，束溼苟且以求其成可，爲申、商之術；以宴樂爲務者，需以爲需，守雌處錞而俟其徐清，爲老、莊之旨矣。〔二〕彖、象義殊而適從无定〔三〕，異端互託而學術以歧。君子之於需，將何所取哉？

則爲之釋曰：險易者，事也；勞逸者，勢爲之也〔四〕。險有以爲險，易有以爲易，勞有所爲勞，逸有所爲逸。其能順行而弗失者，恃有爲之主者存也。无爲之主，則進以逢咎，退以失幾。主之者存，則犯波濤而不驚，坐鳴琴而不廢。

需所恃者何也？自大壯而往，九進處乎天位也〔五〕。三陽之興也，浡然莫禦者〔六〕，其上

〔一〕「燕」，嶽麓本作「宴」。

〔二〕面對險難，有兩種應對方式：一種是應之以「利涉大川」，即不顧險難去渡過，這是應該等待的時候而不等待（「需而不需」），爲了渡過險難，不惜嚴苛，這是法家的方法；一種是應對以「飲食宴樂」，即消極等待，這是爲了等待而等待（「需以爲需」），消極靜默以等待時局自己清澈下來，這是道家的方法。漢書酷吏傳：「操下急如束溼。」顔注：「束溼，言其急之甚也。溼物則易束。」

〔三〕卦辭說「利涉大川」，是應該往前走；大象傳說「君子以飲食宴樂」，是提倡飲宴等待。所以看上去有歧義。

〔四〕審其時勢而或勞或逸也。

〔五〕大壯之九四登於五位，而成需。

〔六〕嶽麓本無「者」字。

行之勢，遇四而非其類，則乍駭而阻矣。驟而視之則陰也，徧而察之則險也〔二〕。故三以倉卒而入泥，初以逡巡而遠難。然陰雖來成其險，而不覺自失其尊；陽雖往離其朋，而遂以誕登其位〔三〕。夫方以類聚，氣以同求。五即與四、上爲體乎？然其所永好以同功者，三陽其夙侶也〔三〕。入其中，履其位，操彼之生死而招我之儔伍〔四〕，則孚可任而貞可恒，五之足恃以爲主，决矣。

故二「有言」而「終吉」，三「寇至」而「不敗」，得主而行乎險，猶不險也。可以勞，勞則收涉川之功；可以逸，逸則（逐）〔遂〕〔五〕宴樂之好。舟附水而利，雲依天以游，此所爲「光亨」而「貞吉」者爾。彼貿然無主而以需道行之，夫不曰需者事之賊乎？而

〔二〕需卦三陽興起，要往上走，忽然前面遇到六四，一看是陰爻，不是自己的同類，因此驚駭而停止前進；再仔細看，前面是整個的坎卦險陷。

〔三〕大壯卦六五之陰下來居四，故失其尊；九四之陽本與下三陽相比，而上居五，故離其朋。

〔三〕繫辭傳：「三與五同功而異位。」詩經木瓜：「永以爲好也。」

〔四〕彼者，四、上也；我儔，下之三陽也。

〔五〕「遂」，金陵本原作「逐」，今據嶽麓本改。

以之飲食宴樂，則叢臺〔二〕、阿房所以速亡其國，劉伶、阮籍所以疾入於狂也〔三〕。

訟

天之位乎上者，大正之位〔三〕也，然而未嘗不下濟〔四〕也。雷、火、風、澤之氣麗乎地，而時隮以應乎天。惟水不然，以下爲性，比地而必於不升，處天地之中以與天争權，則天將施於地而水競其功〔五〕，天即欲不與俱，「違行」而不得。是訟之自成，水實致之，而二何以得爲「有孚」哉〔六〕？

〔二〕漢書卷六十五東方朔傳：「靈王起章華之臺而楚民散，秦興阿房之殿而天下亂。」顔師古注：「楚靈王作章華之臺，納亡人以實之，卒有乾谿之禍也。章華臺在華容城也。」

〔三〕阮籍、劉伶飲酒而狂，世説新語多有記載。或有以爲是不得已者。

〔三〕「位」，嶽麓本作「道」。

〔四〕彖傳：「天道下濟而光明，地道卑而上行。」

〔五〕天下施其德，而水亦下施，是與天競功也。

〔六〕這是設問：二與五争訟，而卦辭、彖傳説九二「有孚」，爲什麼呢？

嘗論之：以无情〔二〕而誣上者，逆也，非訟也；訟，則有可言之情矣。氣數自然之争，豈猶夫告密投匭之小人，得已而不已者與？二之所執以爲言者，陰長而已窒其中也。勞而自矜，已而怨曰：「我之有功於天也，天其德我哉？我不來自遯來，三來居二。而天且偕以遯。我來而抑不我應，五不應二。則是我『窒惕』之勞，漠不相知，而不平之鳴惡容已邪？」怨自此興，而訟亦自此長，元咺之所以終於逋亡而不恤也〔三〕。繇是言之，直在坎而曲在乾，明矣。君子〔三〕則曰：「與其爲訟也，不如其爲遯也〔四〕。干我者吾避之，勞於我者吾所應得。」詘於不知己而伸於知己，越石父且以告絶於晏嬰〔五〕，況其在君臣父子之閒

〔二〕中庸「無情者不得盡其辭」，鄭注「情猶實也，無實者多虛誕之辭」。

〔三〕城濮之戰，衛附於楚，戰敗，衛侯鄭遂出奔楚，使元咺奉叔武以受盟。晉人使衛侯返國，衛侯前驅殺叔武。元咺乃出奔晉，訟衛侯。衛侯不勝，晉人遂執衛侯至京師。元咺返衛，立公子瑕。甯武子賄周王及晉侯，衛侯得寬恕，乃陰使人殺元咺、公子瑕而返國。事見左傳僖公二十八年至三十年。

〔三〕前文「已而怨曰」云云，乃是九二之語；此「君子」以下，乃九五所言。觀此段文字，九二、九五皆是受屈之人，特其應對有别。

〔四〕九五不與九二訟也。

〔五〕晏嬰至中牟，遇僕人越石父，晏嬰贖之，與之俱歸至越石父舍。晏嬰不辭而入，越石父怒而請絶。晏嬰使人問，越石父答曰：「士者詘乎不知己，而申乎知己，故君子不以功輕人之身，不爲彼功詘身之理。吾三年爲人臣僕而莫吾知也，今子贖我，吾以子爲知我矣。嚮者子乘，不我辭也，吾以子爲忘。今又不辭而入，是與臣我者同矣。」

乎！〔一〕故五正中位，不撓於訟而得「元吉」〔二〕，所謂「大居正而不慚」也。惟夫上九也者，可以致勝於坎者力盡而不止〔三〕，故衛鄭再歸而見絶於春秋〔四〕，訟上錫帶而三褫於大易。

嗚乎！人事之險阻出於怨望，怨望出於恩德。知恩德爲時位之當然而無功名之可恃，則險阻平於心而恩怨消於世。六三舍中位以消遯，柔以承天〔五〕，善世而不伐也〔六〕，斯足尚乎！

〔一〕船山代九五爻訴説其想法：越石父與晏嬰本爲路人，晏嬰不知其賢，越石父但避之而已，未嘗與晏嬰訟；況以父與君之尊，雖或屈於父、君，而遽可與父、君相訟乎？

〔二〕九二與争訟，九五容之，不與之争，但正己位而已。九二釋然，訟於是平，故九五不撓於訟而元吉也。

〔三〕坎與乾訟，上九處一卦之極，其可以勝坎之力已盡，然猶不知止而與坎争，其不自知亦甚矣，船山所以貶之也。

〔四〕衛成公名鄭，故曰衛鄭。周易外傳鏡詮解爲衛國與鄭國，以鄭莊公死後群公子争立之事配鄭國事，謬也。又，見絶於春秋者，爲春秋書法所不容也，鏡詮以見絶爲國衰，尤謬。春秋經僖公三十年：「衛侯鄭歸於衛。」公羊傳曰：「其言歸何？歸惡于元咺也。」春秋胡氏傳謂：「衛侯始歸而殺武叔，再歸而及公子瑕，春秋之所惡也。故再書其名，爲後世戒。」船山春秋家説則曰：「咺挾晉以亢君，受不臣之誅矣，則疑可許衛侯之殺咺矣。而咺之殺大夫，不與欒盈同科，故不許衛侯之殺咺也。夫然，故足以立好惡之權衡，而彝倫皆叙：不許國君以即夷，不許臣子以干君，不許其弟之忍於其兄，不許其君之不自返而淫刑以逞。」船山以衛侯爲惡首，叔武、元咺亦皆惡人也。衛侯之罪在於從楚夷，叔武之罪在於自立爲君，元咺之罪則在於挾晉抗君也。衛侯一返殺叔武，是也；而其再返殺元咺，累及公子瑕，罪尤不可恕。

〔五〕遯卦六二舍中位而上於三，上承上卦之乾也。

〔六〕嶽麓本無「也」字。

師

自軒轅用兵以征不服，訖乎有扈之役，帥師者皆君也。迨夫太康失御而胤侯徂征，則弗躬弗親，而兵柄移下。易，衰世之事也，故二以陽爲群陰之主，而特爲世〔一〕修命將之典。因王伯〔二〕之命討，以治堯、禹之天下，蓋弗能違已。然授三錫之命，行開國之賞，令行於師中，功論於宗廟，上爲宗廟〔三〕。威福之權自一也。

乃夫一陽受鉞，所帥者皆陰也。捐墳墓，棄妻子，争生死於原野，以貿金錢、牛酒之頒，其非孝子順孫而爲貪欲慘忍之細人，亦明矣。故不律有戒焉，无功有戒焉，弟子有戒

〔一〕「而特爲世」，嶽麓本作「而象爲師」。今按：「而象爲師」頗不辭；「而特爲世」正上承「衰世之事」文，是也。句意謂兵柄下移，君主命將出征而已不與，乃衰世不得已之事，易興於此世，必爲此修命將之典，以明威福之權也。

〔二〕「伯」，嶽麓本作「霸」。

〔三〕上爻爲宗廟，此漢儒舊説。

焉，小人有戒焉。凡凶者，皆以陰柔而戒也〔二〕。

陰之爲道，藴毒而不洩，耽欲而不厭，投危地而不前，處成功而善妬。此四者，皆不利於師，而其害相因：溺於利，則義不奮矣；競於私争，則公戰怯矣，娼以居功，則揜敗不恥矣。兵剛事，而用柔，則吉一而凶三〔三〕，豈不危哉！

雖然，又豈能舍此而别募君子之軍邪？然則如之何？其惟「容畜」於平居〔三〕，而致果於臨敵乎！以其容畜，獎其致果，則小人之勇可使也。以其致果，用其容畜，則君子之怒已亂也。班仲升曰「水至清則无魚，人至察則无徒」〔四〕，可謂知容畜矣。以三十六人攻匈奴之使，何其果也！此千古行師之要，授受在心。蓋參陰陽之用，酌險〔五〕順之宜，而不至學古兵法之區區也。

〔二〕初六、六三、六五、上六皆陰爻，故有此上「不律」諸戒。初六、六三、六五爻辭皆有「凶」斷，上六雖未言「凶」，而有「小人勿用」。

〔三〕初、三、五皆言凶，唯九二言吉。

〔三〕「平居」：嶽麓本作「居平」。

〔四〕後漢書班超傳：「水清無大魚，察政不得下和。」然「水至清則無魚，人至察則無徒」見於家語。

〔五〕「險」，嶽麓本作「健」。今按：據文意，則似作「險」是。

俗儒之言兵也，貴其「左次」，則「无咎」而已。常僅不失，而變无以御。宋以之亡而不悟，乃曰「君无失德，民不知兵」〔一〕，以乞命於天下而辭其咎，〔二〕豈不哀哉！

比

當比之時，群方咸附，五之得衆，蓋莫盛焉。水潤以下，因地奠居，在澮成澮，因川成川，清者與爲化光，濁者與爲流惡，地皆受之，未嘗有所擇而致其寵矣。乃群陰之比於五也，豈无所效哉？小人樂得其欲，報以奔走；君子樂得其道，報以忠貞。而二以柔得位，與五爲應，則五所懷集，莫有先焉。是大海之有江、漢也，太山之有云、亭也，夾輔之有周、召，列侯之有晉、鄭也。若其失一德之咸〔三〕，而但依末光，挹餘潤，以擬於思媚

〔一〕　宋史太宗本紀贊：「帝沈謀英斷，慨然有削平天下之志。既即大位……天災方行，俘馘日至，而民不知兵，水旱螟蝗殆徧天下。」蘇文忠公全集策別二十一：「今夫天下之患，在於民不知兵。」

〔二〕　嶽麓本「豈」前有「則」字。

〔三〕　尚書咸有一德：「惟尹躬暨湯，咸有一德，克享天心，受天明命。」謂君臣之同心也。

之細人，則將何以酬「顯比」之知乎？

夫上之我暱，非可恃者也。我之可親，可恃者也。以恃我往者，親而无斁；以恃彼往者，暱而逢厭。上不厭我於報施，而天下厭我於容悦，則適以成五量之大，而又適以累五德之偏。然則二以正應，爲責備之歸，豈不甚與？而六二固无憂也。寵至而驚，繼之以驕，二與群陰同其柔以上附，而無自詫殊異之心，則承寵雖盛，不喪其故吾。若夫位與五相爲好仇，德與五相爲唱和，亦其分爾。五無私，則二亦不有私人之嫌。無嫌，而又何嫌之有乎！

嗚乎！寵禄之於人甚矣，況渥之以恩禮哉！賢者自失於功名之際，中人自失於福澤之加，非當位中正、和於群而不矜獨遇如六二者，能勿波靡而風披，蓋亦鮮矣。光武无猜，而嚴光且以要領之絶戒侯霸〔一〕也，又況在不寧初來之世也哉！

〔一〕後漢書卷八三嚴光傳：「司徒侯霸與光素舊，遣使奉書。……光不答，乃投札與之口授曰：『君房足下位至鼎足，甚善。懷仁輔義天下悦，阿諛順旨要領絶。』霸得書，封奏之。帝笑曰：『狂奴故態也。』」侯霸，字君房，東漢初重臣，後漢書卷二六有傳。

小畜

小畜，巽畜也；大畜，艮畜也。巽體陰而用多陽，艮體陽而用多陰。體者其情也，用者其名也。以名召我，而情固止之〔一〕，甚矣哉，巽之柔而陰鷙也！

夫畜有養道焉。陽任治，陰任養。天下不以養始者，終不能止。飫以所需，則情留而息。自有人事以來，壯夫危行而卻步於陰柔者，皆養爲之膠飴，而孰能軼此以徑行哉！夫養陽者陰之職，雖蹈其機，難辭其奉，聖人亦且因而成之。陽固已卻步焉，而猶安之以時數者，亦曰其職也。

雖然，其養之也，則又有厚薄之不齊矣。山之養也，出雲升霧以應天者，且合天於蒸歊〔二〕之氣。若夫風之爲體，旁行解散，致養已薄，而徒用其柔，密爲之止，則「密雲不雨」之勢已成；而五、上之陽，方且從彼黨而助其用。五矜富力，上載德色。孰知夫周

〔一〕情，猶實也。與此相對之大畜，則可謂「以名拒我，而情固養之」。

〔二〕説文：「歊歊（音簫），气出皃。」

旋不舍者〔一〕，固長塞其入求三陽之逵逕〔二〕，且受轉於陰而爲之役，則五、上亦愚矣。甚矣哉，六四之坐取群情而柔之於衽席也！

夫薄養而固止之，巽无禮，而乾亦不光矣。則夫受止者，失得吉凶之數亦有辨。三，争其止者也；二，静於止者也；初，受其止者也。三進故争，二中故静，初應故受。以争往者入其機，而巽始以機鳴得意，月望之凶〔三〕，「反目」之激矣。〔四〕以静俟者保其健，而初、三各效其功，彼以鄰爲富，我以牽爲援矣。〔五〕以受退〔六〕者老其敵，而四亦以不測自危，「血惕」之（防）［亡］〔七〕，四僅免焉。〔八〕咎責之來，初自信不疑而任之矣。「何其咎」，言負何

〔一〕九五曰「有孚攣如」，故「周旋不舍」。

〔二〕「逵逕」，嶽麓本作「逕」。

〔三〕「月望之凶」：嶽麓本作「月德之望」。今按：當作「月望之凶」，詳下注。

〔四〕謂上九所以曰「月幾望，君子征凶」者，由九三「夫妻反目」所激而成也。

〔五〕九五曰「富以其鄰」，内傳訓「以」爲「與」。九五合六四上九而成巽，以止畜其下之乾。而九二則牽連初九、九三，以自保其健，爻辭所謂「牽復吉」。

〔六〕「受退」，嶽麓本作「退受」。

〔七〕「亡」，底本原作「防」，據嶽麓本改。按爻辭「血去惕出」，當作「亡」。

〔八〕九二爻辭「牽復」，是退而不忘進也，此所以罷老其敵（國語晉語四「楚師老矣」，韋注「罷也」），其敵者，上卦也。上卦以六四爲宗，故其罷則六四「血去惕出」。

其咎也。俗以「負何」字加草作荷，遂訓此作「誰何」之義。〔一〕其惟初乎！陽受其止，而密制其機。任譏非於當世，而移易其陰鷙之心，故出入於危疑而光明不疚，其吉也，義固許之矣。夫如是，將鬭陰陽而相制以機乎？曰：非然也。小畜之時，不數遇也。止則窮，窮則變，故君子以變行權，而厚用其「密雲」之勢。非小畜之世，无尚往之才，而觸物之止，即用其機，則細人之術也，而又何足以云！

履

一

爲卦之體，惟一陰而失位，以閒乎陽，則天下憂危之都，莫履若也。君子以涉於憂危，而用爲德基〔二〕，犯難而不失其常，亦反求其本而已矣。

〔一〕嶽麓本校記：「嘉愷本無以上小字夾注，又『任之』作『受之』。」「何」「荷」之辨，詳船山周易稗疏。

〔二〕繫辭傳：「履，德之基也。」

本者何也？陽因乎陰爲艮，陰因乎陽爲兑。因者爲功，所因者爲地。兑以陽爲地，以陰爲功。爻任其功，卦敦其地。任其功者功在陰，陰與陽争〔一〕，相争則咥。敦其地者敦於陽，内爲外主，有主則亨。二陽之基，兑之本也。

險阻生於言笑〔二〕，德怨報以懷來。厚其懷來之積，消其言笑之機，則物之所不驚矣。初之與二，无求者也，无求而情必以實。在心爲素，在道爲坦，故无求於物者，物亦不得而驚之。

行乎不得已而有履焉，時爲之也。逮乎履之既成，而泝其所繇以不蹶，非初、二之剛實而无冀乎物情之應者以爲之基，則亦惡從致此？故曰「其旋元吉」。上序致祥之績〔三〕，固不在所應之六三，而必策勳於初、二矣。若徒以三也，恃言笑之柔，往試於群剛之林，外柔中狠，鬼神矙〔四〕之，而況於虎之以咥人爲道者乎？

〔一〕「陰與陽争」，嶽麓本作「陽與陰争」。今按：依文義，「陰與陽争」爲是，陰與陽争，謂六三與群陽（初、二、四、五）争也，此六三自致之禍。

〔二〕兑，悦也，故以爲言笑。

〔三〕上，謂上九。上九云「視履考祥」，船山解以爲：上九視履之成，而考察其致祥之由，序次諸爻致祥之功績也。

〔四〕方言：「矙，眄也。」矙即斜視，憎惡之意。

二

「履虎尾，不咥人」，以數馭之乎？以道消之乎？以數馭之者，機變之士，投試不測而售其術，君子羞稱之矣。而世所謂以道消之者〔一〕，非道也，爲「嬰兒」也，爲「醉者」也〔二〕。虎過其側而不傷，曰「天和」存焉〔三〕。天和者，无心以爲營，「緣督以爲經」，「浮游」於二氣之閒，而「行不碾地」〔四〕。若士之北遊也〔五〕，禦寇之御風也，絶地而離乎人，與之漠不相與而自逃其難，則亦惡在其爲能履虎尾哉！〔六〕

〔一〕「而世」，嶽麓本無。

〔二〕「嬰兒」者，莊子人間世：「彼且爲嬰兒，亦與之爲嬰兒……達之，入於無疵。」「醉者」者，莊子達生：「夫醉者之墜車，雖疾不死……死生驚懼不入乎其胸中，是故忤物而不慴。」

〔三〕莊子庚桑楚：「故敬之而不喜，侮之而不怒者，唯同乎天和者爲然。出怒不怒，則怒出於不怒矣；出爲無爲，則爲出於無爲矣。」

〔四〕莊子天下載惠施之辯，有「輪不輾地」。

〔五〕淮南子道應訓載：「若士舉臂而竦身，遂入雲中。盧敖仰而視之，弗見，乃止駕，悖若有喪也，曰：『吾比夫子，猶黄鵠與壤蟲也。終日行不離咫尺，而自以爲遠，豈不悲哉！』」

〔六〕以上數語批評道家的全生保身之術，按莊子人間世亦有馴虎之術，大意謂導引遂順虎的喜怒，船山蓋由此而發也。

夫履虎尾者，則既履之矣〔一〕。雖虎尾，亦素位也〔二〕。時窮於天，事貞於變，賢者固有不能及之理，聖人亦有不得盡之功。不能及者，勉强及之；不得盡者，无或忘之而不相悖害。然且虎興於前而且將咥我，尤反〔三〕而自考曰「我過矣，我過矣」，益退而考其近行焉，天乃佑之，而物之悍戾者亦惻怛而消其險矣。故其不咥者，實自求之祥，非偶然也。〔四〕

魚朝恩發郭子儀（之）〔父〕〔五〕墓，以激其怨望，而子儀泣對代宗曰：「臣之部曲發人墳墓多矣，能勿自及乎！」子儀之言而虛也，則鬼神瞯之矣。惟其實也，斯自反之誠也，其旋之考也。若子儀者，合於君子之道矣，而又奚疑！

〔一〕已經實際地踐履了，不像道家以不履爲高。

〔二〕義之所當行，雖湯火在前，又安足辭？

〔三〕「反」，嶽麓本作「返」。

〔四〕論語載子夏言：「死生有命，富貴在天。」孟子又曰：「得之有道，失之有命。」是有德者未必有其福報，而所履之險阻平易，亦非己力所能致者。船山曰「自求之祥，非偶然也」，則窮達、死生、福禍，亦人力所能爲，且君子所當關心；而福者德之所致，亦船山之一信念也。船山劾王化澄，其「履虎尾」乎？王化澄將構大獄，先生憤激咯血，不久得免，其「視履考祥，其旋元吉」乎？

〔五〕嶽麓本校記：「『之』，鈔本及守遺經書屋本、金陵本、太平洋本並同。一九六二年中華本由王孝魚校改爲『父』，見該書點校説明。一九七七年中華本有頁邊校記：『「父」原作「之」，據新、舊唐書郭子儀傳及資治通鑑唐紀（唐代宗大曆二年）改。』」

泰

一

天位乎上，地位乎下，誰爲爲之？道奠之，故曰：「一陰一陽之謂道。」先陰後陽者，數自下生。降其濁者，清者自升，故曰：「天地定位。」終古而奠者如斯，則道者一成而不可易也。今以乾下坤上而目之曰「交」，坤下乾上而目之曰「不交」，則將易其所奠而別立道以推盪之乎？曰：非也。道行於乾坤之全，而其用必以人爲依〔一〕。不依乎人者，人不得而用之，則耳目所窮，功效所〔二〕廢，其道可知而不必知〔三〕。聖人之所以依人而建極也。

今夫七曜〔四〕之推移，人之所見者半，其所不見者半。就其所見，則固以東爲生，以西

〔一〕參見下文「道行于乾坤之全」注。
〔二〕「所」，嶽麓本作「亦」。
〔三〕既無功效，則其道雖在，而人不必知。
〔四〕七曜：日月五星（金木水火土）。

爲没。而道无卻行，方其西没，即所不見者之西生矣。没者往也，生者來也。往者往於所來之舍，來者來於所往之墟。其可見者，則以昏、旦爲期；兼其不可見者，則以子半、午中爲界。

陰陽之成化於升降也亦然：著候於寒暑，成用於生殺。碧虚之與黄壚，其經維相通也，其運行相次也，而人之所知者半，所不知者亦半。就其所知，則春爲我春，秋爲我秋，而道無錯序。不秋於此，則不可以春於彼；有所凝滯，則亦有所空虚。其可知者，則以孟春爲始，兼其不可知者，則以日至[一]爲始。

是故泰之下乾而上坤也，坤返其舍，而乾即其位也。坤之陰有一未離乎下，則乾之陽且遲一舍而不得以來；乾之陽有一尚滯乎上，則坤之陰且閒一舍而不得以往。往者往而之下，來者來而之上，則天地之位，仍高卑秩然而无所雜也。[二]

[一] 特指冬至。詳周易稗疏「先王以至日閉關」。

[二] 船山在下文指出，泰卦自損而來。若損卦的六三一陰没離開下卦，則初九、九二二陽不能牽引而上；若上卦的上九一陽没離開上卦，則下面三個陰爻也不能比類而上。他們上升到頂端，則轉回到背面之下。所以陰稱「往者往而之下」，陽稱「來者來而之上」。

若是，則天地之方交，其象動而未寧，何以謂之泰乎？則釋之曰：若〔一〕欲求其不動者以爲泰，是終古而无一日也〔二〕。且道行於乾坤之全，而其用必以人爲依〔三〕。夫陰陽各六，圜轉出入以爲上下，而可見者六，不可見者六。可見之上，與不可見之下而相際；可見之下，與不可見之上而相際。當泰之世，其可見者，乾下坤上也；不可見者，坤下乾上也。前乎此者損，後乎此者爲恒。損先難而恒雜〔四〕，其可見之炳然，顯往來之極盛者，莫若泰焉。故曰「小往大來，亨」。此其所以通於晝夜寒暑，而建寅以爲人紀〔五〕，首攝提〔六〕以爲天始，皆莫有易焉。何也？以人爲依，則人極建而天地之位定也。

〔一〕「若」，嶽麓本作「苟」。
〔二〕天地間古往今來，從來没有静止不動的一天。船山常主張「天地之化日新」（思問録外篇）。
〔三〕乾坤之全，謂隱顯十二位之全也；然而其立義必在人所可見之顯。如此泰卦，乾上坤下之定位，自其隱者視之，未有易也；而立相交往來大通之義者，則自其顯者。
〔四〕繫辭下傳：「恒雜而不厭」「損先難而後易」。
〔五〕據十二消息卦，泰在建寅之月。又邵雍説：「天開於子，地辟於丑，人生於寅」。故泰爲人紀。按船山對邵雍此説常有批評，這裏却加以援引，大概此章是早期寫成。
〔六〕爾雅釋天：「太陰在寅曰攝提格。」

二

今欲求天地之際，豈不微哉！有罅可入皆天也，有塵可積皆地也。其依附之朕，相親相比而不可以毫髮間者，密莫密於此際矣。然不能无所承而懸土於空，无其隙而納空於地。其分別之限，必清必寧而不可以毫髮雜者，辨莫辨於此際矣〔一〕。夫凡有際者，其將分也必漸。治之紹亂，寒之承暑，今昔可期而不可期也。大辨體其至密，昔之今爲後之昔；无往而不復者，亦无復而不往；平有陂，陂亦有平也。則終古此天地，終古此天地之際矣。

然聖人豈以是〔二〕悠悠者爲固然，而莫爲之主哉？大辨體其至密，而至密成其大辨。終不可使其際離焉，抑終不可使其際合焉〔三〕。故雨晴淫則虹霓炫〔四〕，列星隕則頑石成。孰使

〔一〕以上謂天與地之間無有空隙，然其界限亦甚嚴絶。
〔二〕「是」，嶽麓本作「此」。
〔三〕不使其合者，嚴其別也。如天地、男女之類。
〔四〕「雨晴淫則虹霓炫」，嶽麓本作「晴雨淫則虹霓見」。

比鄰而無瓜李之嫌？孰使晏寢而無楎椸〔二〕之亂？危乎！危乎！辨不易昭而密難相洽也。則終古此天地之際，亦終古此「艱貞」矣。

所以然者：上者天之行也，下者地之勢也。坤之欲下，豈後於乾之欲上哉？且乾欲坤之下，豈後於坤之自欲哉？然初者，四他日之位也；三者，非四他日之位也。使四乘其居高極重之勢，驟下而逼陽之都，則紛拏互擊而陽且敗，歸妹所以「无攸利」矣。〔三〕何也？氣輕而不能敵形之重也。居此際也，正其體，不息其行，積其至輕，盪其至重；則三陰不能不迂回其逕，率類以往，仍歸乎其域，而效「牝馬之貞」矣〔三〕。凡此者，艱貞之功，三陽共之，而三則首啟戎行以犯難焉，故於食而有福以報之也。

然則聖人之贊天地以奠其位而遠其嫌，豈不嚴哉！是故知其至密，而後見運化之精；

〔二〕禮記內則：「男女不同椸枷，不敢縣於夫之楎椸。」鄭玄注：「竿謂之椸。楎，杙也。」孔疏：「植曰楎，橫曰椸。然則楎椸是同類之物。橫者曰椸，則以竿爲之，故云竿謂之椸。」

〔三〕六四与九三相際，九三象傳亦曰「天地際也」，故船山此處專以三、四而論。四當之初，然前阻於三，故有戰；而九三敗，故有六四居三而九三迫居四之象，即成歸妹之卦也，故歸妹卦辭曰「無攸利」。

〔三〕「率類以往」者，泰初九「拔茅茹，以其彙征，吉」。三陰復於下而成坤，故「牝馬」。

知其大辨，而後見功用之極。彼以爲乾坤之氣迭上下而相入以致功者爲天地之交，將强納地於天中，而際亦毁矣。

否

一

乾、坤，胥行者也。使不診其行之往來，則坤下而乾上，久矣其爲天地之定位，而惡得謂否？

乾行健運，坤勢順承。承者，承命也。命有治命焉，有亂命焉。乾自四以放於上，位綦〔二〕乎尊而行且不息，（治）〔志〕〔三〕將何所擬以爲歸乎？自其可見者言之，其上无餘位也；自其不可見者言之，將偕入地之三陽，逆下而逼陰之都。上无餘位，既窮極而遁於

〔二〕「綦」：極也。
〔三〕「志」，底本原作「治」，今據嶽麓本改。依文義，當作「志」。

虛〔一〕；逼陰之都，又下侵而曠其應，皆命之亂者也〔二〕。坤於此而順之，以隨行而躡其跡，於是乎干上之勢成而无可止〔三〕。是故陰陽有十二位焉，其嚮背相值也。泰，讓所背之三以處陰者也；否，侵所背之三以逼陰者也〔四〕。得所處則退而自安，逼其遷則進而乘敝。否之成，非乾自貽而孰貽之哉！

嗟乎！來者往之反也，而來之極則成往〔五〕。欲其不往，則莫如止其方來。故志不可滿，欲不可縱。一志一欲，交生於動。天地且不能免，而況於人乎？故曰「吉凶悔吝生乎動」。則裁成輔相夫天地，亦慎用其動而已矣。

老子曰：「反者道之動。」魏伯陽曰：「任畜微稚，老枯復榮；薺麥芽蘖，因冒以

〔一〕虛者，謂不可見之六位也。

〔二〕前面說坤爲承命者，則乾是出命者。命有治命，有亂命，而此時乾之所出乃亂命也。

〔三〕陽下侵陰而虛其上，則下方之陰遂乘其勢而上。

〔四〕此一段，船山利用「十二位嚮背」或「乾坤並建」來解說否卦。我們要把卦爻想象成一個天體，顯現出來的是六個爻位，背面顯現不出來的還有六個爻位；一共六陰六陽。以否卦來說，正面的一半球體是下三陰、上三陽；但隨著球體的旋轉（自下往上），上面的三陽要逐漸轉到背面，而下面的三陰要轉到上面，背面的三陰也要轉到正面來，到時候就會形成正面純陰的態勢，這就是否卦雖然三陽在上，但仍然是否塞之卦的原因。「所背之三」，皆指不可見六位之下三位而言。

〔五〕泰之陽欲上復，故曰「大來」；上而不已則終復下侵，是之謂往，否之所謂「大往」也。

生。」〔一〕則是已動而巧乘其閒〔二〕，覆稻舟於彭蠡，而求餘粒於蜯蟹之腹也，豈不傎〔三〕乎！然則乾之健行而君子法之以不息者，何也？〔四〕彼自乾德之已成者言之也〔五〕。以六位言之，純乎陽矣。以十二位言之，陰處乎背，亦自得其居而可使安也。若夫霜冰、蹢躅之方來，不可見而无容逆億之也〔六〕。於所見不昧其幾，於所不見不憂其變。故曰「知者不惑，仁者不憂」，此之謂也。

二

人與人而相於，則未有可以漠然者矣。故上而不諂，所以交上也；下而不瀆，所以交

〔一〕老子今本第四十章；魏伯陽周易參同契第十九章。
〔二〕船山以爲聖人當慎動；老子及魏伯陽則是待其動而任其動極而後反之，故爲時已晚。
〔三〕傎，同顛。
〔四〕船山自設其問，曰：既告誡人們不要輕舉妄動，而乾卦又説「自强不息」，這是什麼道理？
〔五〕泰否以陰陽爻之往來而言，其德未成，故戒以慎動；乾則是往來既已，其剛健之德已成也。
〔六〕霜冰者，坤初六「履霜堅冰至」；蹢躅者，姤初六「羸豕，孚，蹢躅」。對於陰的蓄積力量，雖然需要防備，但還在背面，所以不必以此爲憂而思慮繁雜；等到陰的積累形成坤、姤，動幾既見，就需要明辨而慎防。

下也。不喪其節，不匿其情，止矣。絶己於天下則失義，絶天下於己則失仁。故否之道，无施而可。

雖然，亦視所以用之者。天地且否，而君子豈無其否乎？夫君子之通天下者有二：所以授天下者德也，所受於天下者禄也。舍此，則固繇己而不繇人，無事拒物而自不與物通矣〔一〕。德不流行，則絶天下於己；禄不屑以，則絶己於天下。故於田而懷納溝之恥，出疆而勤雉腒之載〔二〕。不喪其節，不匿其情，亦未有不如是者也。

乃不有其避難之時乎？避難者，全身者也；全身者，全道者也。道爲公，德爲私。君子之於道，甚乎其爲德，而況禄乎？且夫禄以榮道，非榮身也；榮以辱身，斯辱道也。故儉德而固其一，禄不可榮而塞其情。固其一，他非吾德也；塞其情，道（在）〔无〕〔三〕

〔一〕此謂不必故意從事於拒物，而自然不與物通。

〔二〕孟子萬章上：「伊尹耕於有莘之野……思天下之民，匹夫匹婦有不被堯舜之澤者，若己推而内之溝中。其自任以天下之重如此。」耕於野，故曰「於田」。孟子滕文公下載孔子「出疆必載質。」趙注：「質，臣所執以見君者也。」穀梁傳莊公二十四年：「男子之贄，羔、鴈、雉、腒。」范注：「贄所以至者也。士冬用雉，夏用腒。腒，腊也。」釋文：「腒，腊也，乾雉也。士夏執之，備腐臭也。説文云：『北方謂鳥腊曰腒。』」孟子以爲，士所以「出疆必載質」者，求干君而治天下之急也。

〔三〕「无」：底本原作「在」，據嶽麓本改。依文義，作「无」是。

不榮也。雖有不忍萬物之志，亦聽其自爲生死而吝吾仁；雖恥以百畝不易爲憂，亦安於降志辱身而屈吾義。〔一〕故伊尹之有莘，避桀難也；伯夷之北海，避紂難也。桀、紂者，敷天率土之共主，神禹、成湯之胄胤。當其不可爲龍逢，不可爲鄂侯，則無寧塞仁錮義以全道。況乎其不但爲桀、紂者乎？〔二〕

而或爲之説曰：「惡不可與同，而德胡〔三〕不富？吾有其不忍，則遇可閔而且仁。吾知其所宜，則遇可爲而且義。吾有所不屈，則伸吾直。吾有其不昧，則施吾智。」是王猛〔四〕之於苻氏也，崔浩之於拓拔也。〔五〕啟其竇，發其機，漸牖其情，不知其入於利賴而以榮禄終〔六〕。

〔一〕孟子滕文公上：「夫以百畝之不易爲己憂者，農夫也。」論語「子曰：『不降其志、不辱其身者，伯夷、叔齊與？』」又謂柳下惠、少連：「降志辱身矣，言中倫，行中慮，其斯而已矣。」

〔二〕不但爲桀、紂者，指大盜、夷狄而言。

〔三〕「胡」，嶽麓本作「何可」。

〔四〕「王猛」，嶽麓本作「王嘉」。今按：依史實，當爲王猛。

〔五〕王猛、崔浩事，詳晉書卷一四四、魏書卷三五各自本傳。

〔六〕「而以榮禄終」，嶽麓本作「而以榮禄之陷終」。

嗚乎！是將以爲泰乎？如不以爲泰也，則惡得而不用否也？吝吾仁義，如吝色笑焉。選擇於德之中而執其一，天地不能爲吾欣，兄弟友朋不能爲吾戚〔一〕。如是而難猶不我違，而後安之若命。彼姝姝然以其德與其榮〔二〕爲避難之善術，曰：「入於鳥獸之群而不亂，大浸稽天而不溺」〔三〕，亦惡知與羽俱翔，與尣俱蹠〔四〕，與流俱靡，其下游之必然乎？故君子有否，不但任天地之否也。〔五〕

三

陽之擯陰，先之以怒；陰之干陽，先之以喜。喜者氣升，怒者氣沈；升者親上，沈

〔一〕避地而居，執道不回，天地友朋皆無動於心，此君子之否也。

〔二〕嶽麓本校記：「『禄』，各本均作『榮』。」

〔三〕「鳥獸」云云，夫子謂「鳥獸不可與同群」。「大浸」云云，見莊子逍遥遊。

〔四〕尣，同「蹂」，獸所履之跡。

〔五〕永曆四年（一六五〇），船山仕於永曆朝廷，任行人司行人。因彈劾姦臣王化澄，王化澄構陷船山，因高必正回護得免。船山憤激離朝，後返衡陽。永曆六年（一六五二），李定國兵復衡陽，管嗣裘呼船山同往。船山認爲孫可望爲詭詐小人，皇帝已被他控制，輔佐無益。他筮卦而作章靈賦，以見歸隱之志。永曆九年（一六五五），船山於晉寧山寺寫作周易外傳，此卦所謂的「君子之否」（即君子主動選擇與世隔絶），大概也是他自己的寫照。

者親下；各從其類以相際，而反其氣以爲用者，性之貞也。陽非期於擯陰，而當其行，不得不擯。怒者，擯之先見者也。陰非期於干陽，而當其遇，必承以喜。干者，喜之必至者也。既已有其性情，遂以有其功效。故陰之害，莫害於其喜也。

六三陰進不已，而與陽遇矣。遇而得其配，則喜；遇而倖其往而必虛，則又喜。喜沓至而不戢，遂不恤其身之失也。故極性情之婉媚而不以爲羞，不以爲羞，則物羞之矣。彼往而不我爭，利之以爲功；彼往而不我狎，奔之以爲好；不倡而和，乘[一]虛而入。凡此者，皆陰之懷慝而善靡者也。惟其懷慝，是以善靡。故曰「名生於有餘，利生於不足」。

或曰：「陰之爲德，乃順承天。踵陽而繼之，以相陽之不逮，奚爲其不可乎？」曰：否之乾老矣，其坤則壯也。以壯遇老，而先之以喜，其心[二]不可問已。且陰陽之善者，動於情，貞於性。先之以剛克，其後不憂其不合；先之以柔進，則後反憂其必離矣。故君子不盡人之歡，而大正始。是以許陽之際陰，而戒之曰「勿恤其孚」；不許陰之際陽，而醜

[一]「乘」，嶽麓本作「承」。
[二]「心」，嶽麓本作「志」。

之曰「包羞」[一]；所爲主持其中，以分（際）［劑］[二]陰陽，而故反其性情者也。反也者，行法以俟命者也。陽剛而獎之交，陰柔而戒其交，則性情歸於法矣。詩云「君子如怒，亂庶遄沮」，其「艱貞」之謂與！書云「巧言令色，孔壬」，其「包羞」之謂與！[三]

周易外傳卷一終

[一] 陽之際陰，泰九三也；陰之際陽，否之六三也。

[二] 「劑」，底本原作「際」，今據嶽麓本改。依船山行文，當作「劑」。

[三] 詩小雅巧言：「君子如怒，亂庶遄沮。」鄭箋：「君子見讒人如怒，責之，則此亂庶幾可疾止也。」引尚書者，皋陶謨文。

周易外傳卷二

同人

陰陽相敵，則各求其配而无争。其數之不敵也，陰甘而陽苦，陰與而陽求，與者一而求者衆，望甘以爲利之壑，則争自此始矣。〔一〕惟夫居尊以司與者，衆詘於勢而俟其施，則大有是已〔二〕。過此者，不足以任之。故同者，異之門也；同人者，争戰之府也。

〔一〕 陰陽相敵，比如泰、否、損、益等三陰三陽之卦。「陰甘而陽苦」是指陰少陽多之卦，比如本章的同人卦。如果是陽少陰多，如復卦，則是「陽甘而陰苦」。因爲此章説同人卦，所以專門講「陰甘而陽苦」。「陰與而陽求」則是陰陽各自的特性，所以豫卦雖然陽少陰多，也仍然是「陽求陰與」（詳見彼卦船山解釋），於觀卦又説「陰之感陽也以與」，困卦又説「剛任求，柔任與」。只有一個陰爻，五個陽爻，所以五陽之間會發生争搶。

〔二〕 大有卦唯六五一陰爻，而居尊位，其餘五陽攝於六五之勢，但等待六五的施與而不敢争。

孤陰以同五陽，處中而韜其美，則紛紛〔一〕者不能給其所求。不給所求，則相尋以搆而怨不釋〔二〕。抑惡知理之宜配者在彼乎？而惡知分之不可干者在彼乎？〔三〕則臣主交兵而上下亂，故君子甚危其同也。能遠其咎悔者，惟初、上乎！近而不比，遠而不乖，無位故也〔四〕。

嗚乎！繫群情之望，啟忮求之門，知我者不希，而我亦不貴矣〔五〕。保其吝而不失其宗，夫亦各行其志焉爾。然則以一柔而遇衆剛，繼之以争而不惑，如同人之二者，豈易得哉！「雖速我訟，亦不汝從。」于野之亨，不足以爲同人喜；于宗之吝，不足以爲同人悲。道所宜吝，不得而亨也。〔六〕里克之忠，不如荀息之信；徐庶之出，不如龐公之

〔一〕「紛紛」：嶽麓本作「紜紜」。

〔二〕嶽麓本校記：「後中華本注：『這句疑應作「則相尋以搆怨而不釋」。』按此句各本均同。」今按亦不必改。

〔三〕知理之宜配、分之不可干者，謂六二當配九五，非他陽所宜干也。

〔四〕王弼周易略例辨位以爲初、上無陰陽定位。

〔五〕知我者多，故我不貴矣。

〔六〕同人六二「同人于宗吝」，自王弼以來，注家多以爲六二心有偏繫，故吝，對六二持負面評價。船山則反之，認爲六二此時當正應於五，「吝」是最合適的選擇；如果不吝，反而不對。到了周易内傳，又認爲六二宗於三、四是「同人于宗」，所以爲吝爲非。總之，船山不以正應爲非。

隱。〔二〕況其顯應以卒協於大同也哉！

大有

一

麗大有者，既爲五之所有矣。爲五之有，則五下交而群陽承之。初，猶同人之上也，孤立而不親，爲德所不及，而君子不受其享〔三〕。「无交」之害，豈有幸哉！然而

〔二〕左傳僖公九年載，晉獻公死，命荀息佐奚齊繼位。里克欲納晉文公，率三公子之徒作亂，「里克將殺奚齊，先告荀息曰：『三怨將作，秦、晉輔之，子將何如？』荀息曰：『將死之。』里克曰：『無益也。』荀叔曰：『吾與先君言矣，不可以貳。能欲復言而愛身乎？雖無益也，將焉辟之？且人之欲善，誰不如我？我欲無貳而能謂人已乎？』冬十月，里克殺奚齊於次。荀息將死之，人曰：『不如立卓子而輔之。』荀息立公子卓以葬。十一月，里克殺公子卓於朝，荀息死之。君子曰：『詩所謂「白圭之玷，尚可磨也；斯言之玷，不可爲」也，荀息有焉』」。龐公，三國時襄陽人。後漢書逸民列傳：「劉表數延請，不能屈，乃就候之，謂曰：『夫保全一身，孰若保全天下乎？』龐公笑曰：『鴻鵠巢於高林之上，暮而得所栖；黿鼉穴於深淵之下，夕而得所宿。夫趣舍行止，亦人之巢穴也，且各得其栖宿而已，天下非所保也。』」此處舉的人物中，荀息、龐公都是「同人于宗吝」的代表。荀息宗於對晉獻公的承諾，龐公則對天下吝惜其道。

〔三〕大有初九不受六五之享。

可免於咎，則何也？无託而固，不親而免謫者，其（爲）［唯］〔一〕陽乎！處散地〔二〕而自保，履危地而自存，遯跡於恩膏之外，傲立於奔走之交，自有其有者，義不得而咎也。

雖然，其亦艱矣。消心於榮寵者，移意於功名；消心於功名者，移意於分義。大人以分義盡倫，曲士以幽憂捐物，古有之矣。道之所不廢，則君子亦爲存其人焉。然而禮者自履也，行者自型也。合天德之潛龍，行可見之成德，其庶幾焉。〔三〕

若夫土木其形，灰槁其心，放言洸瀁，而託於曳龜逃犧之術，以淫樂於琴酒林泉，匪

〔一〕「唯」，底本原作「爲」，今據嶽麓本改。

〔二〕散地，謂渙散非中正之地，指二、五以外之位。周易外傳於大過卦曰「而獨使之浮游散地失據離群」，謂大壯之五陽使上下二陰居初、上；於渙卦曰「舍中正，即散地」，謂否之陰舍六二之中而就四位以成渙卦也，是四位亦散地；於節卦曰「兩宅其中以制柔於散地」，謂節二、五皆陽，使陰處三、四、上之散地也；於中孚卦曰「是故三、四位散，二、五位正」。

〔三〕此段意謂：初九雖然無咎，但處境也是很艱難的。有些人對於榮華富貴失去興趣，則轉移到功名上來；對功名失去興趣，則會存念於名分大義。大人能夠憑藉名分大義來盡倫理的責任；一曲之士則因爲動蕩或其他原因而棄絶外物，試圖隱逸。隱逸也是道所不廢的。像論語微子就列舉了逸民的名字：伯夷、叔齊、虞仲、夷逸、朱張、柳下惠、少連。孔子之所以提到他們（「君子亦爲存其人焉」），是因爲他們的隱逸合於義；若披衣、齧缺之類，則是君子所反對的，所以也没提他們的名字。

艱而自詑〔二〕其无交，被衣、齧缺〔三〕所以不見稱於聖人。

二

天下之用，皆其有者也。吾從其用而知其體之有，豈待疑哉！用有以爲功效，體有以爲性情〔三〕，體用胥有而相需〔四〕以實，故盈天下而皆持循之道。故曰：「誠者物之終始，不誠無物。」

何以效之？有者信也，无者疑也。昉我之生，洎我之亡，祖禰〔五〕而上，子孫而下，觀變於天地而見其生，有何一之可疑者哉！桐非梓，梓非桐；狐非狸，狸非狐。天地以爲數，聖人以爲名。冬不可使炎，夏不可使寒，蓡〔六〕不可使殺，砒不可使活。此春之芽粱彼

〔二〕自詑，猶自誇也。

〔三〕莊子天地：「堯之師曰許由，許由之師曰齧缺，齧缺之師曰王倪，王倪之師曰被衣。」

〔三〕車有載貨之用，杯有貯水之用；車有能載貨之性，器有能貯水之性。用有，體亦有也。

〔四〕「需」，嶽麓本作「胥」。今按作「需」是。

〔五〕「祖禰」，嶽麓本作「禰祖」。

〔六〕蓡，同參，即人參。

春之茁，而不見其或貿。據器而道存，離器而道毀。其他光怪影響，妖祥倏忽者，則既不與生爲體矣。不與生爲體者，无體者也。夫无體者，惟死爲近之。不觀天地之生而觀其死，豈不悖與！聖人之於祭祀，於无而萃〔一〕之以有，以遇其愾息；異端之於水火，於有而游之以无，以變其濡爇〔二〕，則何其言之河漢也！〔三〕

象曰：「大車以載，積中不敗。」蓋言有也。陰陽之理，建之者中，中故不竭；行之者和，和故不爽。不爽不竭，以灌輸於有生。陽行不息，陰順无疆，始以爲始，中以爲

〔一〕「萃」，嶽麓本作「聚」。

〔二〕莊子大宗師所謂古之真人「入水不濡，入火不热」。

〔三〕此段意謂：「誠（實有、實存）者物之始終」這道理從哪裏看出來呢？「有」是可信的，「无」是可疑的。從我出生到死亡，從祖先以前到子孫以後，觀察這天地間生生不息的真實存在，有什麼可疑的呢？桐樹、梓樹、狐、狸都有自己的個性，相互區別，都是最真實的存在，不能用「无」把他們實際的差異消解掉。天地因這些具體存在者的實有而産生數（如果混而一之，就無所謂數），聖人也是根據其實存而加以命名（命名爲桐、梓、狐、狸等）。春夏秋冬各有其狀態，人參、砒霜也各有它的功性。今年春天的新芽，也不會與明年春天的相混同爲一物。由此可見，天地間充滿了各種具體性的存在（即所謂「器」），它們的存在是真實的，是道的基礎。其他光怪陸離、妖妄非常的東西，和世間的這些器不同，不具有實存（「與生爲體」）的屬性，也就是無體。那麼這些虛妄的東西就與「死」相近。人們不去觀天地的生生不息，却以死寂來觀察，不是很荒謬嗎。聖人在祭祀的時候，因爲祖先的神魂在有無之間，都要通過「合漠」等來使神魂從虛無變成實在的，從而能把握到祖先的存在性；而佛道對於水能溺人、火能焚燒這樣明顯的事實實有，却要詭辯以「入水不濡、入火不熱」，把水火的實有性狀變爲無。聖人與異端的態度和言論，區別實在太大了。

中，迭相灌輸，日息其肌膚而日增其識力。故稺之與壯，壯之與老，形三變而神三就〔一〕。繇其並生，知其互載，則群有之器，皆與道爲體者矣。故形非神不運，神非形不憑。形失所運，死者之所以有耳目而无視聽；神失所憑，妖異所以有景響而无性情。車者形也，所載者神也。形載神遊而无所積，則虛車以騁於荒野，御者无所爲而廢其事，然而不敗者鮮矣。故天地之貞化，凝聚者爲魂魄，充滿者爲性情〔二〕。日予〔三〕其性情，使充其魂魄者，天之事也；日理其魂魄以貯其性情者，人之事也。然後其中積而不可敗矣。〔四〕

〔一〕所以分爲三者，據孔子所謂血氣之未定、方剛、既衰而言。每一次形上的變化，都伴隨著神的變化，才會有「在色、在鬬、在得」的告誡。

〔二〕魂魄猶車，性情則其所載者。

〔三〕「予」，嶽麓本作「與」。

〔四〕此數段稍費解，王孝魚譯解謂「原文意義有點勉强，不太暢通」（頁七七）。按船山表述或稍晦澀，非文義勉强也，細讀之，其意自見。解讀這段話，首先要區分兩組概念：静的（結構上的）「有—無」與動的（時間上的）「積—無」。從前者來説，船山認爲天下惟器，天下皆實，反對以虛無爲道；從後者來説，船山以爲形體、性情皆日生日成，不可停留於初生之嬰兒、白紙狀態，此即所謂「積」。老子使人復歸嬰兒，就是反對積習與生命成長，只能墮於「無」。對於人來説，如果僅僅有了形體、魂魄、性情，但是没有經過生長，只能停留在嬰兒的水平，怎麽會「不敗」呢？又按「日予其性情，使充其魂魄者，天之事也；日理其魂魄以貯其性情者，人之事也」，是十分精要切實的工夫論。對於人來説，性是天之所賦，不可修；但魂魄貯性（形象地比喻），魂魄則可以修。如果説道家修身（儘管道家也有一套十分整全複雜的工夫，此處姑就其顯處言之），那麽儒家的工夫則在煉魂，其實也就是誠意正心，克己復禮。

老子曰：「三十輻共一轂，當其无，有車之用。」夫所謂无者，未有積之謂也。未有積，則車之无即器之无，器之无即車之无，幾可使器載貨而車注漿？游移數遷，尸弱而棄彊。游移數遷，則人入於鬼；尸弱而棄彊，則世喪於身。息吾性之存存，斷天地之生生，則人極毁而天地不足以立矣。

故善言道者，繇用以得體；不善言道者，妄立一體而消用以從之。「人生而静」以上〔二〕，既非彼所得見矣，偶乘其聰明之變，施丹堊於空虚，而强命之曰體。聰明給於所求，測萬物而得其景響，則亦可以消歸其用而无餘，其邪説自此逞矣。則何如求之「感而遂通」者，日觀化而漸得其原也！〔三〕故執孫子而問其祖考，則本支不亂；過宗廟墟墓而「求」〔三〕

〔二〕禮記樂記謂「人生而静，天之性也；感於物而動，性之欲也」，人生而静，體也；感物而動，用也。善言道者但觀其用之有而知其體之有。人生而静以上，則追本更在性之前，程明道謂「蓋人生而静以上不容説」，是知其難測也；老氏則專好從「人生而静以上」説。

〔三〕繫辭傳謂「寂然不動，感而遂通」，寂然不動，體也；感而遂通，用也。善言道者但觀其用之有而知其體之有。此應前引「人生而静」。

〔三〕底本無「求」字，今據嶽麓本補。

孫子之名氏，其有能億中之者哉！此亦言道者之大辨〔一〕也。

然則其義何以見之於大有之二也？大有者，有也。所有者陽，有所有者陰。陽實陰虛，天生有而火化无〔二〕。二爲五應，爲群有之主，率所有以實五之虛，二之任也。乃有〔三〕以實載虛，以生載化，則有群有者疑於无，而與天地之藏不相肖。故推其任於二，而責之備焉，曰：非其積中也，敗固乘之，而亦烏能免於咎哉？〔四〕「无咎」者，有咎之辭〔五〕。二以五之咎爲咎，斯不咎矣。故五以「交如」發志，因二以爲功也；以「无備」須威，内反而不足也。象傳之以敗爲戒，豈爲二本位言之乎！

〔一〕「辨」，嶽麓本所據抄本原作「司」。

〔二〕下卦爲乾爲天，上卦爲離爲火。乾卦陽，離卦陰（陽卦多陰，陰卦多陽）。

〔三〕嶽麓本無「有」字。

〔四〕「固」，嶽麓本作「故」。經傳釋詞：「故猶則也。」此句是模擬群有因疑而責九二之言：若六五無積中，汝九二猶載之，則敗至矣，豈能免咎？

〔五〕「辭」，嶽麓本作「詞」。「『无咎』者，有咎之詞」者，謂既云「无咎」，則本或有咎也。外傳又於萃卦曰：「无咎者，有咎者也，故曰『震无咎者存乎悔』，悔而得无咎，抑可許之无咎矣。」内傳於乾卦九三爻辭下曰：「凡言无咎者，皆宜若有咎而无之也。」

謙

拳石，山也，而極乎泰、華〔一〕，高下磊砢，蓋盡乎象之不平者矣。地之屬也，而違其直方〔二〕，以不平成象，地之憾也。故聖人於艮下坤上之謙，示平道焉，以消其不平，憂患之卦也〔三〕。

夫山之不平也，惟其有多，是以有寡。地加其上，則地形成而山形隱，故平不平者，惟概施之而无擇〔四〕，將不期平而自平。削其多者以授寡者，平道也，而怨起矣。寡者益焉，多者亦裒焉，有餘之所增與不足之所補，齊等而並厚，（槩）〔概〕〔五〕施之

〔一〕「華」，嶽麓本作「岱」。今按作「華」是，陸九淵詩有「拳石崇成泰華岑」。
〔二〕直方，地之德。坤六二曰「直方大」。
〔三〕「示平道焉」者，地之德直方爲平也。憂患之卦者，繫辭下傳「作易者其有憂患乎？是故履德之……」云云，所謂「三陳九卦」，船山以此爲憂患之卦，謙亦其中之一。
〔四〕概，平也，謂不分貧富而均施之。
〔五〕「概」，底本原作「槩」。今據嶽麓本改。既云「不敢任酌量之權」，則作「概」爲是。

而不敢任酌量之權。故高極喬嶽，卑至培塿，地總冒其上，以自居於厚，而无擇於所施。至於多者不能承受而所受寡，寡者可以取盈而所受多，聽其自取，而无所生其恩怨。其究也，施亦平矣。〔一〕

嗚乎！此君子所以待小人之道也。小人者，不足於人，故「物」之；不足與言交，故「施」之。施者貨賄之事，裒益者厭足之道也。小人之欲，晝〔二〕於貨利，而碨磊𨉖硊，率以此興〔三〕。地者陰也，利也，養也，柔也；其動爲情，其效爲財，其德爲膏粱，其性爲

〔一〕「裒多益寡」，先儒多以「損有餘，補不足」來解釋。如釋文：「裒，鄭、荀、董、蜀才作捊，云『取也』；字書作掊，廣雅云『掊，減』。」周易集解引虞翻曰：「捊，取也。」周易程氏傳：「抑高舉下，損過益不及之義。以施於事，則裒取多者增益寡者，稱物之多寡以均其施與，使得其平也。」朱子本義：「裒多益寡，所以稱物之宜而平其施，損高增卑以趣於平，亦謙之意也。」王弼注曰：「多者用謙以爲裒，少者用謙以爲益。隨物而與，施不失平也。」諸家之中，只有孔穎達不同，周易正義說：「君子若能用此謙道，則裒益其多，言多者得謙物更裒聚彌益多也，即卑而不可踰也……寡者得謙而更進益，即卑而不可踰也……稱物平施者，稱此物之多少，均平而施。物之先多者而得其施也，物之先寡者而亦得其施也，故云稱物平施也。」並且引用爾雅釋詁以證裒聚之義。船山此處正用孔疏的解釋。他之所以如此解釋，大概是厭惡絶對的平均主義，遠則有王莽之限田，近則有李闖、張獻忠的「均田」。特別是張獻忠的口號和破壞，船山體會尤深。船山認爲，就人類過去和未來的大部分時間而言，社會必然是有等差的。因爲人的智力水平、勤奮程度、德性的不同，其財富、權力和地位自然不可能完全一樣。理想的社會，是人們以其德性而處於不同的地位。與此相對，過度的貧富分化、絶對的平均主義，都是對中和之政治形態的傷害。大象解、外傳、内傳並是此種態度（唯大象解云「益其寡者，多者自裒」，訓裒爲減）。

〔二〕「晝」，嶽麓本作「盡」。

〔三〕「興」，嶽麓本作「爲端」。

將順，皆小人之所取給者也。鹿臺之賚，所謂「善人」者，亦沬土之翩翩者爾，故受裒多之錫而鳴其富〔二〕。豈可施之首陽之二士乎？

然而求定之天下，亦聊以適其聚散之平矣。君子蓋不得已而用謙，以調物情之險阻也。故居之也「勞」，而終之以「侵伐」。極小人之欲而終不能歉，則兵刑繼之，而天下乃不以我爲暴。嗚乎！是豈君子之樂爲哉？

夫君子之相於也，此无所快，彼无所憾，寡无所求，多无所益，嶽嶽焉，侃侃焉，論道而无所苟同，當仁而无所復讓，序爵以賢，受功以等，上達下弼，匡以道而行以直，而亦奚用謙爲？故曰：「謙，德之柄也」，所以持物之長短而操其生死也〔三〕。謙於是而有陰用焉，而以迎人之好，邀鬼之福，則有餘矣，故爻多「吉」而无「无咎」。其吉也，尚未

〔二〕論語堯曰「周有大賚，善人是富」，船山四書訓義曰：「此以下述武王事。賚，予也。武王克商，大賚於四海，見周書武成篇。此言其所富者皆善人也。詩序云『賚所以錫予善人』，蓋本於此。」尚書武成謂武王克商後，「散鹿臺之財，發鉅橋之粟，大賚于四海，而萬姓悦服」。「翩翩」者，泰之六四「翩翩不富」，又，漢書顔注「自喜之貌」，此處意爲所謂「善人」者，亦不過見富而喜之小人而已。沬土，詩經作「沬」，尚書酒誥作「妹邦」，即紂所都朝歌以北。

〔三〕韓非子二柄：「明主之所導制其臣者，二柄而已矣。二柄者，刑德也。何謂刑德？曰：殺戮之謂刑，慶賞之謂德。」

能免於咎夫〔一〕。嗚乎！君子一而小人萬，以身涉於亂世之末流，不得已而以謙爲亨，君子之心戚矣。〔二〕

豫

陽求陰與。一陽之卦，衆陰争與焉。惟比爲得天位而允協其歸，外此者各有疑也。在謙與三，在豫與四。受物之與而固處於内，則自見其不足；因物之與而往出於外，則自樂其志行。乃見不足者，長二陰之上而自立其壘；（志樂）〔樂志〕〔三〕行者，近六五之尊而

〔一〕「夫」，嶽麓本作「矣」。船山之意，若明言「无咎」，則「无咎」；若但言「吉」而未言「无咎」，則或有咎矣。

〔二〕舊注對於謙卦多是讚美（王坦之公謙論除外）。船山則認爲，謙守柔下，易比附於老氏之説，甚而流於謀詐之術也。内傳也説：「若無忌憚之小人，如老聃之教以私智窺天地鬼神之機，持人情之好惡，欲張固翕……則始於謙者終於悍，故其流爲兵家之陰謀、申韓之慘刻，小人之謙其終如是，與謙道相反，其亨也不如其無亨矣。五、上二爻行師侵伐，亦謙必有之變也，故内卦言君子言貞，而外卦但言吉利。」

〔三〕嶽麓本校記：「後中華本注：『「樂志」原作「志樂」，據上文「則自樂其志行」改。「志行」是豫卦九四象傳「志大行也」的省括。』按鈔本及守遺經書屋本、金陵本、前中華本均作『志樂』，誤。」今據改。

藉以立功。故謙三尸號曰「民」，豫四正名曰「朋」。「民」云者，各君其國；「朋」云者，衆分其權。各君其國，五之所不得統也，侵伐之所繇必起；衆分其權，五之所得統也，中道之所以不忘〔一〕，緣此故也。〔二〕勢偪〔三〕而動，未能爲敵；位遠而靜，艮，止、靜也。反以啟〔四〕戎。〔五〕則猜庸之主，維繫英傑於肘腋之下以掣制其權，而幾倖乎〔六〕晏安者，是或一道矣。

夫謙三之卑（職）〔戢〕〔七〕以分民，吾不保其亡他；豫四之奮出以任事，或亦幸其易

〔一〕「忘」，嶽麓本作「亡」，是也。

〔二〕謙卦九三處内卦，所以自認爲不足；豫卦九四處於外卦，所以有功（處外，是建立功業之象）。謙卦九三自認爲不足，所以自保而建立壁壘，把初六、六二兩陰看作是自己的民，故其象傳説「勞謙君子，萬民服也」。九三自己建立小諸侯國自保，六五無法統領，所以纔有「利用侵伐」的事。豫卦九四，樂於建立功業，又靠近六五之尊，所以能成功。有許多朋友共成九四之事，所以爻辭纔説「朋盍簪」（朋友匯合響應十分積極）。因爲有許多人分割九四的權力，所以六五得以統領而保持自己的權威，六五的象傳纔説「中未亡也」。

〔三〕「偪」，嶽麓本作「迫」。

〔四〕「啟」，嶽麓本作「起」。

〔五〕豫卦九四逼近六五，並不能給六五造成大的危害；謙卦九三雖遠離六五，却更容易固結自守，形成小圈子勢力（比如藩鎮割據），謙卦下卦是艮卦，就有固結自保的象。

〔六〕「乎」，嶽麓本作「夫」。

〔七〕「戢」，底本原作「職」，今據嶽麓本改。戢訓歛，亦有謙意，查繼佐罪惟録王慎中傳：「大臣不在謙約卑戢。」

制。乃衆建於疏遠之地，利在不傾，害在不掉，而廉級〔一〕既定，卒有不（復）［服］〔二〕，率天下以征一夫，功易就而勢不可弱。若因疑忮〔三〕之情，拘維之於耳目易及之地，削其威靈，降其等列〔四〕，四不能以民禮使衆，衆亦不以民禮事四，取苟且之安，席終年之樂，而豫五之疾亦自此而深矣。〔五〕

恒〔六〕疾者不見疾，不死者重其死。寄生餬食於天位之上，而孤零弱仆，夷狄、盜賊起而乘之，則不死者奄然待〔七〕盡，而亦孰與救之哉！故安、史不足以亡天寶，而岳、韓不足

〔一〕宋史洪咨夔傳：「權不歸人主，則廉級一夷，綱常且不立，奚政之問？」漢書賈誼傳：「人主之尊譬如堂，群臣如陛，众庶如地。故陛九級上，廉远地，则堂高；陛亡級，廉近地，则堂卑。」堂之邊爲廉。

〔二〕「服」，底本原作「復」，今據嶽麓本改。

〔三〕「忮」，嶽麓本作「忌」。

〔四〕「列」，嶽麓本作「級」。

〔五〕此段意謂：謙卦九三作爲地方長官，固結自保，或許會有叛亂的事情。但是一旦確定了等級秩序，九三作爲地方諸侯或藩鎮，實力强大，如果有些地方不服，其他地方的諸侯或藩鎮就可以聯合起來把叛亂的制伏。如果像豫卦那樣，把强有力的九四安排在自己眼皮子底下加以監督，又分割其權力、降低其等級和威嚴，固然減少了他們叛變的機會。九四没有權力讓民衆聽命（民衆祇能聽命於六五，絶對的權威），只好如「杯酒釋兵權」中的衆將領那樣，「擇便好田宅市之，爲子孫立永遠不可動之業，多置歌兒舞女，日飲酒相懽以終其天年」。但天下也因此而弱，所以説六五的病從此也越來越深重。

〔六〕「恒」，嶽麓本作「常」。

〔七〕「待」，嶽麓本作「遽」。

以起炎、興〔一〕。侵伐利而貞疾危，亦千秋〔二〕之永鑒已。〔三〕

隨

隨者，否陽來初以從陰而消否者也。蠱者，泰陽往上以召陰而壞泰者也。隨者從也，

〔一〕炎，宋高宗建炎；興，宋高宗紹興。安史之亂並没有使唐朝滅亡，是因爲還有其他節度使加入了輔佐唐朝、平定叛亂的行列中。岳飛、韓世忠雖然很勇猛、戰鬥力也很强，但一直被宋朝猜疑武將、分割制約的「祖宗之法」所牽制，最終還是無力改變貧弱的局面。

〔二〕「千秋」，嶽麓本作「來兹」。來兹，來年、今後。

〔三〕船山此章，實際是利用謙卦、豫卦的比較，來講歷史哲學和政治哲學中的一個重要問題：關於權力的任用與制衡，以及中央與地方的關係。明亡之後，不少儒者爲總結滅亡的教訓，進而對整個傳統的政治結構進行了反思，重新回顧了封建和郡縣的争論。黄宗羲的明夷待訪録，顧炎武的日知録，以及船山，還有其他不少學者，都對封建表現出一定程度的嚮往，而認爲郡縣其實是帝王爲了保住自家産業、削弱地方、分割權力的行爲。正是因爲帝王對於權力的過度分割，中央對於地方的過度壓制，導致農民起義和外族入侵時，地方不能組織有效的力量進行抵抗。船山這一章把謙卦的九三看作有實力的方鎮，把豫卦的九四看作被君主監視、分割的將領。前者雖然有可能叛亂，後者看上去更加穩定，但穩定的代價是整個社會的疲弱。船山批評「孤秦陋宋」，其意正在此。其噩夢謂：「因逆臣之阻兵而廢藩鎮，因權臣之蠹國而除宰相，棄爾輔矣……二者乃治亂安危之樞機，周官之扼要。於此一失，綱紀盡亡，區區以行人司、欽天監爲禮部之遥屬，胡不推此以正六卿之職也？」但是他們也並非一味復古，未來制度的設計也不是完全回到周代宗法分封。他們皆已認識到封建變爲郡縣也是一種歷史的趨勢，但郡縣制既然也有弊端，就需要綜合封建與郡縣各自的特色，給未來設計一種新的中央和地方、君主與大臣之間權力分配的制度。黄宗羲的「方鎮可復」，與顧炎武的「寓封建於郡縣之中」，皆是一種嘗試。船山也有類似觀點。

故於其世，下皆隨上以進；蠱者待治者也，故於其世，上臨下而治之。隨，初、五〔一〕陽隨陰，三陰隨陽〔二〕；又内卦一陽隨二陰，外卦二陽隨一陰。蠱，上、二陽治陰，四陰治陽；又内卦二陽治一陰，外卦一陽治二陰。謂之蠱者，陰入陽内而惑亂之，故待治。然二與五皆相應焉，則隨雖相躡，蠱雖相壓，未嘗廢其所爲唱和者也。故隨二之「失」，隨五之「孚」，貞淫之情別；蠱二「幹母」，蠱五「幹父」，剛柔之克審焉〔三〕。乃繇是思之，隨之有功，孰有盛於初者哉？

陽之所以亢而成乎否者，自惜其群而不屑從陰焉耳矣。孰爲之閫閾而若或尼之？所難者，奮然一出而已。震於否者，天下之所大驚者也；隨於陰者，天下之所大疑者也〔四〕。冒天下之驚疑而以行其不測之勇，將勿爲輕試矣乎？曰：非也。否固必傾矣，是天下將渝之日也。天下未渝，而投其身於非類之中，則志未足以白而先失乎己；天下將渝，而无嫌於非類之比附，則犯天下之驚疑而固不自失也。故曰「隨時之義大矣哉」。非其時，即

〔一〕嶽麓本校記：「鈔本『初』下無『五』字。」
〔二〕初九、六三、九五分別隨六二、九四、上六。後仿此。
〔三〕尚書洪範「三德」有剛克、柔克。蔡傳訓克爲治。
〔四〕否上之陽下於初，下卦成震，故曰「震于否」。

其人，未可也；非其人，即其時，未可也。況所與從者柔中之六二，專心壹好，以與我相纏緜而不舍，斯豈非堂堂鼎鼎，釋萬物於陰霾閉塞之中，發萌櫱，啟蟄伏，以向昭蘇之時哉？而又何待焉！

嗚乎！自初陽之側〔一〕然絶其類以居下，而天下遂成乎隨時矣。初不吝出門之交，則二不恤丈夫之失；三乃決策於丈夫之係，而不戀小子之朋；五亦嘉與上，而上弗能不爲維係也。然則昔之否塞晦蒙，絶天地之通理者〔二〕，亦豈非陽之恝〔三〕於棄世，而可僅咎陰之方長也乎？孔甲之抱器以歸陳涉，有苦心焉而无其德；魯兩生之謝漢高而需百年，抑恃其德而失其時。〔四〕輕出者爲天下笑，而絶物者抱尺寸之義以蔑天人。然後知隨初之貞，備四

〔一〕側，説文謂「武皃」。

〔二〕嶽麓本無「者」字。

〔三〕恝，孟子萬章上「公明高以孝子之心爲不若是恝」，趙注：「恝，無愁之貌。」

〔四〕孔甲，孔子八世孫，名鮒，字甲。史記儒林列傳：「及至秦之季世，焚詩書，阬術士，六藝從此缺焉。陳涉之王也，而魯諸儒持孔氏之禮器往歸陳王。於是孔甲爲陳涉博士，卒與涉俱死。陳涉起匹夫，驅瓦合適戍，旬月以王楚，不滿半歲竟滅亡，其事至微淺，然而縉紳先生之徒負孔子禮器往委質爲臣者，何也？以秦焚其業，積怨而發憤於陳王也。」史記劉敬叔孫通列傳載叔孫通往魯地徵學者習禮，魯有兩生不肯，謂：「公所事者且十主，皆面諛以得親貴。今天下初定，死者未葬，傷者未起，又欲起禮樂。禮樂所由起，積德百年而後可興也。吾不忍爲公所爲。公所爲不合古，吾不行。公往矣，無汙我。」叔孫通嘲笑爲腐儒，「遂與所徵三十人西及上左右爲學者、與其弟子百餘人爲綿蕞，野外習之月餘」。

德而未嘗有咎。君子之託身於否極之世者，非流俗之所能測；而體天爲德，則知我者其天乎！〔二〕

蠱

蠱之上，亦隨之初也，綜象。而情與事交殊焉；蠱之上，亦隨之上也，隨陰往，蠱陽往。而德與時交異焉。如蠱上者，乃可以「不事王侯，高尚其事」矣。

故隨初反其道而有功，隨上同其往而必窮。隨上，柔也，窮而五猶維係之也，五相隨而孚者也。蠱上，剛也，五陰〔三〕而不受治於上，无孚也。因泰而變，上下交而不固，王侯以禮相虛拘焉。貪下賢之譽而无其實，則去之而非其所急；无下賢之實而徒貪其譽，則

〔二〕出處進退，誠君子之大事，欲拯亂世，或不得已而涉濁流。是故孔子欲就弗擾，爲東周也。至於知其事不可爲，且有權臣挾主威者禽獸其行，則又可輕赴哉？是故李定國兵復湖南，而船山知孫可望之心，不果往，作章靈賦以見志，可與此相參詳焉。

〔三〕「陰」，嶽麓本作「柔」。

去之而終不我尤。于此而裴回顧戀，以冀功名於蠱壞之日，其將能乎？申屠蟠之辭召也，陶弘景之挂冠也，庶幾以之。〔二〕而范希文以謂嚴光也，則非其類矣。如光者，交不待出門而固合，意可以承考而無疑，奚其傲文叔以相臣，而致惜於君房之要領哉！〔三〕

故釋氏以生死爲大事，君子以出處爲生死。鐘鼎、林泉，皆命也，而有性焉。性盡而命以貞，君子不謂命也。若其不然，晝所見以爲門，放其情而无則，則且有僞周已革，而張説〔三〕之涕猶零；「蒙古已亡」〔四〕，而王逢之悲不已。官已渝矣，志抑无可尚者。迷留於

〔二〕申屠蟠，陳留人，隱居精學，履徵不就。後漢書本傳載其：「董卓廢立，蟠及爽、融、紀等復俱公車徵，惟蟠不到。衆人咸勸之，蟠笑而不應。居無幾，爽等爲卓所脅迫，西都長安，京師擾亂。及大駕西遷，公卿多遇兵饑，室家流散，融等僅以身脱。唯蟠處亂末，終全高志。」南史卷七十六陶弘景傳：「未弱冠，齊高帝作相，引爲諸王侍讀，除奉朝請……家貧，求宰縣，不遂。永明十年，脱朝服挂神武門，上表辭禄，詔許之，賜以束帛。」

〔三〕嚴光、侯君房事，詳比卦注。文叔即光武帝。

〔三〕嶽麓本校記：「『姚崇』，鈔本及守遺經書屋本、金陵本均作『張説』。劉毓崧王船山叢書校勘記云：『以舊唐書及通鑑考之，中宗復辟後，武后遷居上陽宮，群臣中嗚咽流涕者乃姚崇，非張説。』」今據改。

〔四〕「蒙古已亡」，原作白框，據嶽麓本補。

否塞晦蒙而溺以槁死，小人之志節，亦惡足紀哉！

臨

一

以臨爲道，故陰可得而治也。〔一〕

夫生殺者萬物之命，剛柔者萬物之性。必欲治之，異端所以訾聖人之强與於陰陽，而非然也。聖人者人之徒，人者生之徒。既以〔二〕有是人矣，則不得不珍其生。生者，所以舒天地之氣而不病於盈也。生，於人爲息，而於天地爲消。消其所亢，息其所僅〔三〕，三才胥受成於聖人，而理以流行。陰性柔而德殺，則既反乎其所以生，雖欲弗治，其將能乎？而

〔一〕臨，治也。
〔二〕「以」，嶽麓本作「已」。
〔三〕僅，少也。

何云其「强與」邪！〔一〕

彼固曰：「蕭條者形之君，寂莫〔二〕者氣之母。」〔三〕宜其奬夜行而守雌黑矣〔四〕。夫蕭條之館，寂莫之宮，雖天地同消之墟；而所繇以致其敢殺之功名，則陰獨任之。陰既日蓄其慘心以俟陽之衰，覬无與治之，以立功名於蕭條寂莫之日；而猶聽之而无與折也，則歷萬物而皆逢其耗。〔五〕彼且曰：「行不言之教，尸不爲之德。」教者无教，德者不德。不德者形〔六〕爾，无教者亂爾。非夜行之雄，孰敢然哉！

〔一〕此段謂：萬物的命運有生有殺，萬物的性質有剛有柔，聖人則因乎萬物的性質與命運加以調節和治理，而異端却譏詆聖人，認爲這是隨意干涉萬物自然之道。異端的看法當然是不對的。天地之大德曰生，既然是人類，與生爲類，那麼就要扶助天地間生生的力量。人的生成，是天地將精華賦予給人，所以對天地來說，人的息就是天地的消。但人不能因此就不生。聖人裁抑其過分的地方，扶助其微弱的地方，便能使三才有序，天理流行。陰性慘刻，悖於生生之德，則治理裁抑陰，是不得不做的事情，不是隨意的干涉。

〔二〕「莫」，嶽麓本作「寞」，本節凡「寂莫」字仿此。

〔三〕淮南子齊俗訓：「故蕭條者形之君，而寂漠者音之主也。」高注：「微者生於寂漠。」莊子大宗師：「夫道，有情有信，無爲無形……豨韋氏得之以挈天地，伏戲得之以襲氣母。」音義：「襲氣母，司馬『襲，入也；氣母，元氣之母也』，崔云『取元氣之本』。」

〔四〕淮南子覽冥訓：「衆雄而無雌，又何化之所能造乎？所謂不言之辯、不道之道也。故召原者使无爲焉，親近者使无事焉，惟夜行者爲能有之。」高注：「夜行，喻陰行也。陰行神化，故能有天下也。一說言入道者，如夜行幽冥之中，爲能有召遠親近之道也。」又，雌雄黑白，老子今本二十八章。

〔五〕此謂若陽聽任陰之縱肆而不摧敗之，則萬物將爲陰所殺矣。

〔六〕「形」，嶽麓本作「刑」。

且夫君者群之主也，母者子之養也。匪剛，弗克爲主矣；匪生，蔑用其養矣〔一〕。故變蕃者形之君，絪緼者氣之母。〔二〕蕭條而寂莫者，何歸乎？歸乎形之離而氣之萎焉耳。反終以爲始，任讎以爲恩，而後可以不治。不治者，亂也。夷狄也，女主也，師獄吏也，任盜賊也，皆自此興，夫惡〔三〕得不臨治之哉？

然則復何以不治也？植未固也。泰何以不治也？功已成也。不自我先，不自我後，臨獨勞而不可辭矣。大亨以正，剛浸長而天體立矣。備乾之四德以予之，作易者之所以寵臨也。

二

臨，治也；咸，感也。治之用威，感之用恩。咸以爲臨，道固有異建而同功者乎？〔四〕臨剛浸長，來以消往，初、二秉陽質爲兑體，貞悔殊地，上下異位，性情相近，母女合

〔一〕能剛强者爲君，善生生者爲母；然則君與母，非蕭條、寂寞所能任也。

〔二〕坤文言傳「天地變化，草木蕃」，繫辭傳「天地絪緼」。

〔三〕「惡」，嶽麓本作「安」。

〔四〕此章釋九二「咸臨吉无不利」，咸臨者，以咸爲臨。咸爲感，臨爲治，施用本異；然則以咸爲臨，是以感之之道以成治之之效，或感或治，皆所以成齊平之功也，故云「異建同功」。

功，以卑治尊，以義制恩，勢固有不得而競者也〔二〕。而終用此以底臨之績也，則何居〔三〕？陰〔三〕疑而戰，而況其得數多而處位尊者哉？陰之性賊，而勢便於後起，操生死於己，而授兵端於人。藉不揣〔四〕而急犯之，則勝敗之數恒存乎彼，而我失其權。「咸臨」者，名正而不居，力彊而不尚，循其素位，報以應得，无機无形，禍不自己，彼且相忘而示我以所懷矣。因其所示，發其所藏，替其所淫，緩其所害，罙〔五〕入而致功，移風革化而怨不起。如是乃可以臨，而无有不順命之憂矣。故以咸〔六〕爲臨，臨之道也。

抑此術也，陰善用之消陽，臨且尤而效之，則又何居？〔七〕曰：不因其情者不足以制，

〔二〕內卦爲貞，外卦爲悔。臨卦，上卦爲坤，爲悔，爲上，爲母，爲恩養；下卦爲兑，爲下，爲女，爲義。如此，則兑之勢似不得與上坤相競。

〔三〕何居，即何故。莊子齊物論「何居乎」，音義「如字，又音姬，司馬云『猶故也』」。

〔三〕嶽麓本「陰」前有「夫」字。

〔四〕揣，揣量，孟子「不揣其本」。言陽當慎思而後相機以動。

〔五〕罙，音深，廣韻「深入也」。

〔六〕「咸」，嶽麓本底本原作「臨」。

〔七〕此句謂：這種計策（表面示好，暗地裏徐圖削弱）是陰常用以削弱陽的戰略，十分的鄙陋；而臨卦的陽消陰也用這個方法，爲什麼呢？

不循其迹者不足以反。今夫兑，外柔而中狠者也。以柔因之，以狠反之。以之消陽則爲賊，以之臨陰則爲正；小人用之則爲機，君子用之則爲智。不媿於天，不怍於人，其動有功，其静不失。如是者，可以大亨而正矣。而豈若恃名實之有據，硜硜悻悻〔一〕，繼以優游〔二〕之自喪其功者哉！

韓退之之闢佛也，不測其藏而駁之也粗〔三〕，故不足以勝緇流〔四〕之淫辭。景延廣之拒契丹也，未酬其惠而怒之也輕，故適足以激胡馬之狂逞〔五〕。使知感之乃以治之，而无損於貞吉，邪之不勝正也，自可徐收其效矣。

〔一〕「悻悻」，嶽麓本作「婞婞」。

〔二〕「游」，嶽麓本作「柔」。

〔三〕廣雅釋詁「藏，深也」。韓昌黎闢佛，但從其違背倫理、破壞社會經濟、華夷之辯等處著眼，未能深入其理論内部加以駁斥。韓愈的闢佛文章，有原道、諫迎佛骨表等。

〔四〕緇流，僧人之稱謂。宋代道誠釋氏要覽稱謂：「緇流，此從衣色名之也。」

〔五〕資治通鑒晉紀四齊王上：「榮辭延廣，延廣大言曰：『歸語而主，先帝爲北朝所立，故稱臣奉表。今上乃中國所立，所以降志於北朝者，正以不敢忘先帝盟約故耳，爲鄰稱孫足矣，無稱臣之理。北朝皇帝勿信趙延壽誑誘，輕侮中國。中國士馬，爾所目睹，翁怒則來戰，孫有十萬横磨劍足以相，待它日爲孫所敗，取笑天下，毋悔也。』……延廣命吏書其語，以授之。榮具以白契丹主，契丹主大怒，入寇之志始决。」

然則賈捐之用機而身名俱隕〔一〕，豈其賢於孔融乎？夫捐之知感而不知貞者也。當好遯之時〔二〕，行「咸〔三〕臨」之事，德薄而望輕，位卑而權不固，其敗宜矣。自非乘浸長之剛，膺治人之責，初、二同心而无閒者，固未易繇此道也。陰陽之際，存亡之大〔四〕，非天下之至幾者，其孰能與於斯！

觀

積治之世，富有者不易居也；積亂之幾，僅留者不易存也。觀承否之後〔五〕，固已亂積

〔一〕漢元帝時，賈捐之（君房）數短石顯，故不得官。後長安令楊興得幸，與捐之相善。楊興以石顯鼎貴，欲進用之，必當諂顯。故二人共薦石顯，賈捐之又薦楊興。石顯聞之，白之元帝，帝乃下興、捐之獄。顯等奏「興、捐之懷詐僞以上語相風，更相薦譽，欲得大位，漏泄省中語，罔上不道」。捐之棄市。詳漢書卷六十四賈捐之傳。

〔二〕臨二陽浸長，陽當治陰，雖用智術可也；遯則二陰方興，與臨相對，陰勢漸盛，陽當避之勿與相染。

〔三〕「咸」，嶽麓本作「感」。

〔四〕此亦船山所處之時也。

〔五〕消息卦，否九四爲陰所剥而成觀卦。

而不可揜矣，而位未去而中未亡。位未去，聖人爲正其名；中未亡，聖人爲善其救。〔一〕正其名者何也？來者既主，往者既賓。主者挾朋類以收厚實，賓者擁天步而僅虚名。百姓改心，君臣貿勢，然而其名存焉。名者天之經也，人之紀也，誼夫志士所生死争焉者也。庶幾望之曰：群陰〔二〕之來，非以相陵，而以相觀平聲，我之爲「大觀［去聲］〔三〕在上」，固終古而不易也。〔四〕

然而聖人之所以善救已往之陽者，亦即在此矣。夫陰逼陽遷而虚擁天位，救之也不容不夙，而尤懼其不善也。善其救者，因其時也。觀之爲時，陰富而陽貧，生衰而殺王，上陵而下固，邪盈而正虚，人耗而鬼靈。凡此者，威無可用，用之而牀且見剥；恩无可感，

〔一〕觀卦九五尚在尊位、中位，所以「位未去而中未亡」。正其君位之名，即所以救其亡，詳見船山下段的解説。

〔二〕「陰」，嶽麓本作「英」。

〔三〕音注「平聲」，嶽麓本作「平」；「大觀」字後「去聲」，據嶽麓本補。

〔四〕此段意謂：觀卦，陰來而陽往。陰來，即將成爲主人；陽往，即將成爲賓客（如漢獻帝爲山陽公之類）。四陰上進，夥同其類使天下實際上皆聽命於他；而九五君主僅僅擁有虚名。百姓服從的對象發生了改變，君臣的實際地位也發生了對轉。但君畢竟還是君，還有這個名號。名號，是天之經、人之綱紀，是仁人志士不惜生命來捍衛的東西。九五此時只好希望：豪傑們的到來，不是要逼我退位，而是來觀瞻我，我保持自己的德性和威儀，局勢應該不會移易。

感之而膏每逢屯。〔一〕然且褻試其恩威，以與力争其〔二〕勝敗，敗乃速亡，勝亦自敝，此既其明驗矣。且陰不先動，乘陽之虚；陽不遽虚，因動而敝；機興鬼瞰，妖自人興。然則非通消息之藏，存性命之正者，亦惡能以大觀去聲〔三〕而保天位哉！是故觀去聲者我也，觀平聲者彼也，忘彼得我，以我治彼，有不言之教焉，有无用之德焉。故麋鹿興前而不視，疾雷破柱而不驚。〔四〕

雖然，又豈若孱主羸國之懷晏安而遺存亡也哉！以言起名，以用起功，大人所以開治也；言以不言，用以不用，君子所以持危也。〔五〕

〔一〕觀五陽一消而成剥，剥卦每爻爻辭説「剥牀以某」；觀之上九、初六相感相交則成屯卦。觀卦九五的困境也很像屯卦，屯九五曰：「屯其膏，小貞吉，大貞凶。」内傳解釋説：「如一旦求大正於物，陰險争衡而不解，必至於凶。」

〔二〕「其」，嶽麓本作「一」。

〔三〕音注「去聲」，嶽麓本作「去」。下段二音注仿此。

〔四〕蘇洵心術：「爲將之道，當先治心。太山覆於前而色不變，麋鹿興於左而目不瞬，然後可以制利害，可以待敵。」（嘉祐集卷二）莊子齊物論：「疾雷破山、飄風振海而不驚。」

〔五〕這段話是説：雖然在大勢已去的情況下，君主不應輕舉妄動以給對方可乘之機，但也不是混吃等死。而是要修養自己的德性，保持住威嚴。此即以不言爲言，以不用爲用。

今夫薦而後孚見焉，盥者且未薦也。神來无期，神（動）［往］〔一〕无景，抱齊戒之身，往求之於陰暗窅冥之際，蓋有降格无端而杳難自據者矣。而不曰「仁孝之心，鬼神之宅」也乎？以此推之，類幽而不可度，勢絶而不相與，凡以眇躬際不測之幾者，胥視此矣。而君子於此，乃以不薦爲孚。〔二〕

其不薦之孚者何也？陰之感陽也以與，陽之制於陰也以欲。不受其與者，先淨其欲。以利中我，而利不入清明之志；以勢蕩我，而勢不驚彊固之躬。宮庭者盥之地，夙夜者盥之期也。恪守典型而喜怒不妄者，盥其坌起之塵也；養其尊高而金車勿乞者，盥其霑濡之垢也〔三〕。履天位而无慚，畜神威於不試。彼固曰「庶幾伺其薦而與之狎」邪〔四〕！而終

〔一〕嶽麓本校記：「『往』，守遺經書屋本、金陵本作『動』。馬宗霍按：『上文云神來無期，則此作神往是也，當從鈔本。』」今據改。

〔二〕周易内傳：「『盥』者，將獻而先濯手，獻之始也。『薦』者，已奠爵而後薦俎，獻之餘也。以陽接陰，以明臨幽，以人事鬼之道，故取象於祭焉。既獻而薦，人之事鬼，禮交而情狎，過此以往，酢醻交作，則愈狎矣。唯未獻之先，主人自盡其誠敬而不與鬼相瀆，則其孚於神者，威儀盛大而有不可干之象。以此格幽，自能感之，而不在爵俎之紛拏也。」

〔三〕坌，聚也。養其尊高，保持鎮静的威儀。金車，比喻剛健的行動。困九四「困于金車」，内傳曰「金，剛；車，所以行者」。「金車勿乞」，即不要有太過剛烈的行動。

〔四〕「邪」，嶽麓本作「耶」。

日无薦之事，則終日有薦之形。故道盛而不可吐，力全而不可茹，彼騷騷然起而干我者，亦且前且卻，欲迎欲隨，而兩无端，乃以奠瀕危之鼎而俟氣數之定。「君子无咎」，良以是與！

故因其不可薦而戒其瀆，則地天之通以絶[一]；盡其必盥而治其素，則陰凝之冰不堅[二]；於是下觀化而天下治。高宗承亂而恭默不言，所繇異於仲康之胤征、宣王之南伐矣[三]。故曰「聖人以神道設教」。陰以鬼來，我以神往，設之不妄，教之不勤，功無俄頃而萌消積害。

聖人固不得已而用觀，然彼得已而不已者，其後竟如之何也？可以鑒矣。故歌舞於堂則魅媚於室；磔禳於户則厲嘯於庭。極於鬼神，通於治亂，道一而已。然且有承極重難

[一] 此處所謂「地天之通以絶」，指的是臣子雖然權傾天下，還是不能顛覆君主的皇位。絶地天通爲著名故事，詳繫辭傳第八章注。

[二] 薦雖不必爲之，盥則不可不爲。盥是九五之所當爲，故云「治其素」。不者，必使群陰輕而凌之也。

[三] 史記殷本紀：「帝武丁即位，思復興殷，而未得其佐。三年不言，政事決定於冢宰，以觀國風。」史記夏本紀：「太康崩，弟中康立，是爲帝中康。帝中康時，羲、和湎淫，廢時亂日。胤往征之，作胤征。」尚書有胤征篇。史記周本紀：「宣王即位，二相輔之，修政，法文、武、成、康之遺風，諸侯復宗周。三十九年，戰於千畝，王師敗績於姜氏之戎。宣王既亡南國之師，乃料民於太原。」毛詩序：「采芑，宣王南征也。」仲康、宣王皆處中興之後，故可決然往征群陰；而高宗處大衰之餘，故乃爲拱默以俟振作。

反之勢，褻用其明威而不戒其瞻聽，使債〔一〕敗起於一旦而莫之救，徒令銜恤於後者悲憤填膺而无所控洩，哀哉！〔二〕

噬嗑

噬嗑，用獄敕法者也，而初、上何以被刑邪？

陰陽之合離也有數，而其繇離以合也有道。物之相協，感之以正，則配偶宜矣；時之已乖，强之以合，則怨慝生矣。九四之陽，非其位也；陰得朋以居中，然且强入而與其上下之際，則不可謂之知時而大其辨矣。爲初、上者，乃挾頗心以平物，含甘頤而〔三〕和怨，

〔一〕「債」，嶽麓本作「潰」。
〔二〕船山自題墓石曰：「固銜恤以永世。」然則此處即船山所以抒其憂憤者也。未善用「盈而不薦」之義，以致潰敗起於一旦者，或許指的是崇禎。又，船山於周易内傳發例自序曰「初得觀卦之義，服膺其理，以出入於險阻而自靖」，此謂船山以觀卦之理出入於滿清暴兵及永曆朝小人之中也，其所用觀卦之義，乃「觀我生」「觀其生」之類；若以外傳此章的道理來比附船山出入險阻所據之義，則鑿矣。
〔三〕「而」，嶽麓本作「以」。

其能必彼之无吐哉？以理止争，狂戾爲之銷心；以餌勸競，猜疑所繇增妬也。初、上頤之體，二、五頤之虛。業投實於虛中以使相離〔一〕，而又合之，初、上之自以爲功，而不知其罪之積也。〔二〕此蘇秦之所以車裂，而李嚴之所以〔三〕讁死也。〔四〕

且初、[上]〔五〕之欲噬以嗑之者，將何爲邪？欲强陰以從陽，則屈衆以就寡；欲强陽以順陰，則墮黨以崇仇。屈衆就寡，武斷而不智；墮黨崇仇，背本而不仁。施勞於疑戰之世，取利於壺飧之閒，小人所以甘鉗釱〔六〕而如飴也，豈足恤哉！

然則初之惡淺，而上之惡積者，何也？初者震之主，任奔走之勞，而下頷以齧堅致

〔一〕業，廣雅釋詁「始也」，謂初九、上九先投九四之實在衆陰中也。

〔二〕此段解説噬嗑卦成卦之由：相比於頤卦，六二、六三、六四、六五四陰本來是朋類，連在一起；而九四却忽然插入他們中間，使之分離。群陰因此怨恨。上九、初九爲了平息怨恨，就强制地使他們合起來，而不知不覺中已成大錯。

〔三〕「以」，嶽麓本作「由」。

〔四〕三國志李嚴傳：「九年春，亮軍祁山，平（李嚴改名李平）催督運事。秋夏之際，值天霖雨，運糧不繼。平遣參軍狐忠、督軍成藩喻指，呼亮來還。亮承以退軍，平聞軍退，乃更陽驚説：『軍糧饒足，何以便歸？』欲以解己不辦之責，顯亮不進之愆也。又表後主説軍僞退，欲以誘賊與戰。亮具出其前後手筆書疏本末，平違錯章灼。平辭窮情竭，首謝罪負……乃廢平爲民。」

〔五〕「上」字，底本無，今據嶽麓本補。

〔六〕「釱」，嶽麓本作「鈇」。今按當作「釱」。説文：「釱，鐵鉗也。」增修互注禮部韻略：「在頸曰鉗，在足曰釱。」

力；上者離之終，銜微明之慧，而上齦以貪味爲榮。震求合離，而所噬在他，故二、三可以忘〔二〕怨；離求合震，而所噬在我，故九四早已傷心。〔三〕則上之惡積而不可揜，五其能揜之哉？夫虛己而不爭，履中而不昵，游於强合不親之世，厲而不失其貞者，惟五其能免夫！

賁

一

噬嗑，非所合也；賁，非所飾也。

頤外實而中虛，外實以成形，中虛以待養。虛中以静，物養自至。飲食男女，无師〔三〕而

〔二〕「忘」，嶽麓本作「亡」。

〔三〕初九、上九共噬九四。九四在上卦，對於初九來説是「他」，因爲没有咬到自己下卦的六二、六三，所以二、三無怨。上九咬九四，其實就是咬自己，更加顯得不仁。

〔三〕嶽麓本校記：「『無師而感』，後中華書局本改『師』爲『思』，註：『據文義及下文「無思而感」改。按本篇末段亦有『無師而感』句，鈔本固前後一致。金陵本則於後一處忽作『無思而感』，致中華本有改此註。若據文義，則『飲食男女，無師而感』，所謂欲與惡弗學而能者也，自較『無思而感』義長。要之，此皆金陵本前後不一引起之混亂，而亦由周調陽校記未能校出此異文也。」

感，因應而受，則倫類不戒而孚，禮樂因之以起。其合也爲仁，其飾也爲禮。大和之原，至文之撰[一]，咸在斯也。故曰「无欲故静」[二]。无欲者，不先動，動而不雜者也[三]。自陽入四以逼陰而陰始疑，入三以閒陰而陰始駁[四]。疑，乃不得已而聽合於初、上；駁，乃姑相與用而交飾於二、四。皆已增實於虚，既疑既駁而理之，故曰：噬嗑，非所合也；賁，非所飾也。

夫頤以含虚爲德；而陽入焉[五]，其能效品節之用者，惟損乎！二與初連類以生而未雜，故「二簋可用享」，猶未傷其静虚之道也；若乃以損爲約，而更思動焉，則分上文柔、柔來文剛之事起，而遂成乎賁。[六]處損約之餘，猶因而致飾，此夫子所以筮得賁而

[一] 太和之原，仁也；至文之撰，禮也。

[二] 周敦頤太極圖説。

[三] 非「墮耳目、去聰明、離形去知」之無爲也。

[四] 此以下，噬嗑與賁對説。頤卦的六四變成陽爻即是噬嗑卦，六三變成陽爻即是賁卦。頤卦中虚，是中和純粹之象。四變陽，成噬嗑卦，不再是自然的和合而成爲强合；三變陽，成賁卦，不再是純粹之至文，而是駁雜。

[五] 頤卦中四爻皆陰，故曰含虚。有陽入之：二爻變陽是損卦，三爻變陽是賁卦，四爻陽是噬嗑卦，五爻陽是益卦。

[六] 船山之意：頤卦其中四爻皆陰，爲静虚之養；若陽入其中，而猶能不失静養之道者，惟損卦能當之，若頤與賁皆不可也。所以然者，損卦九二雖入其中之虚，然而與初九相連，未隔閡其中之陰，三陰猶得連類，陰陽不雜故也。損卦曰「二簋可用享」，二簋之養，簡約之至也，然正合於養之道焉；若嫌其簡，欲雜陰陽以行文飾之事，即九二之剛上文彼柔，六三之柔來文其剛，是成賁卦也。

懼也〔一〕。

夫子之世，賁之世也；夫子之文，非賁之文也。履其世，成其象，君子猶自反焉，不謂世也，是以懼。〔二〕若夫賁，則惡足以當天人之大文，善四時之變，成天下之化哉！

禮者，仁之實也，而成乎虛。无欲也，故用天下之物而不以爲泰；无私也，故建獨制之極而不以爲專。其静也正，則其動也成章而不雜。增之於頤之所不受，則雜矣；動之於損而相爲文，則不成乎章矣。分而上，來而文，何汲汲也！〔三〕以此爲文，則忠信有涯而音容外貸〔四〕，故老子得以譏之曰：「禮者忠信之薄而亂之首也。」〔五〕彼惡知禮！知賁而已

〔一〕 吕氏春秋壹行：「孔子卜得賁。孔子曰：『不吉。』子貢曰：『夫賁亦好矣，何謂不吉乎？』孔子曰：『夫白而白，黑而黑。夫賁又何好乎？』」高注：「賁色，不純也。詩云『鶉之賁賁』。」

〔二〕 孔子筮得賁卦，成賁卦之象，實因孔子處賁之世也，非孔子之文乃賁之文也；而孔子不怨其世，乃懼其己身有賁之文而常加警醒。此處言孔子所以懼，與此章末「非徒以其世也，甚懼乎賁之疑于文」微異。

〔三〕 嶽麓本校記：「本句前中華本點爲：『分而上來，而文何汲汲也！』鈔本有句圈，斷句法亦同。後中華本點爲：『分而上，來而文，何汲汲也！』」按賁卦彖曰：『柔來而文剛』，即『來而文』之義，又曰『分剛上而文柔』，謂分泰二居上，即『分而上』之義。又前段亦有『分上文柔，柔來文剛』之句，故以後中華本點法爲是。」

〔四〕 説文「貸，施也」，此謂賁之文，音容文飾溢於忠信質實之外。

〔五〕 今本老子第三十八章。

矣，則以禮爲賁而已矣。

夫情无所豫而自生，則禮樂不容閟〔一〕也。文自外起而以成乎情，則忠信不足與存也。故哀樂生其歌哭，歌哭亦生其哀樂〔二〕。然而有辨矣。哀樂生歌哭，則歌哭止而哀樂有餘；歌哭生哀樂，則歌哭已而哀樂无據。然則當其方生之日，早已倘至无根〔三〕，而徇物之動矣。此所謂「物至知知，而與俱化」〔四〕者矣。故曰：賁者，非所飾也。非所飾也，其可以爲文乎？

天虛於上，日星自明；地静於下，百昌自榮；水无質而流漪，火無體而章景；寒暑不相侵，玄黄不相閒；丹堊麗素而發采，簫管處寂以起聲。文未出而忠信不見多，文已成而忠信不見少。何分何來！何文何飾！〔五〕老氏固未之知，而得摘〔六〕之曰「亂之首」與？

〔一〕閟，閉也。

〔二〕哀樂生歌哭，情生文也；歌哭生哀樂，文生情也。

〔三〕倘至，或至，言其偶然性。

〔四〕禮記樂記：「人生而靜，天之性也；感於物而動，性之欲也。物至知知，然後好惡形焉。好惡無節於内，知誘於外，不能反躬，天理滅矣。夫物之感人無窮，而人之好惡無節，則是物至而人化物也，人化物也者，滅天理而窮人欲者也。」

〔五〕嶽麓本校記：「『何分可來！何文可飾！』自守遺經書屋本以下各本均作『何分何來！何文何飾！』」

〔六〕摘，指摘。

至實者太虛〔一〕也，善動者至静者也，頤以之矣。无（思）［師］〔二〕而感，因應而受，情相得而和則樂興，理不可違而節具則禮行。故禮樂皆生於虛静之中。而記禮者曰「禮自外來」〔三〕，是變〔四〕之九三，一陽朅至〔五〕者也。乃以啟（蔑）［滅］〔六〕裂者之嚚訟〔七〕，夷人道於馬牛，疾禮法如仇怨，皆其有以激之也。故夫子之懼，非徒以其世也，甚懼乎賁之疑於文，而大文不足以昭於天下也。賁者，非所飾也，而豈文之謂哉！

〔一〕嶽麓本「也」前有「者」字。

〔二〕「師」，底本原作「思」，今據嶽麓本改。

〔三〕禮記樂記：「樂由中出，禮自外作。樂由中出，故静；禮自外作，故文。」船山禮記章句曰：「仁義禮智之四德，體用具足，皆人性之固有者也。喜怒哀樂，自然之節，父子之親、長幼之序、愛敬之實根心生色，發於不容已，經禮三百、儀禮三千，皆繇此以生焉，豈文飾外物、拘制筋骸而後生其恭敬哉？學者反求諸己而自得之，則固知其不妄矣。此章乃云『禮自外作』，是其與告子任人之言旨趣略同，而誣禮甚矣。至於樂静禮文之説，拘牽比擬而無當於至理，蓋徒有其言而無其義也。」又，船山章句解此篇題曰：「此篇之説，傳説雜駁，共論性情文質之際多淫於荀卿氏之説，而背於聖人之旨，讀者不察，用以語性道之趣則適以長疵而趣妄。」

〔四〕「變」，嶽麓本作「賁」。

〔五〕説文：「朅，去也」。文選弔魏武帝文「登崤澠而朅來」，五臣注曰「朅來，言歸去來也」。以禮自外作，猶賁之九三從外而來也。

〔六〕「滅」，底本原作「蔑」，今據嶽麓本改。

〔七〕此謂老氏之言不足據也。莊子則陽：「君爲政焉勿鹵莽，治民焉勿滅裂。」音義引司馬云：「鹵莽，猶麄粗也，謂淺耕稀種也；滅裂，斷其草也。」「嚚訟」，尚書堯典謂丹朱「嚚訟」，孔傳「言不忠信爲嚚」。

二

及情者文，不及情者飾。不及情而强致之，於是乎支離漫漶〔一〕，設不然之理以給一時之辯〔二〕慧者有之矣〔三〕。是故禮者文也，著理之常，人治之大者也，而非天子則不議，庶人則不下；政者飾也，通理之變，人治之小者也，愚者可繇，賤者可知，張之不嫌於急，弛之不嫌於緩。故子貢之觀蜡而疑其若狂〔四〕。禮以統治，而政以因俗，況其在庶焉者乎？是以賁不可與制禮，而可與明庶政，所飾者小也。

若夫刑，則大矣。五禮之屬三千，五刑之屬三千〔五〕，出彼入此，錯綜乎生殺以爲用。

〔一〕「漶」，嶽麓本作「瀾」。

〔二〕「辯」，嶽麓本作「辨」。

〔三〕飾而害情，老氏乃不以爲然，是給老氏一時之辨慧也。然老氏之所謂禮，飾而已矣。

〔四〕禮記雜記：「子貢觀於蜡，孔子曰：『賜也樂乎？』對曰：『一國之人皆若狂，賜未知其樂也。』子曰：『百日之蜡，一日之澤，非爾所知也。張而不弛，文武弗能也；弛而不張，文武弗爲也。一張一弛，文武之道也。』」「蜡」，音乍。年終祭名。嶽麓本作「蠟」，非。

〔五〕尚書吕刑：「墨罰之屬千，劓罰之屬千，剕罰之屬五百，宮罰之屬三百，大辟之罰其屬二百。五刑之屬三千。」

先王之慎之，猶其慎禮也。而增之損之，不因乎虛静之好惡，强以剛入而緣飾之，則刀鋸之憯，資其雕刻之才，韓嬰所謂「文士之筆端，壯士之鋒端」[一]，良可畏也。故曰「文致」，曰「深文」，曰「文亡害」。致者，非所至而致之，賁之陽來而无端者有焉；深者，入其藏而察之，賁之陽入陰中而閒其虛者有焉；亡害者，求其過而不得，賁之柔來文剛者有焉。戒之曰「无敢折獄」，「无敢」者，不忍之心所悚肌而震魄者也。操刀筆以嬉笑，臨鈇鑕而揚眉，民之淚盡血窮、骸霜骴露者不可勝道，然且樂用其賁而不恤，則「敢」之爲禍，亦烈矣哉！

三

居賁之世，无與爲緣，含虛而不與於物，其惟初、上乎！頤道未喪，可與守身，可與閲世，禮樂以俟君子，己无尤焉矣。三爲賁主，二因爲賁，四附近而分飾，五漸遠而含貞。故功莫尚於三，而愚莫甚於二。居賁以爲功，勞極而功小就；功成而矜美，志得而氣

〔一〕韓詩外傳卷七：「君子避三端：避文士之筆端，避武士之鋒端，避辯士之舌端。詩曰：『我友敬矣，讒言其興。』」

已盈，三之自處亦危矣。其吉也，非貞莫致，而豈有襲美之孔昭哉？愚哉！二之承三而相與賁也。頤之爲用，利以爲養，而養非其任；損之爲用，所致者一，而一非其堪。〔二〕因人成事，與物俱靡，然且詡其小文，矜其令色，附唇輔而如流，隨談笑以取澤，則有識者豈不笑其細之已甚乎？

夫近陽者亨，遠剛〔三〕者吝，爻之大凡，榮辱之主也。〔三〕而賁以遠陽爲喜，近陽爲疑者何也〔四〕？陽不足爲主也。未迎而至，易動以興，飾鄰右之鬚眉，以干戈爲燕好〔五〕，如是以爲飾而人莫我陵，則君子惟恐其遠之不夙矣。〔六〕當剛柔之方雜，而樂見其功名，三代以下，緜

〔二〕 賁卦既擔當不了頤養的重任；且比不上損卦「致一」的品德。「損之爲用，所致者一」者，繫辭傳解「三人行則損一人」曰「言致一也」。

〔三〕 「剛」，嶽麓本作「陽」。

〔三〕 遠陽者吝，比如蒙卦六四象傳説：「困蒙之吝，獨遠實也。」

〔四〕 嶽麓本無「也」字。

〔五〕 「未迎而至」，言九三之汲汲也。「易動以興」，釋六二象傳「與上興也」，謂九三易爲六二之興所動也；「飾鄰右之鬚眉」，釋六二之「賁其須」也；「以干戈爲燕好」，釋六四之「匪寇婚媾」，以燕好文飾干戈也。

〔六〕 賁卦九三象傳曰「『永貞』之吉，終莫之陵也」，意謂九三只有堅持正固的德性纔不會被欺凌。但如今的九三虛榮浮誇，既非貞固，則所謂「莫之陵」者，僅僅是九三自我感覺良好而已。九三錯誤地認爲：若使其他人不能陵我，就要大場面、大文飾。對於這樣的九三，君子肯定要離得遠遠的。

蕞〔一〕之徒，何「賁其須」者之繁有也！此大文之所以終喪於天下也。

剥

卦者，爻之積也；爻者，卦之有也。非爻无卦，於卦得爻。性情有總別而无殊，功效以相因而互見，豈有異哉！〔二〕剥之爲占，「不利攸往」。五幅孤陽，上臨群陰，消長之門，咎之府也。而五以「貫魚」承寵，上以「碩果」得輿，吉凶善敗，大異象占，何也？

夫陽一陰二，一翕二闢。翕者極於變而所致恒一；闢則自二以往，支分派别，彖萬而終不可得合。是故立一以應衆，陽之德也；衆至之〔三〕不齊，陽之遇也。遇有豐歉，德无盈

〔一〕史記劉敬叔孫通列傳載叔孫通往魯地徵學者習禮，魯有兩生不肯，叔孫通嘲笑爲腐儒，「遂與所徵三十人西及上左右爲學者、與其弟子百餘人爲綿蕞，野外習之月餘」。史記集解引如淳曰：「置設綿索爲習肄處。蕞，謂以茅翦樹地爲纂位。」

〔二〕卦爲總，爻爲別，卦爻相因，二者之性情功效固無本質之差別，謂卦象與爻之旨一也。內傳之「象爻一致」例，自外傳已發其端。

〔三〕「之」，嶽麓本作「而」。

虛。時值其不豐，天所不容已，而況於萬物乎？若其德，則豈有豐歉之疑哉！而以一應衆者，高而无親，亦屢顧而恐失其阯。恐失其阯，道在安止以固居焉。剥之一陽，艮之所繇成也。貞位而不遷，則可謂安止以固居者矣。

物性之感，一危而二安，一實而二虛。危者資物而俯，安者（善）［喜］〔一〕感而仰；實者有餘而與，虛者不足而求。始感而妄從，既求而无節者，陰之性也。以喜往，以求干，不給於與而生其厭，則抱怨以返，而召其陵〔二〕削，陽之窮也〔三〕。惟陽德之善者，於其來感，絶其往（來）［求］〔四〕，不歆其迎，不拒其至，盡彼之用，而不以我殉之，若是者，艮固優有其德矣。盡彼之用，知其可以爲「輿」也；不以我殉，授以「貫魚」之制而不就與爲耦也；則民載君之分定，男統女之勢順矣。民載君，則眇躬立於萬姓之上而不孤；男統女，則情欲節於禮義之防而亂自息。故五、上之交，陰陽之制，治亂之門，而卒以自利其所不利，惟不往

〔一〕「喜」：底本原作「善」，今據嶽麓本改。下文「以喜往」「以喜動」，則此作「喜」字爲是。
〔二〕「陵」，嶽麓本作「凌」。
〔三〕此句意謂：陰喜往求於陽，若陽之順其求，則陰遂求而無節度；陽終不足給其所求，陰乃反目而忮害之。
〔四〕「求」，底本原作「來」，今據嶽麓本改。

也〔一〕。故彖曰：「不利有攸往。」不往，則利矣。蓋往者，止之反也。而物之往者，必先之以來。其能不往者，必其无來者也。當剥之世，不能以止道制其來以絶其往，則不可謂之知時矣。危者求安，情迫而其求恒速；虚者求實，情隱而其求恒緩。以速交緩，故陽方求而屢求之；以緩持速，故陰實求而名不求。往求之數，陽得之多，陰得之少；而其繼也，陰虚往而實歸，陽實往而虚歸，則陽剥矣。不善處剥者，孤孑而懼，懼陰之盛而遐心我也；既而彼以喜動，則歆然忘己而殉之。忘己者喪己，殉陰者力盡而不給於殉，雖欲不憊，其將能乎！如是，則往而爲〔二〕來，來而必往，利在室而害在門矣。惟反其道而用艮之止，以陰爲輿，載己以動，而己固静，則陰亦自安其壺範，而〔三〕終不敢相淩。則彖之「不利有攸往」者，正利其止。而五、上之承寵以得輿也，惟不往之得利。卦與爻，其旨一矣。

〔一〕嶽麓本校記：「『而卒以自利其所不利，惟不往也』，守遺經書屋本、金陵本、前後中華本『自』作『得』。前中華本點作『而卒以得利。其所不利，惟不往也。』則其意恰與『剥之爲占，不利攸往』反。後中華本點法同前中華本，但又從『其所不利，惟不往也』起作另段，而注曰：『「其所不利，惟不往也」，據文義應作「其所不利，惟往也」。』亦非。前後中華本之誤，亦由周調陽校記未將『自』『得』之異校出所致。」今按：作「得」，文義亦通，當讀作「而卒以得利其所不利，惟不往也」，謂所以終得於不利之時而有利者，以其固止而不往也。

〔二〕「爲」，嶽麓本作「必」。

〔三〕「而」，嶽麓本作「則」。

嗚乎！陰陽多少之數，俯仰求與之情，見於人事之大者，莫君民、男女之閒若也。君一而民衆，男一而女衆，虚實安危，數莫之過也。壻之下女，親迎而授綏〔二〕；君之下民，先悦而後勞；以宜室家，以懷萬國，固其效矣。然非夫剥之時也。不幸而剥矣，而不以艮止之道安宅於上。惑男不已，猶徇其恩；人滿无政，猶沽其譽。耽燕寢之私，行媚衆之術，則未有不憊者也。不逐逐於聲色者，女不足以爲戎；不汲汲於天位者，民无挾以相叛。韋后要房州之誓〔三〕，李密散敖倉之粟〔三〕，攸往之不利，其大者也，而豈但此哉！

〔二〕儀禮士昏禮：「壻御婦車，授綏。」鄭玄注：「壻御者，親而下之。綏，所以引升車者。僕人之禮必授人綏。」禮記昏義：「御婦車而壻授綏，御輪三周，先俟於門外。婦至，壻揖婦以入，共牢而食，合巹而酳，所以合體，同尊卑以親之。」易之咸卦爲男下女之卦，先儒以爲當昏禮之時，孔穎達疏謂：「婚姻之義，男先求女，親迎之禮、御輪三周，皆男先下於女然後女應於男，所以取女得吉者也。」

〔三〕資治通鑑唐紀二十五：「上（唐中宗）在房陵，與后（韋氏）同幽閉，備嘗艱危，情愛甚篤。上每聞敕使至，輒惶恐，欲自殺。后止之曰：『禍福無常，寧失一死，何遽如是？』上嘗與后私誓曰：『異時幸復見天日，當惟卿所欲，不相禁禦。』及再爲皇后，遂干預朝政，如武后在高宗之世。」此中宗耽於女色而爲韋后所剥也。

〔三〕資治通鑑唐紀二：「（李）密開洛口倉散米，無防守典當者，又無文券，取之者隨意多少；或離倉之後，力不能致，委棄衢路，自倉城至郭門，米厚數寸，爲車馬所轥踐；群盗來就食者並家屬近百萬口，無甕盎，織荆筐淘米，洛水兩岸十裏之間，望之皆如白沙。密喜，謂賈閏甫曰：『此可謂足食矣！』閏甫對曰：『國以民爲本，民以食爲天。今民所以繦負如流而至者，以所天在此故也。而有司曾無愛吝，屑越如此！竊恐一旦米盡民散，明公孰與成大業哉！』……先是，東都人歸密者，日以百數；既得食，降者益少。」李密終爲王世充所敗。史記酈生陸賈列傳：「願足下急復進兵，收取滎陽，據敖倉之粟。」張守節正義：「敖倉，在鄭州滎陽縣四十五里石門之東，北臨汴水，南帶三皇山。秦始皇時置倉於敖山上，故名敖倉。」船山此文指興洛倉。

復

說聖人者曰：「與太虛同體。」〔二〕夫所謂「太虛」者，有象乎？无象乎？其无象也，耳目心思之所窮，是非得失之所廢，明暗枉直之所不施，親疏厚薄之所不設——將毋其爲

〔二〕四書大全「正心」條引朱子曰：「今人多是才怒，雖有可喜事亦所不喜；才喜，雖有當怒之事來亦不復怒，便是蹉過事理了。蓋這物事纔私便不去，衹管在胸中推盪，終不消釋。使此心如太虛，則應接萬務各止其所，而我無所與可也。看此一章衹是要人不可先有此心耳。」又：「喜怒憂懼，乃心之用，非惟不能無，亦不可無。但平居無事之時不要先有此四者在胸中，如平居先有四者，即是私意。人若有些私意塞在胸中，便是不得其正。須是涵養此心，未應物時湛然虛靜，如鑑之明，如衡之平；到得應物之時，方不差錯，當喜而喜，當怒而怒，當憂而憂，當懼而懼，恰好則止，更無過當。如此方得本心之正。」船山讀四書大全說則批評道：「云『有所忿懥則不得其正』，必疑謂無所忿懥而後得其正。如此戲論，朱子亦既破之矣，以其顯爲悖謬也。而又曰『湛然虛明，心如太虛，如鏡先未有象，方始照見事物』，則其所破者，用上無；而其所主者，體上無也。體用元不可分作兩截，安見體上無者之賢於用上無耶……此或門人增益朱子之言而非定論，不然，則何朱子顯用佛氏之邪說而不恤耶？」此即船山所指。又詩廣傳「或曰『聖人心如太虛，還心於太虛，而志氣不爲功，俟感通而聊與之譍』，非異端之聖人，孰能如此哉！異端之聖，禽之聖者也。」又，心如太虛之說，明儒亦常言之。王龍溪解論語「耳順」曰：「孔子五十而知天命，能與太虛同體，方能以虛應世，隨聲所入，不聽之以耳而聽之以神，更無好醜簡擇，故謂之耳順。」（王畿集卷一三山麗澤録）又，周汝登九解之三駁九諦曰：「說心如太虛，說無一物可著，說不雜氣質、不落知見，已是斯旨矣；而卒不放捨一善字，則又不虛矣，又著一物矣，又雜氣質，又落知見矣，豈不悖乎？太虛之心，無一物可著者，正是天下之大本；而更曰實有，所以爲天下之大本者在，而命之曰中，則是中與太虛之心二也。太虛之心與未發之中果可二乎？如此言中，則曰極、曰善、曰誠，以至曰仁、曰義、曰禮、曰智、曰信等，皆以爲更有一物而不與太虛同體，無惑乎『無善無惡』之旨不相入。以此言天地，是爲物有貳，失其指矣。」（明儒學案卷三十六）

聖人者，无形无色，无仁无義，无禮无學，流散澌滅，而別有以爲「滌除玄覽」乎？若夫其有象者，氣成而天，形成而地，火有其爇，水有其濡，草木有其根莖，人物有其父子，所統者爲之君，所合者爲之類，有是故有非，有欲斯有理；仁有其澤，義有其制，禮有其經，學有其效，則固不可以「太虛」名之者也。

故夫乾之六陽，乾之位也；坤之六陰，坤之位也；乾始交坤而得復，人之位也。天地之生，以人爲始。故其弔靈而聚美，首物以克家[一]，明聰睿哲，流動以入物之藏，而顯天地之妙用，人實任之。人者，天地之心也[二]，故曰「復，其見天地之心乎」。聖人者，亦人也；反本自立而體天地之生，則全乎人矣；何事墮其已生，淪於未有，以求肖於所謂「太虛」也哉？[三]

[一] 尚書盤庚：「肆予冲人，非廢厥謀，弔由靈。」孔傳：「弔，至；靈，善也。」震爲長子，故曰克家。

[二] 禮記禮運：「人者，天地之心也，五行之端也。」又傳習録：「嘗聞人是天地的心。」

[三] 朱伯崑先生曰：「人是自然的産物，不能違背自然，此即他説的『以人合天』或『以人道合天德』；但人類又不同于一般的自然物，具有高度的智慧，所謂『弔靈而聚美』，能自覺地爲改善自己的生存條件而奮鬥，所以人類又不屈服於自然，此即『天之所死，猶將生之』。」（易學哲學史，頁二五七。）

今夫人之有生，天事惟父，地事惟母。天地之際，閒不容髮，而陰陽无畔者謂之沖；其清濁異用，多少分劑之不齊，而同功无忤者謂之和。沖和者，行乎天地而天地俱有之，相會以廣所生，非離天地而別爲一物也。

故保合則爲沖和，奠位則爲乾坤。乾任爲父，父施者少；坤任爲母，母養者多；以少化多，而人生焉。少者翕而致一，多者闢而賅衆；少者藏而給有，多者散而之无；少者清而司貴，多者濁而司賤。沖和既凝，相涵相持，无有疆畔。而清者恒深處以成性，濁者恒周廓以成形。形外而著，性内而隱。著者輪廓實，而得陰之闢，動與物交；隱者退藏虚，而得陽之翕，專與道應。交物因動，无爲之主，則内傴而危；應道能專，其致不用[一]，則孤守而微[二]。陰陽均有其沖和，而逮其各致於人，因性情而分貴賤者，亦甚不容已於區別矣。然若此者，非陰陽之咎也。陰陽者，初不授人以危微，而使失天地之

〔一〕「其致不用」，嶽麓本作「不致其用」。

〔二〕孟子分人之官爲耳目之官與心官，耳目之官猶形也，心官猶性也。耳目之官不思而蔽于物，物交物而引之，此即禮記所謂「感物而動」而後「人化于物者」，此豈不危殆乎？故曰「人心惟危」。心之官則專與道相應，故微妙難顯，故曰「道心惟微」。人心即形也，道心即性也。

心者也〔二〕。聖人曙乎此，存人道以配天地、保天心以立人極者，科以爲教〔三〕，則有同功而異用者焉。

其異用者奈何？人自未生以有生，自有生以盡乎生，其得陽少而内，得陰多而外，翕專闢動以爲生始，蓋相若也，復道也。陰氣善感，感陽而變，既變而分陽之功，交起其用，則多少齊量而功效无殊者，亦相若也，泰道也。此兩者，動異時，静異體，而要以求致成能於繼善則同焉。故仲尼之教，顔、曾之受，於此别焉。

子之許顔子曰：「顔氏之子，其庶幾乎！」庶幾於復也。復者，陽一而陰五之卦也。陽一故微，陰五故危。一陽居内而爲性，在性而具天則，而性爲「禮」；五陰居外而爲形，緜形以交物狀，而形爲「己」。取少以治多，貴内而賤外，於是乎於陰之繁多尊寵，得中位。厚利吾生，皆戒心以臨之，而惟恐其相犯。故六二以上，緜禮言之，則見爲己；緜己言之，則見爲人。對「禮」之己，慮隨物化，則尚「克己」；對「己」之

〔二〕上天之生民也，有物有則，所謂氣以成形，而理亦賦焉。其初未嘗有不齊，故未嘗有危與微也。其所以有危者，好惡無節也。先天本無危與微，後天有失，乃有危與微，聖人因而制後天存養省察之功夫。

〔三〕科，等也，條也。以弟子資質之别而爲之教，如下文舉顔子以復，曾子以泰是也。

人，慮以性遷，則戒「繇人」。〔一〕精以擇之，一以服膺〔二〕，乃以妙用專翕之孤陽，平其畸重畸輕之數，而斟酌損益以立權衡，則沖和凝而道體定矣。此其教尊之以有生之始。舜昉之〔三〕，孔子述之，顔子承之。邵子猶將見之，故曰「玄酒味方淡，大音聲正希」〔四〕，貴其少也。

若其授曾子也，則有別矣。曰「一貫」，則己與禮不可得而多少也；曰「忠恕」，則人與己不可得而多少也。〔五〕不殊己者，於形見性；不殊人者，於動見静。則己不事克而人无不可繇矣。此非以獎陰而敵陽也。人之初生，與天俱生，以天具人之理也；人之

〔一〕論語「顔淵問仁」章，有「克己復禮」與「爲仁由己」之説，前「己」字爲私己，後「己」字爲主體之「己」。

〔二〕中庸：「回之爲人也，擇乎中庸。得一善，則拳拳服膺而弗失之矣。」

〔三〕復卦一陽復於下，正猶舜之所謂「人心惟危，道心惟微，惟精惟一，允執厥中」也。克己，克其人心；復禮，復其道心。故船山以舜爲此道之始。

〔四〕邵雍冬至吟：「冬至子之半，天心無改移。一陽初起處，萬物未生時。玄酒味方淡，大音聲正希。此言如不信，更請問庖犧。」（擊壤集卷十八）王孝魚譯解以爲船山很反對康節，此處却引用，是自相矛盾，故删去康節之語（頁九〇）。今按船山此處謂邵子「猶將見之」，著一「猶」字可知船山以邵康節見道不徹了，並無矛盾。且君子不以人廢言，船山雖常駁斥邵康節，然非是一無是處；下文「冬至子之半」亦用康節此詩。若全删去，則此篇不可解也。

〔五〕論語里仁：子曰：「參乎！吾道一以貫之。」曾子曰：「唯。」子出，門人問曰：「何謂也？」曾子曰：「夫子之道，忠恕而已矣。」

方生，因天而生，以人資天之氣也。凝其方〔二〕生之理而爲「復禮」，善其方生之氣而爲「養氣」。〔三〕理者天之貞常也，氣者天地之均用也。故曰「天開於子」而「人生於寅」〔三〕。開子者復，生寅者泰。爲主於復者，陽少陰多，養陽治陰以養〔四〕太和，故復曰「至日閉關，后不省方」，大養陽也；爲用於泰者，陰感陽變，陰陽齊致以建大中，故泰曰「裁〔五〕成天地之道，輔相「天地」〔六〕之宜」，善用陰也。復以養陽，故己不可以爲禮；泰以用陰，故形色而即爲天性。然其爲裁成而輔相者，先立己而廣及物，端〔七〕本而辨内外者，秩序井

〔二〕嶽麓本校記：「本句『方』字，鈔本及守遺經書屋本、金陵本、前中華本均同。後中華本註：『這句承上文「人之初生，與天俱生，以天具人之理也」而言，「方」字應是「初」字之誤。』今據改。」今按：「方」即「初」義，不必改。

〔三〕顔回用復卦的工夫，所以「克己復禮」；曾子用泰卦的工夫，所以要「養氣」。曾子之養氣，見孟子公孫丑上。

〔三〕此邵雍之説，所謂「天開於子，地闢於丑，人生於寅」，又以十二消息卦復、臨、泰當之。按此句原文不見於今傳邵子書中，朱子語類有「此是邵子皇極經世中説」語，采入性理大全皇極經世書小注中。

〔四〕「養」，嶽麓本作「保」。

〔五〕「裁」，嶽麓本作「財」。下「裁」字同。

〔六〕「天地」二字，底本無，今據嶽麓本及泰卦象傳補。

〔七〕嶽麓本「端」前有「大」字。

然。抑非若釋氏之以作用爲性，而謂佛身充滿於法界也〔二〕。泰之傳曰「内君子而外小人」，則其潔静精微，主陽賓陰者，蓋慎之至矣。是故守身以爲體，正物以爲用。此其教謹之於方生之成。孔子昉之，曾子述之，孟子著之。程子固將守之，故曰「萬物静觀皆自得，四時佳興與人同」〔三〕，泰其交也。

自未生以有生，自有生以盡於生，靈一而蠢萬，性一而情萬，非迎其始，後不易裁，復以「見天地之心」與化俱而體天道者也。陰感陽而變，變而與陽同功，性情互藏其宅，理氣交善其用，泰以「相天地之宜」因化盛而盡人道者也。而要以爲功於天地，以不息其生，故曰「同功」也。生者實，不生者虛。而曰「心如太虛」，則智如舜而戒其危，保其

〔二〕景德傳燈録卷三載：「王怒而問曰：『何者是佛？』答曰：『見性是佛。』王曰：『師見性否？』答曰：『我見佛性。』王曰：『性在何處？』答曰：『性在作用。』王曰：『是何作用？我今不見。』答曰：『今見作用，王自不見。』王曰：『於我有否？』答曰：『王若作用，無有不是；王若不用，體亦難見。』王曰：『若當用時，幾處出現？』答曰：『若出現時，當有其八。』王曰：『其八出現，當爲我説。』波羅提即説偈曰：『在胎爲身，處世名人，在眼曰見，在耳曰聞，在鼻辨香，在口談論，在手執捉，在足運奔，徧現俱該法界，收攝在一微塵，識者知是佛性，不識喚作精魂。』」釋氏之以作用爲性，朱子、陽明皆曾斥之。

〔三〕程顥秋日偶成：「閑來無事不從容，睡覺東窗日已紅。萬物静觀皆自得，四時佳興與人同。道通天地有形外，思入風雲變態中。富貴不淫貧賤樂，男兒到此是豪雄。」船山舉大程此詩，是因認爲它與「善用陰」「即形色而爲天性」的精神一致。

微，允執以爲不匱其藏，又何爲邪？

嗚乎！天地之生亦大矣。未生之天地，今日是也；已生之天地，今日是也。惟其日生，故前无不生，後无不至〔二〕。冬至子之半，曆之元〔三〕也，天之開也；「七日來復」，冬至子之半也。如其曰「天昔者而開於子，有數可得而紀，而前此者无有」焉，則復宜立一陽於沖寂无畫之際，而何爲列五陰於上而一陽以出也哉？然則天之未開，將毋无在而非坤地之體，充牣障塞，无有閒隙，天乃徐穴其下以舒光而成象也乎！不識天之未出者，以何爲次舍？地之所穴者，以何爲歸餘也？

初九曰「不遠復」，「不遠」之爲言，較「七日」而更密矣。陽一不交，則陰過而生息。生不可息，復不遠矣。自然者天地，主持者人。人者天地之心。不息之誠，生於一念之復，其所賴於賢人君子者大矣。「有過未嘗不知，知而未嘗復爲」，「過」者陰，「知」

〔二〕嶽麓本校記：「『後无不生』：自守遺經書屋本以下各本均作『後无不至』。馬、周兩校記亦未提及鈔本此句。按本節專述天地生生不息精義，故曰『前无不生，後无不生』。『生』字是也。」

〔三〕曆元，是曆法積算的起點。要選在冬至點，且恰逢甲子日等。

者陽。存陽于陰中，天地之生永於顏氏之知，此「喪予」歎而（後）［好］〔二〕學」窮，絶學无傳，夫子之所以深其憂患與！〔三〕

无妄

天上地下，清寧即位，震之一陽生於地中，來無所期，造始群有以應乎天，尋常之見所疑爲妄至而不誠者也。

夫以爲妄，則莫妄於陰陽矣。陰陽體道，道无從來，則莫妄於道矣。道有陰陽，陰陽生群有，相生之妙，求其實而不可亟見，則又莫妄於生矣。不生而无，生而始有，則又莫妄於有矣。索真不得，據妄爲宗；妄无可依，別求真主。故彼爲之説曰：非因非緣，非

〔二〕「好」，底本原作「後」，今據嶽麓本改。據文義，作「好」爲是。孔子稱顏回「好學」；顏回既歿，則感歎「今也則亡」。

〔三〕尚書大禹謨曰：「人心惟危，道心惟微。惟精惟一，允執厥中。」此道學所謂虞廷傳心之要。然道心之微，非無也。以其微，故必念兹在兹，時存省之，克己復禮，而程、朱之工夫所以立。至於理在氣中，因氣而見，氣善、理善、性善，於是即形色而見天性，孟子所謂「聖人踐形」，則横渠、船山之工夫所以行也。要言之，「克己」非滅其欲，「踐形」非縱其私；斯皆本於天命之善，成乎君子，則所謂同功者也。

和非合，非自非然；如夢如幻，如石女兒，如龜毛兔角〔一〕；捏目成花，聞梅生液；而真人无位，浮寄肉團；三寸離鉤，金鱗别覓〔二〕。率其所見，以真爲妄，以妄爲真。故其至也：厭棄此身，以揀淨垢；有之既妄，趣死爲樂；生之既妄，滅倫爲淨。何怪其裂天彝而毁人紀哉！

若夫以有爲迹，以无爲常，背陰抱陽，中虚成實，斥真不仁，遊妄自得。故抑爲之説曰：吾有大患，爲吾有身；反以爲用，弱以爲動；糠秕仁義，芻狗萬物。究其所歸，以得爲妄，以喪爲真，器外求道，性外求命，陽不任化，陰不任（疑）〔凝〕〔三〕。故其至也：絶棄聖智，顛倒生死；以有爲妄，斗衡可折；以生爲妄，哀樂俱舍。又何怪其規避晝夜

〔一〕石女兒、龜毛、兔角，佛教皆以比喻虚妄空無。宗鏡録卷三：「法即是有，如色心等；非法是無，如兔角等。若從法生法，如母生子；法生非法，如人生石女兒；從非法生法，如兔角生人；從非法生非法者，如龜毛生兔角。」

〔二〕五燈會元卷五船子德誠禪師：「師又問：『垂絲千尺，意在深潭。離鉤三寸，子何不道？』山擬開口，被師一橈打落水中。山纔上船，師又曰：『道！道！』山擬開口，師又打。山豁然大悟，乃點頭三下。師曰：『竿頭絲綫從君弄，不犯清波意自殊。』山遂問：『拋綸擲釣，師意如何？』師曰：『絲懸渌水，浮定有無之意。』山曰：『語帶玄而無路，舌頭談而不談。』師曰：『釣盡江波，金鱗始遇。』山乃掩耳。師曰：『如是！如是！』」

〔三〕嶽麓本校記：「『凝』，守遺經書屋本、金陵本、前後中華本俱作『疑』。按易謂陽動而化，陰静而凝，則『疑』字實誤。」今據改。

之常，以冀長生之陋説哉！〔一〕

請得而析之。爲釋言者，亦知妄之不可依也；爲老言者，亦知妄之不可常也。然則可依而有常者之无妄，雖有尺喙，其能破此以自怙哉！王鮪，水如露〔二〕入腹而死〔三〕，水可依而鮪迷所依；粵〔四〕犬見雪而吠，雪本常而犬見不常。彼固驕語「大千」「八極」者，乃巧測一端，因自纆〔五〕棘，而同鮪、犬之智，豈不哀哉！鮪迷所依，則水即其毒，故釋曰「三毒」〔六〕；犬目无常，則雪即其患，故老曰「大患」。夫以爲毒、患，而有不

〔一〕人之有生死，猶天之有晝夜。有生必有死，有晝必有夜。聖人安時處順，道家則試圖規避。

〔二〕嶽麓本無「如露」二字。

〔三〕淮南子齊俗訓：「鵜胡飲水數斗而不足，鱓鮪入口若露而死。」許注云：「鱓鮪，魚名。」陸佃埤雅：「蓋魚生水中而口不納水。顔之推曰『魚不咽水』。」孫詒讓校淮南，則以爲「鱓鮪生於水，無入口若露而死之理」，故疑此鱓鮪即蟬，死當爲飽，蟬飲不多，「故云入口若露而飽也」。船山以「鱓鮪」即「鱣鮪」，亦即王鮪也。毛詩「鱣鮪發發」，郭璞注爾雅曰：「鮪，鱣屬也，大者名王鮪，小者名鮇鮪。」按王鮪，或以爲鱘魚，或以爲鯢。本草綱目：「又云（人魚、鯢）一名王鮪，誤矣。王鮪乃鱘魚也。」「水如露入腹而死」，謂即使像露珠那麽一點點的水，鮪魚喝到肚子里也會死掉（鮪魚雖然在水中生活，但並不將水吞到肚子裏）。

〔四〕「粵」，嶽麓本同，中華簡體字本作「蜀」。今按明人詩文中常用「粵犬吠雪」，蜀犬爲吠日者。

〔五〕嶽麓本校記：「『纆』，守遺經書屋本、金陵本、前中華本作『纆』。後中華本作『纏』。按坎卦有『係用徽纆，寘于叢棘』語，則作『纆』是。」

〔六〕三毒者，貪、嗔、癡也。

急舍之者乎？則其懼之甚，憊之甚，速捐其生理而不恤，亦畏溺者之迫，自投於淵也。〔一〕

夫可依者有也，至常者生也，皆无妄而不可謂之妄也。奚以明其然也？既已爲人矣，非蟻之仰行，則依地住；非螾之穴壤，則依空住；非蜀山之雪蛆不求煖，則依火住；非火山之鼠不求潤，則依水住。以至依粟已〔二〕饑，依漿已渴，其不然而已於饑渴者，則非人矣。粟依土長，漿依水成。依種而生，依器而挹。以荑種粟粟不生，以塊〔三〕取水水不挹。相待而有，无待而无。若夫以粟種粟，以器挹水，楓无柳枝，栗无棗實，成功之退，以生將來，取用不爽，物物相依，所依者之足依，无毫髮疑似之或欺。而曰

〔一〕 鱓鮪必須在水中才能生存，但是如果把水吞入腹中則會死亡；鱓鮪的死亡，是因錯誤地利用了水，不是水本身有害。人必須在世間生存，靠身體活著，但是如果慾望不恰當，會走向歧途。人的變壞，是錯誤地利用了，不是人身和情慾自身有害。但佛教却看不到這一點，將此稱爲「三毒」。廣東的狗見到雪而驚懼吠叫，雪在天地間本是很正常、自然的東西，但狗没見過，大驚小怪，覺得這是大患。人在世間，身體是最正常的，惡的存在也是可以理來解釋的，但道家大驚小怪，認爲有身就是大患。將人在俗世中的生存看作毒害和禍患，便試圖消滅這種「生」。這就好比有人害怕溺水的痛苦，最終却選擇淹死自己來逃避這種痛苦。

〔二〕 已，止也。

〔三〕 「塊」，嶽麓本作「魂」。下「塊」字同。

「此妄也」，然則彼之所謂「真空」者，將有一成不易之型，何不取兩間靈、蠢、姣、醜之生，如一印之文，均无差別也哉？是故陰陽奠位，一陽内動，情不容吝，機不容止，破塊啟蒙，燦然皆有。静者治地，動者起功。治地者有而富有，起功者有而日新。殊形別質，利用安身，其不得以「有」爲不可依者[二]，其亦明矣。

又既已爲之人矣，生死者晝夜也，晝夜者古今也。祖禰之日月，昔有來也；子孫之日月，後有往也。繇其同生，知其同死；繇其同死，知其同生。同死者退，同生者進，進退相禪，无不生之日月。春暄夏炎，秋清冬凜，寅明申晦。非芽不蕊，非蕊不花，非花不實，非實不芽。進而求之，非陰陽定裁，不有荄莖；非陽動陰感，不相柎萼。今歲之生，昔歲之生，雖有巧曆，不能分其形埒。物情非妄，皆以生徵，徵於人者，情爲尤顯。跽折必喜，箕踞必怒，墟墓必哀，琴尊必樂。性静非无，形動必合。可不謂天下之至常者乎！若乎其未嘗生者，一畝之土，可粟可莠；一罌之水，可沐可灌。型範未受於天，化裁未待於人也，乃人亦不得而利用之矣。不動之常，惟以動驗；既動之常，不待反推。是静因動

[二] 嶽麓本有「而謂之妄」四字。

而得常，動不因（動）［静］〔二〕而載一。故動而生者，一歲之生，一日之生，一念之生，放於无窮，範圍不過，非得有參差傀異、或作或輟之情形也。其不得以生爲不可常者而謂之妄，抑又明矣。

夫然，其常而可依者，皆其生而有；其生而有者，非妄而必真。故雷承天以動，起物之生，造物之有，而物與无妄；於以對時，於以育物，豈有他哉！

因是論之：凡生而有者，有爲胚胎，有爲流盪，有爲灌注，有爲衰滅，有爲散滅，固因緣和合自然之妙合，萬物之所出入，仁義之所張弛也。胚胎者，陰陽充積，聚定其基也；流盪者，静躁往來，陰在而陽感也；灌注者，有形有情，本所自生，同類牖納，陰陽之施予而不倦者也。其既則衰滅矣，基量有窮，予之而不能多受也；又其既則散滅矣，衰減之窮，予〔三〕而不茹，則推故而別致其新也。

繇致新而言之，則死亦生之大造矣。然而合事近喜，離事近憂，乍往必驚，徐來非故。

〔二〕「静」，底本原作「動」，今據嶽麓本改。
〔三〕「予」，嶽麓本作「與」。

則哀戚哭踊，所以留陰陽之生，靳[一]其離而惜其合，則人所以紹天地之生理而依依不舍於其常者也。然而以之爲哀而不以之爲患，何也？哀者必真，而患者必妄也。

且天地之生也，則人以[二]爲貴。草木任生而不恤其死，禽獸患死而不知哀死，人知哀死不必患死。哀以延天地之生，患以廢天地之化。故哀與患，人禽之大别也。而庸夫恒致其患，則禽心長而人理短。愚者不知死之必生，故患死；巧者知生之必死，則且患生。所患者必思離之。離而閃爍規避其中者，老之以反爲用也；離而超忽游泆[三]其外者，釋之以離鉤爲金鱗也。其爲患也均，而致死其情以求生也亦均。「乃若其情，則可以爲善矣」，情者，陰陽之幾，凝於性而效其能者也，其可死哉？故无妄之象：剛上柔下，情所不交，是謂否塞；陽因情動，无期而來，爲陰之主，因昔之哀，生今之樂，則天下之生，日就於繁富矣。

〔一〕後漢書李賢注：「靳，固惜之也。」
〔二〕「人以」，嶽麓本作「以人」。
〔三〕「泆」，嶽麓本作「佚」。

夫生理之運行，極情爲量；迨其灌注，因量爲增。情不盡於一〔一〕生，故生有所限；量本受於至正，故生不容乖。則既生以後，百年之中，閲物之萬，應事之賾，因物事而得理，推理而必合於生，因生而得仁，因仁而得義，因仁義而得禮樂刑政，極至於死而哀之以存生理於延衮〔二〕者，亦盛矣哉！終日勞勞而恐不逮矣，何暇患焉！授之堯名而喜，授之桀號而戚。喜事近生，戚事近死。近生者可依而有常。然則仁義之藏，禮樂刑政之府，亦孰有所妄也哉！故賤形必賤情，賤情必賤生，賤生必賤仁義，賤仁義必離生，離生必謂无爲真而謂生爲妄，而二氏之説〔三〕昌矣。

若夫有爲胚胎，有爲流盪，有爲灌注，有爲衰減，有爲散滅者，情之量也。則生不可苟榮，而死不可致賤。〔四〕則疾不可强而爲藥。强爲藥者，忘其所當盡之量而求之於无益，豈

〔一〕「一」，嶽麓本作「所」。
〔二〕漢書顔注「衮，長也」。此指廣大的空間。
〔三〕「説」，嶽麓本作「邪説」。
〔四〕嶽麓本此句後復有「不可致賤」四字。

不悖與！單豹藥之於外，張毅藥之於内〔二〕，老氏藥之於腠理之推移，釋氏藥之于无形之罔兩。故始於愛生，中於患生，卒於无生。嗚乎！以是藥而試之，吾未見其愈於禽鹿之騖走也。

夫治妄以真，則治无妄者必以妄矣。治真以妄，據妄爲真；竊據爲真，愈詭於妄。逮其末流，於是而有彼家鑪〔三〕火之事，而有唄咒觀想之術〔三〕，則碯礜〔四〕雜投，不可復詰。彼始爲其説者，亦惡知患死相沿，患生作俑，其邪妄之一至於此哉！

是故聖人盡人道而合天德。合天德者，健以存生之理；盡人道者，動以順生之幾。百年一心，戰戰慄慄，踐其真而未逮，又何敢以此爲妄而輕試之藥也哉！故曰「先王以茂

〔二〕莊子達生：「魯有單豹者，岩居而水飲，不與民共利，行年七十而猶有嬰兒之色。不幸遇餓虎，餓虎殺而食之。有張毅者，高門縣薄，無不走也。行年四十而有内熱之病，以死。豹養其内而虎食其外，毅養其外而病攻其内，此二子者皆不鞭其後者也。」

〔三〕「鑪」，嶽麓本作「鑪」。

〔三〕鑪火者，道家丹術；唄咒觀想，佛教密宗及禪定止觀之類。

〔四〕「碯」，嶽麓本作「硇」。今按當作「硇」。硇，硇砂，爲氯化銨礦石，藥用。千金翼方謂：「味鹹苦辛，温，有毒，不宜多服，主積聚，破結血，爛胎，止痛下氣，療欬嗽。」礜，礜石。千金翼方謂：「味辛甘，大熱，生温熟熱，有毒，主寒熱鼠瘻蝕瘡，死肌風痺，腹中堅癖邪氣。」此上兩種藥皆有毒性，亂投則殺人，故船山以之喻佛老。

對時育萬物」，蓋言生而有也。

大畜

畜，止也，養也。以養止之，小畜也；以止養之，大畜也。小畜，陰之弱者，其畜也微；大畜，陰盛而中，其畜也厚。而不僅然也：小畜，巽畜之也；大畜，艮畜之也。艮體剛而以止爲德，異乎巽之柔而以養爲止之術也。〔一〕

夫乾奠位於方來，而无如其性之健行也。行則舍其方來之位而且之於往，往則失基，失基則命不凝。不止其來，必成乎往。故止之者，所以爲功於乾也。〔二〕凡欲爲功於剛健之才者，其道有二：

〔一〕從爻來分析，小畜唯有一陰，畜止的力量小；大畜二陰，且六五陰居中位，故畜止的力量大。從上下兩體來分析，小畜是巽卦畜乾，大畜是艮卦畜乾，巽卦陰柔，艮卦剛直。

〔二〕從態勢上看，小畜、大畜卦都是下卦爲乾卦，即三陽爻在下，陽的性質是欲上行，三陽上行，則會有陰跟著占據下面的基礎位置。此段所謂「往則失基，失基則命不凝」。因此就需要上卦對三陽的上行稍加阻止，讓他們先停下來蓄積力量。

彼方剛也，而我以柔治之，姑予〔一〕之養，以調其踸踔〔二〕之氣，微用其陰，厚予以陽，一若規之，一若承之。得此道者，以爲諷諫。是其爲術，倡於莊周人間世之篇〔三〕，而東方朔、司馬相如之流以勸百而諷一。識者固將賤之曰：此優俳之技也。昔者優旃以畜秦之暴主〔四〕，朔、相如以畜漢之驁君，謂將承我而規寓焉，无能大改其德而祇以自辱。流俗不審，猶樂稱説之曰：「諫有五，諷爲上。」〔五〕嗚乎！蘇軾、李贄之以惑人心者〔六〕，庸夫喜之，而道喪久矣。

〔一〕「予」，嶽麓本作「與」。

〔二〕文選李善注引廣雅：「踸踔，無常也。」

〔三〕人間世多佐君之術，如養虎之喻。

〔四〕詳史記滑稽列傳載優旃事。

〔五〕白虎通：「孔子曰：『諫有五，吾從諷之諫。事君，進思盡忠，退思補過，去而不訕，諫而不露。』」後漢書李雲傳論：「禮有五諫，諷爲上。」

〔六〕蘇軾乞郡劄子：「臣屢論事，未蒙施行，乃復作爲詩文，寓物托諷，庶幾流傳上達，感悟聖意。而李定、舒亶、何正臣三人因此言臣誹謗，遂得罪。然猶有近似者，以諷諫爲誹謗也。」李贄藏書有名臣傳一目，其下一目專列「諷諫名臣」。又，其初潭集論司馬相如曰：「相如雖多虛辭濫説，然其要歸引之節儉。此與詩之諷諫何異？楊雄以爲靡麗之賦，勸百而諷一，猶騁鄭、衛之音，曲終而奏雅不已。戲乎！余謂楊雄此言非但不知人，亦且不知文；非但不知文，亦且不知言；非但不知言，亦且不知諷矣。既不知諷，宜其劇秦而美新也。」

彼方剛也，而患在行而不知反，我亟止之而實以養之，閑邪者敦篤其誠而不舍其中。得此道者，格君心之非。人有不適，政有不閒，伊尹以之放桐而不疑，傅説以之昌言而不諱，孔、孟以之老於行而不悔。而流俗或譏之曰：「此迂而寡效也。」昔者程子以諫折柳枝而致怪於母后，朱子以「惟此四字」而見忌於黨人。〔二〕嗚乎！合則行，不合則去耳。又其誼不可去者，從龍、比於九京已耳。藉其勸百而諷一，不從所諷而樂其勸，將如之何？馬融廣成之頌，亦效朔、相如，而終之以諂矣〔三〕。

〔二〕黄氏日鈔卷四四：「哲宗初鋭意於學。一日講畢，會茶，上起折柳一枝。有諫以方春萬物生榮，不可無故摧折。上擲之，色不平。温公聞之，不悦，曰：『使人主不欲親近儒生者，正此等人也。』」宋史卷四百二十九朱子傳載，淳熙十五年，朱子將入奏事，「有要之於路，以爲正心誠意之論，上所厭聞，戒勿以爲言。熹曰：『吾平生所學惟此四字，豈可隱默以欺吾君乎！』及奏，上曰：『久不見卿浙東之事，朕自知之，今當處卿清要，不復以州縣爲煩也。』」此後，攻訐朱子爲僞學者起。

〔三〕後漢書卷六〇馬融傳：「鄧太后監朝，騭兄弟輔政。而俗儒世士，以爲文德可興，武功宜廢，遂寢蒐狩之禮，息戰陳之法，故猾賊從横，乘此無備。融乃感激，以爲文武之道，聖賢不墜，五才之用，無或可廢。元初二年，上廣成頌以諷諫。頌奏，忤鄧氏，滯於東觀，十年不得調。因兄子喪自劾歸。太后聞之怒，謂融羞薄詔除，欲仕州郡，遂令禁錮之……融懲于鄧氏，不敢復違忤勢家，遂爲梁冀草奏李固，又作大將軍西第頌，以此頗爲正直所羞。」

故大畜者，畜道之正者也。牛梏故任載，豕豶故任飼，〔一〕初不謀彼之我喜，而慶固自來。至於剛正道孚，在彼受輿衛之閑，在我得大行之志，然後吾養之之心，昭示上下，質告鬼神而無歉。大川之涉，其理楫占風，鄭重於津泊者，非一日矣。故君子弗言事君也，自靖〔二〕而已矣；弗言交友也，自正而已矣。學博而德厚，德厚而志伸，志伸而威望不詘。可否一準於道，進退一秉於誠，故曰「惟大人爲能格君心之非」。正己无求，端凝不妄，然後可以「不家食」而吉矣。

淫行逞，邪説興，以懷禄固寵之邪心，矜飼虎探鱗之巧技，進以取容悦之實，退以謝寒蟬之咎，施施然曰「諫有五，諷爲上」。「月望」而太陽虧，「輿説」而「征凶」終，〔三〕將誰尤哉！將誰尤哉！

〔一〕大畜六四：「童牛之牿，元吉。」六五：「豶豕之牙，吉。」

〔二〕尚書微子載，紂爲無道，微子與箕子論去與留。微子曰：「自靖，人自獻于先王。」蔡傳：「靖，安也。各安其義之所當盡，以自達其志於先王，使無愧於神明而已。」宋熙寧間，張才叔作自靖人自獻於先王經義文，稱爲楷模，且選入尚書大全小注中。「自靖」一詞於船山各著作中頗多見。

〔三〕小畜上九「月幾望，君子征凶」，九三「輿脱輻」。

頤

一

頤，象也，象其爲頤，而未象其爲養。然則設頤於此，養不期而自至乎？聖人何以勞天下於耕稼漁獵？抑設象於此，而復邀養於他，則養固外待，「觀朶頤」者又何以凶邪？夫頤之成象，固陰陽之即位而爲形體；而頤之成用，資養之具亦陰陽互致而爲精腴。故二氣搆形，形以成；二氣輔形，形以養。能任其養，所給其養，終百年而无非取足於陰陽〔一〕。是大造者即以生萬物之理氣爲（成人）〔人成〕〔二〕形質之撰，交用其實而資以不匱。則老子所謂「沖，而用之或不盈」，其亦誣矣。夫頤，中虛者也。中虛似沖，所受不盈，而有生之養資焉。則老子之言疑乎肖。而抑又不然：

〔一〕「能任其養」，形質也；「所給其養」，養人之物也。皆陰陽也。

〔二〕「人成」，底本原作「成人」，今據嶽麓本改。依文義，作「人成」是，言理氣是爲了人而成就的。

其將以頤之用，以虛邀實者爲沖乎？則頤之或動或止，在輔、車、脣、頷之各效者，用實也，非用虛也。假令以物投於非頤之虛，其虛均也，而與人漠不相與。則頤中之虛，資輔、車、脣、頷動止之實以爲用，明矣。

將以頤之體，外實中虛者爲沖乎？則死者之頤，未嘗有所窒塞，而何以殊邪？外實而靈，中虛而動，屈伸翕闢之氣行焉，則頤中之虛自有其不虛者，而特不可以睹聞測也，明矣。彼其説精專於養生，而不知養、抑不知生也有如此，故曰誣也。

夫聖人深察於陰陽，以辨養道之正，則有道矣。養萬物者陰陽也，養陰者陽也。陽在天而成象，陰在地而成形。天包地外而入於地中，无形而成用；地處天中而受天之持，有形而結體。无形无涯，有形有涯。无涯生有涯，有涯息无涯。无形入有形，有形止无形。陰静善取，陽動善變。取盈不積，資所厚繼；陽動不停，推陳致新。分爲榮衛，暢於四末，四末以彊，九官以靈，一皆動而能變者以象運之。故曰養陰者陽也。若其養萬物者，陽不專功，取材於陰，然而大化之行，啟不言之利，則亦終歸於陽也。陽任春夏，陰任秋冬。春夏華榮，秋冬成實。以迹言之，陰爲陽具。然而陽德陰刑，德生刑殺。秋冬物成〔一〕而止息，春夏物稺而方來。凝實自終，陰无利物之志。是故陽之爲言養也，陰之爲言幽也。然則觀其所養，物養於陽；觀其自養，陰養於陽。順天之道，知人之生，而養正之道不迷矣。

聖人之「養萬民」，法陽之富；君子之「節飲食」，法陽之清。有養大而舍小〔二〕，法陽貴而陰賤；有捐養以成仁〔三〕，法陽剛而陰柔。如是，則（陽）〔陰〕聽養於（陰）〔陽〕〔四〕，道固宜爾。而四陰致養〔五〕，何以云「顛」云「拂」也？陽君陰民，陰多陽少。〔六〕民義奉君，少不給多，其義悖矣。〔七〕乃養之爲道，順則流，逆則節，故无有不顛不拂而可用

〔一〕「物成」，嶽麓本作「成物」。

〔二〕孟子所謂養大體、養小體也。

〔三〕捐，捐棄，捨弃其養，猶捨生，曾子所謂「殺身以成仁」也。

〔四〕「則陰聽養於陽」，底本原作「則陽聽養於陰」，今據嶽麓本改。上云「陰養於陽」，又云「法陽之富」，下文又云「皆養陰者也」。

〔五〕「四陰致養」，或可解爲「四陰推致其養」，則是陰養陽也；然亦可解爲「四陰得養」，則是陽養陰也。按之上下文，則後解爲是。

〔六〕「陰多陽少」，嶽麓本作「陽少陰多」。

〔七〕以上數句謂：若依「聖人養萬民」云云之理，則陰宜爲陽所養也。然四陰爲陽所養，何以爻辭言「顛」「拂」？以陰之爲陽所養，有悖乎野人養君子、臣民養君之義也。

養者也。故曰「以人從欲實難」，「經」不可恃也。〔二〕

乃初、上胥陽，皆養陰者也。而上爲「繇頤」，初爲「觀頤」，何也？頤之所以能動而咀物者，下也，而上則静。凡剸割之用，皆自上而下，而頤之咀物也反是。動者以欲興而尸勞，止者以静俟而自得；以欲興者雖勞而賤，以静俟者雖得而不貪，此亦君子小人之别也。均之爲養，而初見可欲而即動焉，不亦憊乎？功名之會，迫啟者陽鱎之羞也〔三〕，而況飲食哉〔三〕！故君子「慎言語，節飲食」，皆戒之於其動也。

嗚乎！鄙夫之動於欲者，不足道已。霸者以養道市民而挾刑心，異端以沖用養生而逆生理，皆陰教也。知陰之无成，陽之任養，於虛而得實，賤順欲而樂静正，〔四〕其庶乎！

〔二〕此又申説所以悖其義，而陰爲陽所養者。左傳僖公二十年：「宋襄公欲合諸侯。臧文仲聞之曰：『以欲從人則可，以人從欲鮮濟。』」杜注：「屈己之欲從衆之善。」以人從欲，謂使他人養我，此難矣；故必以我陽而養彼陰，此則所謂拂、悖。「經」者，下養上，陰養陽，民養君也；此「經」不可執定，故須拂悖之。

〔三〕説苑理政：「宓子賤爲單父宰，過於陽晝曰：『子亦有以送僕乎？』陽晝曰：『吾少也賤，不知治民之術。有釣道二焉，請以送子。』子賤曰：『釣道奈何？』陽晝曰：『夫扱綸錯餌，迎而吸之者，陽橋也。其爲魚，薄而不美。若存若亡，若食若不食者，魴也。其爲魚也，博而厚味。』宓子賤曰：『善。』於是未至單父，冠蓋迎之者交接於道。子賤曰：『車驅之！車驅之！夫陽晝之所謂陽橋者至矣。』於是至單父，請其耆老尊賢者，而與之共治單父。」迫起，猶言急起，謂陽鱎之急於上鉤、人之急於出也，而適所以致其羞辱。

〔三〕「哉」，嶽麓本作「乎」。

〔四〕嶽麓本「其」前有「尚」字。

二

均爲顛、拂〔一〕，而二、三何以凶邪？〔二〕君子之於養也，別嫌而安所遇。二、三與初爲體，今以初貪而不戢，非分而需養於上；上爲艮止，恩有所裁，不特拂經，欲亦不遂。〔三〕故二逢「於邱」之凶，三蔑「十年」之利。「邱」者高位，「十年」遠期，位疏而期遠，望其相給，不亦難乎！震臨卯位，「十年」而至丑。艮居丑寅之交，即有所施，必待「十年」之後。〔四〕

〔一〕「顛拂」，嶽麓本所據底本作「拂頤」。

〔二〕頤卦中之四陰，其爻辭皆或言顛、或言拂。而二、三爻則凶。

〔三〕二、三之陰本當爲初陽所養，然初陽既貪，二、三不敢往求其養，遂求乎上九。上九體艮，艮爲止裁，則上九雖有拂經以養下之義，養四、五而已，亦必不應二、三之非分也，故二、三欲求於上九亦不成也。

〔四〕此以文王八卦方位與十二支之方位相配。詳附下圖。

自卯順行至丑，須十個地支，故經歷十年。

晨煙不續，越陌相求；涸鮒難留，河清誰俟？不復能永年矣。雖託貞廉，凶還自致〔一〕，則何似別嫌而安遇，於早自決於十年之前乎！

上者，三之應也，而不與三以養，何也？貴而无位，所處亦危矣，惟奉大公以養物，斯德施光而自他有慶〔二〕。繫私以酬酢，上義之所不出也。四爲艮體，同氣先施，挹之不勞，受之不怍，「眈眈」「逐逐」，其何咎焉！〔三〕使於陵仲子而〔四〕知此義，可无潔口腹於母兄之側矣。〔五〕

〔一〕此釋爻辭「貞凶」。

〔二〕上九象傳曰「由頤厲吉，大有慶也」，六四象傳曰「顛頤之吉，上施光也」。

〔三〕「同氣先施」，四與上皆爲上卦，同體，所以説「同氣」；氣同，故上先施四而不施於三也。「挹之不勞，受之不怍」，四挹取、受養於上，而不必勞煩、作興也（又按：疑「作」或當爲「怍」，謂受之而不慚也）。「眈眈」者，順而求上之施；「逐逐」者，求上之養而不間斷也。内傳「眈眈，順而有求也。」「其欲逐逐」，本義謂「求而繼也」，内傳謂「有逐逐之欲」。按：從外傳到内傳，船山的主要思想雖然没有間斷，但在具體的經文解釋上仍有差別。有的地方，外傳和内傳可以互相發明；有些地方則差別很大。比如此卦，内傳以「顛頤」爲上之養下，外傳此以爲陽之養陰。若援内傳訓解來解釋此章，則捍格不通。解人能辨其異而合其同，參伍勾稽，而後不泥不疏也。若此條，雖不宜用内傳「六四養初九」的意思，但其字義的訓釋，却可以拿過來用。

〔四〕嶽麓本無「而」字。

〔五〕孟子滕文公下：「仲子，齊之世家也。兄戴，蓋禄萬鍾。以兄之禄爲不義之禄而不食也，以兄之室爲不義之室而不居也，辟兄離母，處於於陵。他日歸，則有饋其兄生鵝者，己頻顣曰：『惡用是鶃鶃者爲哉？』他日，其母殺是鵝也，與之食之。其兄自外至，曰：『是鶃鶃之肉也。』出而哇之。以母則不食，以妻則食之；以兄之室則弗居，以於陵則居之。是尚爲能充其類也乎？若仲子者，蚓而後充其操者也。」此喻四與上之義也。四與上爲同體同氣，則上之先施養於四而四順受其養，宜矣，所謂「眈眈」「逐逐」也；猶仲子當受養於其兄其母也。乃仲子自以廉而不受其養，是不明乎此義也。

嗚乎！取舍之閒，蓋可忽乎哉！

大過

有位者，物之貴也；同類者，氣之求也。擇位而得中，聚族而（無）［與］〔一〕處，擯斥〔二〕異己，遠居裔（末）［夷］〔三〕，甘言不爲之動，害機不爲之傷〔四〕，斯不亦天下之至愉快者哉！大過以之。聚四陽於同席，宅四位之奥區〔五〕，彼初之與上，若欲窺其藩棘而不可得。其擇利而蹈，絶拒異己者，可（爲）［謂］〔六〕峻矣。嗚乎！峻者所以爲甚，甚者所以

〔一〕「與」，底本原作「無」，今據嶽麓本改。與處，謂相與而處。

〔二〕「斥」，嶽麓本作「逐」。

〔三〕「夷」，底本原作「末」，今據嶽麓本改。「裔夷」，左傳定公十年「裔夷之俘以兵亂之」，杜注「裔遠也」。方言：「裔夷，狄之總名。」

〔四〕甘言、害機，謂陰或欲佞以誘，或設機加害，而陽皆不爲之動。

〔五〕奥區，後漢書「防禦之阻，則天下之奥區焉」，李賢注「奥，深也。言秦地險固爲天下深奥之區域。」文選西京賦「寔爲地之奥區神皋」，張銑曰：「奥，美也。」

〔六〕「謂」：底本原作「爲」，今據嶽麓本改。

爲過。天下焉有待小人不以其道如此，而能免其讁於君子乎？

夫陰陽之始，非有善惡之垠鄂，邈如河漢也。翕闢者一氣也，情各有其幾，功各有其效；生者道之生，殺者亦道之殺。有情則各有其願，有功則各有其時；雖嚴防而力拒之，不能平其願，而抑其得志之時矣。故怨開於陽而成於陰，勢極於陽而反於陰，則亦无寧戒此而持其平。又況性情功效之相需而不相舍乎！

是故君以民爲基，生以殺爲輔。无民而君不立，无殺而生不繼。資其力，合其用，則陽有時舍位而不吝，陰有時即位而不慚。而獨使之浮游散地，失據離群，開相怨之門，激相傾之勢，則大之過也，亦自橈而自弱矣〔二〕。故高居榮觀者，鱗甍翼閣〔三〕，示雄壯之觀，而棟則託阯於卑下。橈其卑下，則危其崇高，未有能安者也。

且夫陽之過也，以保一時之往也。乃其援引固結，相與以明得意者，其去小人之噂沓

〔二〕「使之浮游散地」，使陰分居於初、上，初、上爲散地。「大之過」，「大」謂陽也。

〔三〕說文：「甍，屋棟也。」釋名：「屋脊曰甍。甍，蒙也，在上覆蒙屋也。」鱗甍，若鱗次之屋脊。閣，重樓。翼閣，即如翼之閣。

背憎〔一〕，志雖異而情不殊。情不殊，則物或瞷之；物或瞷之，則勢難孤立〔二〕。有所欲爲而缺陰之用，則有所必求而偷合乎陰矣。故年不謀老少，（吉）［士］〔三〕不卜從違，白首无慚，弱齡无待，相鄰而靡〔四〕，苟得而歡。將昔之怙黨居中、絶陰於无位之初志，亦茫然而不可復問。而三、四之倚二、五，以睽離於所應者，且沮喪孤危，或凶或吝而不可保。故始爲攻擊，繼爲調停，快志須臾，堅壁難久。古今覆敗之林，何有不釀成於此哉？而君子早已辨其无輔而不能久矣。

然則大過无取乎？以〔五〕取之「獨立不懼，遯世无悶」者，則得矣。故夷、齊兵之而不畏，巢、許招之而不來，自位其位而不位人所争之位，孤保深幽，敦士求仁，雖金刑居

〔一〕小雅十月之交「噂沓背憎，職競由人。」鄭箋：「噂噂、沓沓，相對談語。背則相憎逐。爲此者由主人也。」釋文：「『噂』，子損反，説文作『僔』，云『聚也』。」

〔二〕陽之援引固結以明得意之情，必爲物所忌；既爲物忌，則難以孤立。

〔三〕「士」，底本原作「吉」，今據嶽麓本改。若作「吉」，則「吉不卜從違」甚爲不辭。作「士」者，指九五「士夫」而言也。禮，士之娶妻必卜，故氓曰「爾卜爾筮」；今士夫苟合乎上六，其欲合之迫，乃不待於卜，亦可醜也。

〔四〕九二與初六鄰，九五與上六鄰。

〔五〕「以」，嶽麓本作「曰」。

上，得勢下戕〔二〕，「滅頂」之凶，不足以咎。此所謂无可奈何而安命以立命者也。過此以往，則吾不知之矣。〔三〕

坎

夫得貌而遺其心，天地陰陽之撰，足以導邪說、啟淫思者，繁有之矣，而況其他乎？是故天一生水，地六成之〔三〕；內生爲心，外成爲貌；心肖所生，貌肖所成〔四〕。然則

〔二〕兑为金，居上，故得勢；下巽为木。金克木，故下戕。

〔三〕「獨立不懼，遯世无悶」，船山蓋用此道以自處。其周易大象解之說，尤能與此節相發明：「澤雖滅木，木不受滅，淹之愈亟，其浮愈疾。又其爲象，四陽亘中，與初上齟齬異志，不相浹洽，以之治世，未有得焉。唯夫獨立不懼者，有可懼者也；遯世無悶者，有可悶者也。履凶游濁，守貞篤志，正己而不與俱汩，斯大過焉可矣。以爲非過，則且爲懼悶所亂，而滅其貞矣。」

〔三〕漢儒有所謂「天一生水於北，地六成之」之說，如鄭玄周易注曰：「天一生水於北，地二生火於南，天三生木於東，地四生金於西，天五生土於中。陽无偶，陰无配，未得相成。地六成水於北，與天一并；天七成火於南，與地二并；地八成木於東，與天三并；天九成金於西，與地四并；地十成土於中，與天五并也。大衍之數五十有五。五行各氣并，氣并而減五，惟有五十。以五十之數不可以爲七八九六卜筮之占以用之，故更減其一，故四十有九也。」或以此即河圖之數。又按船山在周易內傳發例中批評了這種術數，提出了自己的則河圖作八卦之說。

〔四〕坎之心，其中之陽，天也，天爲生，故曰「心肖所生」；坎之貌，其外之二陰，地也，地爲成，故曰「貌肖所成」。

水其以天爲心邪？生事近先，成事近後。而方其生之，旋與爲（生）［成］〔一〕；方其成之，猶與爲生。中不先立，成不後建；摶造共功，道行无閒，又坎之不僅以天爲心也。

顧其已成，效動而性静；方其初生，效静而性動。静者陰也，動者陽也。動者效生，則萬物之生皆以陽爲心。而水之生也，亦乘乎性之動幾以爲生主，則坎固壹以陽爲心矣。故其爲象，剛以爲中。剛以爲中而剛不見於貌，心之退藏於密而不著者也。心藏於密，而肖所成以爲貌，水之所以險與！〔二〕

然則「流而不盈」，陰之用也，行之險也。陰虚善隨，陽實不屈。實以爲體，虚以爲用，給萬物以柔靡佯退而自怙其堅悍，則天下之機變刻深者，水不得而辭。而老氏猶宗之以爲教父〔三〕，曰「上善若水」，則亦樂用其貌而師之，以藴險於衷。是故天下之至險者，莫老氏若焉。

試與論之。終歸於不盈者，豈徒水哉！火、木、土、金，相與終古而不見其積。

〔一〕「成」，底本原作「生」，今據嶽麓本及文義改。
〔二〕坎卦以陽爲心，内心非常的剛猛；但是表現出來的樣貌却如地般寬厚柔和。這種特性，可謂之險。
〔三〕嶽麓本所據抄本無「父」字。今本老子第四十二章「强梁者不得其死，吾將以爲教父」。

則消歸捖運〔一〕者，皆不盈以爲功。而水特出其不盈者以與人相見，則其險也，亦水之儇〔二〕薄而未能深幾者也。不足與深幾，而水亦憂其易毁。乃終古而无易（水）〔毁〕〔三〕之憂者，聖人極其退藏而表章之，曰「不盈」而「行險」者，何恃乎？恃其不失信而已。〔四〕

何以知其信之不失也？生之建也，知以爲始，能以爲成。乾知，坤能。知剛，能柔。知先自知〔五〕，能必及物。及物則中出而即物，自知則引物以實中。引物實中，而晶耀含光，无之有改。故乾道之以剛爲明者惟此，而水始得之以爲内景。物過而納之以取照，照而不遷其形，水固有主而不亂矣。生之積也，初生而盛，繼生而減，減則因嬗以

〔一〕捖，音完，玉篇「摶圓也」。捖運，猶運轉。船山楚辭通釋又謂「莫能知其捖運」。

〔二〕儇，説文「慧也」，徐楷曰「謂輕薄察慧小才也」。

〔三〕「毁」：底本原作「水」，今據嶽麓本改。

〔四〕此段意謂：金木水火土五行，都有「不盈」的特性，但衹有水把這個特性標榜爲自己的美德，水的德性和智慧實在是淺薄得很。既然淺薄，就没能力領悟深刻的機緣，水便擔憂自己容易毁壞。但水却一直没有毁壞，而且聖人也用「不盈」和「行險」來表彰它，這是爲什麼呢？大概是因爲水還有「信」這樣的美德吧。

〔五〕嶽麓本校記：「『知先自知』，後中華本注：『這句據文義疑應作「知者自知」。』按此句抄本及各印本均同，從文義文法看，似以原文爲是。」

相濟。故木、火與金，皆有所憑藉以生，而水无所藉。〔一〕无所藉者，藉於天之始化也；有藉而生者，有時而殺。故木時萎，火時滅，金時蝕，而水不時窮。升降相資，波流相續，所藉者真，所生者常，不藉彼以盛，不嬗彼而減，則水居恒而不閒矣。不亂不閒，水之以信爲體也。

乃若其用，坎居正北，時在冬至，陽動陰中，德室刑野〔二〕，爲乾長子〔三〕，代天潤生，物以爲昌，人以爲榮。乾德任生，致用在水，故胥爲命樞子父之府，黄鐘爲律紀十二宫之準。〔四〕終古給生，運至不爽，潤而可依，給用而不匱，水之以信爲用也。

〔一〕漢儒之説，天一生水、地二生火，天三生木，地四生金。洪範五行之序，曰水、火、木、金、土。故水爲初生，而火、木、金皆爲其次。又據其行之序言之，水在冬至爲起始，此後水生木，木生火，火生土，土生金，是木火金皆有憑藉而生。

〔二〕淮南子天文訓載「七舍」，曰「室、堂、庭、門、巷、術、野」，陽德陰刑，建子之月，「德在室則刑在野」。

〔三〕依六子之説，震爲長子，此船山於震卦已明言之。而此又以坎卦爲長子者：以卦氣而言，坎主冬至，陽之始起也。其於説卦傳謂：「周易首乾坤，而非首乾也。其次爲坎離。卦以中位爲正。坎得乾之中，離得坤之中也。」船山此二説不免有所矛盾，然亦易學所固有，非必責於船山也。

〔四〕據內經，胥爲三陰之少陰，爲樞，主封藏。十二律，因三分損益法逐次相生，自黄鐘開始。吕氏春秋、史記曆書、鄭康成等皆有其説。黄鐘配時，當冬至。

繇是觀之，合體用而皆信，乃捷取其貌者不易見焉。故坎有孚，而孚亦維心。坎之心，天之心也。「亨」以此爾。

雖然，心貌異致，信在中而未孚於外，則固險矣。物之險，以信平之；己之險，以信守之。則其爲信也，亦介於危疑而孤保于一心也，故曰「不失」。「不失」者，豈不靳靳乎其恐失之也哉！

故信，土德也〔二〕，而水與土相依而不暫舍。以土制水，水樂受其制以自存。制而信存，不制而信失。未審乎此，而欲不凝滯而與物推移，顧别求「甚真」之信於「窈冥」之中〔三〕，其居德不亦險乎！故君子於德行則常之，於教事則習之，而終不法其不盈，斯亦不惑於水之貌，而取其柔而无質者以爲上善也。

〔二〕五行與五德相配，則水配智，土配信。

〔三〕今本老子二十一章：「道之爲物，惟恍惟惚。惚兮恍兮，其中有象；恍兮惚兮，其中有物。窈兮冥兮，其中有精；其精甚真，其中有信。」

離

聖人者，與萬物同其憂患者也。生而得其利，死而畏其神，亡而用其教，故闔棺而情未息。〔一〕若夫任達以怡生，恣情而亡恤，誕曼波流，捐心去慮，憂之不存，明之衰矣。易曰「不鼓缶而歌，則大耋之嗟，凶。」豈以獎忘憂而廢同患也哉？

嘗論之：定大器者非以爲利，成大功者非以爲名。聖人之生，以其爲顓蒙〔二〕之耳目也，則以爲天地之日月也。故物憂與憂，物患與患，胥天下以明而離於暗，而聖人釋矣。生而身致之，聖人之力；没而人繼之，聖人之心。力盡心周而憂患釋，豈其沾沾然以爲己之功名而利賴之！是故撫大器，成大功，特詳於付託之得人。付之暗，其憂也；付之

〔一〕大戴禮記五帝德第六十二，孔子稱黄帝：「生而民得其利百年，死而民畏其神百年，亡而民用其教百年，故曰三百年。」史記五帝本紀亦載此語。
〔二〕揚雄法言「天降生民，倥侗顓蒙」，李軌注：「倥侗，無知也；顓蒙，頑愚也。」

明，則喜也。幸其以明繼明矣，在人无異於在己，其何吝焉，而足勞其嗟哉〔二〕！

菁華既竭，古人以褰裳異姓而不傷〔三〕；遂爲閒人，後世以妒媢其子而不廣〔三〕。然則歌嗟異意，付託之際，難言之矣，而莫陋乎其有吝心。有吝心者，近而吝留於心身〔四〕，遠而吝留於子孫，握固天下，如死生之與共。藉有賢智，編棘樹藩，以左掣而右曳之。氣餒援孤，卒隕穫於老婦孤兒之手，以授之夷狄、盜賊而不恤。陸機之哀魏武，豈徒在稚妻少子之依依者哉？才相均，德相若，情相合，時相嬗，先後異體而同明。此而嗟焉，則氣萎暮年而情長敝屣，不已陋與！

〔二〕謂聖人不吝其天下爲異姓賢者所繼，故不憂嗟也。

〔三〕尚書大傳載禹代舜位而爲帝，「帝乃載歌，旋持衡曰：『日月有常，星辰有行，四時從經，萬姓允誠。於予論樂，配天之靈。遷於賢聖，莫不咸聽。鼚乎鼓之，軒乎舞之，菁華已竭，褰裳去之。』於時八風循通卿雲藂藂，蟠龍賁信於其藏，蛟魚踴躍於其淵，龜鼈咸出於其穴，遷虞而事夏也。」禮記曲禮「暑毋褰裳」，鄭注「褰，袪也」。

〔三〕閒人，窺伺之人，言其猜忌心之重也。大學引秦誓「人之有技，媢嫉以惡之；人之彥聖，而違之俾不通。寔不能容，以不能保我子孫黎民，亦曰殆哉」，鄭注「媢，妒也」。又，「閒人」者，謂見有賢人，妒忌其奪我子孫之江山，乃編棘樹藩以防閑之。

〔四〕「心身」，嶽麓本作「身」。

惟其然也，故九四之來，亦物理之恒，而成「突如」之勢矣。帆低浪湧，扃固盜窺〔一〕，剛以相乘，返而見迫，悲歡異室，賓主交疑，前薪炧〔二〕盡而後燄无根，以我之吝，成彼之攘，欺天絶人，无所容而不忌。三、四之際，誠今古寒心之至矣。

嗚乎！无不失之天步〔三〕，无不毁之宗祧；而无可晦昧之人心，无可陰幽之日月。夏、商之授於聖人，賢於周之彊國；周之授於彊國，賢於漢之姦臣；漢之授於姦臣，賢於唐之盜賊；唐之授於盜賊，賢於宋之［夷狄］〔四〕。不能必繼我者之重明也，則擇禍莫（於）［如］〔五〕輕，毋亦早留餘地，以揖延儔伍而進之。操暗昧之情，於可繼者而吝予之，則不可繼者進矣。子曰：「大道之公，三代之英，邱未之逮也。」〔六〕憂周之失所繼也。

〔一〕畏浪湧而低其帆，惡盜窺而固其扃，適足以見其吝也。
〔二〕炧，説文「燭燼也」。
〔三〕小雅白華：「天步艱難，之子不猶。」朱熹集傳：「步，行也。天步，猶言時運也。」此處指王朝德運。
〔四〕「夷狄」，原本作白框，據嶽麓本補。
〔五〕嶽麓本校記：「『如』，後中華本校記：『「如」原作「於」，據文義及本書乾卦第六論「擇禍莫如輕」改。按此字周校失記，中華本據文義校改，與鈔本合。』」今據改。
〔六〕禮記禮運文。

惟聖人（惟）〔爲〕〔二〕能憂其所憂而樂其所樂，則聖人終以憂治天下之患，而豈曰苟可以樂而且自樂哉！〔三〕

周易外傳卷二終

〔二〕嶽麓本校記：「『爲』，後中華本校記：『「爲」原作「惟」，據文義改。』按此字周校失記，中華本據文義校改，與鈔本合。」今據改。

〔三〕明朝末年，先有李自成、張獻忠之亂，崇禎自縊，這是船山所謂「盜賊」之禍；後有滿清入關，華夏陵夷，這是船山所謂「夷狄」之禍。爲什麼盜賊、夷狄繼起，而明朝竟靡然解體？船山以爲，在於統治者祇擔心自己的權柄旁落，於是廢丞相、撤藩鎮、妬能臣，自毁長城。而文中所謂「夏、商之授於聖人，賢於周之彊國；周之授於彊國，賢於漢之奸臣；漢之授於奸臣，賢於唐之盜賊；唐之授於盜賊，賢於宋之夷狄」，也可以看到他心目中的等次。本章又可與本書乾卦第六節參看。

周易外傳卷三

咸

卦以利用，則皆親乎人之事，而惟咸則近取諸身，何也？義莫重乎親始，道莫備乎觀成。以始爲親，故寂光鏡影、量乍現而性无體者〔一〕，不足以爲本也；以成爲觀，故渮〔二〕淖纖靡、視則希而聽則夷者，不可得而用也。此聖人之本天道、觀物理、起人事以利用，而非異端之所得而亂也久矣。

天、地、人，三始者也，无有天而无地，无有天地而无人，无有道而无天地。故道以

〔一〕釋氏以一念忽起而生大千世界，是其以所見之量，若寂光鏡影之乍現而無自性。

〔二〕渮，廣韻「溏淖也」。

陰陽爲體，陰陽以道爲體，交與爲體，終无有虚懸孤致之道。故曰「无極而太極」，則亦太極而无極矣。〔一〕

人之所自始者，其混沌而開闢也。而其現以爲量〔二〕、體以爲性者，則惟陰陽之感。故泝乎父而天下之陽盡此，泝乎母而天下之陰盡此。父母之陰陽有定質，而性情俱不容已於感以生，則天下之大始盡此矣〔三〕。繇身以上，父、祖、高、曾，以及乎綿邈不可知之祖，而皆感以爲始；繇身以下，子、孫、曾、玄，以及乎綿邈不可知之裔，而皆感之以爲終〔四〕。故感者，終始之无窮，而要居其最始者也。

无有男而无女，无有女而无男，无有男女而无形氣〔五〕。氣〔六〕充而情具，情具而感生，

〔一〕无極只是對太極的一種描述，並不是説太極之先更有无極。

〔二〕現量，唯識宗術語。船山相宗絡索：「量者，識所顯著之相，因區畫前境爲其所知之封域也。境立於内，量規於外。前五以所照之境爲量，第六以計度所及爲量，第七以所執爲量。『現量』，『現』者，有現在義，有現成義，有顯現真實義。現在，不緣過去作影。現成，一觸即覺，不假思量計較。顯現真實，乃彼之體性本自如此，顯現無疑，不參虚妄。」

〔三〕乾陽坤陰交而生萬物。

〔四〕「終」，嶽麓本作「始」。據文義，當作「終」，下文云「終始」。

〔五〕「形氣」，嶽麓本所據底本作「感」。

〔六〕嶽麓本「氣」前有「形」字。

取諸懷來，陰陽固有，情定性凝，則莫不篤實而生其光輝矣。故今日卓然固有之身，立乎現前而形色不爽者，即咸之所以爲咸，豈待別求之含藏種子之先〔一〕，以爲立命之區哉！

若其身之既有，則人之於天地，又其大成者也。乾一索而震，再索而坎，三索而艮，則乾道成矣。坤一索而巽，再索而離，三索而兑，則坤道成矣。故曰「乾道成男，坤道成女」。然則坎、離而上〔二〕，亦陰陽之方經方綸而未即於成者與！故坤立而乾斯交，乾立而坤斯交。一交而成命，基乃立焉；再交而成性，藏乃固焉；三交而成形，道乃顯焉〔三〕。性、命、形，三始同原而漸即於實。故乾、坤之道，抵乎艮、兑，而後爲之性命者，凝聚堅固，保和充實於人之有身。

且夫泰者，天地之交也，然性情交而功效未起。繇泰而恒，繇恒而既濟，繇既濟而咸，

〔一〕指阿賴耶識也。船山相宗絡索：「阿賴耶，此翻爲藏。藏有三義，前一就本識言，後二依他立義，其實一也。能藏義兼王、所；所、執二義，專指心王。」船山以爲：現乎眼前之形色即是實在，何必又立阿賴耶識以爲根本，而謂所見之形色皆是識所變現而虚妄哉？尚書引義無逸已批判唯識之説，可知船山早歲已通唯識宗。其集中體現，則六十三歲（一六八一年）時爲先開上人撰相宗絡索。

〔二〕乾坤之道，必待三索得艮兑而後成，故坎離及其以前之震巽皆不得謂之成也。又，坎離以上，謂上經諸卦。

〔三〕中庸曰：「天命之謂性，率性之謂道，修道之謂教。」此其序也。震巽命，坎離爲性，艮兑爲形。

皆有致一之感，必抵咸而後臻其極。〔一〕臻其極，而外護性情，欣暢凝定，以固其陰陽之郛郭者〔二〕，道乃盛而不可加。陽不外護，則陰流〔三〕流而不知其所止；陰不外護，則陽燄起而不烊其和。自我有身，而後護情歸質，護性歸虛，而人道乃正〔四〕。藉其不然，亦流蕩往來於兩間，而无所效其知能矣。

是故以我爲子而乃有父，以我爲臣而乃有君，以我爲己而乃有人，以我爲人而乃有物，則亦以我爲人而乃有天地。器道相須而大成焉。未生以前，既死以後，則其未成而已不成者也。故形色與道，互相爲體，而未有離矣。是何也？以其成也。故因其已成，觀其大備，斷然近取而見爲吾身，豈有妄哉！

〔一〕泰上坤下乾，父母之感；恒上震下巽，長男長女之感；既濟上坎下離，中男中女之感；咸上兑下艮，少男少女之感。乾坤之道至艮兑而後成，故其感亦至咸卦而後極。

〔二〕前文謂「三交而成形」，是至於咸之感，乃已成形質之感也。形色，猶性情之郛廓也。此亦本之朱子。朱子語類卷四：「邵堯夫說『性者道之形體，心者性之郛郭』，此說甚好。蓋道無形體，只性便是道之形體；然若無個心，却將性在甚處？須是有個心，便收拾得這性發用出來。蓋性中所有道理，只是仁義禮智，便是實理。吾儒以性爲實，釋氏以性爲空。」

〔三〕「流」，嶽麓本作「波」。

〔四〕艮之一陽立於二陰上，防陰之流，陽護陰也；兑之一陰加於二陽上，防陽之蕩，陰護陽也。二卦合以成咸，故咸臻其極。陽，性也；陰，情也。

然則艮之亦取於身者〔一〕，何也？艮者，乾道之成男也。陰无成而有終，故兑不足以象身；陽函陰而知始，故艮足以象身。禽狄知母而不知父，細人養小而不養大。惟能盡人道以立極者，尊陽而賤陰。雖然，艮非无陰者也，不如兑之尚之也。咸兼所始，艮專所成，聖人實見天性於形色之中，擬之而後言，豈虚加之也哉！

恒

以居則「亨」，以行則「利有攸往」；而值恒之時，无乎不凶，〔二〕何也？恒者，咎之徒也。非恒以〔三〕致咎，其時咎也。故「亨」而可「无咎」〔四〕，亦靳靳乎其僅免於咎矣。

〔一〕艮之爻辭曰艮其趾、腓、限、身、輔。
〔二〕時者，爻也。恒卦之初、五、上爻辭皆曰「凶」，九二曰「悔」，九三曰「吝」，九四曰「无禽」，故「无乎不凶」也。
〔三〕「以」，嶽麓本作「之」。
〔四〕外傳於大有卦云「无咎者，有咎之辭」，謂必待補過而後免其咎。詳彼注。

陰陽之相與，各從其類以爲匹合，其道皆出乎泰、否〔一〕。雷風相際，或恒或益；水火相合，或濟或未；山澤相偶，或咸或損。泰通而否塞，咸感而損傷，既濟往而未濟來，恒息而益生。以澤注山，則潤而生滋；以山臨澤，則涸而物敝。以水承火，則蘊而養和；以火煬水，則沸而就竭。以雷起風，則興而及遠；以風從雷，則止而嚮窮〔二〕。

恒者，既然之卦也。陽老陰壯，爲日夙矣。昔之日月不可追，而陽離乎地以且散於碧虛，陰反其居以旋歸於穴壑〔三〕。苟非體天地貞常之道，敦聖人不息之誠，未見其久而不衰者也。故恒者，凶吝之府，而當位者爲尤甚焉，三、上之所以大逢其疚也。

氣在内而不得出，則奮擊而爲雷；出矣而升乎風之上，陽志愜矣。氣在外而不得入，則周旋不舍而爲風；降乎雷之下，且入矣，陰情慰矣。風末雷收，非亢旱乘之，則曀霾〔四〕

〔一〕詳下文「故之六卦者」注。

〔二〕「以雷起風」，雷在下故曰起，益卦也；「以風從雷」，巽下而震上，恒卦也。

〔三〕雷本生自地中，今奮乎天上；巽風本生自穴中（張子正蒙謂「聚而有間則風行」），今則處下而入穴，巽，入也。又，自泰變而爲恒，陽（泰之初九，恒之九四）上而陰（泰之六四，恒之初六）下，故曰陽升天而陰反歸於地，亦可備一說。

〔四〕爾雅：「風而雨土爲霾，陰而風爲曀。」

斯起。故陰常散而緩，受交於陽，而風雨時、寒暑正者，此益四「告公」之從，非恒初「求深」之獲也。

故之六卦者，皆與泰否同情，而以陽下陰上爲正〔一〕。情不可極，勢不可因，位不可怙。怙其位以保其固然，故恒四躍馬關弓而禽終不獲，恒初陸沈隱蔽而貞以孤危。當斯時也，自謂可以永年，而不知桑榆〔二〕之且迫，何施而可哉？故地貴留其有餘，情貴形其未順。挾其宜上宜下之常，求而得焉，後此者將何繼乎？是以君子甚危乎其成之已夙而无所拂也。陽奮乎上，亢而窮則爲災；陰散乎下，抑而相疑則戰。天地也，雷風也，水火也，山澤也，无之而不以陽升而陰降爲凶吝之門也。體道者安其故常而不能調其靜躁之氣，曰「吾率吾性情之恒」也，其能「恒其德」而无羞者鮮矣。非恒也而後可以恒，恒者且不恒矣。天地之久照久成，聖人之久道，豈立不易之方〔三〕，遂恃之以終古乎？故曰：「大匠能

〔一〕謂泰、咸、未濟、益諸卦，陽卦在下，陰卦在上也。又，以卦變言之，上下猶云升降：由否泰所變者，凡陽降陰升之卦，咸、未濟、益是也；凡陽升陰降之卦，損、既濟、恒是也。

〔二〕淮南子説林訓「桑榆之間，逾易忍也」，高注「言乱世將盡，如日在西方桑榆間」。

〔三〕恒象傳曰「君子以立不易方」，此則申之曰：君子所立者不易之方；然而其所恃者非此也，乃所以不易者也。

與人〔二〕規矩，不能使人巧。」規矩者，恒也；巧者，天地聖人之所以恒也。而僅恃乎天尊地卑、雷出風入之規矩乎！

遯

陰長之卦，繇剥而下，莫盛於觀；繇姤而往，莫穉於遯。觀偪處而无嫌，遯先時而早去者〔三〕，何也？乘時者莫大乎位，正位者莫尚乎中。乍得所尚，雖小喜而志行；猶靳乎尊，雖將盈而意歉。〔三〕故觀四之視五，邈若天帝而不可陵；遯二之視三，易若振落而无所忌。陽雖欲恃積剛以弗逝，其可得哉！然則陽之所以遯者，以二也。

〔一〕嶽麓本「人」後有「以」字。孟子盡心下原文無「以」字。

〔二〕觀卦四陰浸長以逼陽，而陽不以此爲嫌；遯二陰方生，陰長之早初也，而陽懼之以遯去。

〔三〕遯之陰長得中位，得所尚也，因喜而生輕慢之心，遂消陽而不怙；觀之陰長至於四，非其中位，而又迫近九五之尊，故雖將盛而猶懷愓懼，不敢侵五也。

二爲小主而「小利貞」〔一〕。當吾世而迫陽剛以不處，陸沈而不可拯，則小亦何「貞」之有哉？曰：陰之逼陽以遯者，時也；六之居二者，正也。正而思柔，與艮爲體，而受止於三。此其爲情，豈常有陰賊刑害、幸其去以遂僭侈之心乎？〔二〕而當其時，則固授人以疑。无其心而授疑於人，二亦所遇之不辰矣。〔三〕

則將告之曰：疑在人而自信者志，志不僭而疑非所嫌也。〔四〕雖然，陽終疑而逝，則二欲達其志而不可得。其位正，其勢親，可以挽將駕之轅而莫挽之；或挽之而情不及文〔五〕，文不達志，无擊固不舍之情，无流連无已之意，則且欲挽之而終不可得。是何也？陽之決成乎必遯之（世）［勢］〔六〕者，无可前可卻之幾也，而又孰與諒〔七〕二相挽之心

〔一〕小者陰；小主者，陰之主也。

〔二〕句意謂：此六二哪會常常懷有賊害九三而使之遯去之心也？

〔三〕六二没有戕害群陽之心，但從卦爻的整體情勢來看，容易引起别人的懷疑，認爲他要對陽不利。不辰，猶云生不逢時。詩桑柔「我生不辰」，鄭箋「辰，時也」。

〔四〕「也」，嶽麓本作「矣」。

〔五〕禮記坊記：「禮者，因人之情而爲之節文，以爲民坊者也。」

〔六〕「乎」，嶽麓本作「於」。「勢」，底本原作「世」，依文義當作「勢」，今據嶽麓本改。

〔七〕爾雅「諒，信也」，謂九三不信六二之挽留，最終遯去。

邪！故白駒之詩似之矣：其可留也，則縶維之；其不可留也，尤懷音於遐心之後。〔一〕「莫之勝説」而猶且説與，〔二〕抑亦可以謝咎於天人矣。雖然，二豈以苟謝其咎者自謂終留陽之志哉！

魚石之止華元也，吕夷簡之薦富、范也，其情似也，而其德則非〔三〕。殷之將亡，紂无

〔一〕小雅白駒：「皎皎白駒，食我場苗。縶之維之，以永今朝。」毛傳謂：「宣王之末，不能用賢，賢者有乘白駒而去者。縶，絆；維，繫也。」白駒又曰：「皎皎白駒，在彼空谷。生芻一束，其人如玉。毋金玉爾音，而有遐心。」鄭箋謂：「毋愛女聲音，而有遠我之心。」

〔二〕「莫之勝説」，猶言「莫之能脱」，謂六二固留九五，九五似莫之能脱矣；然九五終脱去，此非六二不留之咎也。「猶且説與」，疑當作「猶且説輿」。

〔三〕據左傳成公十五年，宋共公死后，「華元爲右師，魚石爲左師，蕩澤爲司馬……蕩澤弱公室，殺公子肥。華元曰：『我爲右師，君臣之訓師所司也。今公室卑而不能正，吾罪大矣。不能治官，敢賴寵乎？』乃出奔晉。二華，戴族也；司城，莊族也。六官者，皆桓族也。魚石將止華元，魚府曰：『右師反必討，是無桓氏也。』石曰：『右師苟獲反，雖許之討，必不敢。且多大功，國人與之，不反，懼桓氏之無祀於宋也。右師討，猶有戌在，桓氏雖亡，必偏。』魚石自止華元於河上。請討，許之，乃反。使華喜、公孫師帥國人攻蕩氏，殺子山。」宋史卷三百一十三富弼傳：「契丹屯兵境上，遣其臣蕭英、劉六符來求關南地，朝廷擇報聘者，皆以其情叵測，莫敢行。夷簡因是薦弼。歐陽脩引顔真卿使李希烈事，請留之，不報。」宋史卷三一一吕夷簡傳：「頗賴夷簡計畫，選一時名臣報使契丹、經略西夏，二邊以寧。」報使契丹即富弼，經略西夏即范仲淹。魚石挽留華元、吕夷簡推薦富范，雖然表面上與遯卦六二挽留、舉薦群陽賢才類似，但他的任用多出於私計，所以説「其德非也」。

遯德；而殷先王之廟社，則遘、遯之時也。〔二〕率汝墳之子弟，勤如燬之王家〔三〕，以維繫成湯之墜緒，如文王者，而後可謂「固志」焉。嗚乎！難言之矣。

大壯

一

大壯之世，陰留中位，陽之長也。雖視泰爲盛，而與復同機〔三〕。復三陰不應陰，而頻復且厲；大壯之三陽陰應，而同其「觸藩」之志，豈不憊與！〔四〕陽之施壯於陰也，非四

〔二〕殷之天命已墜，宗社將遷，正是姤、遯之象。

〔三〕詳詩周南汝墳。朱子集傳曰：「是時文王三分天下有其二，而率商之叛國以事紂，故汝墳之人，猶以文王之命供紂之役。其家人見其勤苦，而勞之曰：『汝之勞既如此，而王室之政方酷烈而未已。雖其酷烈而未已，然文王之德如父母然，望之甚近，亦可以忘其勞矣。』」文王即六二，殷之大命（是殷之國運、成湯之天命，而非紂王自己）是即將逝去之陽。文王三分天下有二，仍然竭力挽留殷商的命運，這纔是真正的忠信和固志，是上面的魚石、吕夷簡不能比的。

〔三〕復爲一陽初生於下以消陰，其難可知矣；而大壯，則其九四爲上卦陽之初生，同時六五尚居尊得中，其難亦可知矣。所以兩卦「同機」。

〔四〕復之六三不應於上六，尚且履失履復而厲危；則大壯九三竟應於上六，較之復六三爲更甚，豈不危乎？

不爲功。震主而不嫌，犯類而不恤〔一〕。四方勞勞於壯而未有寧，其俯而呼將伯之助，毋亦比鄰之是求；乃舍其同氣以甘陰之暱，甚矣，三之迷也！〔二〕

壯者，陽之用也。陽化陰，則陰效陽爲；陰化陽，則陽從陰志。物至知知，偕與俱化。〔三〕而後陽德之壯，反爲陰用；陰亦且乘須臾之（離）［權］〔四〕，恃内應而争一觸，曰「我亦壯也」。是三本君子，特以荏苒私昵，投足於網羅之中而成乎厲，復誰得而（援）［原］〔五〕之曰「此非小人之壯」也哉？甚矣，上六挾不逞以犯難，而三爲其所罔也！

嗚乎！處壯之世，蓋亦難矣。以德，則陽消陰也；以位，則臣干君也。湯放桀於南

〔一〕主，謂五也。九四欲匡正六五，故施壯於陰，而有震主之嫌，且見疑於同類。伊尹放太甲之類是也。

〔二〕「毋亦」，猶「亦」也。九四辛勞於陽類之壯大，乃呼其下之群陽以助，亦即求其鄰類之助也；然九三不助於九四，反而支援上六之陰，其迷亦甚矣。

〔三〕人化物，陽從陰。詳禮記樂記。

〔四〕「權」，底本原作「離」，今據嶽麓本改。

〔五〕「原」，底本原作「援」，今據嶽麓本改。

巢，而曰「後世以台爲口實」，則聖人慚矣。〔一〕公羊獎趙鞅之叛，而王敦、蕭道成尸祝之，曰「清君側之惡」〔二〕。尚往不止，亂臣借焉。爲三不可，爲四極難。大壯之吉，非貞何利哉！故曰：「有伊尹之志則可，无伊尹之志則篡也。」〔三〕「正大而天地之情見」，非以其情絜於天地者，鬻拳之自刖〔四〕，不如屈子之放逐也。

二

處非所據之位，能因勢之不留而去之，其猶足以補過乎！

〔一〕尚書仲虺之誥：「成湯放桀于南巢，惟有慚德。曰：『予恐來世以台爲口實。』」孔傳：「湯伐桀武功成，故以爲號。南巢，地名。有慚德，慚德不及古。恐來世論道我放天子，常不去口。」

〔二〕公羊傳定公十三年：「晉趙鞅歸于晉，此叛也。其言歸何？以地正國也。其以地正國奈何？晉趙鞅取晉陽之甲以逐荀寅與士吉射。荀寅與士吉射者曷爲者也？君側之惡人也。此逐君側之惡人，曷爲以叛言之？無君命也。」晉書謝鯤傳：「敦將爲逆，謂鯤曰：『劉隗姦邪，將危社稷，吾欲除君側之惡，匡主濟時，何如？』」蕭道成之事，據南史齊本紀第四，宋明帝死後，蕭道成輔政，蒼梧王殘暴，屢次欲加害蕭道成，而道成亦欲廢蒼梧王，但其他大臣如袁粲、褚彦回等不從。其後，王敬則弑蒼梧王，欲奉道成爲帝，而道成迎立順帝。其後袁粲、劉彦節等密謀誅道成，事發，被蕭道成所殺。自此蕭道成益無忌憚，尋廢宋帝自立，建立南齊朝。又按：「清君側之惡」，亦燕王南下「靖難」之藉口也。

〔三〕孟子盡心上。

〔四〕左傳莊十九年：「初，鬻拳强諫楚子，楚子弗從。臨之以兵，懼而從之。鬻拳曰：『吾懼君以兵，罪莫大焉，遂自刖也。』」

紀侯大去其國，傳曰「與其不争而去」〔一〕，非也。紀侯之國，紀侯之據也，非大壯之五也。其猶稱紀侯，猶「晉執虞公」，著其位，閔其亡之易，而甚其无悔之劣也。齊滑巘然侈衣帶之肥，晉恭欣然操禪詔之筆〔二〕，有人之心者，亦何以處斯哉？〔三〕

唯壯之五乎！則觸藩之羊，蒙虎皮而僅立於天步〔四〕，其亡也忽焉。其勢也與哉？其

〔一〕春秋經莊公四年：「紀侯大去其國。」春秋胡氏傳：「聖人與其不争而去，而不與其去而不存。與其不争而去，是以異於失地之君而不名；不與其去而不存，是故書叔姬歸酅而不録紀侯之卒。明其爲君之末矣。」

〔二〕巘然，笑貌。吕氏春秋貴直：「齊滑王亡居衛，謂公王丹曰：『我何如主也？』王丹對曰：『王賢主也。臣聞古人有辭天下而無恨色者，臣聞其聲，於王而見其實。王名稱東帝，實辨天下，去國居衛，容貌充滿，顔色發揚，無重國之意。』王曰：『甚善。丹知寡人。寡人自去國居衛也，帶益三副矣。』」高注：「副或作倍。帶益三倍，苟活者肥令腹大耳。」晉書恭帝紀：「劉裕至於京師，傅亮承裕密旨，諷帝禪位，草詔請帝書之。帝欣然謂左右曰：『晉氏久已失之，今復何恨！』乃書赤紙爲詔。甲子，遂遜於琅邪第……帝自是之後深慮禍機，褚后常在帝側，飲食所資皆出褚后，故宋人莫得伺其隙。宋永初二年九月丁丑，裕使后兄叔度請后，有間，兵人踰垣而入弑帝於内房，時年三十六。」

〔三〕船山認爲，大壯是「因勢之不留而去之」的卦，即六五應當坦然地遜位。但他又指出，並不是所有欣然退位的情況都是值得褒揚的。比較有名的是「紀侯大去其國」的例子。齊國試圖滅亡紀，紀侯爲了保全其宗廟和人民，主動退位離開。胡安國的春秋傳對此持褒揚態度。但船山認爲，紀國是周天子所封，是紀國歷代國君所守，不是紀哀侯一個人説了算。紀國還有實力，足以與齊國一抗。如孟子對滕文公所説「鑿斯池也，築斯城也，與民守之，效死而民弗去」（梁惠王下）。因此春秋書「紀侯大去其國」不是褒揚紀侯（春秋並不是只要書爵，便是褒），此處其實是貶，就像僖公五年春秋經書「晉執虞公」，也不是爲了褒揚虞公，而是憐憫諸侯國的滅亡，同時譏貶國君隨便放棄的惡劣態度。齊滑公和晉恭帝也是如此，面對國家滅亡，欣然自得，這還有一點正常人的羞恥和覺悟嗎？

〔四〕觸藩之羊，弱主也；蒙虎皮而僅立於天步，謂其但徒具君之名也。（羊與虎皮之喻，自論語所謂「虎豹之鞟猶犬羊之鞟」）。後文「喪之易，非羊之不幸也」，亦謂江山之改易，未必爲末主之不幸。

理也。〔一〕天遲回於久厭之心，而需期已届；人憤懣於无君之憾，而待旦方興。藩决矣，輿壯矣，是積靄欲澂，東光初起之候也。喪之易，非羊之不幸也。知其易，不驚其喪，則可以自保，可以保其子孫，可以不貽慘毒於生民，可以不羈天誅於旦暮。閏有歸而朔旦正，蠹已靜而雅樂聞，則以謝前者妄竊之辜，而又何悔之有焉！

故「妥歡帖睦爾」之浩然於「沙漠」也，君子謂之曰「順」，「嘉其「无悔」之」情也。〔二〕「完顏氏不逞」而糜人膏，析人骨，爭死亡於蔡州，角之羸，亦心之憯矣。〔三〕「金源絶胤，而蒙古」之族至今存。〔四〕「禍福无不自己求之者」〔五〕，豈不諒夫！

〔一〕「其勢也與哉？其理也。」意謂大壯六五的滅亡，不僅僅是大勢，而且是天理。

〔二〕妥歡帖睦爾，即元順帝也。元朝滅亡，順帝北走沙漠，後病逝於應昌。元史順帝紀曰：「大明皇帝以帝知順天命，退避而去，特加其號曰順帝。」

〔三〕據金史哀宗本紀下，拖雷等攻金，金哀宗完顏守緒不敵，逃避蔡州。蒙古又與宋合攻蔡州。哀宗知不能敵，傳位與完顏承麟，城破，哀宗自縊。金史地理志：「國言『金』曰『按出虎』，以按出虎水源於此，故名『金源』。建國之號蓋取諸此。」此則以六五喻元順帝，以上六喻金哀宗。觀船山此處所引用的例子，大概也是以明爲立場，表達了對清的看法，認爲它不能長久。

〔四〕底本多白框，今據嶽麓本補。

〔五〕孟子公孫丑上。

晉

晉，進之也，延陰而進之也。夫物以同類爲朋，類以相從爲協。晉自觀來，陰舍四而上處五，是殆絶其類矣[一]。而惡知絶其類者爲即尊而開其進之逵徑乎！晉五之於陽，需五之於陰，罙[二]入而據其尊，操彼之從違而招我之儔伍，有同情焉。需，需陽以主陰；晉，晉陰以篡陽。情相若，道相反，晉非君子之卦也。則何取於「康侯」之績乎？

離，麗也。麗乎陽者，非求以消陽也。陽明而陰暗，陰不能自明，故往麗焉。陽翕而專，陰闢而化。陽處陰中，不隨陰暗，故水内景；陰處陽中，隨陽而明，故火外景。陰麗乎陽，依陽外著，延照三陰，俾不迷於所往，故離位在午，德任嚮明。然則五之晉其類以

[一] 六四與其下之衆陰爲類，今上於五而中爲九四所隔，是六五似絶其類也。

[二] 商頌殷武「罙入其阻」，毛傳「罙，深」。

升者，將欲祓濯昭蘇，革其夙滯，以登於清朗。在觀之四，且觀光於自他之耀；而今自有之，則可不謂人已互榮者與！〔一〕夫然，而九四之閡於其中以塞陰之進也，亦鄙矣，宜初之傲不受命而不失其「裕」也。

是故陰陽有定質而无定情，君子小人有定品而无定性，則亦樂觀其自處者何若也。五惟自昭而昭物，故福錫其類，可以履天位而無慚焉。雖然，四且疑之，上且伐之，陽失位而志不平，亦其宜也。春秋序五伯之績，而易許晉之「康侯」，其聖人之不得已者與！〔二〕

明夷

陽進而上三，陰退而下二〔三〕。進而上者志在外，退而下者志在內，皆絶群之爻也。明

〔一〕觀六四曰：「觀國之光，利用賓于王。」六四觀九五之光，故曰「觀光於自他之耀」。晉卦，則由觀卦六四進於五位而來，上卦成離，六五爲離之主，離爲光明，故曰「今自有之」。

〔二〕五霸、康侯，皆以陰而居天子之位者也。

〔三〕自臨而來。

夷之象，二順服事而三用逆取，五貞自靖而四出迎師，則君臣内外之勢，其亦變矣。

夫四與坤爲體，而上晦而不見知；與初爲應，而初高而不可繼。〔一〕則乘時之士，棄晦從明，反思自效於「南狩」者，在紂其爲商容而不爲祖伊與？〔二〕

坤、離殊分，臣主異勢。上雖暗極，積厚居尊，四國爲朋，同惡相依。六四身與同儔，地與同國，其虛實前卻之故，知之深矣，故陽與共事而密觀其釁，「獲心」而盡彼情形，「出門」而輸於新主。則甲子之朝，倒戈北嚮者〔三〕，非无有以爲之内應也。故暗主淫朋離心離德之隱微，久已聽大邑之區畫，五雖婉戀以昵於宗邦，麥秀之漸漸，不能謀狡童於祕

〔一〕明夷一卦，船山以爲象殷、周之際，初爻若避世之太公、伯夷諸人，故言高，謂「高尚其志」也。二當文王，處羑里而被傷也。三當周公，助武王伐紂也。四若商容，謂殷朝中通於周以伐殷者也；初九自避，不與四應，故四乃效力於九三之「南狩」。五若箕子，明夷以自貞者也。上則若紂，昏暗之極者也。詳周易内傳。「上晦而不見知」，六四之忠賢不爲昏暗之上六所知也。

〔二〕商容，見於尚書，注以爲殷賢人，其事未詳言。韓詩外傳卷二載：「商容嘗執羽籥，馮於馬徒，欲以伐紂，而不能，遂去，伏於太行。及武王克殷，立爲天子，欲以爲三公。商容辭曰：『吾常馮於馬徒，欲以伐紂，而不能，愚也；不爭而隱，無勇也。愚且無勇，不足以備乎三公。』遂固辭不受命。君子聞之曰：『商容可謂内省而不誣。能矣，君子哉！去素餐遠矣。詩曰「彼君子兮，不素餐兮」，商先生之謂也。』」是則商容與箕子、比干不同。故船山此處以六四象商容也。祖伊，見於尚書西伯戡黎，嘗諫殷紂，孔傳以爲「祖己後，賢臣」。

〔三〕尚書武成：「甲子昧爽，受率其旅若林，會于牧野。罔有敵于我師。前徒倒戈，攻于後，以北，血流漂杵。」

地矣[一]。故鳴條之誓辭，靳靳其未宣也[二]；武王暴紂之罪，宮壼游觀，老夫孕婦之毫毛纖芥而无不悉，士女玄黄、震動臣附之合離早暮而壹不爽其所料，誰令傳之？誰與驗之？[三]我知「獲心」「出門」者之夙輸爲「南狩」之資也。

然則聖人將以崇陰謀而獎亂乎？曰：上之暗也，失其位也。失其位，則天下之攘臂而覬之者，豈但我哉！授之人也，則不如在我。内揆己德，麗天而明，可以征

[一] 史記宋微子世家載：「其後箕子朝周，過故殷虚，感宮室毀壞，生禾黍，箕子傷之，欲哭則不可，欲泣爲其近婦人，乃作麥秀之詩以歌詠之。其詩曰：『麥秀漸漸兮，禾黍油油。彼狡僮兮，不與我好兮。』所謂狡童者，紂也。殷民聞之，皆爲流涕。」六五，箕子也，雖思宗邦而自貞，奈暗主昏君何！

[二] 靳靳，吝貌，玉篇「靳，固」，後漢書章懷注「固惜」。宣，大也，明也。此謂湯伐桀，誓於鳴條，其辭數桀之罪也陋略，不如武王牧誓數紂罪之詳切，以有商容等人告武王也。

[三] 尚書牧誓：「商王受惟婦言是用，昏棄厥肆祀弗答，昏棄厥遺王父母弟不迪，乃惟四方之多罪逋逃，是崇是長，是信是使，是以爲大夫卿士。俾暴虐于百姓，以奸宄于商邑。今予發惟恭行天之罰。」其中並未涉及「老夫孕婦之毫毛纖芥」，船山所言，蓋指「剖孕婦而觀其化」之類，出吕氏春秋過理。「士女玄黄、震動臣附之合離早暮」，謂男女老少皆震動而臣服於周，戴武王爲天子也。皇甫謐帝王世紀曰：「商容及殷民觀周軍之入，見畢公至，殷民曰：『是吾新君也。』容曰：『非也，視其爲人，嚴乎將有急色。故君子臨事而懼。』見太公至，民曰：『是吾新君也。』容曰：『非也，視其爲人，虎據而鷹趾，當敵將衆，威怒自倍，見利即前，不顧其後。故君子臨衆，果於進退。』見周公至，民曰：『是吾新君也。』容曰：『非也，視其爲人忻忻休休，志在除賊，是非天子，則周之相國也。故聖人臨衆知之。』見武王至，民曰：『是吾新君也。』容曰：『然，聖人爲海内討惡，見惡不怒，見善不喜，顔色相副，是以知之。』」這大概就是船山所謂的「壹不爽其所料」。

矣，然且孤注寡謀以召敗。彼惽〔一〕不知，終不足以延登天之勢，則盜竊紛紜、晦以承晦者，天下終无昭蘇之一旦，豈但十五王之令緒墜地以爲憂乎〔二〕？絜大公之情，求同患之志，「上帝臨汝，勿貳汝心」〔三〕，則功名謀略之士，亦樂晉焉，而不復望以松筠〔四〕之節矣。

宋襄之愚也，卻子魚之謀，而荆蠻氣盛；〔五〕固不如鄢陵之役，賁皇在側，而一矢壯中原之勢矣。〔六〕成則配天，敗則隕祚，岌岌然得失在俄頃之閒，而敢以天命民生浪擲而不恤也

〔一〕「惽」，嶽麓本作「惛」。今按作「惽」是。詩小旻：「彼昏不知」。

〔二〕國語周語下：「自后稷之始基靖民，十五王，而文始平之。」韋昭注曰：「自后稷播百穀以始安民，凡十五王世循其德，至文王乃平民受命也。」

〔三〕大雅大明，鄭箋：「臨，視也。女，女武王也。天護視女，伐紂必克，无有疑心。」

〔四〕筠，竹皮，此處指竹。此謂不必責以松竹硜硜之節也。

〔五〕宋襄公與楚人戰，「宋人既成列，楚人未既濟。司馬曰：『彼衆我寡，及其未既濟也，請擊之。』公曰：『不可。』既濟而未成列，又以告公，曰：『未可。』既陳而後擊之。宋師敗績，公傷股，門官殲焉。」宋襄公認爲：「君子不重傷，不禽二毛。古之爲軍也，不以阻隘也。寡人雖亡國之餘，不鼓不成列。」子魚反駁説：「今之勍者，皆吾敵也。雖及胡耇，獲則取之，何有於二毛？明恥、教戰，求殺敵也。傷未及死，如何勿重？若愛重傷，則如勿傷；愛其二毛，則如服焉。」宋襄公規規於小直小諒，愚也。子魚，司馬目夷。

〔六〕晉、楚鄢陵之戰，楚軍勢盛，晉軍多畏，苗賁皇謂晉侯：「楚之良，在其中軍王族而已。請分良以擊其左右，而三軍萃於王卒，必大敗之。」是賁皇以智謀取勝也。又，養由基善射，中楚共王目，此亦不規規於所謂小直小諒也。詳左傳成公十六年。

哉？是故西周之滅也，犬戎〔一〕蹂乎鎬京，幽王死於賊手。秦於是時，進不能匡王國以靖臣誼，退不能剪豺狼以請天命，苟安竊取，偃卧西陲。數十世之後，乃始詐紿〔二〕毒劉，争帝於戈鋋〔三〕之下。失正統者三十餘年，際殺運者四百餘歲，〔四〕機失事非，混一而名終不正，再傳而天下瓦解，豈徒在攻守異勢之末流乎〔五〕？故謀之周，行之決，進乘時之士而與共功名，未可以貳於所事而厭薄之也。

雖然，極明夷之變，序「南狩」之績者，周公也。文王之當此，則曰「利艱貞」而已。故周德之至，必推本於文王。而武、周之事，仲尼勿詳焉。武、周之功，王之終，而霸幾見矣。當其世而有君子者，「于飛」「不食」，而勿恤「主人」之言，豈非正哉？商

〔一〕「戎」，嶽麓本作「羊」。

〔二〕紿，玉篇「疑也、欺也」。

〔三〕鋋，説文「小矛也」。

〔四〕「失正統者三十餘年」：漢書卷一四諸侯王表：「歷載八百餘年，數極德盡，既於王赧，降爲庶人，用天年終。號位已絶於天下，尚猶枝葉相持，莫得居其虚位，海内無主，三十餘年。」顔師古注：「秦昭襄王五十二年（公元前二五五年）周初亡，五十六年昭襄王卒，孝文王立一年而卒，莊襄王立四年而卒，子政立二十六年而乃并天下，自號始皇帝。是爲三十五年無主也。」「際殺運者四百餘歲」：按自平王東遷至始皇一統，亂五百餘歲；所謂四百餘歲，或指自入春秋（魯隱公元年，前七二二年）至周亡（前二五六年）而言。

〔五〕賈誼作過秦論，以秦之所以興而速亡，在於「仁義不施而攻守之勢異也」。

容之閭雖式，洛邑之頑民，公亦不得視飛廉之罰以剪除之〔二〕。初九之義，公之所不得廢也。「南狩」之世，无「于飛」之君子〔三〕，君臣之義息〔三〕矣。義者，制事以裁理也。王逢處晉之世，而效明夷之飛，人之稱此以「不食」也，何義乎！〔四〕

家人

居尊則喜，處卑則忮，情之常也，雖陰陽而吾知其且然。家人之體，九正位乎五，二不敢干，四不敢偪，以分正情，而忮消乎下，則陰固自處以貞矣。陽居中得正，大正以率

〔二〕尚書武成「釋箕子囚，封比干墓，式商容閭」，孔疏：「式者，車上之橫木，男子立乘，有所敬則俯而憑式，遂以式爲敬名。說文云：『閭，族居里門也。』武王過其閭而式之，言此內有賢人，式之禮賢也。」書序多士：「成周既成，遷殷頑民，周公以王命誥，作多士。」孔疏：「頑民，謂殷之大夫士從武庚叛者。以其無知，謂之頑民。民性安土重遷，或有怨恨。周公以成王之命誥此衆士，言其須遷之意。」船山此二句謂，若商容之助周伐紂者，固當尊敬之；然殷之思念舊邦之民，非有蜚蠊、惡來之罪，豈可殺之？

〔三〕于飛之君子，謂夷、齊也。

〔三〕「息」，嶽麓本作「熄」。

〔四〕王逢，眷顧元朝而不願仕明者，明史卷二百八十五有傳。按船山的評價，還是有民族主義的傾向。

物，何患乎陰之不從！而家人之申訓，惟在「女貞」者，何也？陽剛有餘，陰柔不足。有餘者盛，不足者争。同處而争，陽尊不保。故陰乘陽，女亢男，天下亦繁有之矣。家人之體，巽與離皆陰也。陰主陽賓，而陰能自守其位，其猶女道之本正而无頗者與！雖然，各處其位，未有歉也；使之止而不泆，静而不競，剛明外護，以成女之貞而不過者，爲「閑」爲「威」，初、上之功亦大矣哉！

故陰陽得位之卦四：曰漸，曰既濟，曰蹇，曰家人。〔一〕彼三卦者，皆增陰而啟其競泆：漸疑於下靡，則初厲於「小子」；既濟嫌於上濫，則上厲於濡首；蹇闢户以四達，而終以陷陽而幾不得出。其唯家人乎！閑之於下，許子以制母；威之於上，尊主以治從。而後陰雖忮忌柔曼以爲情，終以保貞而勿失矣。

或曰：德以綏順，威以涖逆，二中而爲離明之内主，四退而成巽順之令德，是物本正，而過用其剛，不已甚乎？

〔一〕初、上無位。

則將釋之曰：以言乎天地之閒，其初豈有不正者〔一〕哉！雖有哲婦，始必從夫；雖有嚚子，生必依父。是位本正也。閨閫之内，絶愛則夫婦楛〔二〕；庭戺之下〔三〕，寡恩則父子離。是情本正也。因其正位，用其正情，習以相沿，而倒施戾出之幾成於至微，而終於不可揜。故君子不强裁以分之所无，而不忽於名之本正，然後正者終正而不渝。〔四〕故曰：「發乎情，止乎理，和樂而不淫，怨誹而不傷。」〔五〕逮其既淫既傷而治之，則戕恩害性之事起矣。

言前有性〔六〕以爲物，行餘有道以爲恒，初、上所以立位外而治位中也。涉於位則情已發，情已發則變必生。三入二陰之中，頳色危顔以争得失，「婦子嘻嘻」，終不免矣。顔之

〔一〕嶽麓本無「者」字。

〔二〕楛，荀子楊注「惡也，謂不堅固也」。

〔三〕「下」，嶽麓本作「閒」。

〔四〕君子貞其性，節其情，舒其氣，而後粹然中和。欲其情之不失，則莫大於慎始，故閑之於早而後無事。「不强裁以分之所无，而不忽於名之本正」，則不特貶其戕害人情者，尤惡其盪情而賊性者。此論固理學修養正門。或有見船山云「人欲之大公即天理之至正」語，遂牽引船山爲啓蒙思想者，非尊船山也，乃誣之也。

〔五〕約毛詩序之文。

〔六〕「性」，嶽麓本作「信」，非是。

推曰：「梁元帝之世，有中書舍人嚴刻失度，妻妾貨刺客，伺醉而殺之。」〔一〕以身試於女子小人之閒，授以不正而開之怨，又非徒吝而已也。

睽

一

陰陽失位〔二〕而至於睽矣，則猜忮〔三〕乖離，固有出於情理之外，而值其世者恬不知怪也。陽屈處於二、四，其睽也何尤焉！陰進宅於三、五，可以无睽矣，而燥濕異其性情〔四〕，非分生其矜忌，傲不恤群，成乎離泮。甚哉，小人之不可使乘時而得駕也！

雖然，其猶有差等焉。五履天步而明，三處争地而蔑，其使寧謐之世，戈鋋横流者，

〔一〕顏氏家訓治家。
〔二〕前文家人卦謂「陰陽得位之卦四」，以初上無位也；今陰陽失位之卦亦四：歸妹，未濟，解，睽。
〔三〕「忮」，嶽麓本作「忌」。
〔四〕火澤爲睽，水流濕，火就燥。

三其爲戎首與！才均相偪，激以寡恩，故蔡攸不得全其毛裏之仁〔一〕，張、陳不能保其刎頸之誼〔二〕。雖然，天下將視其凶終而莫之平與？曰：初、上，其平之者也。

初、上之於家人也，閑之於本合則易爲功〔三〕；於睽也，合之於已離則難爲力。逮位之已失也，初、上以柔道散之，而奉陽爲主，則解免於險〔四〕；初、上以剛道固之，而反爲陰用，則睽終以孤。孤而且難，初、上之技亦窮矣。然而平其不平而治其乖者，天之道也，陽之任也。初、上亦何道以當此而无傷乎？

夫情，稱乎時者也；事，因乎位者也。刻桅不可以得劍，尸祝不可以佐饔〔五〕。均爲陽

〔一〕小雅小弁：「靡瞻匪父，靡依匪母，不屬于毛，不罹于裏。」毛傳：「毛在外，陽，以言父；裏在內，陰，以言母。」鄭箋：「此言人無不瞻仰其父取法則者，無不依恃其母以長大者。今我獨不得父皮膚之氣乎？獨不處母之胞胎乎？何曾無恩於我。」毛裏之仁，父子恩情也。蔡攸，蔡京長子。宋史卷四百七十二蔡攸傳載：「與京權勢日相軋，浮薄者復間之。父子各立門户，遂爲仇敵。攸別居賜第，嘗詣京。京正與客語，使避之。攸甫入，遽起握父手爲胗視狀，曰：『大人脈勢舒緩，體中得無有不適乎？』京曰：『無之。』攸曰：『禁中方有公事。』即辭去。客竊窺見，以問京。京曰：『君固不解此。此兒欲以爲吾疾而罷我也。』閱數日，京果致仕。」

〔二〕張耳、陳餘曾爲刎頸之交。後反目，韓信與張耳斬陳餘。太史公曰：「張耳、陳餘始居約時，相然信以死，豈顧問哉？及據國爭權，卒相滅亡。何鄉者相慕用之誠，後相倍之戾也？豈非以利哉！」是張、陳以逐利而反目，故船山以陰、小人當之。

〔三〕家人卦中四爻皆當位。

〔四〕解卦初、上皆陰爻。

〔五〕淮南子説林訓：「客之乘舟，中流遺其劍，遽契其舟桅。」高注：「桅，船弦板。」饔，熟食，此即莊子所謂不可越俎代庖也。

剛，而位異則異所嚮，時殊則殊所施。處乎睽之初、上，道各相反以相成〔一〕，而後術以不窮。

上居尊而俯臨以治下，初處卑而出門以合交。治下用刑，合交用禮。初與三爲同體，上與三爲君臣。小人之忿争而不洽也，責望其党以連類之戈矛，猶懼其君有正己之鈇鉞〔二〕。同體而相規，則激而禎怒室之色〔三〕；居高而不我治，則狃而盡攻擊之力〔四〕。初而「張弧」，則救鬬而搏撠；上而「勿逐」，則救焚拯溺而用采齊、肆夏之周旋。〔五〕

是故朋黨相傾之世，殆〔六〕亦非无所忌也。其上養禍端而不辨，其下操清議而不戢。建安遺諭而紹、瓚益争，天（福）［復］〔七〕講和而邠、岐愈搆；唐文擬之於河北而見爲難，

〔一〕「道各相反以相成」，嶽麓本作「道各以相反相成」。
〔二〕初、二與三爲體，故爲三之黨，小人相争，欲借重初、二連類而助以戈矛。君，謂上也。
〔三〕初若以剛直之道規正六三，則反激其怒。怒室之色，左傳昭公十九年：「諺所謂室於怒，市於色者，楚之謂矣。」杜注：「言靈王怒吴子而執其弟，猶人忿於室家而作色於市人。」
〔四〕説文：「狃，犬性驕也。」言上若不治之，則六三驕縱而不懼，乃盡力以争位也。
〔五〕初當勿逐，上當張弧。反之則非也，即下文所謂「上養禍端而不辨，其下操清議而不戢」者也。
〔六〕「殆」，嶽麓本作「始」。依文義，似作「始」是。
〔七〕「復」，底本原作「福」，今據嶽麓本改。天復乃唐昭宗年號。

宋徽持之以「建中」而「國」卒不得「靖」。〔二〕誰實非臣？仰給於我之膏雨，而不能〔三〕其斧衮，則何憚而不任氣以競雄也？乃爲之下者，處士浮議於道塗，小吏亟持其長短，以引去爲孤高，以蒙禍爲榮譽。而陰邪狠鷙者，假柔主之權，俯而排擊，偃月威張，風波獄起，燎原益逞，四海分崩。若令辨之於早，上秉典刑而下敦禮讓，則豈有此患哉！〔三〕嗚乎！能以此道而治暌者寡矣。自漢亡〔四〕以來，敗亡之軌若一轍也。夫天下不能無暌，而有以處之，則天地、男女、萬物，「以同而異」者，於異而能同，「辟咎」「亡疑」〔五〕，豈憂其散之不可收哉！

然則二與四其无責乎？失位而處乎卑，居争世而争不自已，二守中而四居退，閒關勤

〔二〕「紹、瓚益争」：袁紹、公孫瓚之争。「邠、岐愈搆」：朱温、李茂貞争鬥之事，而唐遂亡。「唐文」云云，指牛、李黨争。資治通鑑唐紀六十一：「時德裕、宗閔各有朋黨，互相擠援。上患之，每歎曰：『去河北賊易，去朝廷朋黨難！』」宋徽宗朝，則有新舊黨争。

〔三〕嶽麓本「能」後有「操」字。

〔三〕有明黨政酷烈，士人多故爲悖逆以博名。輿論交攻，官吏紛擾，遂淪於亡。「若令辨之於早，上秉典刑而下敦禮讓，則豈有此患哉！」實有所感也。

〔四〕嶽麓本「漢」後無「亡」字。

〔五〕初九、上九象傳。

困，求所偶而託以誠，自固之道也。久矣，其不復能他及矣。故以恕待之，而不施以悔吝之辭。

二

陰陽之用，君子恒用其壯，異端恒用其穉。用其壯，故直養無害，而塞乎天地之間；用其穉，故處錞致柔，而苟善其全軀保妻子之術。蓋陰陽之功效，各自其性情而生：陽動〔一〕而躁，躁則憂其終窮；陰静而緩，緩則樂其後裕。故震奮而巽弱，坎險而離附，艮衰止而兑欣悦。用陽之壯，則迅起而有功；用陰之壯，則披拂〔二〕而易制。其穉者，陽替其功，陰難於制，〔三〕異端顧利用之，以其弱之動、反之用爲形君氣母而寶之焉〔四〕。甚矣，其逆

〔一〕「動」，嶽麓本作「直」，非是。

〔二〕披拂，莊子天運：「風起北方，一西一東。有上彷徨，孰噓吸是？孰居無事而披拂是？敢問何故？」音義：「披拂，風貌。」

〔三〕上句云「其壯者」，陽之震、坎，陰之巽、離也；此云「其穉者」，陽之艮，陰之兑也。陽壯易有功，及其穉則衰替；陰之壯則貞淑易爲制，及其穉則不易爲制也。

〔四〕形君，淮南子齊俗訓：「蕭條者，形之君也。」氣母，莊子大宗師：「伏戲得之以襲氣母。」音義：「司馬云：『母，元氣之母也。』崔云：『取元氣之本。』」

唱〔二〕和之經，而无以克天地之家也！〔三〕

故易之順用於陰陽者四：雷水而解也，風火而家人也，皆用其壯者也；水山而蹇，火澤而睽也，皆用其稺者也。雷水而解，解則闢，闢則陽得以交陰而成其廣生；風火而家人，家人則翕，翕則陰得以交陽而相其大生。故句萌〔三〕甲坼生於解，夫婦父子生於家人。生因壯而成形，形因壯而凝性也。性凝氣盛，乃以塞天地之閒而无慚。

若夫陰稺而睽，陽稺而蹇，則異是矣。陽衰止而不足以生，陰孰嘗而果於殺。故見險而止者，彼所謂虎兕無所施其攫也；柔進而上行者，彼所謂萬物之生脆弱也。亦聊以自固其生，而卒不知其濱於殺矣。蹇以險爲主，故其流而爲申、商〔四〕，納天下於艱難，而苟居其功；睽以争爲道，故其流而爲陰符，鬪天下於機械，而密用其盜。此陽稺而弱、陰稺

〔二〕「唱」，嶽麓本作「倡」。

〔三〕陽唱陰和、壯唱稚和爲經。今老氏乃反之，故謂之逆。蒙卦九二「子克家」。

〔三〕「萌」，嶽麓本作「芒」。

〔四〕「商」，嶽麓本作「韓」。

而蕩者必然之數也。擇陰陽而論〔一〕者，其尚辨諸！

蹇

一

困，剛揜也，蹇亦剛揜也，而蹇爲甚。困，外困之；蹇，自不能前也。困陽盛而憤盈，蹇陽孤而自保。故以吉凶言之，蹇優於困矣。志盛者，怨時命之不夙；情孤者，抱惴志以臨淵。然則困且求伸，蹇終自圉矣乎？乃君子之欲伸困而勉蹇於不自圉，其情同焉。

有小喜者必有大愁〔二〕，有深疑者必有定慮。許其止也，不許其終止也。三進而五中，況其位之未亡者乎！爲五慰曰：「大蹇」則必有「朋來」，何所憂疑於曾〔三〕波危岸之下，而謂出險之亡其期乎？

〔一〕「論」，嶽麓本作「利用」。
〔二〕愁，廣雅釋詁「憂也」「愓也」。
〔三〕「曾」，嶽麓本作「層」。

夫五之所望者朋也，而朋亦未易致矣。水居高而不給於流，其利薄矣；山載水而不足以厚，其勢夷矣。〔二〕夫欲有爲者之效死於功名，利勸之耳，勢動之耳，舍此而其術窮矣。況其相顧而不前，名亦不損，居亦有歸，同來亦有群，仳仳之屋，尚廬爾廬，蔌蔌之穀，尚田爾田，何爲舍樂土之優遊，遷王都之多故者哉？〔三〕故一念以爲往，一念以爲來，（往）〔來〕之名實未喪，而（來）〔往〕則其蹇均也。〔三〕將以止亂，而无定亂之期；疑於懷土，而亦〔四〕有安土之義。則忠孝之情，褎回未決，時實爲之，道不得而咎吝之也。成乎大蹇之勢，不息其大蹇之心，然後可以激天下之憤心，而躑躅者亦爲之扶杖而起。人也，抑天也。天亦自處於蹇以激氣機之復，而況於人乎！

〔二〕水就下，居高則其給不足；山上有水，則山易爲剥蝕。

〔三〕小雅正月：「仳仳彼有屋，蔌蔌方有穀。」毛傳：「仳仳，小也；蔌蔌，陋也。」鄭箋云：「穀，禄也。言小人富，而窶陋將貴也。」尚書多方：「今爾尚宅爾宅，畋爾田，爾曷不惠王熙天之命？」孔傳：「今汝殷之諸侯皆尚得居汝常居，臣民皆尚得畋汝故田，汝何不順從王政、廣天之命，而自懷疑乎？」小雅雨無正：「謂爾遷于王都，曰：『予未有室家。』」

〔三〕嶽麓本校記：「『來之名實未喪，而往則其蹇均也』，各印本均『來』字作『往』，『往』字作『來』。馬宗霍按：『本卦初、三、四、上諸爻皆云「往蹇」，則鈔本是也』。」今據改。

〔四〕「亦」，嶽麓本作「抑」。下文「天亦」仿此。

是以石室既因而後種、蠡奮，三户已徙而後陳、項起，漸臺既改而後諸劉興〔二〕。夫椒未敗之前，壽春未滅之日，孺子之名尚在，元后之璽未投，〔三〕忠志之士未嘗無悲閔之心，而時在難争，名猶未正，則以「中節」之大人，不能必天下於往來；況其寖衰寖微，无求伸之志者乎！

二

夫情遇乍矜，則投兔或先；感因同類，則代馬必悲；準誼推情，曾悠悠者之无終

〔二〕石室，相傳爲紂囚文王之所，夫差乃復囚勾踐於此，詳吴越春秋。史記項羽本紀載范增言：「夫秦滅六國，楚最無罪。自懷王入秦不反，楚人憐之至今。故楚南公曰：『楚雖三户，亡秦必楚也。』今陳勝首事，不立楚後而自立，其勢不長。今君起江東，楚蠭起之將皆争附君者，以君世世楚將，爲能復立楚之後也。」漸臺在未央宫，漢書郊祀志「北治大池，漸臺高二十餘丈，名曰泰液」，顔注「漸，浸也。臺在池中，爲水所浸，故曰漸臺」。王莽命安陽侯舜往太后求傳國璽，既得之，莽大説，乃爲太后置酒未央宫漸台，大縱衆樂。其後，莽又改正朔、尊號，毁漢家宗廟，而太后皆聽任之。此所謂「漸臺既改」也。

〔三〕夫椒，夫差敗勾踐之地。戰國末，楚都于壽春。漢書王莽傳載：王莽立孺子嬰爲帝，效周公居攝，而欲自代。先使安陽侯舜往太后求傳國璽。此傳國璽乃始皇玉璽，秦子嬰獻於劉邦，漢家乃代代相傳。太后初不欲與之，及聞舜語切，恐莽欲脅之，廼出漢傳國璽，投之地以授舜。

靳。〔一〕奚況乎〔二〕類同剛正，分繫君臣〔三〕？呼號相聞，泥中不恤〔四〕；而乃牽情小喜〔五〕，遇險倦歸，斯不亦刻薄寡恩，孱庸不振者乎！三爲艮主，五之所求，「來反」偷安，實兼斯吝〔六〕。而聖人獎其「能止」，許以「智」名，則何以服夫二（上）越險而忘身，［上］居高而下應者哉？〔七〕三爲智，則二、上爲愚。抑相率以乖離，而後得免於違時之誚邪？

〔一〕矜，憐也。小雅小弁：「心之憂矣，寧莫之知。相彼投兔，尚或先之。行有死人，尚或墐之。」鄭箋云：「相，視；投，掩。行道也。視彼人將掩兔，尚有先驅走之者；道中有死人，尚有覆掩之成其墐者。言此所不知其心不忍。」代馬，代地之馬。後漢書章懷注引韓詩外傳曰「代馬依北風，飛鳥揚故巢」，玉臺新詠本古詩行行重行行「胡馬嘶北風，越鳥巢南枝」。代馬所以感北風而嘶鳴者，以其産自北地，與北風同氣類而感懷也。

〔二〕「乎」，嶽麓本作「夫」。

〔三〕九三、九五皆陽，類同剛正也；五爲君，三爲臣，其分（去聲）則三當應五之召也。

〔四〕泥中，謂五也。坎爲泥。

〔五〕小喜者，九三象傳謂「内喜之」。

〔六〕嶽麓本校記：「『吝』，鈔本及前中華本以前各印本皆同。後中華本改作『咎』，註云『據文義改』。」今按：改作「咎」者非也，此句謂九三不能應五之召，但求自保，是其固吝矣，與上文「悠悠者之無終靳」相呼應。

〔七〕嶽麓本校記：「『則何以服夫二越險以忘身，上居高而下應者哉？』，各印本均作『則何以服夫二、上越險以忘身，居高而下應者哉？』馬宗霍按：『尋繹本卦爻義，越險忘身屬二爻，居高下應屬上爻。鈔本二與上分言之，似勝刻本。』」今據改。六二爻辭謂「王臣蹇蹇，匪躬之故」，下文謂「以蹇終蹇」，謂身涉險難以救九五之險難，故曰「蹇蹇」。「匪躬之故」，不計己身之安危也，故此曰「忘身」。按：正義解「蹇蹇」謂「六二往應於五，能涉蹇難，而往濟蹇，故曰『王臣蹇蹇』也」，船山從之；及其作内傳，則解「蹇蹇」爲「蹇而又蹇，慎之至也」，與外傳別，而從本義，又有不同。

曰：以智處蹇，是或一道，而豈許臣子之奉爲典要與！〔一〕夫三非无能往之志，而非有可往之時也。水流山峙，既終古而不相知；彼德我才，亦欲諧而非其事。且拯患者有不拯，而自固者无不固。今使三攘袂而起，越疆圖遠，而進即於非次之居，則抑爲萃之九四，疑不釋而道愈孤，又奚益哉？身安而後動，交定而後求，毋亦自固於敦止之地，合初、二之交，以示聲援之有在也乎！大智者无智色，用愚者有智功。況均在剛揜之中，未見其力之獨優於五也；則抑養其力以需時可矣。若夫顧妻子以縈懷，畏邅回而卻步，鄙夫情短於飼豬，壯士魂移於高會〔二〕，庸流以爲智，君子以爲愚矣。

雖然，三之先己後公，恤利害以圖萬全者，抑絜於二而有慚也。何也？以五之終不免於「大蹇」也。故以智處蹇，期於功立而蹇釋；以蹇終蹇，道在詘智而伸愚〔三〕。蘧瑗之

〔一〕「以智處蹇」，三之謀而後動也。此但可用於一時，不可奉爲典要。此外尚有「以愚處蹇」，詳下文。

〔二〕飼豬，後漢書逸民傳載梁鴻學畢，牧豕於上林苑。史記索隱引服虔云「高會，大會也」。後漢書鄭太傳：「卓既遷都長安，天下飢亂，士大夫多不得其命。而公業家有餘資，日引賓客高會倡樂，所贍救者甚衆。」

〔三〕以智處蹇，九三也，謀而後動以求功，故曰智。「以蹇終蹇」，六二所謂「王臣蹇蹇」也（前文云六二「越險以忘身」，是「以蹇終蹇」者，謂涉險難以終險難也。詳前注），挺身犯難，不顧己身，故曰愚。

保身，寧俞之衛主，道不同，亦各因其時也已矣。〔二〕

解

一

夫動而濱於險者，在我與在物同有淪胥之憂；其能免也，物免而我亦免。而矜獨任之勞，據功名之盛，則德量損而令業不終，其亦〔三〕有捐此而昭大信於天下者乎？則豈不賢乎！是故解四之以解爲己任，而奮擊以解之也：二則其朋也，而不相應；五、上則其長也，而不相協；陰陽異。初、三則其敵也，而固不相謀。不諒於二，朋友以爲疏已矣；不

〔二〕論語衛靈公，孔子稱蘧伯玉曰：「君子哉，蘧伯玉！邦有道則仕，邦無道則可卷而懷之。」集注：「卷，收也。懷，藏也。如於孫林父、寧殖放弒之謀，不對而出，亦其事也。」論語公冶長：「子曰：『寧武子，邦有道則知，邦無道則愚。其知可及也，其愚不可及也。』」集注：「寧武子，衛大夫，名俞。按春秋傳，武子仕衛，當文公、成公之時。文公有道而武子無事，可見此其知之可及也。成公無道，至於失國，而武子周旋其間，盡心竭力，不避艱險，凡其所處皆知巧之士所深避而不肯爲者，而能卒保其身以濟其君，此其愚之不可及也。」蘧伯玉以智處蹇，寧武子以蹇終蹇也。

〔三〕嶽麓本無「亦」字。

合於五、上，君長以爲偪己矣；不格於初、三，異類以爲傷己矣。驚百里而破群幽，得免而喜，乍免而疑，將驅除之績未終，戈矛之釁内起，我將爲四危之矣。而四以得「孚」者，何也？

夫不自信者召疑，處甚高者寡與，期有功者來忌。是故當位而利行者，功之所歸，望之所集，有爲而爲，有獲而返。凡此四者，同類且忮媢之，況異己之蒙其懲創者乎！若夫解四之不當位，則終古而無當位之日矣。先之非物所望，後之非功所歸，无所爲而爲，不獲居尊而退。四退爻。故其解也，適見淪陷之難平而爲之不寧，弗待同志之先要而引爲己任。亦但曰險不可終而物不可終險也〔一〕。拊手揮散，孤掌獨鳴，天位无苟覬之心，將伯无助予之望〔二〕。是故三陰之「狐」，六五之「黄矢」，以歸「獲」於二；居尊而「有解」，因人而成功，以歸「吉」於五；震功成而「隼獲」，坎道夷而「悖解」，以歸「利」於上；而後遠二之處險而二不以爲疏，臨五、上之陰柔而五、上不以爲偪；无不自信則疑

〔一〕序卦：「物不可以終難，故受之以解。」

〔二〕謂九四無覬覦天位之心，且無賢人以助之也。詩小雅正月「載輸爾載，將伯助予」，鄭箋「輸，墮也。棄女車輔則墮女之載，乃請長者見助，以言國危而求賢者，已晚矣。」

去矣，處不綦〔一〕高則忌忘矣，功不期有則謗消矣。此「朋至」之「孚」，不疾而速；所繇異於蹇五之「朋」，需之或然或不然而幸其「來」也〔二〕。

二

能得其情者，必與同才者也；能治其妄者，必於乘時者也。才不相肖，言而不親；時不乘權，威之未服。是以叔鮒説而季孫歸，城濮勝而衛侯讋。〔三〕故卞璧暗投而見疑，虛舟偶觸而无怨〔四〕。雖有盛心，與以那福〔五〕，而才不相如，時方未集，固未足以消危疑於當

〔一〕綦，荀子楊注「極也」。

〔二〕需卦上六爻辭「有不速之客三人來」。

〔三〕據左傳昭十三年，晉、魯盟於平丘，子産争承，魯侯不與盟，晉人乃執季孫意如。其後晉諸卿以爲不可，乃使叔鮒勸季孫歸魯。叔鮒見季孫曰：「昔鮒也得罪于晉君，自歸於魯君。微武子之賜，不至於今。雖獲歸骨于晉，猶子則肉之，敢不盡情？歸子而不歸，鮒也聞諸吏，將爲子除館於西河，其若之何？」且泣。平子懼，先歸。據左傳僖公二十八年，晉、楚城濮之戰，衛侯聞楚師敗，懼，出奔楚，遂適陳，使元咺奉叔武以受盟。讋，説文謂「失氣言」，懼也。

〔四〕莊子山木：「方舟而濟於河，有虛船來觸舟，雖有惼心之人不怒。有一人在其上，則呼張歙之，一呼而不聞，再呼而不聞，於是三呼邪，則必以惡聲隨之。向也不怒，而今也怒；向也虛，而今也實。人能虛己以遊世，其孰能害之？」

〔五〕小雅桑扈「受福不那」，毛傳「那，多也」。

世矣。

今以解四之震動不寧，而釋天下於險阻，非徒四享之，非徒贈二而分享之，亦所以作主於群陰而調天下之怨也。〔一〕然而陰陽異才，剛健失位，豈特負乘之六三，即初亦不必其孚矣。是何也？彼方錮一陽而堅持其險也。〔二〕迨於六五，而時乘天位，才共陰柔，小人之跂足以望者冀與同情。而五則藉解於四以成其君子，歡然相得，納其昭蘇，於是晉同類而與謀，詔出險之攸利。則非特際剛之初六樂與同功，即三方竊君子之器，亦失援消歸，繼之以孚而不貳矣。〔三〕是何也？群心已喻，物難已夷，不退何待，不孚何求。无所用險，則有所用解，亦世〔四〕之自然也。而後捐狙詐，罷戈矛，泮渙銷融於雷雨之餘。倘其不孚，上抑

〔一〕「贈二而分享之」，九四有獲而贈九二，二爲其同類，即上文第一節所謂「三陰之狐，六五之黄矢，以歸獲於二」。「作主於群陰」，也指的是九四。

〔二〕初六、六三合而爲坎，錮其九二，故「方錮一陽而堅持其險」。

〔三〕初六、六三皆仰承聽命於六五。六五既然是憑藉九四而成就君子（爻辭所謂「君子維有解」），則歡然與九四相得，接納其更生。同時六五又號召其同類（初六、六三），不要對九二構成陷害（坎卦險陷）。不僅初六樂於聽從這個命令，即便是六三剛剛盜竊君子之器（爻辭「負且乘，致寇至」），也幡然改悟。

〔四〕「世」，嶽麓本作「勢」。

可闕弓注矢，而非无名之師矣。

雷之興也，氣動於地中，功出於地上，徹於至高，而後（敢）［解］〔二〕凝陰以既雨。則是五爲震功之盛，而上乃震變之通也。處盛功者不勞，極通變者无吝，故於上有待時之辭焉。然則四其時之未至乎！時未至，而援劍叱車，濯馮生之憂患；故終歎四德之盛，非聖人不足以當之。〔三〕

損

泰者，天地之正也。惟至正者爲能大通，故曰「一陰一陽之謂道」。建立於自然，而不憂品物之不亨矣。乃性静而止，情動而流；止以爲畜，畜厚則流。迨其既流，不需其

〔二〕「解」：底本原作「敢」，今據嶽麓本改。

〔三〕據戰國策齊策四，馮諼客孟嘗君，初，左右賤之。馮諼乃倚柱彈其劍，歌曰「長鋏歸來乎，食無魚」「長鋏歸來乎，出無車」「長鋏歸來乎，無以爲家」。時未至，聖人居易以俟而已；匹夫則拔劍太息，若馮諼之戚戚。故九四之德雖盛，非聖人不足以當。濯訓爲浣、洗，洗必沾濡，故有沾溉之義。

長，隨應而變，往而得損者，亦固然之勢矣。〔一〕

雖然，其往也亦有差焉〔二〕：恒初往而變四，舍无位以就有位〔三〕，爲致用也；既濟二往而變五，中未失而得其尊，爲居正也——皆未有損也。損三往而變上，高而无位，極而不返，爲賓於陰，而疏遠於陽，則往而損矣。

是故損之將損下以益上也：初有損之心，而勢遠難致，則謙讓而用「酌」；二有損之責，而怙中不舍，則自保以居「貞」。居貞者既以損委於三之遇，用酌者抑以損任夫三之才，地近易遷，懷剛處進，故毁家紓上〔四〕，綢繆膠固以合少男少女之交，爲三之獨任而无所辭。道在憂時〔五〕，心无憚往，雖交失其位而不恤，薦蘋藻而永絪緼，損之所以爲「有

〔一〕「往」者，謂泰卦下之三陽往上也。下文仿此。

〔二〕此處認爲，泰卦兩爻易位，可得三卦：初、四易位得恒卦，二、五易位得既濟卦，三、上易位得損卦。易位的兩爻爲相應之爻。

〔三〕初、上無位。

〔四〕「居貞者」，九二也；「用酌者」，初九也。初、二皆不欲任負損之任，故委於三。泰之九三剛健，故樂進；處陰陽之際，故曰「地近易遷」。乃往於上，故曰「毁家紓上」。左傳莊公三十年：「鬬穀於菟（即令尹子文）爲令尹，自毁其家，以紓楚國之難。」杜注：「毁，減；紓，緩也。」

〔五〕「憂時」，嶽麓本作「逢貧」。依文義，「憂時」爲是。

乎」〔二〕。然而君子之用損也，亦止於此而已矣。僅此則專，而過此則疑矣。

夫陰陽之未用，先正體以定位；陰陽之既用，尤立體以達權〔三〕。立體達權則志貞而不靡；任權墮體則游惰而忘歸。乃陽之載陰，喜浮而亟往；陰之乘陽，喜沈而便來〔三〕。來者日安，往者日危。陽喪其居以助陰之來返，則損極而傷矣。故酌之而不嫌其過慎，薄享而不責其已涼，〔四〕所以立陽體於不窮，而節陰情以各正也。過此，固不得免於疑矣。任陽之浮，往而不止；徇陰之（便）［沈］〔五〕，來而无嫌。受污垢以爲量，樂虛曠以爲高，極不知裁，不變否而不已。於是地絶天而柔制剛，虧滅之歸，人道以息。善保泰者，能勿戒心於此乎！

故君子之用損也：用之於「懲忿」，而忿非暴發，不可得而懲也；用之於「窒欲」，

〔二〕 泰之九三往於上六，變成損卦，於是三、上兩爻皆失位，故「交失其位」。損卦「二簋可用享」，至約也，左傳所謂「苟有明信，澗谿沼沚之毛、蘋蘩薀藻之菜、筐筥錡釜之器、潢汙行潦之水，可薦於鬼神，可羞於王公」（杜注：蘋，大蓱也）。毛詩序：「采蘋，大夫妻能循法度也。能循法度，則可以承先祖、共祭祀矣。」然則采蘋所以供祭祀，而其主祭者爲夫人，是所以成夫婦之道，而承宗廟、繼後世。故繫辭傳釋損九三爻辭謂：「天地絪緼，萬物化醇；男女構精，萬物化生。」

〔三〕 論語子罕：「可以適道，未可與立；可與立，未可與權。」

〔三〕 陽輕清而浮上，上曰往；陰濁滯而沉下，下曰來。

〔四〕 「酌之」謂初，初卦辭謂「酌損之」；薄享謂二，卦辭謂「二簋可用享」，船山斥二而言。涼，薄也。

〔五〕 「沈」，底本原作「便」，今據嶽麓本改。按上文「陽之載陰，喜浮而亟往；陰之乘陽，喜沈而便來」，知作「沈」是。

而欲非已濫，不可得而窒也。此「二篇」之不必其豐，而盈虛之必偕於時者也。是何也？處已泰之餘，畜厚而流，性甫正而情興，則抑酌其遇〔一〕，稱其才，而因授之以節已耳。若夫性情之本正者，固不可得而遷，不可得而替〔二〕也。

性主陽以用壯，大勇浩然，亢王侯而非忿；情賓陰而善感，好樂无荒，思輾轉而非欲。〔三〕而盡用其懲，益摧其壯；竟加以窒，終絶其感。一自以爲馬，一自以爲牛，廢才而處於錞；一以爲寒巖，一以爲枯木，滅情而息其生。〔四〕彼佛、老者，皆託損以鳴其修。而豈知所謂損者，因三人之行而酌損之，惟其才之可任而遇難辭也。豈並其清明之嗜慾〔五〕、

〔一〕遇，時遇。

〔二〕爾雅釋言：「替，廢也。」

〔三〕唐風蟋蟀：「好樂無荒，良士瞿瞿。」鄭箋云：「君之好樂，不當至於廢亂政事，當如善士瞿瞿然顧禮義也。」思輾轉者，關雎文。關雎樂而不淫，其思其感皆正也，安可以損？

〔四〕「馬牛」云云者，老氏也。淮南子覽冥訓：「臥倨倨，興眄眄，一自以爲馬，一自以爲牛。其行蹎蹎，其視瞑瞑，侗然皆得其和，莫知所由生，浮游不知所求，魍魎不知所往。」高注：「倨倨，臥無思慮也。倨，讀『虛田』之『虛』也。眄眄然，視無智巧皃也。」寒巖枯木者，謂釋氏也。五燈會元卷六：「昔有婆子供養一庵主，經二十年，常令一二八女子送飯給侍。一日，令女子抱定曰：『正恁麼時，如何？』主曰：『枯木倚寒巖，三冬無暖氣。』女子舉似婆，婆曰：『我二十年，祇供養得個俗漢。』遂遣出，燒卻庵。」

〔五〕禮記孔子閑居：「清明在躬，氣志如神，耆欲將至，有開必先。」

彊固之氣質，概衰替之，以游惰爲否塞之歸也哉！〔一〕

故尊性者必録其才，達情者以養其性。〔二〕故未變則泰而必亨，已變則損而有時。既登才情以輔性，抑凝性以存才情。損者，衰世之卦也。處其變矣，而後懲、窒之事起焉。若夫未變而億其或變，早自貶損以防意外之遷流，是懲羹而吹齏，畏金鼓之聲而自投車下，不亦愚乎！

益

一

受命者期肖其所生，報生者務推其所利。今夫天地以生爲德者，水、火、木、金，與人物而同生於天地。逌其已生，水、火、木、金不自養，天地養之；天地无以養人物，

〔一〕人之生也，有性有情。保其性而弗匿，節其情而不流；然後性貞情達。若夫小人閑居爲不善，無所不至，盪其情也；佛、老鄙俗而絶物，死灰玄悦，滅其情也（二教之本義實非如此，而彼後學有失其意者，故船山非之）。

〔二〕所謂「尊性者必録其才，達情者以養其性」者，孟子曰「若夫爲不善，非才之罪也」。故朱子咎才而謂氣質之惡，船山以爲非。孟子又謂「乃若其情，則可以爲善矣」，情可以爲善，則可以爲不善，船山以爲必節其情。詳讀四書大全説。「録」訓爲收、總領，如「録尚書事」，亦有進用之義。下文「既登才情」之「登」義同。

水、火、木、金相化以養之。生者所受也，養者所利也。水、火、木、金相效以化，推養而施於人物，其以續天地之生，而效法其恩育，以爲報稱者也。

是故五行相養以養群有。受養爲壯，施養爲老。震位乎寅卯，近水而受滋，木之壯者也。巽位乎巳，近火而施爇，木之老者也〔二〕。繇震而陽上行乎巽，木漸乎老。故无見於此者曰：「木王於卯，衰於辰，病於巳。」〔三〕其然，將枯養吝施，苟全其形質以居繁富，而沮

〔二〕八卦配十二支見下圖：

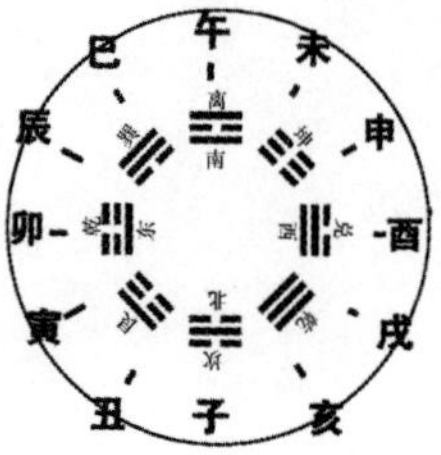

〔三〕此上王、衰、病之説，術數家所謂「王（壯）、相、休、囚、死」者也。蓋當令者旺，我生者相，生我者休，克我者囚，我克者死。所謂當令者，春、夏、季夏、秋、冬分別當以木火土金水是也。此依五行生克爲説；而十二支既表月份，亦分屬五行，故又配以十二支。此説來源甚早，如淮南子墬形訓：「木壯，水老，火生，金囚，土死；火壯，木老，土生，水囚，金死；土壯，火老，金生，木囚，水死；金壯，土老，水生，火囚，木死；水壯，金老，木生，土囚，火死。」又如白虎通五行：「木王，火相，土死，金囚，水休。王所勝老死，［勝王者］囚，故王者休。」（「勝王者」，據盧文弨説補）船山所引「木王於卯，衰於辰，病於巳」者，寅卯木得令，故王壯；辰土得令，土王，故木衰；巳火得令，故火王，而木休焉病焉。船山則不以生克言五行之生王休囚，而以其相養言其壯老也。

喪於功用以避菁華之竭，其亦鄙矣。〔二〕故彖曰：「利涉大川，木道乃行。」

董子曰：「聖人以仁愛人，以義制我。」〔三〕震生巽而不憂其窮，則以義制我，而不保己以貪其利也；巽達震以普散其材，則以仁愛人，而不靳恩以怙其私也。〔三〕迨其極也，火受木生，而木因火息。〔四〕薪而燄，燄而炧，木且不足以存。萌而榮，榮而實，歲云落矣，黄隕而資人物之養，木抑僅有存者。〔五〕大哉！終不私靳其滋榮。木之道，體仁之全，而抑自裁以義矣。是何也？肖其所生，推其所利。木長四時，首爲天地之功臣〔六〕，道在必行而无容已者，不及是而道未足以行也。故曰：「木道乃行。」道之益，豈問器之損哉！

〔二〕若以「木王於卯，衰於辰，病於巳」，則巽當巳而木將病矣，是教人以自保而不施養，鄙吝之道也。實則菁華未有長久不竭之時，善處此者，則不因其竭而吝其施。外傳於離卦所謂「菁華既竭，古人以褰裳異姓而不傷」，是矣。

〔三〕春秋繁露仁義法第二十九：「春秋之所治，人與我也；所以治人與我者，仁與義也。以仁安人，以義正我。」

〔三〕震、巽皆木也，而巽爲老、震爲壯，巽後於震，故曰震生巽。巽爲老而震猶生之，是不憂其窮也。達，通也，說卦曰「風以散之」，是巽能通散震之材以使被於萬物，是愛人也。

〔四〕震巽之極則爲離火，是木生火而爲火所滅也，故曰「木因火息」。

〔五〕此舉二例以明木德之盛：木之奉養於物，或滅而無存，若燃後之燼；或雖存而僅少，若零落之實。其所以或盡或僅存者，以其所供養萬物之厚也。於以可見木之不私靳己滋榮，其德大哉！故下文嘆美之。「黄隕」，詩衛風氓：「桑之落矣，其黄而隕。」

〔六〕春，木、仁、元。

或曰：「聖人立本以親用，厚生以厚物之生。使損己而往益，則何以異於墨、釋邪？」曰：擬聖人於陰陽之氣[一]數，則各有道矣。聖人者，非必於陰陽而刻肖之也。陰陽與萬物爲功而不與同憂，聖人與萬物同憂而因以爲功。故匱而不給之患，陰陽不患，而聖人患之。推移往來，陰陽以无涯而遞出；博施忘己，聖人以有涯而或病。[二]聖人節宣[三]五行而斟酌用之，同之以有功，異之以有憂，權其施於仁義，止其事於知能，「長裕而不設」，因以興利，亦可盡材以配陰陽矣。故益者，聖人憂患之卦也。

二

陽清而亢，輕利而任氣；陰濁而幽，取實而後名。益初之陰遷而居四，貿四之陽爲主

[一]「氣」，嶽麓本作「器」。

[二]繫辭傳謂「日往則月來，月往則日來，日月相推而明生焉」，又曰「一陰一陽之謂道」。遞出，陰陽相繼出而不斷無窮也。論語雍也夫子謂「博施濟衆」之事，「堯、舜其猶病諸」。此段大意謂，天地造化、陰陽運行，不專爲人而設，故繫辭説「鼓萬物而不與聖人同憂」。但聖人却是爲人民謀，故有憂，博施濟衆。

[三]左傳昭公元年：「君子有四時，朝以聽政，晝以訪問，夕以修令，夜以安身。於是乎節宣其氣，勿使有所壅閉湫底，以露其體。」杜注：「宣，散也。」

於下，居得爲之地，行消否之權，則陰益而陽非損矣。〔一〕

四之象〔二〕曰「告公從」。往告而幾〔三〕其從，有喜詞〔四〕焉，則惟恐其不從，而幸其從也。用是見陰陽否塞之代，陰非无嚮化之心，特其情柔而用幽，雖願依陽以爲益，而无先求於陽之事。乃陽據尊高而相拒，時過而恝於必去，則觀望於下者，始於慚，中於忍，終於忮害而與爲敵，曰：「彼亦一乘時也，我亦一乘時也，時方在我，彼且孤高陗潔，終絶我於酬酢之塗，則我亦可拔茅彙進〔五〕，建壘以相拒矣。」今陽先下降以施，陰遂上遷以報。退諧得主之歡，進獲賓王之利。〔六〕於是晛天位之方尊，恐剛情之難格，飄摇異土，沐浴新澤，

〔一〕益自否而來也。否上乾三陽，下陰三陽。九三之陽下而之初，爲主於下體之陰，陽爲實，故上文云「取實而後名」。

〔二〕四爻爻辭謂「中行，告公從」，象傳亦引「告公從」。

〔三〕幾，讀爲冀。

〔四〕「喜詞」，謂詞中有喜意者。「告公從」，告公而公終從之，慶其幸也，故喜焉。又，易中多處言「喜」，如卦爻辭「先否後喜」（否上九）、「勿藥有喜」（无妄九五）、「使遄有喜」（損六四）、「介吉有喜」（兑九四），又如諸象傳之「可喜也」「内喜之」「有喜也」。「喜詞」，船山前似已有用之者，如錢士升周易揆「泰吉卦也，而上三爻多危辭，防復也；否凶卦也，而上三爻有喜辭，幸傾也」，陳祖念易用「象曰密雲不雨，歉詞也；爻曰既雨既處，喜詞也。」錢士升，萬曆進士，東林黨人，精研於易，未知船山見其書否。

〔五〕否之初六。

〔六〕否卦九四往初，爲下降、爲退，九四往初，成爲下卦之主，故有「得主之歡」。初六往四，爲上升、爲進。初六進至四，靠近至尊之九五，故爻辭曰「中行告公從」，亦所謂「賓于王」也（六四賢臣，爲九五君王之賓，故曰「賓于王」）。

顧瞻儔侶，各畛殊疆，乃始婉嬺殷勤，通詞而若不逮矣。幸其從而「利用爲依」〔一〕，周旋不舍，以消宿否之氣，故曰：「損益，盛衰之始也。」藉非陽上損以施於陰，抑何以起積衰而嚮盛哉？

故小人革面之難，非君子之憂；而君子過亢之終，亦小人之无可如何者也。迨其相得无嫌，此以德來，彼以情往，巽户既開，雷鳴斯豫，成施生之益，合天地之交，即以絜之太和之訢合，亦蔑以加矣。而上九之亢不知制，猶從而「擊」焉，將何爲乎？故觀於四，而後知初德之盛也。大易於此，豈但致抑陰之詞；使之必告，而誘以所利也哉！〔二〕

〔一〕陰幸九四之從，九四從陰之告，往於初九也。陰既幸喜，乃願爲陽所依。内傳謂「依」當從本義讀如「晉、鄭焉依」之「依」。本義：「傳曰『周之東遷，晉、鄭焉依』蓋古者遷國以益下，必有所依，然後能益。」（「傳」者，左傳隱公六年）否卦九四欲遷於初，而初甘爲九四所依也。

〔二〕此謂大易於陰，非特抑之而已，又將誘之而使進於善道也。船山常言「大易之教扶陽抑陰」，然陰豈可無哉？故其有乾坤并建之説；就人而言，則本書於乾卦所謂「君子有情而小人有性」。既不可無，當思何以處之。一則嚴其辨而不使君子染於小人，二則誘小人以進於善。故大過四陰聚保，擯陰於散地，船山不以爲善；此則曰「誘以所利」。

夬

善致功者，用獨而不用衆；慎修德者，謹始而尤謹終。衆力之散，不如獨之壹也；終事之康，不如始之敏也。〔一〕

夬以孤陰寄積陽之上而无位，振蒙吹槁，陽勢已成，其於決也何有哉？然而女穉善媚，位窮辭哀，以請苟延之命於群陽者，陰固未嘗忘卷土以重來也。乃陽之往決也，必有所任。將任之於五，則五與之暱；將任之於四，則四與爲體；將任之於三，則三與爲應。連雞〔二〕形成，而跱躇〔三〕相顧，吾懼其如六國之叩函關，九節度之臨相州也〔四〕。其惟任之初、

〔一〕 此謂夬不如復。詳下文。

〔二〕 戰國策秦策一：「蘇秦欺寡人，欲以一人之智反覆東山之君，從以欺秦。趙固負其衆，故先使蘇秦以幣帛約乎諸侯。諸侯不可一，猶連雞之不能俱止於棲之明矣。」連雞，相連之雞也。

〔三〕 「跱躇」，嶽麓本作「踟躕」。

〔四〕 六國叩函谷，合縱以圖秦之事。過秦論所謂「嘗以十倍之地，百萬之師，叩關而攻秦。秦人開關延敵，九國之師，逡巡而不敢進。秦無亡矢遺鏃之費，而天下諸侯已困矣。」節度臨相州，謂郭子儀相州之敗。相州即鄴城。詳資治通鑒唐紀三十七。

二乎！而初不足與爲功，則二專其事矣。

夫二非專夬者，而不得不專。寢處其上者，已懷外靡之心〔一〕。二爲夜戎，戎起於近，難伏肘腋，宵旦不寧〔二〕。不敢告勞，而遠攻礙於近掣；成功无日，而同室且有異心。若是乎任事之難，一簣之勞，烈於九仞矣。故上六之凶，必待之「无號」之後；而方其衆寡相持之頃，則以號敵號而未有遯志〔三〕。夫非陽之處盛而衆疑者，授之展轉以得有其辭哉？〔四〕非然，則窮散消歸，久无復然之望矣〔五〕。故「終有凶」者，夬以後之事，非夬世之遽然也〔六〕。

五陽在位；而一陽之待生於下者，猶蟄伏以需將來。逮乎需者必起，漸次相臨，然後

〔一〕三、四、五爲上六所靡。

〔二〕二爲夜戎，謂二當夜戎之時。戎起於夜，若劫營之類，必在至近之處而後覺，若患難生於肘腋也。故九二晝夜難安。

〔三〕以號敵號，群陽號以攻陰，上陰乃爲哀求之辭號以應對之，而無遯去之心。

〔四〕謂陰所以能輾轉而爲哀求之辭號，以得苟延者，豈不以群陽互爲猜疑，而授陰以此機哉？

〔五〕若陽不互爲猜疑，且不聽陰之哀求，則陰何以得苟延，以至於卷土重來乎？

〔六〕夬之世，陽難決陰，然陽長爲必然之勢，陰必爲所決，故曰「終有凶」，謂陰之凶也。

五不得洽比其鄰，四不得糾連其黨，三不得私阿其配，上亦无所容其无情之辭〔二〕。蓋亦難矣。藏衆於獨，養終以始。藏者發而養者全，然後乾德成而性命正，豈能卒得之「遇雨」、「次且」之世乎？故君子積慎以思永，恒豫治其未至之日月；端士納正以消邪，必多得之繼起之後賢。養勇静謐，而懷情延攬，用斯道也。彖所謂「利有攸往」者也。「剛長乃終」，剛不長，則无以保其終矣。夬之衆，不如復之獨也。〔三〕

姤

君子之道，美不私諸己，惡不播於人，故善長而惡短。善長者長於所揚，惡短者短於

〔二〕夬卦五陽在位，根據船山「乾坤並建」和「十二位嚮背」的道理，還有一個陽爻在背面没有長上來，因爲上六還有一個陰爻在占據位置，所謂「一陽之待生於下者，猶蟄伏以需將來」。「需者必起，漸次相臨」，就是説下面的五個陽爻下定了决心要往上去，把上六這個陰爻驅逐走，把背面的那個陽爻帶出來。下决心，就是三、四、五各自斬斷與上六的曖昧：五與六是近鄰，四與六同在上卦、看上去是自己人，三與上六是正應。斬斷這些聯繫，那麽上六也就「无所容其无情之詞」來抹淚騙人了。

〔三〕此一段論夬、復之别。蓋復者剛方欲長，姤則剛長之已成。復之一陽來復，而後陽漸次以生，則其各陽爻皆不爲上陰所惑；若夬是陽之已長，故其長止息，是以群陽相疑，且爲上六所惑矣。

所遏，則善雖微而必溥，惡在著而不宣。蓋君子者，以扶天之清剛，消物之害氣，長人道而引於无窮。故奬善止惡，以凝正命，於彼於此，无所畛限，无窮之生，一念延之，而人類遂絶乎禽獸[二]矣。而苟私善於己，散惡於衆，則殺害日進，清剛日微，无窮之生，一人尼之，而人類亦漸以淪亡焉。

剥之六五，上承一陽，柔不私美，「以宫人寵」，則善雖微而長；姤之九二，下近一陰，剛不播惡，「義不及賓」，則惡在著而短。（有）［以］者，不（有）［以］者也[三]；不及者，所可及也。凡斯二爻，位雖未當，而中正不偏，以其廣心，成其義概。大哉，其善於因變者乎！

[二] 嶽麓本校記：「『狄』，守遺經書屋本、金陵本均作『獸』，又本篇末段『人之不淪于禽狄』句，二本亦均以『狄』作『獸』，蓋皆因諱而改。」

[三] 嶽麓本校記：「『以者，不以者也』，守遺經書屋本、金陵本均作『有者，不有者也』，前中華本同。馬宗霍校記云：『姤之九二「包有魚，義不及賓」，則此當從刻本作「有」爲是。』按馬氏之説非也。船山於本段上文引剥六五及姤九二爻辭，故此句『以』即剥六五『以宫人寵』之以，下句『不及』即姤九二『義不及賓』之不及。凡斯二爻，因其『善於因變』，用能導致『以者不以』，『不及者可及』。此句言『以者不以』，下句即言『不及者可及』。故各印本作『有者，不有者也』者，似均有誤。後中華本正文從前中華本，而加注曰：『「有者，不有者也」，嘉愷抄本作「以者，不以者也」。這句話是承上文「以宫人寵」而言，據文義，疑應作：「以者，有不以者也。」』其疑近是。」繼明按：從抄本即可，中華簡體字本又增一「有」字，無據。

姤、剥之世，均爲陰長。姤初遇而剥濱盡，則剥五難而姤二易。公善於同類，爲衆譽之歸；引咎於一身，居積毁之地，則剥五易而姤二難。剥以勸陰，姤以責陽，勸易從而責難副。「以宫人寵」，道固然矣，而曰「无不利」，其以獎掖小人而君子[一]；「包有魚」，可以「无咎」矣，而且曰「不利賓」，其以責備君子而聖人與！

嗚乎！處非望之咎，逢蹢躅[二]之家，五陽所同也。然而遠近之差，遇不遇之際，幸不幸存焉。乃小人之遇此也，與相狎昵而波流者，不知惡也。其天性之近善者，知惡之矣；惡之弗能遠之，而妒能遠者之潔不受染，於是己之溺惟恐人之不胥溺也，蔓而延之，多方以陷之，不盡天下以同污而意不釋。至於非意之風波，无情之謗毁，總以分其獨近小人之恥。則九五隕天之休命，亦蒙其累而不足以承。

夫始之知惡而恥之也，亦天理之猶留於清旦；而逢命不猶，周章失據，吹颶凶德，辱逮清流，則小人之惡始劇。而當亂世，遇淫朋，其欲自好以免於羞者，蓋亦危矣。時命

[一] 以利誘掖小人以進於善也。
[二] 「蹢躅」，嶽麓本作「垢足」。

无[一]恒，躬丁不造[二]，不履其機，不知其苦。慶曆飛雲騢之書，柴市傳黃冠之請[三]，雖千秋之昭晰難欺，而一時之波濤亦沸矣。然後知九二長者之德爲不可及也。

雖然，當斯世者，幸得二以爲主而已賓焉，則群陽之福已。借其不然，君子遂无以自處乎？姱修益實，過潔而遠去，履美而不炫其名，生死與共，而无已甚之色，蒼天指正，有隕不誣，彼娟而欲分惡以相贈者，終亦弗能如天何也。故无望人者五之志[四]，「不及賓」者二之義。志、義各盡，以處於濁世，禍福皆貞，生死如寄，人之不淪於禽獸，

[一]「无」，嶽麓本作「不」。

[二] 大雅雲漢：「后稷不克，上帝不臨，耗斁下土，寧丁我躬。」毛傳：「丁，當也。」鄭箋云：「我先祖后稷不識知我之所困，與天不視我之精誠，與猶以旱耗敗天下爲害，曾使當我之身有此乎？」

[三] 碧雲騢，傳爲梅堯臣所作，邵氏聞見後録卷一六：「梅聖俞著碧雲騢應昭陵時，名下大臣惟杜祁公、富鄭公、韓魏公、歐陽公無貶外，悉譏詆之無少避。其序曰：『碧雲騢，廄馬也。莊憲太后臨朝，以賜荆王。王惡其旋毛，太后知之，曰：旋毛能害人邪？吾不信。留以備上閑，爲御馬第一。以其吻肉色碧如霞片，故號云。世以旋毛爲醜，此以旋毛爲貴。雖貴矣，病可去乎？噫！』范文正公者亦在詆中，以文正微時，常結中書吏人范仲尹，因以破家。文正既貴，畧不收卹。王銍性之不服，以爲魏泰僞託聖俞著此書。」文天祥被俘，押往大都後，「世祖皇帝多求才南官，王積翁言：『南人無如天祥者。』遂遣積翁諭音。天祥曰：『國亡，吾分一死矣。儻緣寬假，得以黃冠歸故鄉，他日以方外備顧問可也。若遽官之，非直亡國之大夫不可與圖存，舉其平生而盡棄之，將焉用我？』積翁欲合宋官謝昌元等十人，請釋天祥爲道士。留夢炎不可，曰：『天祥出，復號召江南，置吾十人於何地？』事遂已。」（宋史卷四一八文天祥傳）天祥遂被殺於柴市。

[四] 夫子嘗謂「知我者其天乎」，出混濁之世，不求他人之知，而但問於天也。船山以姤九五之「有隕自天」即此義也。

尚賴此夫！〔一〕

萃

「无咎」者，有咎者也，故曰：「震无咎者存乎悔。」悔而得无咎，抑可許之「无咎」矣。〔二〕萃，咎之府也。而爻動以其時，僅然而免，故六爻而皆起「无咎」之辭焉。

曷言之？陰陽之用以和，而相互爲功。奠之於所各得，則秩叙以成；納之於所不安，而經綸斯起。〔三〕中外无一成之位，則疑忮之情消；出入有必均之勞，則節宣之化洽。夫安

〔一〕按本書乾卦第六節曰：「君子于乾之終，知姤之始，亦勿俾羸豕之蹢躅交於中國哉！」。然則姤初六「羸豕孚蹢躅」，船山在比喻誰，可以想見。君子在這樣的世道中如何自處？從姤卦可以知道。九二距惡最近，懷柔初六，獨受惡名，使初六不能污及其他陽爻，九二之德不可謂不大。如果不是有德者在九二這個處境，一定會説：「我爲什麼要獨自面對初六，受此惡名？」他便會攀緣九三等衆陽，與他共分污染，清剛之氣因此混亂。然則九三以上群陽何以自處？九五曰「有隕自天」，即自潔其操而不炫耀，仰不愧於天，俯不怍於人而已。在衰亂之世，這種選擇也是很艱難的。

〔二〕見大有「无咎者有咎之詞」注。

〔三〕奠所各得，謂泰也，「后以裁成天地之道，輔相天地之宜」；納之不安，謂屯也，「建侯而不寧」「君子以經綸」。

有各紀其黨，保其居，而恃以長年者乎？故曰：「萃，咎之府也。」升、小過亦聚矣，而位非其尊也；大過亦聚矣，而應非其正也。非其尊，无可席之勢；無其應，无可恃之情。則其聚也不堅，而不召咎以生其戒心。〔一〕萃剛居五而四輔之，履天步之安，得心膂之寄，人情翕然，進〔二〕相唱和，俯仰顧瞻，无有能散我之交者。雖然，而勢亦危矣。「不虞」之害，知者灼見於未然，則禱祀終而兵戎起，非過計矣。何也？天下固无有挾同志以居尊，閉户握手，而投異己者於局外，持之以必不我違之勢，可以遠怨而圖安者也。

故二之應五，未必其孚也；「孚乃利用禴」，有不孚而姑禴者矣。初之應四，孚且「不終」也；弗獲已而求合，有笑之者矣。三與上則既不我合，而抑不（成）〔我〕〔三〕應，弱植散處於淫威孔福之旁，漠然无所於交，載涕載嗟，畜怨於傍窺也，亦將何以平

〔一〕所謂「戒心」，大象傳謂「君子以除戎器，戒不虞」。船山在這裏比較了幾組陽各聚類在一起分開陰爻的卦，比如升、小過是二陽四陰之卦，陽雖聚在一起，但没有居尊位；大過四陽，但是中間四爻不相應。

〔二〕「進」，嶽麓本作「遥」。

〔三〕「我」，底本原作「成」，今據嶽麓本改。

之哉？故怒者可抑也，競者可釋也，積悲歎而不敢言，「不虞」之戒，勿謂三與上之柔不足憂矣〔二〕。

夫澤亦水矣。乃澤者，有心之化也；水者，无心之運也。比以一陽坦然履五陰之中而无憂，无心焉耳。萃得四而群居，積澤而无流行之望，則心怙於所私，以私而聚。以私聚而不孚，以不孚而咎。沾沾然恃其位之存、黨之合，物之不容已而我應，以斯免咎，亦靳乎其免之哉！

其唯廟中乎！神與人无相雜也，能感之而已足矣。觀時失而无可爲，則以神道涖人，而權留天位；萃位定而有可孚，則以鬼道絶物，而怨恫交興〔三〕。保匽瀦〔三〕之流，絶往來之益，君子之道而細人之暱，難免於咎，能勿虞乎！〔四〕

〔二〕 六三心懷怨望，爲不虞之害。
〔三〕 萃可用之於鬼道，取人神無雜之義也。若以此道而施於人事，若二陽絶於四陰之類，是黨同而絶外物，物乃怨矣。
〔三〕 周禮稻人「以瀦畜水」，鄭注謂「偃豬者，畜流水之陂也」，孫詒讓曰「古偃、匽通用」。
〔四〕 但私保其己，若匽瀦而防其流，使之無益於往來，此乃小人孜孜爲利者所爲，而於當行君子道之時行之，豈能無虞乎？

升

聖人之動，必因其時。然終古之時，皆聖人之時也：時因其盈而盈用之，因其虛而虛用之。下此者，則有所怵矣。〔一〕有所怵者，有所疑也。疑於道之非與時宜，則貶志以幾功名；疑於道之將與物忤，則遠物以保生死。故一爲功利，一爲玄虛，而道爲天下裂。如是者，皆始於疑時，終於疑己。

夫己亦何疑之有哉？審己之才，度己之量，皆无所待於物而爲物之待。天命之體，煌然其不欺也。无待於物，則至正矣。故小功乍集而失道，小名外溢而失德。爲物之待，則大公矣。故天下死而已不獨生，天下生而已不憂死。而才不審乎正，量不致其公；鶩〔二〕於才，則鶩功鶩名，而以爲物即己也；歉於量，則鶩生鶩死，而以爲物非己也。疑於己而〔三〕

〔一〕「下此者」，謂智慧比聖人低的人。
〔二〕「鶩」，嶽麓本作「騖」。
〔三〕「而」，嶽麓本作「則」。

失本，疑於物則争末。之二術者，分歧以起，而國終无人。此无他，疑不釋而怵然於所升也。故於時有疑焉，於位有疑焉。

疑於時者曰：「五帝不襲禮，三王不沿樂〔二〕，雖驅世而笑我，我必有其功名」；而卓然自信，立己以爲時之幹者，昧不察也。疑於位者曰：「庖人雖不治庖，尸祝不越樽俎而代之」；而坦然自信，推己以濟位之窮者，昧不察也。則是盈可用，而虚不可用也〔三〕。且使之用盈，而詭隨之術、蕩泆之智，抑習用而不貞之冥升，則疑之害亦烈矣哉！〔三〕

故升之世，非剛之時矣；升三剛而不中，非升之位矣。上窺天位，闃其无人，沍陰上凝，曠无適主，時之不盈甚矣。乃疑者疑以爲畏塗，无疑者信以爲坦道。秉其至健，進而不憂；涉彼方虚，曠而不懾。子曰：「大道之行，三代之英，丘未

〔二〕禮記樂記：「五帝殊時，不相沿樂；三王異世，不相襲禮。」史記秦始皇本紀載，儒生諫始皇法古，李斯曰：「五帝不相復，三代不相襲，各以治，非其相反，時變異也。今陛下創大業，建萬世之功，固非愚儒所知。且越言乃三代之事，何足法也？」

〔三〕疑者亦爲盈之時可用，而虚之時則不可用也。

〔三〕彼疑者既以爲虚之時爲不可用矣；乃其若用於盈之時，亦不過閑習於詭詐權謀之術，此乃不貞之升，真愚賤也。

之逮也，而有志焉。」其爲聖人之時，豈必堯君舜相，民諴[一]物阜，而後足以當聖人之升哉！

然則不繫以吉凶者，何也？不可得而吉者，時也；不可得而凶者，道也。欲[二]盡其道，而以吉凶爲斷，則疑將從此而起矣。嗚乎！聖人之才，聖人之量，聖人之自信，聖人之信天下[三]，「升虚邑，无所疑也」，豈易言哉！豈易言哉！

困

一

人之有生，天命之也。生者，德之成也，而亦福之事也。其莫之爲而有爲之者，陰陽

〔一〕諴，説文曰「和也」。

〔二〕「欲」，嶽麓本作「然」。

〔三〕王孝魚先生譯解曰：「這四句話也氣魄極大，可以作爲最高領導人的座右銘。」（頁一四八）

之良各以其知能爲生之主，而太和之理建立而充襲之，則皆所謂命也。陽主知而固有能，陰主能而固有知〔一〕。太和因陰陽以爲體，流行而相嬗以化，則初无垠鄂之畫絶矣。以其知建人而充之，使其虛者得以有聰明而徵於實；以其能建人而充之，使其實者得以受利養而行於虛。徵於實，故老耄而憶童年之聞見；行於虛，故旦起而失夙夜之飽飫。誰使之虛實相仍而知能交益者？則豈非命哉！

然天之以知能流行於未有之地，非有期於生也。〔二〕大德在生，而時乘其福，則因而建立之，因而充襲之矣。以知命之，而爲五事，爲九德；以能命之，而爲五福，爲六極。〔三〕凝聚而均授之，非有後先輕重於其閒，故曰：皆所謂命也。〔四〕

而二氣之方錫，人之方受，以器爲承而器有大小，以時爲遇而時有盈虛。器有大小，

〔一〕繫辭傳：「乾以易知，坤以簡能。」

〔二〕天之流行乃自然之事，其流行於未有，則未有生矣；及有生之後，太和之道乃充襲於生。

〔三〕詳尚書洪范、皋陶謨。五事：貌曰恭、言曰從、視曰明、聽曰聰、思曰睿。九德：寬而栗、柔而立、愿而恭、亂而敬、擾而毅、直而温、簡而廉、剛而塞、强而義。五福：壽、富、康寧、攸好德、考終命。六極：凶短折、疾、憂、貧、惡、弱。

〔四〕孟子盡心：「莫非命也，順受其正。」此謂德、福一出於命。

猶疾雨、條風之或生或殺也；時有盈虛，猶旦日、夜露之或暵或清也。則受命之有餘、不足存焉矣。有餘、「不足」〔一〕之數，或在德，或在福，則抑以其器與其時。或勝於德而不勝於福，或勝於福而不勝於德，猶蟬、鮪之於飲食也〔二〕；有時儉於德而侈於福，有時儉於福而侈於德，猶西飆之稼不成穡，而寒暑之疾能失性也。〔三〕如是者，有餘、不足，皆非人所能强。非人所能强，聽命之自然，是以其所至者爲所致。則君子之於困也，因之而已〔四〕，而何有於「致命」哉？

夫致者，其有未至而推致之以必至也〔五〕。嘗與觀於虛實之數量，則知致德命者，有可

〔一〕「不足」二字，底本無，今據嶽麓本補。

〔二〕淮南子墬形訓謂「蟬飲而不食」，比喻「勝於德而不勝於福」；齊俗訓「鵜胡飲水數斗而不足，鱓鮪入口若露而死」，是鮪食而不飲也，比喻「勝於福而不勝於德」。

〔三〕西飆，秋天的大風。呂氏春秋有始：「西方曰飂風。」莊稼方待成熟，而飂風忽至，没有收成，即所謂「稼不成穡」。猶尚書金縢所謂「秋，大熟，未穫，天大雷電以風，禾盡偃，大木斯拔」。「寒暑之疾能失性」者，枚乘七發：「出輿入輦，命曰蹷痿之機；洞房清宮，命曰寒熱之媒；皓齒蛾眉，命曰伐性之斧；甘脆肥膿，命曰腐腸之藥。」前者喻「儉於福而侈於德」（禾能茂盛而大熟，是性好；遇大風而無收，是福薄），後者喻「儉于德而侈于福」（「洞房清宮」是福多；而享受過多，戕伐己性，是儉德）。

〔四〕至者，天之事；致者，人之事。既以至者爲自然之命而無容人爲乎其中，則但因之而已矣。

〔五〕此則有人爲與於其間。

及乎上之理；致福命者，當窮極乎下之勢：而无庸曰自然。自然无爲以觀化，則是二氣之粗者能困人，而人不能知其精以自亨也。〔一〕

請終論之。以知命者以虛，虛者此虛同於彼虛，故太空不可畫以齊、楚；以能命者以實，實者此實異於彼實，故種類不可雜以稻粱。惟其同，故一亦善，萬亦一善，乍見之心，聖人之效也，而從同以致同，繇野人而上，萬不齊以（致）〔至〕〔二〕於聖人，可相因以日進，猶循虛以行，自齊至楚而无所礙。〔三〕惟其異，故人差以位，位差以時，同事而殊功，同謀而殊敗，而從異以致異，自輿臺〔四〕以至於天子，各如量而不溢，猶敷種以生，爲稻爲粱而不可移。〔五〕故虛者不足而非不足，天命之性也；「善惡三品」之說，不知其同而可極

〔一〕謂當奮發有爲，知其精以自亨而出於困也。如果委任自然，連最簡單的情境都能困住人。

〔二〕「至」，底本原作「致」，今據嶽麓本改。

〔三〕惻隱之心，自野人以至堯、舜，皆有之也，豈有別哉？擴而充之，則小人自可日進於君子。

〔四〕文選東京賦「賚皇寮逮輿臺」，注曰：「皇寮，百官也。言天子散發禁庫之財，無問貴賤皆賜及之。善曰：『左氏傳曰人有十等，王臣公、公臣大夫、大夫臣士、士臣皂、皂臣輿、輿臣隸、隸臣寮、寮臣僕、僕臣臺。』」

〔五〕自小人以至於聖人，各有自己之材質，固不得有所混淆。

於上也。〔一〕實者不足則不足矣，吉凶之命也；「聖人无命」之説〔二〕，不知其異而或極於下也。

抑太和之流行无息，時可以生，器可以生，而各得其盈縮者以建生也，則福德俱而多少差焉。迨其日生而充其生，則德可充也，福不可充也。非有侈德而无侈福之謂也；非堪於德者衆而堪於福者寡也；非德貴而福賤，天以珍人而酌其豐儉也。則奚以知其充不充之殊也？

德肖於知，知虚而徵於實；福有其能，能實而行於虚。實可以載虚，虚不可以載實。實可載虚：一（坏）〔抔〕〔三〕之土，上負蒼莽而極於无垠，厥而下之，入於重淵，虚隨〔四〕

〔一〕性三品，荀悦、韓愈之説。申鑒雜説下：「或問天命人事。曰：『有三品焉。上下不移，其中則人事存焉爾。命相近也，事相遠也，則吉凶殊矣。」原性：「性之品有上中下三。上焉者善焉而已矣，中焉者可導而上下也，下焉者惡焉而已矣。」正蒙注：「昏明、彊柔、敏鈍、静躁，因氣之剛柔緩急而分，於是而智愚、賢不肖若自性成，故荀悦、韓愈有三品之説，其實才也，非性也。」

〔二〕「聖人無命」之説未詳。或即袁了凡等勸善書之觀點。了凡四訓曰：「人未能無心，終爲陰陽所縛，安得無數？但惟凡人有數；極善之人，數固拘他不定；極惡之人，數亦拘他不定。」

〔三〕「坏」，嶽麓本同，非也，當作「抔」。

〔四〕「虚隨」，嶽麓本作「隨虚」。今按當作「虚隨」。

以至而不竭。虛不載實：容升之器，加勺而溢，擲一丸之泥於空，隨手而墜矣。故思之所極，夢寐通而鬼神告；鬼神者，命之日生者也。養之所飫，膏粱過而疢疾生；疢疾者，命之不充者也。戴淵盜也而才，華督賊也而義〔一〕，德之灌注者不中已於小人。彊者不可强以廉頗之善飯，羸者不可望以籛鏗之多男〔二〕，福之懸絶者必原本於始生。故致而上者實任之，致而下者虛靡之也。繇此言之，與俱生者，足不足，而上致與下致別矣。日生者，充不充，而上致與下致又別矣。故君子致德之命，致而上極於无已，而窮皎白以高明，肖其知也；致福之命，致而下極於不堪，而窮拂亂以死亡，稱其能也。故曰「君子以致命遂志。」命致而後志可遂。君子之志，審其多寡建立充襲之數，而緼之以不遷，豈旦夕之偶激於意氣也哉？

困，剛之爲柔揜者，福之致下者也，不勝於器而儉於時。二、五皆以剛中者，德之

〔一〕世説新語自新：「戴淵少時遊俠不治行檢，嘗在江、淮間攻掠商旅。陸機赴假還洛，輜重甚盛，淵使少年掠劫，淵在岸上據胡牀指麾，左右皆得其宜。淵既神姿峰穎，雖處鄙事，神氣猶異。機於船屋上遥謂之曰：『卿才如此，亦復作劫邪？』淵便泣涕，投劍歸機，辭厲非常。機彌重之，定交，作筆薦焉。」華督弑宋殤公，殺孔嘉父，賊也；而能死閔公之難，義也。詳左傳桓公二年、莊公十二年。

〔二〕籛鏗，即彭祖。

致上者也，器勝之，時侈之。與生而建，日生而充，極盛而不衰，斯以致於上而无難矣。致德於高明以自旌，致福於凶危以自廣，又奚志之不遂哉！若曰「以命授人」，則勇儧而爲刺客之雄〔二〕，非愛身全道者之所尚，困而已矣，非必忠孝之大節，而又何死焉！〔三〕

二

剛以柔揜，則是柔困剛矣。乃剛困而柔與俱困，何也？

〔二〕刺客俠士常謂「士爲知己者死，女爲説己者容」，詳史記刺客列傳。

〔三〕所謂命者，天所命於人也。天所命於人者，其清剛之德，自塗人以至堯舜皆同；其剛柔之才，則萬不齊。且天之命人，非僅於初生之始；所謂「氣日生，性日成」，故無時不有命也。天之時有豐儉，人之福命又因時而不同。然天既命乎人，則豈但任乎自然（天）？我之克己復禮，存省不已，則德命日進；若夫其福命，則雖因天運時勢，似非人力所能移，然君子之所謂福，又豈但功名利禄哉？潔以自修，免乎降志辱身，亦其福也。船山大象解釋此卦，極明白：「澤非不可有水也。澤居上而不受水，乃自困也。君子之於危亂，非無君可事，無民可使，軀必不可保，妻子必不可全也；不受福澤，自致於困也。困其身，而後身不辱；困其心，而後志不降。匪石之蜜，不求轉也；無道之愚，以棄智也；非困而志不可得而遂矣。豈與句曲弘景、豹林种放同其康豫乎？惟悴枯槁以行乎憂患而保其忠厚，知困而已，豈知亨哉？」

剛任求，柔任與。〔二〕柔之欲與，不緩於剛之欲求，特剛以性動而情速，遂先蒙夫求之實。蒙其實，不得辭其名。而柔之一若前，一若卻，懸與以召剛之求，其應剛者以是，其困剛者亦以是而已矣。故未得而見可欲，既得而予以利，闔户而致悦，虚往而實歸，皆柔才之所優也。因才爲用，乃以網羅生死乎剛於膠飴之中。「酒食」也，「金車」也，「赤紱」也，不待操戈矛、固塞樹壘以絶陽之去來，而剛以困矣。然而揆諸得失名實之閒，而陰已先困。

夫隆人者先自隆也，污人者先自污也，逸人者先自逸也，勞人者先自勞也。陰之德專，其性則静。專且静貞，隨乾行而順代天工，則以配陽而利往。德之不專，散處以相感；性不能静，畜機以相制；乘其上而縈蔽之，糾葛頻蹙，以迷陽於所不及知。夫然，則抑勞心污下而無舒暢之一日矣。非其金車，即其酒食；非其酒食，即其赤紱。而趨日下，而術日上，苟以售其罥縛高明之技。是婦寺之情，宵人之道也，而豈不陋與！幸而陽不之覺也，藉其不然，豈復有陰之餘地哉！

〔二〕船山於同人卦謂：「陰與而陽求。」這也是船山易學條例之一。

抑不覺者，非陽之過也。須養於小人，退息於嚮晦，亦君子道之所應享。而當困世而不覺，則陽或過也。守其道之所應享，知而處之以愚，光大而濟之以誠，索諸明，索諸幽，洋洋乎有對天質祖之誠。則陽不覺而非不覺也，而陰之術亦窮矣。

於是乎陰終失據，而先喪其貞。然後反事而謀之心，反心而謀之道，「動悔有悔」以爲吉，則何其吉之不夙邪！而陽祇守其誠而无所待悔。繇是言之，器覆而无遯鼠，國亡而无不死之小人。均喪其實，獨隕其名，陽失數寡而陰失數多。〔一〕則柔先自困而亦終困，豈或爽哉！

故陽，困於人者也；陰，自困者也。困於人者生：越王幸夫椒之功而困於會稽，平原貪上黨之利而困於長平，雖中陰之餌，而貞不亡。〔二〕自困者死：懷險致媚，不悔而能保其終者，終古而未之有也。故君子終不困人，而自困亦免焉。其不得已而困於人也，積精

〔一〕大厦之傾，陽喪其實，陰則名、實俱喪。陽所失者寡，而陰所失者多。

〔二〕史記越王勾踐世家：「勾踐聞吴王夫差日夜勒兵，且以報越，越欲先吴未發往伐之。范蠡諫曰：『不可……』越王曰：『吾已決之矣。』遂興師。吴王聞之，悉發精兵擊越，敗之夫椒。」勾踐僥倖以爲能大敗夫差，結果在夫椒失敗。據史記趙世家，韓國不能守上黨，上黨吏民不願入秦，願入趙。趙王命平原君受地，發兵取上黨，廉頗軍長平。長平之戰遂爆發。

誠以保其所不及知，如二、五之亨祀以承慶而受福，又孰得而困之！

井

一

困，剛揜也；井，亦剛揜也。二卦之體，綜之而柔皆覆剛〔一〕，困獨蒙其揜，而井利賴其養者，何居？

天下之能加於我者，皆其同類者也；天下之與我異類者，皆其不能加我者也。同類而同情，則性正而情交；異類而異情，則先難而後易；同類而異情，則貌德而衷刑。水之於澤，陰陽非類而與同類〔二〕。類同而貌同，類非而情異。利其酒食、金紱之可以相養，而

〔一〕井爲困之綜卦，困，二、五爲三、上所揜；井，三、五爲四、上所揜，皆陽爲陰所覆蔽。
〔二〕坎爲陽卦，兑爲陰卦，故非同類；然以兑澤亦似有水，故二者求相類焉。

不知支流之没於大浸，水有澤〔一〕而澤且无水〔二〕，柔且以加剛而莫能自出。若夫水之與風，凝散異情，判然其不謀矣。巽德雖順，水終浮溢以出，其不能加我者，猶鐘鼓之不足以宴爰居也。不足以宴，不足以餌，則亦不足以揜。故上六雖柔，其能幕陽而杜其「用汲」之功與？

若四之於三，乘剛也，而不爲乘剛。三，巽之成也，則固非剛也。疑於剛而乘之，察其非剛而退自保焉，而〔三〕自飾之不遑，而何乘邪？乘非乘，揜非揜。巽開户以旁行，道不登於上，則巽心惻矣。坎履中以自用，情不合於下，則巽心又惻矣。不能揜之，將自求之。是木以載水，收功於本絶之交，盡瘁於可以有爲之日。巽免於惻之爲福，而豈得與剛爲難哉？〔四〕此井之通所以異於困之窮也。

〔一〕嶽麓本校記：「『木有水』，守遺經書屋本、金陵本、前後中華本作『水有澤』。馬宗霍按：『下文有云「是木以載水」，則此當從鈔本。』」今按：此言「支流没於大浸」，是澤没於水也，故水有澤而澤無水；從卦象看，此句説困卦，「若夫水之與風」以下説井卦，困卦大象傳曰「澤无水」，而從另一個方向來看也可以説「水有澤」。故當作「水有澤」，馬校非。

〔二〕嶽麓本無「水」字。

〔三〕嶽麓本無「而」字。

〔四〕井卦下卦爲巽，巽能免於心惻就已經很知足了，哪還有空與陽爲難呢？

故君子之於世也，不數數然於物之類己，而虞其有僭心；其漠不相即者，則徐收之以爲利用。是故小名不慕，小善不歆，甘言不邇，淡交不絶，則成功於望外，而朋聚於不謀。雖然，其於此也，則已勞矣。巽勞，而坎非不勞者也。巽勞於入，坎勞於出。故挹江河者施桔槔者，其不窮者則果不窮矣；抱甕而汲之，重綆而升之，所食者十室之邑，而養將窮。不窮其將窮，恃有勞而已矣。故井亦憂患之門，衰世之卦也。

二

夫人之有情，豈相遠哉！懷乾餱之（飴）［貽］〔一〕者，享壺飧而不慚〔二〕。詩云「投我以木瓜，報之以瓊琚。」珍有事也。今以貪僿庸菲廢棄之子〔三〕，苟給利養，授〔四〕圈牢之秣

〔一〕「貽」，底本原作「飴」，今據嶽麓本及文義改。

〔二〕小雅伐木：「民之失德，乾餱以愆。」孔疏謂：「下民之失德見謗訕者，以何故乎？正由乾餱之食不分於人，以獲愆過。」此云「懷乾餱之貽」，謂不吝其乾餱而與人也，既有此德則宜享壺飧之報矣。

〔三〕僿、菲，皆薄也。

〔四〕「授」，嶽麓本作「受」。

餇，而鄙爲木石，无使有自致之薄長，則淪没澌萎，卒以抑菀而不永其生。〔一〕故先王之於樂也，非无都人士女，敏手躧步，可以娱神人而教肄之；然而傴者擊磬，痀者擊鐘，蒙者審音，瞶者眡度，〔二〕合天下尫廢天刑之子，晉之於和豫之地，則何也？樂者，和以養也。和而及於不和之尤，使之消散其一日之哀鬱，而後細類劣生不虚養，而有生之情效焉，則亦且榮生而无甘死之心，所以調陰陽之沴，而溥生理於无方也。是故别无收恤拯貸之典，而一登之有事以榮其養〔三〕。故曰：「聖人輔天地之窮。」且夫愚柔辱賤之士，其視儇巧便給者，所得於天之短長，吾未得而知也。〔四〕禮失而求之野，十室而有忠信〔五〕。疏逖〔六〕微末而莫繇自拔，則皆消沮而忍於長捐。雖有侗愿〔七〕一得之

〔一〕若但以犬馬養此類人，則是使之絶於上進也。菀，積也。

〔二〕以上詳周禮樂師以下。凡爲樂器，聲有高下正陂之不齊，度有十二律之别，皆典同者所職，典同亦瞽矇也。

〔三〕不以爲天之刑人而特賑貸之；乃皆納之於職事，使彼民皆知己身爲有用，而自奮發也。

〔四〕形有缺者未必德有缺也。

〔五〕「禮失而求諸野」，漢書引夫子言。「十室忠信」，論語公冶長文。

〔六〕司馬相如難蜀父老「使疏逖不閉」，史記索隱：「逖，遠。言其疏遠者不被閉絶也。」

〔七〕論語泰伯「侗而不愿」，集解引孔安國曰：「侗，未成器之人也。宜謹愿也。」「侗而不愿」爲夫子所賤，則侗且愿者，猶善也。

長，迨其湮没，且以求慰其生而不遂，況望其引伸而奮迅邪？故棄人之世，世多棄人〔二〕，彼誠无以自振也。

井之初曰「井泥不食，舊井无禽。」蓋哀之也。既以爲之井矣，食則其榮，而不食其辱〔三〕，猶夫人之情也。巽而入，入而下，亦非有潢潦沸溢、不可嚮邇之污垢也。不幸而泥者，時爲之，猶之乎爲井也，亦各有施焉，因而浚之，薄取而小用之，豈无所望於上哉？置之不食，而井舊矣，井舊而无以自新矣。長捐於時，而无汲之〔三〕，時灰心於涓滴之再潤者，亦勢莫如何，終自廢以无禽矣。使遇洞酌挹注之主〔四〕，功施廢疾，而才登菅蒯〔五〕，則

〔二〕今本老子第二十七章：「是以聖人常善救人，故無棄人。」

〔三〕井水爲人所汲取，則井榮也。

〔三〕嶽麓本校記：「『長捐于時，而无汲之』：此據鈔本原圈標點。前後中華本連下『時』字共爲一句，作『捐于時而无汲之時』，亦通。」

〔四〕小雅洞酌：「洞酌彼行潦，挹彼注兹，可以餴饎。」毛傳：「洞，遠也。行潦，流潦也。」詩廣傳：「善用人者無棄人，善用物者無棄物，老氏之言，何其似洞之詩也！雖然，其用心之厚薄遠矣。君子不忍棄人故善用人，不忍棄物故善用物。以功效勸天下於善之塗，而不役天下以收其功效，故豈弟之德流焉，父母之道也。然後知彼之用人物者，權虜之術也。」

〔五〕菅蒯，左傳成公九年引逸詩曰：「雖有絲麻，無棄菅蒯；雖有姬、姜，無棄蕉萃。凡百君子，莫不代匱。」後漢書應劭傳載應劭引此語，而後曰：「是用敢露頑才，厠於明哲之末。雖未足綱紀國體，宣洽時雍，庶幾觀察，增闡聖聽。」此則以「菅蒯」喻微末之職。

居然井也，而豈逮此與？

甚矣，五之至清而无徒也。三功之成，進而相比，潔而自薦，使非數數於求明以受福，且終年抱惻而國莫我知。而況初之疏賤而羸弱者乎。棄其致養則不足以自潤，不足以自潤則生理憊而生氣窮。君子固已哀初之時命，而不得與於先王之勸相矣。出險而有得色，絶物而自著其功，寒儉自潔以凋和平之氣。〔二〕井五之「中正」，衰世之德也。衰世之德，慘於盛世之刑。與其爲水，不如其爲火，子産之得爲君子，有勸勞之道也夫！〔三〕

周易外傳卷三終

〔二〕詩、樂之教，所以調節性情，宣導和平，而移風易俗也。和平之氣凋，則忿戾之氣長，二氣推移，盛衰之徵也。故船山曰：「治亂之際，詩以占之。」有明自太祖即立苛急之法，而風氣日以戾，士務於競躁，船山之所慨歎也。此「和平」之義尤見於詩廣傳。

〔三〕爲火，則成鼎卦，養之道也。左傳昭公二十年：「鄭子産有疾，謂子大叔曰：『我死，子必爲政。唯有德者能以寬服民，其次莫如猛。夫火烈，民望而畏之，故鮮死焉；水懦弱，民狎而玩之，則多死焉。故寬難。』疾數月而卒。」

周易外傳卷四

革

陽可以久道，陰不可以厚事，剛柔之才異也。火之極，炎蒸而成潤；風之末，吹弱而成堅。其既，則潤以息火，而堅以止風。蓋陰不厚事，則其極盛而遷，每於位亢勢終之餘，謝故以生新，非若陽之可久者，履盛而志不衰也。

是故離兩作，而上明爲下明之所迫；巽重申，而後風踵前風以相盪。迫之甚，則鬱庵銷灼而火道替；盪之不已，則消散凋零而風位不安。故息之者以豫防其替，止之者以早授其安。物將替而爲故，乍得安而見新。此離五之陰，避重明以遷於上，革之所以「虎變」也；巽四之陰，息緒風以遷於五，鼎之所以「中實」也。其（陰）

[因]〔一〕過盛以遷，遷而陰先往以倡之變者，均也。〔二〕

雖然，其於革也則尤難矣。過乎時，而返以乘時，陽革而來五，其勢難；履天位，而巽〔三〕乎无位，陰革而往上，其情難。此二者，皆非鼎之所有也。勢難者，時相强以爲主，二喜於得配而信之，始於遲回而終於光大〔四〕；情難者，不獲已而遠去，陽積於其下而迫之，君子以忍難而昭質，小人以外悦而中憂。〔五〕如是，而上之變也，較之五而尤難矣。而九三不恤其難，猶恃其赫赫之明，屢起而趣其行〔六〕，不亦甚乎！

故易之於上，奬之无遺詞焉：其爲君子也，雖「蔚」而予之以「文」。蔚，入聲，不舒

〔一〕「因」，底本原作「陰」，今據嶽麓本改。

〔二〕革自離變，離六五、上九相易。鼎自巽變，巽六四、九五相易。「物將替而爲故」，革去故也；「乍得安而見新」，鼎取新也。

〔三〕嶽麓本校記：「『遜』，守遺經書屋本、金陵本、前後中華本作『巽』。」

〔四〕象傳所謂「大人虎變，其文炳也」。

〔五〕據上文理，革由離變。勢難者，離之上九、革之九五；情難者，離之六五、革之上六也。「勢難者」至「光大」一句，專言離之上、革之五也；「情難」至「而中憂」，專言離之五、革之上也。離五、革上，臨此「情難」，亦有君子、小人之別：其「君子以忍難而昭質」，謂離六五臨此難，忍之而不欲往上，所以昭明其質直也；其「小人以外悦而中憂」，謂離六五不得已而去五位，其外貌雖順從於陽，而實則戀其尊位、憂其無位也。

〔六〕爻辭所謂「革言三就」也。

也。文其所固有，失位而菀；菀而不失其盛，而後君子之志光。〔一〕其爲小人也，雖「革面」而許之以「順」〔二〕，中未順而外悦；悦而不問其心，而後小人之志平。猶且戒之以勿「征」焉。使其征也，陰之凶而陽之幸也。乃既委以難，而猶使之消散以失歸，則抑不足以獎天下之能革者矣。〔三〕

或曰：「離之從革也，勢處不厚，同類相偪，内争而息肩於外，革而未離其類，革面而未洗其心，則聖人何獎乎？」〔四〕

夫離之盛也，其性則陰也，其才則明也。以慧察之姿，行柔媚之德，相助以熺

〔一〕此君子謂離五革上之君子。本居尊而遷於無位之地，故失位、故抑鬱而蔚。（船山文例，凡陽爲君、陰爲小人。此則陰之爻亦可分君子小人，變例也。）此「光」乃上九之光，與上文「始於遲回而終於光大」者不同，上文乃釋「虎變」，此則釋「豹變」。離上之於革五之變，大人虎變也。離五之於革上之變，或爲君子，或爲小人：君子之變，豹變是也；小人之變，革面是也。

〔二〕嶽麓本「順」後有「面不可以爲革」六字。

〔三〕上六爻辭戒陰曰「征凶」，謂陰已往於上六，勿更往以至於消散而凶也，若陰散，則陽之幸也。既委難事於六五之陰，且陰從之矣，則當善待此陰；若陰已退於上而猶排擠之，則寒天下欲革者之心也。

〔四〕此句謂離之六五退於上而成革者，乃因己以一陰處群陽之中，所處不厚，且又爲群陽所逼，内不可與陽争，乃不得已去其五位而避於上也。六五退於上，固亦革矣，然其猶未離其陰類，是革之小者；且但面革而已矣。聖人緣何獎之曰「蔚」曰「順」曰「貞吉」乎？息肩，息其肩，猶卸其任也。

然〔二〕。雖有蒸逼之患，而非其近憂，然且引身早去，召陽來主，以協於下，此非所易得於離者也。而不見「突如其來」而不忌，「出涕沱若」而不舍，爲重離之固然者乎！〔三〕知難而往，辭尊而讓，而遑拒其面，而遑過求其心！此聖人所以道大德宏，而樂與人爲善也。

鼎

鼎柔上而居中，則風力聚而火道登矣〔一〕。天下未定，先以驅除；天下已定，納以文明。風以盪之，日以暄之，有其盪而日以升，有其暄而風不散，故離位正而巽命凝也。

〔二〕熺，炙熱。熺然，謂其氣焰之盛。

〔三〕謂離之六五，不忌九四之突如其來，不舍去五之位也。以此顯明六五之遷於上，實難也；而其終遷也，實爲不易，又何必進而苛求其心哉！

〔一〕外傳於革卦謂：「巽重申，而後風踵前風以相盪。盪之不已，則消散凋零而風位不安。」今變上巽爲離，則無上下相盪之憂，是聚其風力也。

然五位之正，以柔正也。納天下於虛而自安其位，凝其方散而未離其類。其於命之至也，位之康也，受命以施命於物也，非能大創而予以維新也。故「中以爲實」，則所據以爲實者，位而已矣。據位以爲實，夫且有擥固其位之心，乘驅除之餘，合萬方之散，擥固其位以柔之道，將无思媚愚賤、抑法而崇惠與！〔一〕

夫報虐以威者，非聖人之弘；因俗而安者，非聖人之正。〔二〕何也？皆以其有位之心而據之爲實也。則上九之以「玉鉉」相節，舉重器以剛廉之幹，其可已與？〔三〕且夫天位之去來，率非有心者所得利也。鼎五之履位以息驅除，而顧使四「折足」而莫如何者，豈固有也哉！〔四〕以其號召於始者長保於終，則日有姑息乎邱民之事〔五〕。缺禮而

〔一〕「將无」，猶「將」也。（經傳釋詞：「無，轉語詞也。字或作亡，或作忘，或作妄，或言亡其，或言意亡，或言亡意，亦或言將妄，其義一也。」）六五若但以固己位爲事，則施惠以媚於愚賤，懷柔而廢法，若宋代是也。見下文。

〔二〕「報虐以威」，失在過剛；「因俗而安」，失在過柔。鼎之所患，在其後者。

〔三〕疑上九不可以如此也，設此疑問，以啟下文答釋。

〔四〕固有，謂本當如此。

〔五〕懲强扶弱，其革新之初所號召者也；而欲保有此懲强扶弱之道以終，亦即終日用此柔術，則是放縱邱民而不節之也。

伸情，懲彊而安弱，於是天下亦有以窺其擥固之志，而倒持逆順於蘁首〔一〕。即不然，而長冥愚之非，漏吞舟之桀，亦與於「覆餗」，而否之出也无期。故懸剛於上，以節而舉之，道以裁恩，刑以佐禮，而後輔五而授以貞。授五以貞，則可調氣之偏，而計民治於久遠。數百年之恒，一日之新也，而後「吉无不利」矣。

漢之新秦也，非其固有也。嘉勞父老，約法三章，柔效登而位正矣。蕭、曹定法於上，畫一而不可干，而又衆建諸侯以强其輔。故剛以節柔，其後一篡再篡而不可猝亡。宋之新五代也，非其固有也。竊竊然其懷寶，而〔二〕沾沾然其弄飴。趙普之徒，早作夜思以進擥固之術，解刑網，釋兵權，率欲媚天下而弱其骨。故以柔濟柔而无節，渝散尫仆，一奪於女直，再奪於韃靼，而亡亦熸〔三〕矣。

嗚乎！柔之爲道，止驅除而新命，得則爲周，失則爲宋。剛之爲道，納之柔世而卒難

〔一〕陳涉輟耕隴上之事。
〔二〕嶽麓本無「而」字。
〔三〕玉篇：「熸，火滅也。」按此「熸」疑當作「憯」。

舍〔一〕也，而節〔二〕則爲商，不節亦不失爲漢〔三〕。「后之正位而維新者」〔四〕，抑務有以舉斯重器，无利天位之實，而沾沾然惟擊固之爲圖也哉！

震

天下亦變矣。變而非能改其常，則必有以爲之主。无主則不足與始，无主則不足與繼。豈惟家之有宗廟，國之有社稷哉！離乎陰陽未交之始以爲主，別建乎杳冥恍惚之影，物外之散士，不足以君中國也。乘乎陰陽微動之際以擇主，巧迓之輕重、静躁之機，小宗之

〔一〕「舍」，嶽麓本作「合」。今按當作「舍」，謂不可捨弃剛道也。
〔二〕「節」，嶽麓本作「全」。
〔三〕商之刑法繁密詳縝。荀子正名「後王之成名，刑名從商，爵名從周」，楊注曰：「商之刑法未聞，康誥曰『殷罰有倫』，是言殷刑之允當也。」
〔四〕嶽麓本校記：「『后之正位而維新者』，八字守遺經書屋本、金陵本均作白框，前後中華本已據周校填補。」按「后」疑當作「後」。

支子，不足以承祧也。〔一〕故天下亦變矣，所以變者亦常矣。相生相息而皆其常，相延相代而无有非變。故純乾純坤，无時也〔二〕。有純乾之時，則形何以復凝？有純坤之時，則象何以復昭？且其時之空洞而晦（塞）〔冥〕〔三〕矣，復何從而紀之哉？夏至之純陽非无陰，冬至之純陰非无陽。黄壚青天，用隱而體不隱。賈生欲以至前一日當之，其亦陋矣〔四〕。純乾純坤，終无其時，則即有杳冥、恍惚之精，亦因乎至變，相保以固其貞，而終不可謂之「杳冥」「恍惚」也。且輕重、静躁，迭相爲君，亦无不倡而先和，終不可謂「静爲躁君」也。

〔一〕前句隱士，後句謂機謀之説。「祧」，嶽麓本作「宗祧」。

〔二〕嶽麓本「時」後多「有」字。

〔三〕「冥」，底本原作「塞」，今據嶽麓本改。

〔四〕賈生，當指賈誼。然此説於今賈誼集中無有。按船山嘗於他處謂此乃董仲舒之説，則「賈生」或即「董生」之誤。内傳於臨卦下曰：「董仲舒謂冬至前一日無陽，夏至前一日無陰。陰陽孤絶，天地且不能自立，日月且不能運行，人物且不能呼吸，而何有此一日哉！」正蒙大易船山又注曰：「謂十一月一陽生，冬至前一日無陽者，董仲舒之陋也。」西京雜記卷五載：「元光元年七月，京師雨雹，鮑敞問董仲舒曰：『雹何物也？何氣而生之？』仲舒曰：『陰氣脅陽氣。天地之氣，陰陽相半，和氣周廻，朝夕不息。陽德用事則和氣皆陽，建巳之月是也，故謂之正陽之月；陰德用事則和氣皆陰，建亥之月是也，故謂之正陰之月。十月陰雖用事，而陰不孤立，此月純陰疑於無陽，故謂之陽月；四月陽雖用事而陽不獨存，此月純陽，疑於無陰，故亦謂之陰月。自十月已後，陽氣始生於地下，漸冉流散，故言息也，陰氣轉收，故言消也……純陽用事未夏至一日，純陰用事未冬至一日，朔旦、夏至、冬至，其正氣也。』」此義不見於繁露，其天辨在人、陰陽位數篇有近似之言：「陽至其休而入化於地，陰至其伏而避德於下。是故夏出長於上，冬入化於下者，陽也；夏入守虚地於下，冬出守虚位於上者，陰也。」

嘗近取而驗之。人之有心，晝夜用而不息。雖人欲雜動，而所資以見天理者，舍此心而奚主！其不用而静且輕，則寤寐之頃是也。旦晝之所爲，其非寤寐之所得主，明矣。寐而有夢，則皆其荒唐辟謬而不可據。今有人焉，據所夢者以爲適從，則豈不傎乎！

彼徒曰「言出於不言，行出於不行」，而以是爲言行之主。夫不言者在方言、不行者在方行之際，則口與足之以意爲主者也。故「意誠而后心正」，居動以治静也。而苟以不言不行爲所自出也，則所出者待之矣。是人之將言，必默然良久而後有音；其將行也，必嶷立經時而後能步矣。此人也，必斷續安排之久，如痎瘧之閒日而發也〔二〕，豈天地之正，而人之純粹以精者哉！

夫理以充氣，而氣以充理。理氣交充而互相持，和而相守以爲之精，則所以爲主者在焉。而抑氣之躁，求理之静，如越人薰王子而强爲之君〔三〕，曰「不言不行，言行之所出

〔二〕左傳昭公二十年正義：「今人瘧有二日一發，亦有頻日發者。俗人仍呼二日一發久不差者爲痎瘧。」

〔三〕嶽麓本校記：「『强之爲君』，守遺經書屋本、金陵本、前後中華本作『强爲之君』。」

也」。〔一〕今瘖者非无不言，而終不能言；疾者非无不行，而終不能行；彼理著而氣不至也。〔二〕繇是觀之，動者不藉於靜，不亦諗乎！

夫才以用而日生，思以引而不竭。江河无積水，而百川相因以注之。止水之窪，九夏〔三〕之方熯而已涸也。今曰其始立［也］〔四〕則杳冥恍惚以爲真也，其方感也則靜且輕者以爲根也——是禹之抑洪水，周公之兼夷驅獸，孔子之作春秋，日動以負重，將且紛膠瞀亂，而言行交詘；而飽食終日之徒，使之窮物理，應事機，抑將智力沛發而不衰。是圈豕賢於人，而頑石、飛蟲賢於圈豕也，則可不謂至誣也乎！故不行者亦出於行，不言者亦出於言，互相爲出，均不可執之爲主。

〔一〕莊子讓王：「越人三世弒其君，王子搜患之，逃乎丹穴。而越國無君，求王子搜，不得，從之丹穴。王子搜不肯出，越人薰之以艾，乘以玉輿。王子搜援綏登車，仰天而呼曰：『君乎君乎！獨不可以舍我乎！』王子搜非惡爲君也，惡爲君之患也。王子搜者，可謂不以國傷生矣。此固越人之所欲得爲君也。」此喻道家之强以静爲君也。

〔二〕此駁老氏之説也。彼徒謂「不言不行，言行之所出也」「言出於不言，行出於不行」，今觀夫瘖者、疾者，亦有不言、不行之理也（理静，故言行之理乃不言、不行），依彼徒之説，則瘖疾之不言、不行能生出言、行也；然瘖、疾終不能言行。則彼所謂「言出於不言，行出於不行」亦謬之甚矣。瘖、疾所以有不言不行之理而終不能言行（依彼徒之説，則不言不行而終能言行）者，理著而氣不至也。

〔三〕初學記卷三引梁元帝纂要曰：「夏曰朱明，亦曰長嬴、朱夏、炎夏、三夏、九夏。」

〔四〕「也」字據嶽麓本補。對比下句「其方感也則」，當有「也」字。

自其爲之主以始者帝也，其充而相持、和而相守者是也；非離陰陽，而異乎夢寐〔一〕。自其爲之主以繼者震也，其氣動以充理而使重者是也；非以陰爲體以聽陽之來〔二〕去，而異乎痯瘐。帝者始，震者繼，故曰：「帝出乎震。」又曰：「出可以守宗廟社稷，以爲祭主。」尸長子之責，承宗社之大，蓋其體則承帝而不偏承乎陰陽，其用則承乾而不承坤。何也？坤已凝而陽生，則復是已，是人事之往來也。未成乎坤而陽先起，則震是已，是天機之生息也〔三〕。復爲人事之改圖，故屢進而益長；震爲天機之先動，故再「震」而遂泥〔四〕。帝不容已於出，而出即可以爲帝，故言不言，行不行，動静互涵，以爲萬變之宗。帝不容已於出，故君在而太子建；出即可以爲帝，故君終而嗣子立。受命於帝而承祚於乾，故子繼父而不繼母；理氣互充於始而氣以輔理於繼，故動可以爲君而出可以爲守。借曰坤立而陽始生以爲震，因推坤以先震，立静以君躁，則果有純坤之一時也。有純坤之一時，

〔一〕帝不離陰陽，且帝異乎夢寐。下句「非……而……」仿此。

〔二〕「來」，嶽麓本作「乘」，非。

〔三〕後文艮卦云：「剥消而復長，人事之休咎也；艮止而震起，天理之存存也。」復在坤之後，坤爲静爲休息，人事有休息，而天地之化則不息也。

〔四〕復卦示陽之浸長，故曰「履進益長」；震則不從剛自下漸長之例，於四爻復生一陽，其爻辭曰「震遂泥」。

抑有純乾之一時，則將有未有乾、未有坤之一時，而異端之説，繇此其昌矣。

是故以序則震爲乾之長子，而不生於陰；以位則居寅卯之交，春不繼冬，木不承（水）［土］〔二〕，陽以建春，春以肇歲，震承乾而乾生於震。震之出於帝，且與乾互建其功而无待於乾，奚況於坤之非統而何所待哉！是故始之爲體，則理氣均；繼之爲用，則氣倍爲功而出即爲守。氣倍爲功，則動貴；出即爲守，則静不足以自堅矣。建主以應變者，尚无自喪其匕鬯夫！

艮

一

因才而授之以處之謂位，得處而即於安之謂所。有定性，无定位；有定位，无定

〔二〕「土」：底本原作「水」，今據嶽麓本改。震居寅卯之交而寅卯爲木，艮居丑寅之交而丑爲土，是木似承土也；冬去則春來，是春似繼冬也。然船山以爲不繼不承者，以木、春雖似踵續土、冬，實則自爲新創也，説卦「萬物之所成終而所成始也」。

所。〔一〕定所也者，先立一道以便〔二〕性而不遷也。處高拒卑，制物以己，而制遇以心也；或物起相干，而絶憂患以自鎮也；抑物至利交，而杜情好於往來也；如是而後得以有其定所。故有定所則己成，己成則物亦莫亂之，而物成。各擅其成，己與物有不相保，皆所不謀，而惟終恃其成，而後其爲定所也，長建而不易。於其定所見其定位，於其定位行其定性，此絶憂患，杜情好，不介通〔三〕，不立功，而自成乎己者也，則艮是已。

夫无定所以爲定位，則出入皆非其疾，位以安安而能遷，曰素位〔四〕。无定位以爲定性，則尊卑皆非可踰，性以下濟而光明，曰盡性〔五〕。素者，位之博也〔六〕；盡者，性之充也。遷以安者，有事以爲功於位也；下濟而光者，情交以盡性而至於命也。功立則去危即安，

〔一〕此章以「所」爲論者，彖傳曰：「艮其止，止其所也。」程子謂：「艮其止，止其所也。各止其所，父子止於恩，君臣止於義之謂。艮其背，止於所不見也。」

〔二〕說文、廣雅：「便，安也」。

〔三〕介，紹也、助也。介通，紹介以通也。外傳於中孚曰：「疑貳之消，不待合於介紹矣。」

〔四〕復卦彖傳曰：「出入无疾，朋來无咎，反復其道，七日來復。」中庸：「君子素其位而行，不願乎其外。」此顏子之德也。

〔五〕謙卦彖傳曰：「天道下濟而光明，地道卑而上行。謙尊而光，卑而不可逾。」「天命之謂性」，故「天道下濟」爲性之下濟。中庸曰「能盡其性」，孟子曰「盡心知性知天」。

〔六〕素其位而行，則無往而非其位。

身有可序之績；情交則先疑後信，人有相見之榮。績著於身，而非以私〔一〕，不得訾之以爲功名之侈；榮被於人，而非以徇世，不得薄之以爲情欲之遷。是身非不可獲，而人非不可見也。〔二〕

夫功名之與情欲，毋亦去其不正者而止，豈必敻然高蹈，並其得正者而拒之哉！拒其正者，則位不博而性不充。不博，則偪側而位无餘位〔三〕；不充，則孤畸而性有缺。於以謝事絶交，恃物之自成，而小成於己，而毁居成後者，以非其時而不謀，〔四〕斯豈非與咎同道者哉？然且艮終不以咎爲恤。〔五〕

高在上者，陽之位也；亢不與者，陽之情也。保其位，任其情。二、五得位，而曰〔六〕

〔一〕嶽麓本「私」後有「己」字。

〔二〕聖人道大德宏，無定位、定所，故能獲身、見人；艮之道則專以閑防爲務，故致卦辭所謂「艮其背，不獲其身；行其庭，不見其人」也。

〔三〕嶽麓本無「位」字。

〔四〕此句之理解，可參照前文「故有定所則己成，己成則物亦莫亂之，而物成。各擅其成，己與物有不相保，皆所不謀，而惟終恃其成」。謂我與物各自成就，我但任物之自成，不與相謀，故雖成而終有毁。

〔五〕觀艮之所爲甚隘，似有咎者；然其卦爻辭屢言「无咎」，何也？其下文則釋之。

〔六〕此以下兩「而曰」，都是模擬陽爻的説話。

「我終處其上」；四陰同體〔一〕，而曰「不可與爲緣」。尊位在彼，則處其上者直寓也，位寓則身廢；同體不容相舍，則靳其交者已隘也，性隘則庭虚。〔二〕乃艮終不以此爲恤者，彼誠有所大恤，而視天下皆咎（徒）［塗］〔三〕也；謂承乾三索之餘，而處陰方長之世也。

氣處餘者才弱，憂患不在世而在己。欲忘憂患，則先忘其召憂召患之功名。敵方長者意濫，情好雖以正而或淫於邪。欲正情好，則先正其无情无好之崖宇。功不可强立，情不可偶合。歸於无功而情不固，徒然侈其性、離其位以自喪，艮亦惟此咎之爲恤，而遑有其身以與人相見乎？

故其成也，无得於身，而身亦不失；无緣於人，而人終不得而干之。陰且憚以思止，陽因止而猶存。立綱正極，保其性，固其位。是天下之恃有艮者，功无可建，即无功以止

〔一〕初、二二陰與三同體，四、五二陰與上同體。

〔二〕尊位在六五，那麼上九衹不過是寄居之位，既處寄寓之位則無權（「身廢」）。既同體，則宜其相交，不當相捨弃；今陽既固吝其與陰交，是狹隘也。狹隘則没有什麼同伴，所以庭院寂寥（卦辭「行其庭不見其人」）。

〔三〕「塗」，底本原作「徒」，今據嶽麓本改。謂視天下皆致咎之塗，故恤其外交，而止也。

憂患；情有不施，即无情以訖嗜欲。拯衰者德宏而道大〔一〕，砥俗者嚴氣而危行。量其世，量其才，君子長保艮以自守，而不敢浮慕於聖人，斯其所以无咎也與！〔二〕

二

夫乘消長之會，保亢極之剛，止功不試，止情不交，〔三〕以專己之成者，奚可不擇地以自處哉！

夫地有遠邇，有險夷，有同別，有彼己。危哉！九三之處地，參於四陰之中，密邇而蹈險，同異類而失己援，猶且以爲所而止焉。越人之覩章甫也則怪之，群鷃之睨一鵬也則笑之。匪直怪之，將起而敵之；匪直笑之，念有以污之。横絶其類而使不得合，則戈矛起於夙夜；嶽立其側而形其所短，則簧鼓徹於聽聞。四陰之限〔四〕，豈陽所宜寢處而无嫌者乎？

〔一〕外傳於巽卦謂：「知難而往，辭尊而讓，而違拒其面，而違過求其心！此聖人所以道大德宏，而樂與人爲善也。」

〔二〕無聖人之才量而欲效聖人之德宏道大，終於流盪柔弱、逐物不返而已矣。

〔三〕艮卦的時候，不去開拓新的功業（停止功業而不嘗試新的），不去擴大與外界的交往（節制感情而不去與外界相交往）。

〔四〕九三謂「艮其限」，限，腰也。

我不敢知戈矛之不傷我躬也，則亦不敢知簧鼓之不移我志也〔一〕。不幸而躬傷，君子猶可安於義命；尤不幸而志移，貞士將盡喪其生平。是故火之薰也，日蒸月化，物且變瑩白爲黮黷矣。其受變而改其素，人惜遯之未遠；其不受變而蒙其難，亦何必以察察際汶汶，而競大輅柴車之餘勇乎〔二〕？

抑投躬於非類之炎灼，而僅保自免之危情，則不變者十三，而變者十七，亦人情難易之大都矣。箕子之於紂，孔子之於季斯〔三〕，操其屈伸，用其權度，義重而道宏，則同污而自靖。且彼之功侔天地而情貞日月者，志不存於用艮也。

若夫抱獨立之素者，則无悶以自安。必將遠而不與之邇，别而不與之同，離乎險以全乎己，而後悶不足以加之。悶不足以加，則離人珍獨，亦足以伸正氣而爲流俗之砥柱。若

〔一〕此句句法若尚書君奭：「我不敢知曰厥基永孚于休。若天棐忱，我亦不敢知曰其終出于不祥。」戈矛之傷我躬、簧鼓之移我志，或未可知，謂戈矛可傷我躬、簧鼓可移我志也。

〔二〕史記載屈原謂漁父曰：「人又誰能以身之察察，受物之汶汶者乎？」索隱：「汶汶，音門門，猶昏暗不明也。」宋史卷三百一十四范純仁傳載純仁與其弟書曰：「大輅與柴車争逐，明珠與瓦礫相觸，君子與小人鬥力，中國與外邦校勝負。非唯不可勝，兼亦不足勝。不唯不足勝，雖勝亦非也。」

〔三〕季斯即季桓子。

其情固違之，身且即之，温嶠之幸成，撩病虎而盜睡驪，蓋亦危矣〔二〕。賈捐之介恭、顯以行其志，身死而名辱，蓋自貽也，將誰咎而可哉！〔三〕謝朏扁舟造都，薰以得染，不足道已〔三〕。孔北海之於曹操，嵇中散之於司馬，施止於屬目，其尚遜管寧而愧孫登與！〔四〕

「厲薰心」矣，而不繫之以凶悔者，何也？身傷則凶，而僅免於咎；志移則悔，而苟免於凶。不能保二者之何居，所以危三者愈甚矣。〔五〕名可聞，身不可得而見，所謂「不獲其身」「不見其人」者〔六〕，用此道以自存也。

〔二〕盜睡驪者，莊子列禦寇：「河上有家貧恃緯蕭而食者。其子没於淵，得千金之珠。其父謂其子曰：『取石來，鍛之。夫千金之珠必在九重之淵，而驪龍頷下。子能得珠者，必遭其睡也。使驪龍而寤，子尚奚微之有哉？』」晉明帝即位，王敦欲謀反。温嶠知王敦不可勸止，故陰結納之，王敦乃補温嶠爲丹陽尹。而後温嶠將王敦之事告於明帝。王敦怒，謀反時列温嶠爲首惡。詳晉書卷六十八温嶠傳。

〔三〕賈捐之之事，詳臨卦下注。

〔三〕謝朏本爲南齊舊臣，梁武帝踐祚，辟謝朏，初不就，至梁武帝天監二年六月，謝朏乃「輕舟出，詣闕。詔以爲侍中、司徒、尚書令」。謝朏終未能全其節也。（詳資治通鑑卷一百四十五、梁書卷十五）

〔四〕孔融、嵇康雖然保持了自己的志節，避免了「咎」，但最終被曹操或司馬氏殺害，故「凶」。管寧隱居，朝廷數十次徵召皆不就。孫登隱居山中，嵇康曾從遊。孫登告誡嵇康説：「用光在乎得薪，所以保其耀；用才在乎識真，所以全其年。今子才多識寡，難乎免於今之世矣。」後來嵇康遭非命，乃作幽憤詩曰：「昔慚柳下，今愧孫登。」詳見三國志卷十一管寧傳，及晉書卷九四隱逸。

〔五〕「二者」，凶與悔也，不能保證其凶悔與否也，言凶悔不測。吉凶既不測，則九三之危愈甚矣。

〔六〕不以己身與人交也。告九三當歸隱。

三

或曰：「萬物之化，始於陽，卒於陰。」此據相嬗之迹，而非其甚深之藏也。盈萬物而皆卒乎陰，則其末且虔劉隕折，而莫與之爲繼。然則始以爲生，終以爲成，皆陽與爲功矣。何以知之？以「敦艮」之「厚終」者知之。

夫萬物「成言乎艮」而以厚終，則豈有不厚終者哉？益以知亥、子之交〔一〕，非果有混沌而未開闢之日。天地之始，天地之終，一而已矣。特其陰中陽外，无初中乘權之盛〔二〕，而陽之凝止於亢極以保萬物之命者，正深藏以需後此之起。故曰「天地之大德曰生」，天地生於道，物必肖其所生。是道无有不生之德，亦无有卒於陰之理矣。

夫艮則有否之象焉。上九陽寄无位，升而不可復，止而不足以行。陰之浸盛，則汰於

〔一〕「交」，嶽麓本作「閒」。
〔二〕陽居於外，於初、中之位皆未能乘權，是「无初中乘權之盛」也。

否之相敵。以貌取者，鮮不疑陽之薄蕩无（期）［基］，而減替以爲之終〔一〕。乃陽之堅植於外者，不驚其逼，不決於去，泰然安居，處濩落而自息其生理，以養天地之化，而報道之生，則可不謂極厚者與！萬物方以此終，即以此始。終於厚者始於厚。厚者，義之至，仁之盡也。故曰「始終於艮」〔二〕。艮可以終而可以始，化萬物者，无不厚之日。舊穀之登，新穀之母也。而何疑其有卒乎陰之一日哉！

故剥消而復長，人事之休咎也；艮止而震起，天理之存存也。商、周盡人以合天：繼剥而觀息於静，故歸藏首坤；繇復而備致其盛，故周易首乾。夏后本天以治人，先震以立始於終，故連山首艮。首艮者，首其厚終以成始也。

人事之利害百變乎後，而天道立於其上，恒止而不遷。陰衆而陽不傷，亂極而治有主，皆天所治人之事，而不屑屑然從既生既盛以致功，乃可以歷百變而不拔。

〔一〕嶽麓本校記：「『鮮不疑陽之薄盪无基，而減替以爲之終』：守遺經書屋本、金陵本、前後中華本俱『基』作『期』，『減』作『滅』。」今據改。

〔二〕説卦傳謂艮卦「萬物之所成終而所成始也」，又曰「終萬物始萬物者，莫盛乎艮」。

禹之治水也，以爲治其流則〔一〕不如治其源，故先條山而後析水〔二〕，則夏道固詳於山矣。其建治教之宗，則存乎洪範〔三〕。洪範之疇，建用皇極。極，在上者也；建者，則其止也。洛書之數，戴九履一〔四〕。一爲皇極〔五〕，則艮之一陽是已。於以成終，故極建在上；於以成始，故一履於下。乃其數則盡乎九而不及十。天德之存存，以陽始，以陽終，不使陰得爲之卒焉。

〔一〕嶽麓本無「則」字。

〔二〕尚書禹貢：「禹敷土，隨山刊木，奠高山大川。」

〔三〕洪範者，大法也，箕子所陳於武王者，然其道所來久矣。故箕子曰：「我聞在昔，鯀堙洪水，汩陳其五行。帝乃震怒，不畀洪範九疇，彝倫攸斁。鯀則殛死，禹乃嗣興，天乃錫禹洪範九疇，彝倫攸叙。初一曰五行，次二曰敬用五事，次三曰農用八政，次四曰協用五紀，次五曰建用皇極，次六曰乂用三德，次七曰明用稽疑，次八曰念用庶徵，次九曰嚮用五福，威用六極。」

〔四〕漢書五行志載劉歆之説，以爲：「禹治洪水，賜雒書，法而陳之，洪範是也。」然此但言洛書爲洪範，未言戴九履一之圖即洛書也。以戴九履一爲河圖，劉牧之説；以之爲洛書，朱子之説。詳易圖明辨。王孝魚先生譯解説：「船山掃除迷信的精神頗强，但很信仰河圖、洛書，一點也未加以攻擊。前輩譚嗣同先生已作過如此懷疑……船山據此發揮，總嫌支離牽强，仍脱不了舊日經生的習氣，這也是時代的局限性吧！」（頁一七七）按船山所以信圖、書者，因爲繫辭與尚書都提到過；更重要的是，且講宇宙之理必需有所憑藉，圖、書之數即船山之憑藉。

〔五〕舊之説洛書者，以其一、二、三之點數，即洪範之「初一、次二、次三」諸數。船山則以五爲初一五行，四爲次二五事，三爲次三八政，八爲次四五紀，一爲次五皇極，六爲次六三德，七爲次七稽疑，二爲次八庶徵，九爲次九五福六極。詳尚書稗疏。

其制治之道則尚忠。〔一〕忠者，心之自盡〔二〕。自盡而不恤物交之利害，存誠以治情欲之遷流。聖人而修下士之祗敬，天子而躬匹夫之勞苦。〔三〕功配天地而不矜，名滿萬世而不争。蓋處於盛而以治衰之道居之，則極乎衰，而盛者非不可復用也。

是故繼揖讓之終而持其流，創世及之統而貞其始。〔四〕自敦其厚，化不得而薄之。其興也，有沴行之天，有圮族之父〔五〕。其衰也，有洛汭之奔，有有窮之篡〔六〕；而興无所待，衰不淪亡。〔七〕非猶夫商、周之興，世德開先以用其盛，而逮及〔八〕陵夷，一解而不可復張也。

〔一〕此三統之説。漢書董仲舒對策曰：「王者有改制之名，亡變道之實。然夏上忠，殷上敬，周上文者，所繼之捄當用此也。」白虎通三教：「夏人之王教以忠，其失野，救野之失莫如敬。殷人之王教以敬，其失鬼，救鬼之失莫如文。周人之王教以文，其失薄，救薄之失莫如忠。」

〔二〕程子曰：「盡己之謂忠。」

〔三〕禹聞善言則拜（尚書），修下士之祗敬也；菲飲食而致孝乎鬼神，卑宮室而盡力乎溝洫（論語），躬匹夫之勞苦。

〔四〕大禹是禪讓的終結（舜讓禹）、家傳的開端（傳子啟，禮運所謂「大人世及以爲禮」）。

〔五〕説文：「沴，水不利也。」禹之初興，洪水浩盪，此水害謂「沴行之天」。鯀爲禹父，四岳薦鯀治水，堯稱其「放命圮族」。

〔六〕書序：「太康失邦，昆弟五人須於洛汭，作五子之歌。」孔傳：「盤于遊田，不恤民事，爲羿所逐，不得反國。」有窮，即后羿也。

〔七〕衰而能復興，不遽亡也。

〔八〕「逮及」，嶽麓本作「迨其」。

何也？非以終道治始，則變故猝起於不謀，懷來固薄，必无以裕之於終矣。「敦艮」之「吉」，非大禹其孰能當之！［有王者起］〔一〕，建永終之圖，其尚審於擇師哉！〔二〕

漸

性情以有節而正，功效以易地而施。不授以節，逢欲非遂志之利；苟據其地，虛名喪實用之資。故陰不以升爲嫌，陽不以降爲損。〔三〕

夫陰陽數敵，各據其地以順其所欲，性情无介以通，功效以小成而不建，夫乃以爲否

〔一〕底本此四字原爲白框，今據嶽麓本補。

〔二〕船山論夏、商、周三易之别，又見繫辭上傳第一章：「連山首艮，以陽自上而徐降以下也；歸藏首坤，以陰具其體以爲基而起陽之化也。夏道尚止，以遏陰私而閑其情。然其流也，墨者托之，過儉以損其生理。商道撥亂，以物方晦而明乃可施。然其流也，霸者托之，攻昧侮亡以傷其大公。嗚乎！道盛而不可復加者，其惟周易乎！」又黄梨洲作明夷待訪録，自謂身當亂世，則全身存道，以待睿智神武之君一朝而起，己得以箕子見訪而告此道。今觀船山「有王者起，建永終之圖」云云，則外傳之作，亦欲擬於洪範也。

〔三〕否之三升四降而成漸。

道之成。〔一〕二、五者，否之主也，或據「磐」以圖安，或登「陵」以自尊，安者戒其危而不往，尊者恥於下而不來。〔二〕三、四位非其任，鑒兩君之重遷，奮於事外，因乎密邇，易位以合少長之歡，抑可謂節性而不喪其功矣。〔三〕

而或則疑之。疑之者，匪直疑陽之來三，而甚疑陰之往四也。圖遠以偪尊，則疑其志遜而行亢；就邇以謀合，則疑其情正而禮愆〔四〕。其何以保之子之貞乎？

夫陰陽之合，男先下女，澤山之所以通氣也。陽極而无所往，用其衰以來主於內，則咸處其盛；陽稺而濱於交，用其新以來主於內，則漸顧〔五〕處其衰。〔六〕或散地而得應，或鄰

〔一〕陰陽爻數各三而相當，故曰「數敵」。陰爻自聚於下，陽爻自保於上，功效無由得建，故曰「功效以小成而不建」，「小成」謂上下之兩體也（「八卦而小成」）。否卦三陽在上，三陰在下，各居其地而不相交，故否。

〔二〕漸六二曰「鴻漸于磐」，九五曰「鴻漸于陵」。漸卦從否來，所以漸的六五、九二，也可以看作否的，所以稱「否之主」。

〔三〕否卦的六三、九四看到二、五安土重遷，於是毅然肩負起本非自己的重任（「奮然事外」），憑藉相互靠近的有利條件，相互易位，變成漸卦，合少男長女之歡（艮巽），消解了否塞的情勢。

〔四〕「圖遠以偪尊」，謂否卦六三與上九相易位，而成咸卦。上九爲遠、爲尊。行至最上，故曰「行亢」。六三與上九爲正應。「就邇以謀合」，即六三與九四易位而成漸卦。三之正應在上，今則就四而謀合，故非禮。

〔五〕「顧」，嶽麓本作「固」。

〔六〕咸、漸皆自否來，而爻之變不同。否上九爲陽之衰，往於三爻，爲主於內而成咸；否之九四爲上卦之初爻，故爲稺爲新，與三互易而成漸。

畛而失應。〔一〕是且以盛衰而分離合之多少矣。乃多所合者，近取之身，而手足心口，交營以交感；少所合者，遠取之物，而且前且卻，暫處以圖安；〔二〕則咸易而漸抑難矣。陽有（見禦）［禦寇］〔三〕之心，陰无必得之桷，於此而能舍其黨以上賓，召失位之陽以來主，則陰亦賢矣哉！

故下女者男之常，而女歸者女之變也。變而之正以得正，恃正而滋不正之虞；變而之不正以得正，既正而望大正之終；則有閒矣。〔四〕故咸「亨」而專期女以貞，漸「利貞」而早決女歸之吉。

繇是言之，四之往也，矯拂恒經以聽命於不相求之陽，〔五〕大功允歸，恒性未亂，固不得

〔一〕散地，謂渙散非中正之地，指二、五以外之位。説詳前大有卦第二節注。此謂咸之上、三相應也。鄰畛謂漸之九三、六四，雖相爲臨，分屬上下兩體，且各有正應，故此二爻失應。

〔二〕「近取之身」，指咸卦諸爻曰「咸其腓」之類。「遠取之物」，鴻雁也；「且前且卻」者，鴻雁所漸也。

〔三〕「禦寇」，底本原作「見禦」，今據嶽麓本改，合於九三爻辭。

〔四〕有閒，有別也。上與三爲正應，則上九之陽下就陰以成咸，爲變而之正也；而三與四非正應，九四之陽就三位以成漸，故變而之不正。但是他們都通過易位然後當位得正，故皆曰「以得正」。

〔五〕男下女爲常，而今則六四之女往歸；且三之與四本非正應。故有悖於常經也。「四之往」，謂否三爻進於四位之往。所謂「四之往」，在否卦爲六三，三進於四，則成漸卦，故稱「四之往」。

以就近而遷、偪尊而處，爲之疑矣。今夫鴻之來賓而往遰〔一〕也，與寒暑恒相爲反以逃其亢。而且往且來，日密移於櫛比之南北，非有速於往來也，而日漸進以就陰陽之和，是不亦恒勞而僅〔二〕保也乎？則因幾以變，消否沴而節陰陽者視此矣。

或曰：「寒暑者，陰陽之正，不可避也；而避之，是『躁勝寒，静勝熱』之説也，豈以受性命之正哉！則於鴻奚取焉？」

曰：陰之必寒，陽之必暑，正也。怙於下以有（祈）［祁］〔三〕寒，亢於上以有盛暑，亦其過也。過在陰陽，而物或因之以爲否。否有定數而无定氣。密遷以就其和，則寒暑非有不可變之勢。亦足見陰陽之與沖和，夾輔流行，非必於卯酉之仲，春秋之分，刻限以求和於定時矣。

善事天者，避其過，就其和。臣得匡君，子得幹父，而密用轉移於无跡之檠括，則情理交協，允合於君子之用心矣。不逢其欲，不喪其實，則雖否塞之世，而沖和之氣固未嘗

〔一〕遰，夏小正「九月遰鴻雁」，注曰「遰，往也」。
〔二〕嶽麓本校記：「『漸』，守遺經書屋本、金陵本、前後中華本作『僅』。」
〔三〕「祁」，底本原作「祈」，今據嶽麓本改。

亡。欲爲功於天地者，自有密運之權，斯以變而不失其正。不然，无所違之，无所就之，以恝於往來，則乘秋而擊，爲鷙鳥而已矣；當春而振，爲昆蟲而已矣。其將以鷙鳥、昆蟲爲性命之正哉？〔二〕

歸妹

物之始盛也，性足而效有待。性足則必感而發諸情，效有待則必動而致其功。其感而不容已於動者，變也。立功以時而定情以節，則變而不失其正也。變而不失其正，物亦取正焉。

雖然，自有變正，而不正亦繇此而興矣。故功興而妄，情興而淫。天地不能保其貞，

〔二〕據禮記月令，孟春之月蟄蟲始振，孟秋之月鷹乃祭鳥。船山以爲，許多動物没有主動性，僅僅是盲目、自發地跟隨時節而生活，是被固定好的命運。人爲天地之心，三才之一，最實貴的就是其主動性，也就能順天地之道的同時，有覺解地進行活動（比如荀子的「制天命而用之」）。「雖否塞之世，而冲和之氣固未嘗亡」，也是船山聯繫當時的現實而發。當時是否塞之世，但船山仍然堅持自己的理想和希望，認爲這個局面必定會過去，人要剛健有爲，提振其奮發之氣，以改變這個局面。

而況於人乎？雨日交而虹霓見，昏姻通而奔亂生，其始皆非有不正以爲之階也〔二〕。是故天地通而泰交，亦既盛矣。抑陰陽各自爲體，而化未運，則其交也，性足而情未暢，效著而功猶未起。因而保泰，必需其動以有爲；因而固交，必需其感而〔三〕相入。不然者，亦非可恃泰以長年。斯豈非天地之大義，而人之終始與！

而天地之際，亦密邇矣。因其密邇，功易就而情易諧。三與四不揆而興，奏最者不待勞力於經時，得朋者弗俟裹糧以遠適。陽動而上，曰我以致功；陰感而下，曰我以合情；所歸妹矣。陽虧其實，陰失其貞，爲妄爲淫，豈得免於「征凶」而「无利」也乎？

夫其變而不正也，豈有他哉？利其易而已矣。是故時險而用易，則坦而易親，漸之所以得貞也；時夷而用難，則勤而不匱，隨之所以成德也。蠱消否而用難，歸妹保泰而用易，則各失其道矣。然而以難處險，則量未裕而功自成；以易處夷，則情亂於苟從而功

〔二〕謂不正皆自正始也。
〔三〕「而」，嶽麓本作「以」。

墮於无待。蠱亡悔而歸妹凶，固有别矣。〔一〕

是以君子終用其難，而小人每歆其易。見利而託義，四與有愆焉！順感而終淫，三之賤其可（離）［辭］〔二〕乎？正其義不謀其利，愼其始以正其終。禮樂必百年而興，征伐、刑政視此矣；昏姻必六禮而合，君臣、朋友視此矣。君子終不肖陰陽之苟合，以貪功〔三〕而嬻情，歸妹之凶，可以免夫〔四〕。

豐

日中則昃，陽消而陰也；月盈則食，陰消而陽也。陽消則陰息，陰消則陽息，消乘盈

〔一〕以卦象言之，船山此段似有誤。時險，謂否也；時夷，夷爲平順，謂泰也。三四之交謂之易；初上之交謂之難。由此觀之：隨，否上之初，時險而用難者也；蠱，泰上之初，時夷而用難、壞泰者也；漸，時險而用易者也；歸妹，時夷而用易、保泰而用易者也。蓋其推卦象之變動時有所疏忽。

〔二〕「辭」，底本原作「離」，今據嶽麓本改。

〔三〕「功」，嶽麓本作「利」。

〔四〕「夫」，嶽麓本作「矣」。

而息起虛。人繇盈以虛，而不得不消於鬼神；鬼神寓虛於盈，而不得［不］〔一〕息於人。不知人之必鬼神，則將愛生而惡死；不知鬼神之必人，則將忻死而厭生。愛生者貪生者也，忻死者絶其生者也。

貪生一，而爲苟免，爲淫祀，或詭其説爲熊經鳥伸、吐故納新，推而之於懸解以逍遥，緣督以養生，窮極於虛玄，而貪生之情一也。絶其生者一，而爲任俠，爲兼愛，或詭其説爲蔑棄彝倫、殘毁膚髮，推而之於无生以爲緣起，無餘以爲涅槃，窮極於深幽，而絶其生之見一也。

夫貪非其生〔二〕，而以爲貴生，不知生〔三〕者也；絶其生非可以死，而以爲達死，不知鬼神者也。是故聖人盡人之性，而知鬼神之情。盡人之性，時盈則持滿，時虛則保和，達才

〔一〕「不」字底本原脱，今據嶽麓本補。
〔二〕中華簡體字本校記：「這句疑應作『夫貪生非可以生』。」今按不必改句，原意自通，謂所貪者非其生也，乃利而已矣，故不得謂之貴生。中華校記乃依下句對文而改。
〔三〕「生」，嶽麓本作「人」。

而正情。故其死也，昭明焄蒿〔一〕，可以配天而作祖。知鬼神之情，始乎虛者无妄，終乎盈者无妄，立命以養和。故其生也，反本親始，可以體仁而合天。

所以然者何也？惟聖人爲能戒豐，而彼惟不豐之爲憂也。憂其不豐，或羨生之豐而巧爭其衰槁，或計生之不足以豐而別覬其出離，則所以竊竊焉欲致於豐者，私生死而昧於時，有不恤矣。聖人惟不私其豐而恃之，故勿憂於豐，而尤以爲戒。則人有其豐焉者，鬼神亦有其豐焉者：戒人之豐，虛乘於盈，終不恃生以可久；戒鬼神之豐，虛以起盈，終不趣滅以爲樂。〔二〕惟日孳孳而不給於（死）［生］〔三〕，而可懼非死，豫謀其必息，而任今日以无窮之生。其通鬼神之變以貞（久）［死］〔四〕者，亦无假於別求，而可賤非生。故爲人謀之，爲鬼神謀之，一因天地日月之理以慎用其明動，則性盡而息也不妄，情周知而消也不

〔一〕「昭明焄蒿」，嶽麓本作「焄蒿昭明」。依禮記，則「昭明焄蒿」是。禮記祭義：「鬼骨肉斃于下陰爲野土，其氣發揚于上爲昭明焄蒿悽愴，此百物之精也，神之著也。」鄭注：「焄謂香臭也。蒿謂氣蒸出貌也。」船山禮記章句：「昭明，始離乎形軀而返乎空曠，又本爲陽之盛者，得天而宣，故流動於兩間而光景昭著也。焄蒿，輪囷不舍之貌，久聚而盛，雖散而不相舍，故其象如此。」

〔二〕「虛乘於盈」，謂人之必歸於鬼神也；「虛以起盈」，謂鬼神之必人也。

〔三〕「生」，底本原作「死」，今據嶽麓本改。

〔四〕「死」，底本原作「久」，今據嶽麓本改。謂正其死也：知死之必至而不忻之，但應之以正。

亡〔二〕。其不然者，人之必消〔三〕，聽之氣數，而非己之任；鬼神之必息，亦何依以責既屈之知能而致其戒哉！而易何以曰「而況於人乎，而況於鬼神乎」。

旅

聖人仁不求功，智不求名，仁智非以有所期而成。然功名者，亦非聖人之所廢。非功非名，无與於萬物，而萬物亦无恃以立也。雖然，亦因其時而已矣。時之盛也，則聖人主時，仁成而功溥，智成而名彰，谷應川流，萬物繁然，以顯其榮澤，功名捷得而不爽，聖人亦終不爽其无求功名之志。時之衰也，則時賓聖人，仁无託以成功，智无麗以成名，聖人爲物憂患，將爽其志以利用夫功名，然且闇然揜其仁智之榮澤，故勳業寓於文章，文章存乎憂患。此則聖人之難也。

〔二〕嶽麓本校記：「『妄』，守遺經書屋本、金陵本、前後中華本均作『亡』。」
〔三〕「必消」，嶽麓本作「消也」。

夫上有君，下有民，皆時會之所趨也。君民期聖人以爲主，則聖人始无欲而終无爲，而在己仁智，在物功名，非有與也。君民胥無待於聖人，而聖人賓，乃聖人固不能恝置天下而靳其仁智，无所欲而欲，知不可爲而爲。貌取而不相知者，幾疑聖人之褻仁而喪智，故曰聖人之難也。〔一〕

是故旅之變否也，陽遜天位而止乎下，陰非尊貴而麗乎中。六五德中而權藉不足，若强起代權以主其世，是五主天下而天下且賓五矣。且陽之集於三也，剛來而窮，浮寄於上下之閒而成乎止，與上相配偶而不相應，不相應則情不及所當感，而況於五〔二〕！浮寄以止，則苟於求安而无志於求明；窮，則天命將舍而不足與謀。〔三〕五爲離主，道在施明，而

〔一〕對於聖人而言，能否遇到有德性的君主和有素質的人民，是要憑時運的。如果統治者和人民都想奉聖人爲主，聽從聖人的教化，聖人則無欲無爲，而能夠使天下太平。如果統治者和人民都不親近聖人，聖人有德無位（「聖人賓」），但不忍心放棄天下，也不忍藏匿自己的仁智，於是知其不可爲而爲之。僅從外表行跡來觀察聖人的淺薄之人，肯定認爲聖人瘋了。

〔二〕嶽麓本校記：「『五』，鈔本及守遺經書屋本、金陵本、太平洋本、前中華本均同。後中華本改『五』爲『三』，註云：『據上文「且陽之集於三也，剛來而窮，浮寄於上下之閒而成乎止」改。』按此句言旅上下不能相應，三且如此，況於五乎！各本似皆不誤也。」「五」固不誤，然嶽麓本校記之理由，謂「三且如此，況於五乎」，則非也；當謂「三且不與上相應相感，況於五乎」，謂五不得三之應也。

〔三〕此言三之固吝，顯明五之艱難。

三障之以不延於下。栖栖汲汲，世莫我知，質柔而爲賓，亦孰與聽之乎！

是故雉者，五之固有也，而代物憂患，不得已而大欲存焉，知不可爲而爲焉。固有而不見推於世，若非所固有而往有之。非所固有，是雉外而起射之矣。射者，不可必得之辭也。固有而射，射而得雉之非難，射而不得雉之難也；不得雉[一]而矢在之非難，不得雉而矢亡之尤難也。雉，所獲也；矢，所用也。功名相左則所獲者虛，仁智徒勞則所用者亦喪矣。[二]

夫五豈果有亡矢之患哉？後世見之爲文章，當時見之爲憂患。而仁无可施之福澤，智无即格之幽明，則貌取而不相知者，固笑其一矢之僅亡也。而聖人亦慨然深思，謂吾矢之未嘗不亡也。射而亡，不射而亦亡。不亡因於不射，不射乃同於亡。矢在則[三]射，亡不亡非其恤；所射在雉，獲不獲非所期。而後聖人乃真有其矢而固有其雉；禮、樂正，詩、

[一]「雉」，嶽麓本作「難」。

[二] 雉是聖人固有、自有之物。但爲了「知其不可爲而爲之」，爲了救天下，不得已而把「雉」對象化、外在化，就好像自己没有雉，需要到外面去射獵一樣。雉是本來自己就有的東西，射中而得到它很容易，得不到是很難的（因爲本來就是自己固有的，聖人爲救世而故意把它放到外面，表現得自己要去努力追求它）。得不到雉固然難，但連弓箭也丢失掉（弓箭也是聖人本來自己的東西），更加難做到。雉，比喻功名；矢，比喻仁智。第一段已對聖人的仁智和功名有了討論。

[三]「則」，嶽麓本作「而」。

書定，行在孝經，志在春秋〔一〕，當時之功名闕然，萬年之譽命鼎鼎矣。

彼憚犧、曳尾之流，自以爲保矢於不亡，而矢非以射，器不稱名，名不稱德，彼亦保非其矢，而焉用保爲！故曰以仲尼爲旅人，（人）〔二〕非仲尼其孰足以當之！〔三〕周公東征而贊易，成王卒悟而公歸，斧雖破而矢不亡，時爲之也。〔四〕時爲之，亦存其義以俟後此之聖人而已矣。

〔一〕「行在孝經，志在春秋」，嶽麓本作「志在孝經，行在春秋」。今按據孝經鈎命決、禮記鄭注、何休公羊序，底本是，嶽麓本非。公羊疏云：「孝經鈎命决云『孔子在庶，德無所施，功無所就，志在春秋，行在孝經』是也。所以春秋言『志在』，孝經言『行在』：春秋者賞善罰惡之書，見善能賞見惡能罰，乃是王侯之事，非孔子所能行，故但言志在而已；孝經者尊祖愛親，勸於事父，勸臣事君，理關貴賤，臣子所宜行，故曰行在孝經也。」

〔二〕「人」字疑衍，今據嶽麓本删。

〔三〕內傳旅卦：「六五居中，非其位也，雖有文明之德而艮止阻之，以不下逮。陽已往而明王不作，己亦不得安於上位，故先儒謂仲尼爲旅人。」讀四書大全説卷三，中庸第二十章：「傳易者以孔子爲旅人。」船山所謂「先儒」、傳易者，蓋王弼也。王弼注「時舍也」曰：「以爻爲人，以位爲時，人不妄動，則時皆可知也。文王明夷，則主可知矣；仲尼旅人，則國可知矣。」孔疏未詳言輔嗣何本。考京氏易傳於旅卦下謂：「仲尼爲旅人，固可知矣。」此蓋漢儒通説。

〔四〕周易正義八論：「周公被流言之謗，亦得爲憂患也。驗此諸説，以爲卦辭文王，爻辭周公。馬融、陸績等並同此説。」是周公被成王懷疑時，居於東都，作易爻辭。後來成王醒悟，迎周公，此所謂「矢不亡」。「斧雖破」，疑當作「斧雖喪」。此句話乃是合九四爻辭「喪其資斧」和六五爻辭「以一矢亡」而言。此段把周公與孔子作比較，二人時運不同：孔子當時有德無位，没有建立功業，所以「一矢亡」，但是建立了萬年的「譽命」；周公最終能夠輔佐成王，「矢不亡」，在當時就建立了功業，但在譽命上不及孔子。內傳解釋得很詳細：「六五，離之主，欲麗乎陽以發其光輝，而得中於外，不能乘權以有爲，則不得雉，而並其所以射者亡之，所謂『道之將喪』也。然雖爲旅人，而道賴以明，則人之所與，天之所篤，又豈能去之哉！止而麗乎明，此爻當之。上無明王，則天人之所宗仰者在己也。周公心儀其人，而孔子自當之。」

巽

進者巽之才也，退者巽之德也。〔一〕才乘其時，德敦其位。以時則陰且消陽而才可任，以位則下以承上而德不淫。故巽之於初，疑進疑退，无信志也。〔二〕志不信，无以信天下矣。才若可信，而非可信者也，因以用才則亂；德若不可信，而固可信者也，果於修德則治。〔三〕是以君子望初之深，而因示以所利；利在「貞」而不在「武」，貞既利而武亦无疑矣。裁其窺侵之技〔四〕，責以負戴之忱，則武用登而天下之疑可釋也〔五〕。

夫君子以其德教爲天下裁其進退，念雖孔摯〔六〕，而不能施責望於不自信者之心。彼且

〔一〕陰寖而長以消陽，才爲進也；卦屬陰柔，故德爲退。

〔二〕初六爻辭：「進退，利武人之貞。」象傳：「進退，志疑也。」

〔三〕言當信其德，勿輕信其才；亦即謂陰當退而勿進也。

〔四〕「技」，各本同，然依文義疑當作「忮」。忮，很也、害也。此句解詳下。

〔五〕「也」，嶽麓本作「矣」。窺侵之忮者，陰爲小人，陰長以窺伺而侵陽也，此其忮害。負戴者，陰之載陽也。說文：「忱，誠也。」

〔六〕孔，大也。摯，引申爲信。

不自信矣，而惡乎望之！督之以威而益其忮也，獎之以福而增其驕也。然而終以保武人之「志治」則何也？

世雖陽壯，化不能廢陰；治雖崇文，人不能廢武。然或以成僭偪之萌，或以效祗[一]承之命，則存乎其位矣。時者天也，位者人也。爭時而承之，徼天而已非可恃；素位而安之，盡人而世莫我尤[二]。故巽陰之下起也，亦陰陽之會、疑戰之府也。而位固處於卑散，情自繫乎仰給。[三]位可居也，情可諧也，其不欲驟起以逼陽，志亦明矣。故才德爭其詘伸，而機括堪爲斂戢，則俯思退聽、抑慘殺以從陽治者，君子可終保其志已。

及乎六四，重申以陰殺而有功矣。有功之可恃，不如无位之能貞也。故二紛「史巫」之求，以起初於側陋；五秉「先庚」之令，以警四於居功。[四]甚哉！擇位而居，能消時

[一]「祗」，嶽麓本作「祇」。今按當作「祗」。祗訓敬，祇訓神。
[二] 中庸：「君子居易以俟命，小人行險而徼幸。」「爭時而承」，即所謂行險徼幸也。
[三] 處下故卑，非中故散（詳前注「散地」）。仰給，下陰仰承陽而給之。
[四] 此比較二之於初與五之於四也。初退而貞，故二力起之；四進而驕，故五先告誡之。先庚者，稗疏：「庚者時之變，先者先事而告戒。」

之險阻而平之，陽有所自全，陰有所自正。故曰「利見大人」，以榮陰之善下也。

兑

一

巽以近陰爲美，兑以遠陰爲正。均於正中，而「孚剥」之「厲」，非「有終」之「吉」也；均於无位，而「和兑」之「吉」，无「資斧」之「喪」也。[一]且夫遠之將以正志，而情相閒則无功；近之將以合交，而勢相暱則失己。俯恤其内，仰承其外，二者亦无懸絶之貞淫，而何以得失之徑庭邪？

嘗諗之：陰陽之有長少，則有餘、不足之數因之。陽躁而樂施，陰静而吝與，故陽始於有餘，終於不足；陰始於不足，終於有餘；蓋静躁之效也。故陽一索而虩虩以動，再而險以不盈，三而翕然止矣；陰一索而習習以和，再而相附以炎，三而發氣滿容，肆然

[一] 此比較兑與巽之九五，兑之初九與巽之上九也。

以得意於物矣。然則兑者，陰之有餘也。用陰之有餘，飾己之方少，欣然行志意於天下，其情狠矣。説[一]以相誘，狠以相制，則陽之宜與遠而不宜與相[二]近，豈顧問哉？

且夫巽之得中而近柔者，將以正陰而成其順也。順者巽固有之，而因以正之，則因以成之。在外不入而周旋不舍，盪滌其（柔）［游］[三]蒙以使物受其潔齊。巽之二、五爲功於初、四者，要非能争陰之壘而强以所不聽也。陰之初入，才不勝德。因不足之才，登固有之德，行權之功侔於保合矣。[四]

若其在兑也，陰德窮而才見者也。德窮而怙尊高，才見而飾言笑。而抑相與爲緣，則且孰與正之！[五]毋亦僅與成之乎！僅與成之，漸染其柔曼，而隱助其剛很，亦内顧而可爲寒心矣。

［一］「説」，嶽麓本作「悦」。
［二］嶽麓本無「相」字。
［三］「游」，底本原作「柔」，今據嶽麓本改。文選遊天台山賦：「發五蓋之遊蒙」六臣注：「遊蒙，天中清氣也。」
［四］繫辭傳：「巽以行權」。保和之功，乾元之功也。
［五］謂陽與陰攀緣，則孰將正此陰乎！

借曰「履中之位固在也」，夫位者僅以臨下而有其權，夫豈仰歡而猶足恃乎？〔一〕故赫赫之威，銷於婉笑；堂堂之勢，屈於甘言；狎以相忘，習而益弛。彼陰中之方稱者，盡用其有餘以淫逞其上，始則「孚於兑」，繼則「孚于剥」，尚得謂剛中之足據哉！策馬近闕而踰垣空谷〔二〕，毋亦悔其遠之不早與？

然則二何以免於厲邪？三失據而相就，上居亢以相牽〔三〕；失據則以得説爲幸，居亢則以取必〔四〕相持，强弱勢殊，而上〔五〕之剥切矣。二位不當而危，五則〔六〕正當而安；危則處樂而有戒心，安則遇歡而无固節，敬肆殊情，而上之厲甚矣。故夫時乘盛滿而物感豐盈

〔一〕陰在陽上，故陽雖威勢，於陰猶仰。

〔二〕此蓋指段干木也。孟子滕文公下：「段干木踰垣而辟之。」皇甫謐高士傳詳載其事曰：「段干木者，晉人也。少貧且賤……師事卜子夏，與田子方、李克、翟璜、吴起等居於魏。皆爲將，唯干木守道不仕。魏文侯欲見，就造其門。段干木踰墻而避文侯。文侯以客禮待之。出，過其廬而軾。」

〔三〕三失據而就二，上居亢以牽五。

〔四〕漢書江充傳：「欲取必於萬乘，以復私怨。」師古注：「取必，謂必取勝也。」

〔五〕嶽麓本校記：「此句『上之剥』及後『上之厲』句，守遺經書屋本、金陵本、太平洋本、前中華本均同。後中華本改『上』爲『五』，註云『據上下文義及兑卦九五爻辭「孚于剥，有厲」改。』兹據改。」今按所謂「上之剥」「上之厲」，即指上六剥九五、厲九五也，亦不必臆改。

〔六〕「則」，嶽麓本作「位」。

者，其尤爲憂患之歸，愈知所戒也夫！

二

物有宜疾，君子疾之。雖有好音與其令色，遥望之如滫[一]垢，必芟之如荆棘。「商兑未寧」而後疾焉，不已晚乎？吾懼其商之遲回而疾之荏苒也。乃以恕待人而樂其成者不然：以其時量其心，略其心序其績，斷然以「有喜」歸之。蓋審知其處此之難，而終能貞惡以自全者之未易也。

夫耳目不紛，嗜好不起，嶄[二]然以絶非正之感者，類有餘地以自息。[三]其息於餘地矣，耳目无所交，嗜好无所授[四]，山之椒，水之涘可以樂飢而忘年，而天下且榮之曰

[一] 説文：「滫，久泔也。」

[二] 玉篇：「嶄，山石高峻皃。」

[三] 有些人有地方隱居逃亡，此所謂「餘地以自息」，這樣的隱居很容易，還可獲得潔白、高隱的名聲。但有些人没這些條件，只能身處污泥之中，保持潔白是很不容易的。兑卦的九四就是後一種情況。

[四] 「授」，嶽麓本作「投」。

「不淄」〔一〕。四非无願於此，乃求所息而固不得也。將息於所與爲鄰，則「來兑」者狎之矣；將息於所與爲體，則「引兑」者招之矣。〔二〕人欲逃其刑戮，我欲逃其榮澤，俯仰而皆導我以淫豫。避世不可，避人不能，拊心自謀，而盈目无託，誰爲餘地以聽其蔪然？其商〔三〕也，誠不容已於商也。而四尤且安其位以自退，與三殊體，與上隔援，厭彼勞勞，全其皜皜〔四〕，斯不亦斟酌无迷，而懷來有素者乎？然而神聽和平，物亦莫能傷之矣。其慶也，非其所期也。則君子亦樂道其「有喜」，而无容訾其初心之不決也。

六朝之季，處未寧之地者，或内絶强臣之歡而外投戎羯，或外脱異域之網而内附篡攘〔五〕。商之未詳，遲回以喪其守者衆矣。晏子不從昏淫，不與崔慶，商之已詳，而不知退

〔一〕論語陽貨：「不曰堅乎，磨而不磷；不曰白乎，涅而不緇。」
〔二〕六三與四爲鄰，其辭曰「來兑」；上六與四同爲上卦之體，其辭曰「引兑」。
〔三〕商，度也。
〔四〕皜皜，通「皓皓」，史記屈原列傳：「寧赴常流而葬乎江魚腹中耳，又安能以皓皓之白而蒙世之温蠖乎？」
〔五〕或因南朝之内亂而逃往北朝，若王肅等是也；或叛北朝而歸南朝，而又亂之，若侯景之類是也。

之爲愈也。〔一〕況里克之中立祈免者乎〔二〕？耳目交而不亂，嗜好投而不疑，非貞生死以遺榮利者，其孰能之！

或曰：「兑陰外説而中狠，商而不與，忮害隨之，而何慶之有？」夫莫壽於龔生，而膏蘭非夭〔三〕；莫富於首陽，而薇蕨非饑。君子道其常，則四之於慶，誠多有之，而又何讓焉！

涣

陽保聚以上亢，陰護黨以下凝。雖然，亦各安其位而利之矣。乃欲虧其所黨，解其所聚，毋亦非其所欲遷？惟不樂已成而撓之使敗，然後功可得而起。

〔一〕崔杼取棠姜，齊莊公通焉，崔杼弑齊君。晏嬰枕莊公屍股而哭。興，三踴而出。此事詳左傳襄公二十五年。船山以爲晏嬰商度之再三，不從莊公之淫，亦不與崔杼之弑，固於大節未有失；然猶不若退而遠之爲上也。

〔二〕中立，謂置身於事中。晉獻公死後，里克秉政，先後弑奚齊、卓子。晉惠公立，迫里克自殺。詳左傳僖公十年。船山莊子解：「里克之中立祈免，自以爲免，其能免乎？」春秋家説則並晏嬰與里克而責之：「如欲弗君，則亦弗爲之臣。蘧瑗之得爲君子，而賢於晏嬰，惟其去而已。去則非臣；入而弑，則固臣也。不潔其身以求瑕於君，亂臣賊子誰則無辭？而奚但克哉！」

〔三〕龔生者，龔勝也。不受王莽徵辟，絶食而死。漢書本傳載其喪，有老人來吊，嗟歎曰：「薰以香自燒，膏以明自銷。龔生竟夭天年，非吾徒也。」顔注：「薰，芳草。」老人貶龔生，船山則褒之。

渙之時亦難矣。陽往而不復，安於上以奠其居，亢不以爲恤，否不以爲憂。〔一〕使越疆而遷焉，是殆猶夫奔也。〔二〕況乎奔而入於險中，雖終得所願，始固非其願焉者也。然則成渙之功者，四之績亦烈矣哉！故曰：「撓萬物者莫善於風。」始則撓而破〔三〕其塞，終則撓而散其險，解悖吹鬱，疾於影響。嗚乎！可不謂盛與！

夫渙四之得此也，唯无私而已矣。陰奮出以就四，虛其所處之位以召陽來處，則二是已〔四〕。夫〔五〕其居二也，於己爲安，於物爲主。〔六〕於己安，則重遷；爲主於物，則物歸而不能相舍。逮乎〔七〕既去之後，所與爲等夷者，猶昕夕引領，庶幾撫我以慰其思也，〔八〕此亦物情

〔一〕渙自否來，故先説否。

〔二〕否卦陽聚於上體，陰凝於下體，若其九四欲下而之二，是越其疆界也。渙之九二曰：「渙奔其机。」

〔三〕「破」，嶽麓本作「敗」。

〔四〕上段叙九四之功，此段則明六二之德（皆自否之渙而言）。

〔五〕「夫」，嶽麓本作「藉」。

〔六〕當位，故安；得中，故爲下卦三陰之主。

〔七〕「乎」，嶽麓本作「夫」。

〔八〕説文：「昕，旦明，日將出也。」等夷，史記留侯世家「今諸將皆陛下故等夷」，索隱引如淳曰「等夷，言等輩」。六四之等夷，則指初、三也。「昕夕引領，撫我以慰其思」，應六四爻辭「渙有丘，匪夷所思」，初、三以六四爲丘、爲宗主，思六四也。

之最難决者矣。平居相保，斷去於一朝；餘慕未忘，牽留而不顧；豈果輕去其群而恝於情也哉？以義裁情，捷往赴義。昭質益彰，不蔽於私暱；大勢不倦，不安於小成。「光大」之懷，所可告於天人而无媿也。

嗚乎！安小成而蔽私暱者，非直利賴存焉；爲物所牽而不能制義〔二〕者，多有之矣。彼剛正者或且不能自割，而况於柔之善牽者乎？戴之爲邸，推之挽之以爲宗；思之不忘，縈之維之以爲好；利之所集也，勢之所趨也，小義之不可裁，私恩之不可負也，而易望其解悖吹鬱之一日哉？因物之戴，聊與爲主，遲回未决，而騎虎之勢成，宋祖不能自免於陳橋。况曹操之僅還四縣，而欲孫權之不踞鑪著火邪？〔三〕

舍中正，即散地，升邸而觀天位之光，受命以還，開户以盪物之險，其惟大人乎！則

〔二〕家人六五象傳：「夫子制義，從婦凶也。」

〔三〕資治通鑒卷六十八載建安二十四年，「魏王操表孫權爲票騎將軍，假節，領荆州牧，封南昌侯。權遣校尉梁寓入貢，又遣朱光等歸，上書稱臣於操，稱説天命。操以權書示外曰：『是兒欲踞吾著爐火上邪？』侍中陳群等皆曰：『漢祚已終，非適今日。殿下功德巍巍，群生注望，故孫權在遠稱臣，此天人之應，異氣齊聲。殿下宜正大位，復何疑哉？』操曰：『若天命在吾，吾爲周文王矣。』」此則以曹操喻六四，以曹操之衆將、文士、乃至孫權等爲初、三之推戴六四者。

天下爲功，而鬼神可格。劉虞有其德而无其才，陶侃有其才而無其德，固未足以幾此也。〔一〕聖人以正待人，而不疑於憂患，撓之乃以通之，危之乃以拯之，光大无嘶，而神可假，曾何險阻之足云！

節

陰陽分而數均，陽皆内，陰皆外，二陽上二陰，一陽上一陰。則德正。夫如是，節且侔功於天地矣。而抑有不然者。文質，相（承）〔成〕〔二〕者也；恩威，相倚者也；男女，相諧者也；君子小人，相養者也。故泰之道盛矣，不惜五位以居陰也；享其實，不並取其名

〔一〕劉虞爲漢宗親，駐守幽州，有人推戴其位天子而不受，忠於漢室，是有德也。然其欲迎獻帝，被阻於袁術；欲誅公孫瓚，反致身死，故無才也。其事詳後漢書本傳。陶侃才高，爲東晉初重臣之一。然其鎮荆州而坐視西晉淪亡；於東晉復據藩自大。詳晉書卷六十六本傳。讀通鑑論謂「陶侃之貳，祖約、蘇峻之逆」。

〔二〕「成」，底本原作「承」，今據嶽麓本改。由下文「相倚」「相諧」，知作「成」是。

也。既濟之道得矣，授陰以二使（自）〔貞〕〔一〕遂也；正其分，不更替其權也。故質賓文而文亦有尚，恩賓威而威亦有功，男賓女而女亦有位，君子賓小人而小人亦有居。〔二〕既均其數，又賓其德，猶復兩宅其中，以制柔於散地〔三〕，節於是而苦矣。

可以惟吾意之所欲爲，施之物而不敢違，傳之天下後世而不得議，吾自甘之，能俾天下之不苦之乎？孤行自尚，苦不可貞，亦危矣哉！履正位而不慚，制萬有而爲之主，五可行也，二則何居？察閨門之細過，則釁起於蕭牆；尸百執之小事，則人離其心德。虔矯逮於用恩之地，則和氣戾於周親；堅忍去其不容已之文，則至情因而吝僿〔四〕。規規然以宰制天下之大綱，爲門庭之細目，蔑論人也，抑自顧其身心，亦荼蘗〔五〕終年而不見道之可樂矣。乃苟

〔一〕「貞」，底本原作「自」，今據嶽麓本改。此段以泰、既濟與節相較：節之九五不若泰之六五；節之九二不若既濟之六二。既濟六二乃以陰爻居陰位而得正，故曰「使貞遂」。
〔二〕賓對主而言。
〔三〕散地，詳漸卦注，謂渙散非中正之地。此節卦二陽占據二、五中位，使柔居於散地也。
〔四〕僿，猶薄也。
〔五〕荼，苦菜。蘗，説文「檗，黄木也，或作蘗」，段注：「俗加艸作蘗，多誤爲蘗字。」神農本草經：「檗木，味苦寒。」宋李廷忠橘山四六：「某敢不食蘗忘甘。」白居易詩和晨興因報問龜兒：「誰謂荼檗苦，荼檗甘如飴。」

以謝於人曰：「我與彼之數均而非有餘也，我自宜爲主，而賓之乃以安之也。」又誰信之！

嗚乎！古今之不相若，厚薄之差也。三代不可復矣，刑賞皆其忠厚，清議亦尚含弘。至於漢而德意猶有存者，故史遷、班固之傳酷吏也，皆有礪節亢行，損物而先自損者也。至於宋而公論（遺）［移］[一]矣。包拯之酷也，而天下頌之。然在當時，猶有憂其亂天下者。流及於海瑞，而合廷野之人心，蔑不翕然焉。夫拯與瑞，則「不出門庭」之智計而已。管仲匡天下，而猶曰「器小」，況拯與瑞之區區者乎！泰遜天位以永安，既濟予禴祭以錫福，君子之道固如此。「不可貞」者，自鳴其貞，而天下之害烈矣。始於相苦也，終於相激也，故天下之害烈也。

中孚

夫欲施信於天下，則内不失己，外不廢物，以作之量。廢物，則己无所載，大過擯

〔一〕「移」：底本原作「遺」，今據嶽麓本改，謂輿論改易也。

是已。

陰，棟之橈也；失己，則物无與依，小過去中，飛鳥之凶也。稱情以爲本末，而末无廢位〔二〕；要禮以爲重輕，而重无失權。陽中而陰内，夫乃以情理盡而疑貳消，則中孚

且夫陽，主陰者也。主陰者，統陰而交之也。統之而與爲交，而先授之以必疑必貳之勢，推釁端者必以咎陽心之不固焉。將往主之，必先有以宅之；擯之而疑生，則亦納之而疑釋矣。將欲交之，必固有以予之；居約而予之者儉，則意不厭而貳；如其處實而予之者豐，則欲可給而壹矣。

是故三、四位散，二、五位正，中孚之奠陰陽於所麗者，既截然以分其貴賤之區。然兑、巽皆陰，二、五得中而非其世，則權終不盛；三、四爲兑、巽之主，宅散而不得正，則位非所安。而中孚之交盡於情理者，二、五積陽於初、上，固得輔以自强；三、四連陰於異體，樂處内以益親。得輔以彊，陽可〔三〕留中而不替；處内益親，陰且外比而不憂。揆

〔二〕大過象傳：「棟橈，本末弱也。」

〔三〕「可」，嶽麓本作「有」。

之理，絜之情，存大正而授物以安，疑貳之消，不待合於介紹矣。

夫陰陽非類也，其相與非應也，時與位其尤不齊也，而且孚以无間，繇是天下豈有不可施之信哉？執己之堅而擯物，然後物起而疑之；隨物以諧而喪己，然後物得而貳之。〔一〕況夫陰之柔弱而僅相保者，亦深願樹陽以爲藩屏，而冥處於奧區乎！

故就暝以息肩，深藏而〔二〕保富，授之樂土而无吝，貞其疆域而不干，則始於悦以消懟，終於順以革亢，「豚魚」可格，无往不孚，陽之所受，亦弘矣哉！樞機在我，而「好爵」无私，孚乃「化邦」，豈有爽與！

若夫貶己徇物以效其懇懇〔三〕，拒物全己以守其硜硜；而徇物則賊己，拒物則絕好，信之蔽也賊，末之免矣。上亢而不親，初「有他」而不定，己與人之閒，情理未盡，則僅爲二、五之輔而不足也。

〔一〕擯物指大過卦，喪己指小過卦。詳見第一段。

〔二〕「而」，嶽麓本作「以」。

〔三〕懇懇，廣雅釋訓「誠也」。

小過

中孚，陽之盛也，而卦皆陰；小過，陰之盛也，而卦皆陽。德不乘時，才不勝勢。〔一〕故以中孚之陽履乎中，且保陰而結以信；况小過之陰柔，而能怙過以終乎？〔二〕雖然，乘有餘而取贏，不量德而求勝，則陰恒有之而未肯戢也〔三〕。

今夫魚，陰也，故中孚以之；鳥，陽也，故小過以之。魚火屬而性沈，鳥水屬而性浮。中孚象離，小過象坎。〔四〕火必麗木，依於實也，故魚投之空則死；水流於不盈之地，託於虚也，故鳥蹠乎實則禽。〔五〕然陽躁而和，和者无必得之勢；陰静而狠，狠者无思徙之

〔一〕中孚之陽多，小過之陰盛，這是德、才；中孚上下兩體皆陰，小過上下兩體皆陽，這是時勢。

〔二〕中孚之陽不能摒陰，而小過之陰爻尤不能勝陽也。

〔三〕小過卦，群陰爻恃其盛（所謂「乘有餘」）而不欲服於陽，故「不自量」「未肯戢」也。

〔四〕竊疑此八字當爲小注。

〔五〕「禽」，嶽麓本作「擒」。鳥跑到地上便容易被捉住。

心。故鳥可下而魚不可使上。火麗實而利於虛，水流虛而載於實，則情與德有相貿之殊致，以各成其利賴。而要之上野而下室，上往而下來，上威而下恩，上施而下受，莫不以下[一]爲吉焉。是以鳥可下而魚必不可使（下）［上］[二]也。下者進，上者退；進者伸，退者屈；故陰陽亦莫不争下以爲吉。

中孚之陰，小過之陽，皆在中而未有上下之勢。未上未下，可上可下。於是中孚之陰，小過之陽，各有欲下之情，其理勢然也。

陽无必得之勢，陰无思徙之心。在中孚，而陰之欲沈，陽和而不争，雖處極盛，僅與敦信以遂其志。幸而陰安其未上未下者，則陽坦然矣。在小過，則陽爲震艮之主，可決陰以必下而遂其志；然陰且怙其盛滿宅中之勢，挾陽以破樊而游於虛。虛者陰之鄉，下者陽之利，背利以適非其鄉，而陽猶靡然以聽其以，以者不以者也，靡然聽其以而莫能自主。

嗚呼！婦乘夫，子脅父，臣制君，挾以翺翔而不適有居[三]。甚矣，陰之狠也！惟然，

[一]「下」，嶽麓本所據底本作「上」。
[二]「上」，底本原作「下」，今據嶽麓本及文義改。
[三]蓋有感孫可望劫永曆之事乎？

而陽之或「戕」或「厲」，終不能免於悲鳴矣。而乃以激天下忠臣孝子之心，懣菀憤起，而争之以下。故極重而返，亂極而復，挾主周旋而能長保其飛揚跋扈之雄，有是理哉？逆彌甚，失彌速，見晛消，密雲散，君子有以豫知其「大吉」矣。

夫陰陽之往復，物理誠有之，而人之於性情也亦然。性處情中，而情盛乘權，則挾性以浮游於无實之地，逐物遷流，喪其起元之貞，性亦无如之何矣。逮乎吝而失，失而悔，退憂戕敗，進處危機，則誠發於中而生怨艾之音，亦中人以上之必然者。然後矯所挾以來復，性情各安其所，而終返乎其根。故曰「人恒過，然後能改」。

惟然，而「弋取」之勞亦甚矣，非不憚其「在穴」之難獲者，不能得也。故震之勳偉矣。治亂之數，止不勝止，動則興也；理欲之數，遏不勝遏，求乃得也。九三之「防」，所繇不及九四之「遇」也。夫「密雲」无久沍之陰，「在穴」有得禽之理，情不敵性，邪不勝正，雖「或戕之」，大有爲者之資也。以爲无可奈何而安之若命，「飛鳥以凶」，尚誰疚乎！

既濟

一陰一陽之謂道，无偏勝也。然當其一一而建之，定中和之交，亦秩然順承其大紀，非屑屑焉逐位授才而一一之也。此天地之所以大，雖交不密、叙不察，而无損於道，則泰是已。若屑屑焉一一建之，因一一和以交之，此人事之有造，終不及天地之无憂矣。故濟者人事也。舟之方之，榜之帆之，以通旁午[一]，以越險阻，亦勞矣哉！

天地之可大，天地之可久也。久以持大，大以成久。若其讓天地之大，[二]則終不及天地之久。有「初」有「終」，有「吉」有「亂」，功成一曲，日月无窮。方其既而不能保[三]，亦不足以配天地之終始循環，无與測其垠鄂者焉。

〔一〕漢書金日磾傳：「受璽以來二十七日，使者旁午。」顏注：「一縱一横爲旁午，猶言交横也。」
〔二〕此「大」，謂優容不苛察也。
〔三〕「既」，如「既濟」之「既」。

豈惟其衰，盛亦有之。陽内進而長，陰外退而窮〔一〕，各就其位，互致其交，此得不謂人事之最盛者與？而君子鰓鰓然思而防之〔二〕，方自此始，則何也？

天下之方興也，國是无大辨於廷，清議无成言於野，非有楚楚然必定之清濁也。承經綸之方起，上下各盡其能而如不逮，固无餘力以及此焉。而萬物之相與，各趨其用也；用之既趨，功必求當，人心有餘，而規模日起。擇位爭時，以大剖陰陽之界，經制明而公論彰；區別建立之繁，无遺地而親疏分〔三〕，勢乃繇此而定。則盡人事者，固已極盛而无所加。一以爲陽，確然而授之以位；一以爲陰，確然而授之以位。安不忩之素，合不僭之交，竭往來之情，歷正變之久，相與爭於繁蕪雜互之地，乃以得此一日，則中流鼓枻而津岸以〔四〕登矣。夫此一日者，豈可久之日哉！自屯之始交而方遇此一日也，顧未濟之且亂而僅有此一日也，〔五〕

〔一〕初、三、五較於二、四、上爲内也。

〔二〕象傳：「君子以思患而豫防之。」

〔三〕非陰即陽，非小人即君子，不容其有遺留之地，謂介於其間者也。既各分黨且嚴其界限，則親疏分矣。

〔四〕「以」，嶽麓本作「已」。

〔五〕今本卦序，乾坤并建以外，自屯剛柔始交以至於未濟，凡六十二，其六爻皆正者唯此既濟也。

則其爲幾，亦岌岌矣。

且夫陽來下以致功，陰往上以受感，陽安而陰恒危。陽躁而樂，陰静而憂，樂者忘而憂者思。以其忘危，敵其思安。鼓瑟於宫中，而聚謀於沙上，是陽固授陰以且懼且謀之藥石而激之興也。又况夫迭建迭交，瑣瑣焉以夾持之也〔一〕？如是，則小固未亨而亨自此而起〔二〕。小之亨，大之亂，如衡首尾之低昂而无爽矣。是故亂終自此而生。

二處譽，則七日勿逐以老敵；四處懼，則終日疑戒以求安。非上六之无位以窮者，皆未有須臾忘也。清濁太别而疑戰承之，豈或爽哉！甘、傅申訓之後，尹、仲作誦以還，汝南月旦之方明，洛、蜀是非之既定，商、周、漢、宋，此四代者，亦繇是而不延，〔三〕故君子

〔一〕謂陽之夾逼陰也。

〔二〕嶽麓本校記：「此句鈔本及各印本皆同。後中華本註：『這句疑應作「則小固未亨而亂自此而起」。』」今按中華本註非是。此句意自通：小，陰也；大，陽也。陽夾逼陰，則陰似未亨矣；然此反激陰之亂，陰亂而得志，故亨。

〔三〕甘、傅，甘盤與傅説。尚書説命，高宗自謂「舊學于甘盤，學先王之道」，孔傳：「甘盤，殷賢臣有道德者。」又説命即傅説所申之訓也。甘、傅申訓之後，謂此後高宗伐鬼方之事也。既濟九三「高宗伐鬼方三年克之」，象曰「三年克之，憊也」。自此以後，殷益衰。夷狄爲陰濁，故用以説「清濁太别」。尹，尹吉；仲，仲山甫。尹吉作烝民以美宣王、仲山甫：「仲山甫之德，柔嘉維則，令儀令色，小心翼翼，古訓是式，威儀是力，天子是若，明命使賦。」尹仲作誦以還，蓋指宣王敗績於姜戎及料民於太原之事。詳史記周本紀。後漢書卷六十八許劭傳：「劭與靖俱有高名，好共覈論鄉黨人物，每月輒更其品題，故汝南俗有月旦評焉。」此以月旦評指東漢末之清議也。洛蜀黨争事，詳宋史紀事本末。

誠患之也，誠防之也。

老子曰：「大道廢，有仁義；智慧出，有大僞；六親不和，有孝慈；國家衰亂，有忠臣。」其感此而激爲言，似之矣。雖然，存亡者天也，得失者人也。三年伐鬼方而既憊，抑不克鬼方而抑何以爲高宗？時會遷流，因而自弛，則亦終无此既濟之一日，又豈可哉！不能使河无波，亦不能使无渡河也。

人事之所争屑屑，而不能及天地之大者，命也。學焉而必致其精微，以肖天地之正者，性也。知其不能及天地，故君子樂天；知不能及，而肖其正以自奠其位，故君子盡人。窮理盡性而至於命，亦曰防之，而豈早計以吹齏之幸免與！〔二〕

秦燔詩、書，仁義廢矣；晉尚玄虚，智慧隱矣；平王忘犬戎之讎，孝慈薄矣〔三〕；譙周、馮道受賣國之賞，忠臣寢矣。曾不足以防患，而終於沈溺。老氏將誰欺哉！

〔二〕既濟象傳曰「君子以思患而豫防之」，然所謂預防者，乃修德居易以俟而已矣，非屑屑焉計其成敗得失也。

〔三〕王孝魚先生譯解曰：「此處船山仍持舊説，歸罪平王，尚書引義中即力爲平王洗刷，歸罪於其子桓王。由此可以推見，尚書引義作於外傳之後，而且也可以説明，船山的思想是在日新發展之中，並不是停留在一個水平而堅持不變的。這也是船山的特點之一，值得汲取。」（頁一八八）

夫君子之慎微明辨，争位於紛雜之餘，正交於肆應之地者，不敢憚勞，非曰永固，亦以延天地之盛於一日，則後起者弗以澌滅而不可繼。固勿庸以既濟爲戒塗，而倒行於雌雄、黑白之間，依「不盈」「不足」以自保也。

未濟

一

水火之爲功，不及天地之盛，因是而爲害亦不如陰陽亢戰之窮。遜其可大，故其成也小；讓其可久，故其毁也不長。故天地而无毁也：藉有毁天地之一日，豈復望其亥閉而子開，如邵子之説也哉！〔一〕成之小者不足以始，故易首乾坤而不首坎離。據「天一生水」，則當首坎矣。〔二〕毁之長者不可以終，故終未濟而不終坤。〔三〕

〔一〕邵子之説，以爲天地周而復始，「天開於子，地辟於丑，人生於寅」。閉於亥，開於子。
〔二〕詳見本書坎卦下小注。
〔三〕坎當子，坤當亥。

且夫火，陰也，而以陽爲郛；水，陽也，而以陰爲輿。〔一〕非郛不守，非輿不載，憑之以爲固，含之以爲光〔二〕。既不能顯出其神明，以備陰陽之盛；抑不欲孤恃其鋒稜，以致窮亢之災〔三〕。得數少而氣承其伸，則物不能長盛而不終，亦非有久終而不返。水火之撰〔四〕，固有然矣。

若夫天地之所爲大始者，則道也，道固不容於缺也。不容於缺，必用其全。健全而乾，順全而坤。因是而山、澤、雷、風、水、火，皆繁然取給於至足之乾坤，以極宇宙之盛，而非有漸次以嚮於備。何也？道无思而无爲。漸次以嚮於備，則有爲吝留，有爲增益，是且有思而有爲，其不足以建天地之大也久矣。

震、巽、坎、離、艮、兑，男女之辨，長少之差，因氣之盈縮而分老壯，非長先而少後也。終古也，一歲也，一日也，一息也，道之流動而周給者，動止、散潤、暄説皆備於

〔一〕離一陰在中，外有兩陽爲之郭；坎一陽在中，外有兩陰以載之。
〔二〕憑之以爲固，坎險也；含之以爲光，離明也。
〔三〕乾則純陽，坤則純陰，皆陰陽之盛者也。盛故顯，然亦因之而成亢。
〔四〕繫辭傳「以體天地之撰」，内傳：「撰，其所作也。」

兩閒，萬物各以其材量爲受，遂因之以有終始。始无待以漸生，中无序以徐給，則終无耗以向消也。〔二〕其耗以嚮消者，或亦有之，則陰陽之紛錯偶失其居，而氣近於毀。此亦終日有之，終歲有之，終古有之，要非竟有否塞晦冥、傾壞不立之一日矣。

嘗試驗之。天地之生亦繁矣，倮介、羽毛、動植、靈冥，類以相續爲蕃衍。繇父得子，繇小嚮大，繇一致萬，固宜今日之人物充足兩閒而无所容。而土足以居，毛足以養，邃古无曠地，今日无餘物，其消謝生育相值，而償其登耗者適相均也。是人之兵疫饑饉，率歷年而一遇，則既有傳聞以紀之。若鳥獸草木登耗之數，特微遠而莫察，乃鷙攫、凍暍、野燒、淫漲之所耗者，亦可億〔三〕而知其不盈。則亦與夏晝冬夜長短之暗移，无有殊焉。要其至足之健順，與爲廣生，與爲大生〔三〕，日可以作萬物之始。有所缺，則亦［无］〔四〕有一物

〔二〕這是船山對「乾坤生六子」次序的理解。一般來説，把震、坎、艮看作長男、中男、少男，好像是先生出震、最後生出艮。然而船山認爲，六子（三男三女）只是一種比喻，震、坎、艮、巽、離、兑其實是一齊生出，之所以用三男三女稱呼他們，只是因爲他們出生的時候稟氣的長短盛衰有差别，差别不在於綫性時間上的先後。

〔三〕億，如論語「億則屢中」之「億」。

〔三〕乾健大生，坤順廣生。

〔四〕「无」字，底本無，今據嶽麓本補。觀下文「无物不備」及上下文義，則當有「无」字。

而不備矣。无物不備，亦无物而或盈。〔一〕夫惟大盈者得大虛。今日之不盈，豈慮將來之或虛哉！故易成於既濟而終未濟〔二〕，未濟之世，亦乾坤之世，而非先後之始終也。〔三〕

未濟與乾坤同世，而未濟足以一終者，何也？陰陽之未交也，則爲乾坤。繇其未交，可以得交。乃既交而風雷、山澤亦變矣。其尤變者，則莫若水火。一陽而上生一陰，一陰而上生一陽，以爲離；一陰而上生一陽，一陽而上生一陰，以爲坎。互入（相）〔以〕〔四〕交，三位相錯，間而不純。既或以爲坎，或以爲離矣，因而重之：離與坎遇，離三之陽，上生一陰，因以成坎，而爲既濟；坎與離遇，坎三之陰，上生一陽，因以成離，而爲未濟。互交以交，六位相錯，間而不純。陰陽之交，極是乎而甚。故此二卦者，乾坤之至變者也。繇其盡交，非有未交〔五〕；交極乎雜，無可復變，是故有終道焉。

〔一〕萬物雖備，然有登有耗，故不盈。

〔二〕嶽麓本所據底本無「未濟」二字。

〔三〕謂非以既濟即天地世界之終結毁滅也。

〔四〕「以」，底本原作「相」，今據嶽麓本改。由下文「互交以交」，則當作「以」。

〔五〕盡其交，則無交而不盡者，即無有未交者。無有未交，是交之已成；成，其終也。

既濟得居，未濟失居，雜而失居，傷之者至矣。水胎陽而利降，火胎陰而利升。既濟水升火降，升者有餘位以降，降者有餘位以升；未濟水降火升，降極而无可復降，升極而无可復升。性流於情，情孳於生，交極位終，則既濟成而未濟終。固一日之間，一物之生，皆有此必終之理行乎陰陽，聽萬物材量之自受，則未濟亦可以一終矣。

然而交則極也，陰陽則未極。陰陽之極者，未交則乾坤也；已交而得居則泰也，已交而失居則否也。乾坤之極，既已爲始；否之極，又不可終。非乾則坤，非坤則乾。十二位之間，嚮背而陰陽各足，既不容毁乾而無坤，毁坤而無乾，又不得絶否之往來以終於晦塞。惟夫往來皆雜，十二位相錯，而未有純者，則未濟遂足以一終。

乃一陰立而旋陽，一陽立而旋陰，陰陽皆死生於俄頃，非得有所謂「地毁於戌，天毁於亥」也。蓋陰孤而不可毁陽，陽孤而不可毁陰。未濟之象，亦一陰一陽之道，而特際其亂者爾。

先天之位，未濟居申〔二〕，申者日之所入也。日遠於大圜之虚，而出入因地以漸移，則

〔二〕詳周易本義卷首伏羲六十四卦圓圖。

申有定位而無定時。无定時，則亦且无定位。是終日可寅，終日可申，終日終而終日始，拘於所見者莫之察爾。且申爲秋始，秋司刑殺。百穀落而函活藏於甲核，昆蟲熊燕蟄而生理息於膻宫，則亦貌殺非殺，而特就於替也。未濟亦替而已矣，豈有殺哉！非殺不成乎永終，天地无永終之日矣。

且雷、風、山、澤之代天以主物也，非暄潤不爲功。故人物非水火不生，而其終也亦非水火不殺。雷、風、山、澤，不能殺物者也。因其任殺，故亦可以一終。而水火之殺，則亦惟水火之不盛也。陽亢而陰凝則盛，故雷風之用著，水火之用微；山澤之體實，水火之體虚。〔一〕陰閒乎陽而爲離，陽不得亢；陽閒乎陰而爲坎，陰不得凝。其在未濟也，離火南上而且〔二〕息乎金，失木之養；坎水北下而注乎木，失金之滋；尤非有炎爍氾瀾之勢也〔三〕。特以

〔一〕震、艮兩陰連類，故陰凝；巽、艮兩陽連類，故陽亢。
〔二〕嶽麓本無「且」字。
〔三〕五行之分布，東木、南火、西金、北水。自木而火，則南上也，過於火位則爲金，故「離火南上而息乎金，失木之養」，謂其背木而就金也；自金而水，則北下也，過於水則爲木，故曰「坎水北下而注乎木，失金之滋」，謂其背金而就木（滋，生也，金生水，水生木）。

交之已雜，成乎一時之衰，而物遂受其凋敝。故盛爲生，衰爲殺。盛衰者偶也〔二〕，生殺者互相養者也。豈有極重難返之勢，以訖於大終而待其更始乎！

釋氏之言曰：「劫之將壞，有水災焉，有火災焉。」〔三〕以未濟觀之，火上散而水下漏，水火不給於暄潤，則於人物爲死，於天地爲消。其無有焞焞之焰、滔滔之波，以滅萬物、毁二儀而壞之，亦明矣。

天地之終，不可得而測也。以理求之，天地始者今日也，天地終者今日也〔三〕。其始也，人不見其始；其終也，人不見其終。其不見也，遂以謂邃古之前〔四〕，有一物初生之始；將來之日，有萬物皆盡之終〔五〕；亦愚矣哉！

是故窮理盡性以至於命者，原始要終，修其實有，（之規）［取之現存］〔六〕，以盡循環

〔二〕盛與衰相爲配偶。
〔三〕「劫」本爲婆羅門教最大時間單位，佛教因之。劫末則有災害産生，阿含經謂火、水、風三劫。法苑珠林卷三有「壞劫」條。船山以天地之化日新，新故相代而不息，故今即始即終。
〔四〕天問：「遂古之初，誰傳道之？」「謂」，嶽麓本作「爲」。
〔五〕始者，老氏「先天地生」之説是也；終者，釋氏劫滅之説是也。
〔六〕「修其實有，取之現存」，底本原作「修其實有之規」，今據嶽麓本改。「取之現存」，正謂不妄測天地之始終，但乾乾修己而已。

无窮之理，則可以知生死之情狀而不惑，合天地之運行而不慚，集義養心，充塞兩閒而不餒。嗚乎！盡之矣。〔一〕

二

凡夫萬有之化，流行而成用。同此一日之内，同此天地之閒，未有殊才異情，能相安而不毁者也。情以御才，才以給情。情才同原於性，性原於道，道則一而已矣。一者，保合和同而秩然相節者也。始於道，成於性〔二〕，動於情，變於才。才以就功，功以致效，功效散著於多而協於一，則又終合於道而以始。是故始於一，中於萬，終於一。始於一，故曰「一本而萬殊」〔三〕；終於一而以始，故曰「同歸而殊塗」。

〔一〕未濟居今本六十四卦之終，或有人認爲：「此卦是天地宇宙的終點。所謂終點，即天地消亡之日。」船山則説：未濟或許可以看作天地之衰，但不是天地的消亡。天地既没有開始，也没有終結。因爲它始終無窮，所以「无」不在天地之前；「空」不在萬物之後。「有生于无」及「萬法皆空」之説都不能成立。天地之大德曰生，無始以來，刻刻皆生氣，刻刻皆生理，没有消亡的那一天。於是我的操存舍亡、清濁善惡，都永恒地存在於大化中，難道不應當時時刻刻存省澄澈嗎？

〔二〕繫辭傳：「一陰一陽之謂道，繼之者善也，成之者性也。」

〔三〕性理大全正蒙注引朱子：「氣質之性，則二氣交運而生，一本而萬殊也。」

夫惟其一也，故殊形絕質而不可離也，彊刑弱害而不可舍也。舍之以爲遠害，離之以爲保質，萬化遂有不相濟之情才。不相濟曰未濟，則何以登情才而成流行之用乎？舍之離之，因萬化之繁然者，見其殊絕之刑（德）［害］〔一〕，而分以爲二。既已分之，則披紛解散，而又憂其不合，乃抑矯揉銷歸以强之同，則將始於二，成於一。故曰異端二本而无分。

老氏析負抱陰陽〔二〕之旨，而欲復歸於一；釋氏建八還之義，而欲通之以圓〔三〕。蓋率以道之中於萬者以爲大始，而昧其本。則才情〔四〕之各致，或有相爲悖害者，固變化之不齊。而以此疑爲不足據，乃從而歸并於无有，不亦宜乎！〔五〕

〔一〕「害」，底本原作「德」，今據嶽麓本改。上文云「殊形絕質」「强刑弱害」，知當作「害」。

〔二〕「負抱陰陽」，嶽麓本作「抱陽負陰」。

〔三〕佛光大辭典「八還」條：「又作八還辨見。還者，復之義。世間諸變化相，各還其本所因處，凡有八種，稱爲八還。辯，爲分別之義；見，即能見之性。八還辯見，即以所見八種可還之境，而辯能見之性不可還。據楞嚴經卷二載，阿難不知『塵有生滅，見無動摇』之理，而妄認緣塵，隨塵分別，如來遂以『心』『境』二法辨其真妄，若言『心』，則謂『今當示汝無所還地』；若言『境』，則謂『吾今各還本所因處』，用以顯示『所見之境可還，能見之性不可還』之理，故以八種變化之相辯之。」

〔四〕「才情」，嶽麓本作「情才」。

〔五〕以上段落大意：船山認爲，正見是「始於一，中於萬，終於一」。道家和佛教則把中間的萬有當作開始，比如說「負陰而抱陽」，比如説「八還」，都是「二本」（或多本）而非一本。因爲没有看到本源上的統一性，道家和佛教在看待萬有的時候，便只能看到萬有的相互妨害，認爲它們是消極的東西，試圖加以消滅。於是佛道教也就自然而然地把萬物銷歸於無或者空了。

夫同者所以統異也，異者所以貞同也，是以君子善其交而不畏其爭。今夫天地，則陰陽判矣；雷風、山澤、水火〔一〕，則剛柔分矣。是皆其異焉者也。而君子必樂其同，此豈有所强哉？迅雷之朝，疾風以作；名山之（上）〔下〕〔二〕，大澤以流；震巽、艮兑之同而无所强者固然矣，而抑又不足以相害。若夫水火，吾未見其可共而處也，抑又未見其處而不爭也。處而不爭，則必各順其性，利其情，相舍相離，而後可同域而安。火炎上，因而上之；水潤下，因而下之；則已異矣。〔三〕炎不熯水，潤不滅火，則又以爲同矣。嗚乎！此未濟之世，遠害而「亨」，而卒以「无攸利」於天下，而易且以「一」〔四〕終者也，可不慎與！〔五〕

今夫物之未生，方之未立，一而已矣。成才而爲物，則翼以翔空，蹠以蹈實，而辨立；準情而建方，則耳目知左，手足知右，而居奠。雖有父母師保，而不能强之以不異。雖然，其異焉者中固有同然者，特忘本者未之察耳。

〔一〕「山澤、水火」，嶽麓本作「水火、山澤」。
〔二〕「下」，底本原作「上」，今據嶽麓本改。
〔三〕此就未濟卦象而言。上體爲火而炎上；下體爲水而潤下，是故各不相害。
〔四〕底本原無「一」字，今據嶽麓本補。據下文「則一終者將以永終，且亦不可以得一終也」，當有「一」字。
〔五〕老氏之説正以此，故船山戒人曰「慎」。

故極乎陰陽之必異，莫甚於水火。火以熯水，所熯之水何往？水以滅火，所滅之火何歸？水凝而不化，熯之者所以盪而善其化；火燥而易窮，滅之者所以息而養其窮：則莫不相需以致其功矣。需以互交，先難而後易，情德而貌刑，故忘本者尤惄然而畏其争。將以爲本異而不可同也，於是析兄弟之居，察情欲之辨，解而散之，因而仍之。因而仍之，以爲「自然」；解而散之，以爲「解脱」。之説也，其於道也，猶洴澼絖之於淵魚也。〔一〕萬化之終協於一以藏大始者，固不因之以匱。彼益傲然曰：「其成也固然，而欲互交以致功者，亦拂陰陽之性而无當於成敗。」其迷也，亦可爲大哀也矣！天地之正，不聽彼之亂之。聖人之教，輔相以合之者，又維繫之。彼既任其相離相舍，則亦徒有其説而无其事，故无能大損於道也。藉其不然，胥古今上下以未濟，則一終者將以永終，且亦不可以得一終也，則可不謂大哀者與！

嗚乎！君子之慎未濟也，亦爲其難而已矣。情異則利用其才，情才俱異則胥匡以道。

〔一〕莊子齊物論：「宋人有善爲不龜手之藥者，世世以洴澼絖爲事。」音義：「小爾雅云：『絮細者謂之絖。』李云：『洴澼絖者，漂絮於水上。絖，絮也。』」洴澼絖者於水之極淺處，淵魚則極深，故相去甚遠也。

沈潛剛克，高明柔克，以自治也；禮以齊之，刑以成之，以治人也。然後凝者不以寒沈而洩，燥者不以浮焰而衰。斟酌融通，慮始難而圖成易。則天地之閒，昭明流動〔一〕，保合而无背馳瓦解之憂，元化且恃之以成矣。是故未濟之慎，則其可以濟之秋也。

夫水沈而舟浮，舟静而楫動，而理之相因一也。從其情才之迹而任之，以舟撐舟，以水運水，人且望洋而退，豈有賴哉！〔二〕故卦凶而爻或免，亦以其應而已矣。火之刑水，其害薄；水之刑火，其害酷。離可以引退；不恤其害，猶與交應，則離賢矣。明者下燭而有孚，險者怙終而自曳。〔三〕六三位進而才退，棄餘光而保險，未濟之害，獨多有之，則凶亦至矣。離賢於坎，坎利於離。得害多者，君子之常；避禍速者，小人之智。成未濟者坎也，而老子曰「上善若水」，其爲術可知矣。

周易外傳卷四終

〔一〕昭明，離也；流動，坎也。
〔二〕「以舟撐舟，以水運水」（比喻佛教的「八還」等），則無利。以楫撐舟，以水運舟，舟、楫、水三者相因相和而後得濟。
〔三〕未濟六五曰「君子之光有孚」，九二則曰「曳其輪」。君子之光下照，是六五光照於下；而九二不願上交，拖曳其輪。

周易外傳卷五

繫辭上傳第一章　章句依朱子本義

一

夫易，天人之合用也。天成乎天，地成乎地，人成乎人，不相易者也。天之所以天，地之所以地，人之所以人，不相離者也。〔一〕易之則无體，離之則无用。用此以爲體，體此以爲用。所以然者，徹乎天地與人，惟此而已矣。〔二〕故易顯其用焉。

夫天下之大用二，知、能是也；而成乎體，則德業相因而一。知者天事也，能者地事

〔一〕此解「天尊地卑，乾坤定矣」云云。不相離，故前云「天人合用」。
〔二〕惟易之道體而已。

也，知能者人事也。今夫天，知之所自開，而天不可以知名也；今夫地，能之所已著，而不見其所以能也。清虚者无思，一大者无慮，[一]自有其理，非知他者也，而惡得以知名之？塊然者已實而不可變，委然者已静而不可興，出於地上者功歸於天，无從而見其能爲也。雖然，此則天成乎天，地成乎地。人既離之以有其生而成乎人，則不相爲用者矣。此之謂「不易」也。

乃天則有其德，地則有其業，是之謂乾坤。知、能者，乾坤之所效也。夫知之所廢者多矣，而莫大乎其忘之。忘之者，中有閒也。萬變之理，相類相續而後成乎其章，於其始統其終，於其終如其始。非天下之至健者，其孰能彌亘以通理而不忘？故以知：知者惟其健，健者知之實也。能之所窮，不窮於其不專，而莫窮乎窒中而執一。執一而窒其中，一事之變而不能成，而奚况其賾！至善之極，隨事隨物而分其用，虚其中，析其理，理之所至而咸至之。非天下之至順者，其孰能盡亹亹之施而不執乎一？故以知：能者惟其順，順者能之實也。

[一] 横渠張子以清虚一大爲天道。

夫太極○之生元氣，陰陽者，元氣之闔闢也。直而展之，極乎數之盛而爲九。九者數之極，十則仍歸乎一矣。因坤之二而一盈其中爲三，統九三而（一貫之）［貫之爲一］〔二〕，其象奇⚊。始末相類，條貫相續，貞常而不屈，是可徹萬理〔三〕於一致矣。而三位純焉；因而重之，六位純焉。斯以爲天下之至健者也。

元氣以斂而成形，形則有所不逮矣。地體小於天。均而置之，三分九而虛其一爲六，三分三而虛其一爲二，其象偶⚋。天之所至，效法必至，甯中不足而外必及。中不足者，以受天之化也。虛其中以受益，勉其所至以盡功，是可悉物理而因之，而三位純焉；因而重之，六位純焉。斯以爲天下之至順者也。

故曰「乾知大始，坤作成物」。无思无慮而思慮之所自徹，塊然委然而不逆以資物之生，則不可以知名而固爲知，不見其能而能著矣。而夫人者，合知、能而載之一心也。故曰「天人之合用」，人合天地之用也。

〔二〕「貫之爲一」，底本原作「一貫之」，據下文「虛其一爲二」及嶽麓本改。

〔三〕「理」，嶽麓本作「里」，誤。

夫彌亘初終而持之一貫，亦至難矣。虛中忘我，以隨順乎萬變，勉其所至而行乎无疆，亦至繁矣。則奚以言乎「易簡」也？曰：惟其純也。乾者純乎奇矣，坤者純乎偶矣。當其爲乾，信之篤而用之恒，不驚萬物之變而隨之以生識，則歷乎至難而居天下之至易；當其爲坤，已不尸功而物自著其則，受物之取而咸仍其故，則歷乎至繁而行天下之至簡。乾則以位乎天者此，以達乎人者此，以施乎地者此；六爻三才也。坤則以應乎天者此，以運乎人者此，以成乎地者此。因而重之，罔不皆然，此之謂純。

夫天秉乾德，自然其純以健，知矣；地含坤理，自然其純以順，能矣。故時有所鼓，[一]有所潤，時互用而相爲運，時分用而各有成。震、巽、坎、離、艮、兑之大用，而在六子之各益者，天地初未嘗有損。雜者自雜，不害其純，則終古而无不易也，无不簡也，皆自然也，吉凶其所不諱也。聖人所憂患者，人而已矣。故顯用於大易，使知欲得夫天下之理者，合天地之用，必其分體天地之撰而不雜者也。

夫知，用奇也則難而易，用偶也則易而難；能，用偶也則繁而簡，用奇也則簡而繁。

[一] 嶽麓本「有」前有「時」字。

然而天下之辨此者鮮矣。

知者未嘗忘也。甫有其知，即思能之，起而有作，而知固未全也。因事變而隨之以遷，幸而有功焉，則將據其能以爲知，而知遂爽其始。故知，至健者也，而成乎弱。弱而不能勝天下，則難矣。

能固未欲執一也。方務能之，而恃所能以爲知，成乎意見，以武斷乎天下，乃其能亦已僅矣。物具兩端，而我參之以爲三，非倚於一偏而不至也，則並違其兩，但用其獨。故能，至順者也，而成乎逆。逆而欲與物相親，則繁矣。〔一〕

是何也？人受天地之中以生，而不能分秩乎乾坤，則知能固以相淆，健順固以相困矣。夫人亦有其動焉，亦有其入焉，亦有其幽明之察焉，亦有其止焉，亦有其説

〔一〕前文説，知之德健，故不忘；能之德順，故不執一。這是就天地而言。人兼有知、能，但在利用知、能的時候會出現一些偏差。人剛剛有了知，就想追求能（即把知付諸實踐、產生功業）。但這時人的知識還不完全，面對事變，偶然建立了功業，就把這個能當作知，忘掉了本源意義的知。知就從健變弱了，於是產生了難。同時，當人們因爲有了一些功業，把這偶然的能當作知，以爲這就是唯一正確的，也就陷入了執著（執一）狀態，連自己的「能」也固步自封、得不到拓展。本來的「能」是用偶的，偶兩，中間虚一以虚心接受其他事物；現在不用兩，而變成了「執一」，則不能再容受其他事物，「能」便由順變逆，產生了難。

焉。〔一〕然而惟能以健歸知，以順歸能，知不雜能，能不雜知者，爲善用其心之機，善用其性之力，〔二〕以全體而摩盪之，乃能成乎德業而得天下之理。藉其不然，天之明固在也，地之力固在也，莫知所秩，乘志氣之發而遂用之，故德二三非其德，業將成而或敗之矣。是以周易並建乾坤以爲首，而顯其相錯之妙。天事因乎天，地事因乎地。因乎天而坤乃有所仿，因乎地而乾乃有所成。故易者，聖人之以治天下之繁難而善其德業者也。

雖然，亡他焉，全體之而得矣。全體之，則可以合，可以分。誠積而必感，自摩之以其幾；道備而可給，自盪之以其時。乾坤定則貴賤位，剛柔斷，聚以其類，分以其群，象不眚，形不杌，皆定之者不雜也。是故可鼓可潤，可寒可暑，可男可女，訢合而不亂。賢人以之爲勸爲威，爲行爲藏，爲内治爲外圖，成震、巽、坎、離、艮、兑之大用。故曰「易，天人之合〔三〕用也」，蓋純備之、分秩之之謂也。

〔一〕震動，巽入，坎幽，離明，艮止，兑説。

〔二〕心之機，知也；性之力，能也。

〔三〕「合」，嶽麓本作「大」，非也。本篇一開始就説「夫易，天人之合用也」。

二

「鼓之以雷霆」，震也；「潤之以風雨」，巽也。「日月運行，一寒一暑」，坎、離也。離秉陽以函陰，爲日；坎秉陰以承陽，爲月。日運行乎陽中爲晝，月運行乎陰中爲夜。日運行乎離南，赤道之南。月運行乎坎北，二至月道極乎南北。則寒；日運［行］〔二〕乎坎北，赤道之北。月運［行］乎離南，則暑也。「乾道成男」，艮也；「坤道成女」，兌也。乾坤怒氣之生，爲草木禽獸，其大成者爲人。天地慎重以生人，人之形開神發，亦遲久而始成。乾坤之德，至三索而乃成也〔三〕。於此而見陰陽致一之專，於此而見陰陽互交之化，然皆其迹而已矣。蓋學易者於此而見陰陽皆備之全焉。

雷霆、風雨，相偕以并作，則震、巽合矣。日月、寒暑，相資而流行，則坎、離合矣。男女相偶，以正位而衍其生，則艮、兌合矣。震之一陽，自巽遷者也；巽之一陰，自震遷

〔二〕「行」，底本原無，今據嶽麓本補。下句「行」字仿此。

〔三〕此以説卦乾坤生六子解繫辭「鼓之以雷霆」以下也。

者也。〔一〕坎、艮之陽，自離、兑遷也；離、兑之陰，自坎、艮遷也。遷以相摩，則相盪而爲六子；未摩而不遷，則固爲乾、坤。故震、巽一乾坤也，坎、離一乾坤也，艮、兑一乾坤也〔二〕。惟其无往而非純乾純坤，「故乾坤」〔三〕成卦而三位各足，以全乎乾之三陽、坤之三陰，而六位備；因而重之，而六位各足，以全乎乾之六陽、坤之六陰而十二位備。周易之全體，六陽六陰而已矣。其爲剛柔之相摩，盪爲八卦者，无往而不得夫乾坤二純之數也；其爲八卦之相摩，盪爲六十四卦者，錯之綜之，而十二位之陰陽亦无不備也。无不備，无不純矣。

故非天下之至純者，不能行乎天下之至雜。不足以純而欲試以雜，則不賢人之知能而已矣。故曰「所惡於執一者，爲其賊道也，舉一而廢百也。」霸者之術，亦王者之所知，而王道規其全，則時出爲事功，而无損於王者之業；異端之悟，亦君子之所能，而君子體其全，則或窮乎孤至，而无傷於君子之德。

〔一〕乾之初爻往坤，坤之初爻往乾，而後震、巽成。坎離、艮兑皆仿此。
〔二〕乾坤並建之説。
〔三〕「故乾坤」：底本原無此三字，今據嶽麓本補。

故天下无有餘也，不足而已矣；无過也，不及而已矣。撰之全，斯體之純；體之純，斯用之可雜。幾不能不摩，時不能不盪。以不摩不盪者爲之宗，以可摩可盪者因乎勢，以摩之盪之者盡其變〔二〕。故可鼓也，可潤也，可運也，可成也。而未鼓、未潤、未運、未成，乾坤自若也。方鼓、方潤、方運、方成，乾坤自若也；統六子而爲乾坤，六子之性情咸具，而但俟其生；與六子而並爲八卦，父母之功能固著，而不倚於子。故致一者其機也，互交者其情也，皆備者其誠也。誠者亡他，皆備而已爾。

嗚乎！使君子而爲小人之爲，則久矣其利矣；使聖人而爲異端之教，則久矣其述矣；使王者而爲桓、文之功，則久矣其成矣。小人之利，君子亦謀之以育小人；異端之教，聖人亦察之以辨異端〔三〕；桓、文之功，王者亦録之以命牧伯。而特更有大焉，徹乎萬彙之情才而以昭其德；更有久焉，周乎古今之事理而以竟其業。剛極乎健，而非介然之怒生與惰歸之餘勇；柔極乎順，而非偶用之委蛇與不獲已之屈從。天下之德固然，賢人

〔二〕不摩不盪者，乾坤也；摩之盪之者，六子也。

〔三〕是故船山有相宗絡索以發釋氏唯識之説；又注老、莊而賦愚鼓。

之相肖以成位乎中者，其能歉乎哉？

未至於此者，學之博，行之篤，弗能弗措，以致曲於全，尚庶幾焉。老氏僅有其一端之知，而曰「曲則全」，其劣著矣。雷風不相薄，水火不相射〔二〕，男女不相配，自有天地以來，未有能爲爾者也。執一廢百，毀乾坤之盛，而驕爲之語曰「先天地生」，夫孰欺？

三

大哉周易乎！乾坤並建，以爲大始，以爲永成，以統六子，以函五十六卦之變，道大而功高，德盛而與衆，故未有盛於周易者也。

連山首艮，以陽自上而徐降以下也；歸藏首坤，以陰具其體以爲基而起陽之化也。夏道尚止，以遏陰私而閑其情；然其流也，墨者託之，過儉以損其生理。商道撥亂，以物方

〔二〕嶽麓本作「水火不相射」。按今本說卦傳云「山澤通氣，雷風相薄，水火不相射」，此處船山既反其意而用之，則當作「水火相射」。

晦而明乃可施。然其流也，霸者託之，攻昧侮亡以傷其大公。〔一〕

嗚乎！道盛而不可復加者，其惟周易乎！周道尚純，體天地之全以備於己。純者至矣，故詩曰「（嗚）［於］〔二〕乎不顯，文王之德之純」，文王之所以配天也。乾坤並建於上，時无先後，權无主輔，猶呼吸也，猶雷電也，猶兩目視、兩耳聽，見聞同覺也。故无有天而无地，无有天地而无人，而曰「天開於子，地辟於丑，人生於寅」，其説詘矣。无有道而无天地，而曰「一生三，道生天地」，其説詘矣。〔三〕无有天而无地，況可有地而无天，而何首乎艮、坤？无有道而无天地，誰建坤艮以開之先？

然則獨乾尚不足以始，而必並建以立其大宗，知、能同功而成德業。先知而後能，先能而後知，又何足以窺道閫乎？異端者於此争先後焉，而儒者效之，亦未見其有得也〔四〕。

〔一〕王孝魚先生譯解曰：「此段批評連山、歸藏，與外傳卷四艮卦末一文似乎自相矛盾。但是此文是專門的哲學論文，而彼則是政論性質，不可一概而論。政論可以抓住題中一點，借以發揮其政治態度；哲學問題的專文則當較爲嚴肅，方能思路徹底，弄明問題的實質。」（頁二一二三）按夏尚忠、殷尚質、周尚文，皆有其善，而推其極亦皆有其弊；兩處文章自不矛盾。

〔二〕「於」，底本原作「嗚」，今據詩經本文及嶽麓本改。

〔三〕邵康節、老子。

〔四〕宋、明以來，知行之説繁矣，若伊川曰知先行后，朱子曰知行互發，陽明曰知行合一。

夫能有迹，知无迹，故知可詭，能不可詭。異端者於此，以知爲首，尊知而賤能，則能廢。知无迹，能者知之迹也。廢其能，則知非其知，而知亦廢。於是異端者欲並廢之。故老氏曰「善行无轍迹」，則能廢矣；曰「滌除玄覽」，則知廢矣。釋氏曰「應无所住而生其心」，則能廢矣；曰「知見立知即无明本」，則知廢矣。〔一〕知能廢，則乾坤毁。故曰：「乾坤毁則无以見易。」不見易者，必其毁乾坤者也。毁乾坤，猶其毁父母也矣。故乾坤並建，以統六子，以函五十六卦之大業，惟周易其至矣乎！

抑邵子之圖易，謂自伏羲來者，亦有異焉。太極立而漸分，因漸變而成乾坤，則疑夫乾坤之先有太極矣。如實言之，則太極者乾坤之合撰，健則極健，順則極順，无不極而无專極者也。无極，則太極未有位矣。未有位，而孰者爲乾坤之所資以生乎？〔二〕且其爲説也，有背馳而无合理〔三〕。夫乾坤之大用，洵乎其必分，以爲清寧之極，知能

〔一〕一出金剛經，一出楞嚴經。

〔二〕邵雍「一分爲二，二分爲四」以生成八卦之説，朱子又以太極、兩儀、四象、八卦進行解釋。就好像在兩儀之前，有一個單獨有太極的階段。（其實朱子的本意並非如此。）船山認爲，這種思路是錯誤的。所謂的太極，就是天地萬物的全體，周敦頤説「无極而太極」，以「无極」说「太极」，就是爲了講明「太極」並非萬物生成之前的一個獨立狀態。

〔三〕此斥邵雍「一分爲二」之説。

之量也。然方分而方合，方合而方分，背馳焉則不可得而合矣。

其爲説也，抑有漸生而无變化〔一〕。夫人事之漸而後成，勢也，非理也。天理之足，无其漸也，理盛而勢亦莫之禦也。易參天人而盡其理，變化不測，而固有本矣。奚待於漸以爲本末也？如其漸，則澤漸變爲火，山漸變爲水乎〔二〕？

其曰「乾坤爲大父母」者，不能不然之説也；其曰「復姤小父母」，則其立説之本也〔三〕。宋鄭夬、秦玠亦有此説。〔四〕不然，則父母而二之，且不能解二本之邪説，而彼豈其云然？

〔一〕邵雍伏羲横圖，自一分爲二，其六十四卦漸次以變。

〔二〕就其小横圖之次序而言，兑二離三，相漸也；坎六艮七，亦相漸也。

〔三〕性理大全皇極經世書纂圖指要：「乾坤，大父母也，故能生八卦；復姤，小父母也，故能生六十四卦。」

〔四〕邵伯温易學辨惑：「沈存中筆談象數一篇，内言：『江南人鄭夬曾爲一書談易，其間一説曰：「乾坤，大父母也，復姤，小父母也。乾一變生復得一陽，坤一變生姤得一陰。乾再變生臨得二陽，坤再變生遯得二陰。乾三變生泰得四陽，坤三變生否得四陰。乾四變生大壯得八陽，坤四變生觀得八陰。乾五變生夬得十六陽，坤五變生剥得十六陰。乾六變生歸妹本得三十二陽，坤六變生漸本得三十二陰。乾坤錯綜，陰陽各三十二，生六十四卦。」夬之爲書皆荒唐之論，獨有此變卦之説未知其是非。予後因見兵部員外郎秦玠，論夬所談，駭然曰：「何處得此法？」玠云：「嘗遇一異人，受此曆數，推往古興衰運曆無不皆驗，嘗恨不能盡其術。西都邵某亦知大略，已能洞吉凶之變。此人乃形之於書，必有天譴。此非世人所得聞也。」予聞其言怪，兼復甚秘，不欲深詰之。今邵某與夬、玠已皆死，終不知何術也。』竊惟我先君易學微妙玄深，不肖所不得而知也。其傳授次第，前後數賢者本末，在昔過庭，則嘗聞其略矣。懼世之士大夫但見存中所記，有所惑也，乃作辨惑。」

自復而左，左生乎頤，明夷左生乎賁，臨左生乎損，泰左生乎大畜。自姤而右，右生乎大過，訟右生乎困，遯右生乎咸，否右生乎萃。而无妄无以生明夷，升无以生訟，則復姤又不任爲小父母。〔二〕

乾右生夬，履右生兑，同人右生革，无妄右生隨。坤左生剥，謙左生艮，師左生蒙，升左生蠱。而泰无以生履，否无以生謙，則乾坤又不任爲大父母。

如其以泰生臨，履生同人，明夷生復，否生遯，謙生師，訟生姤，爲往來之交錯，則姤復爲雲仍之委緒。以无妄生同人，明夷生臨，履生乾，升生師，訟生遯，謙生坤，爲中外之之繞〔三〕，則乾坤爲奕葉之苗裔。

凡此者，既不能以自通，抑不足以自固。而但曲致其巧心，相爲組織，遂有此相因而

〔二〕自復至无妄八卦，內卦皆爲震，與先天八卦方位震處東北一致；外卦則依坤八艮七至乾一之序。而後轉入明夷至同人八卦。依此類推，每一「宫」有八卦，餘七卦皆由爲首之卦生出。此種解讀見於易學啟蒙通釋。船山意謂，若此則皆可謂之父母，不獨復、姤二卦。下一段，則是從相反的方向來看，以乾爲起點。

〔三〕嶽麓本校記：「『爲中外之之繞』：鈔本及守遺經書屋本、金陵本、太平洋本並同。前中華本改爲『爲中外之互繞』，未加説明；後中華本補加説明云：『「互」原作「之」，據文義改。』按『之』有『變』義，如『之卦』之『之』。改『之』爲『互』，似於經義無據。」今按：中華本據「交錯」對文而改爲「互繞」，所改是也。

成乎漸者以爲之序，相背而分其疆者以爲之位，而其説遂以立。

夫乾盡（子）［午］中，何以爲乾？坤盡（午）［子］中，〔一〕何以爲坤？子中无乾，何以爲子？午中无坤，何以爲午？抑與其「天開於子，地闢於丑」之説相叛，而率之何以爲道？修之何以爲教？則亦談天之黠技而已。

夫天，吾不知其何以終也；地，吾不知其何以始也。天地始者，其今日乎！天地終者，其今日乎！觀之法象，有乾坤焉，則其始矣；察之物理，有既濟未濟焉，則其終矣。故天可以生六子，而必不能生地；天地可以成六子，而六子必不能成天地。天地且不相待以交生，而况姤復乎？乃且謂剥之生坤，夬之生乾，則其説適足以嬉焉爾矣。

考邵子之説，創於導引之黄冠陳圖南，傳於雕蟲之文士穆伯長，〔二〕固宜其爚亂陰陽，拘牽

〔一〕「乾盡午中」「坤盡子中」：底本原作「乾盡子中」「坤盡午中」，今據嶽麓本改。按船山此處實駁朱子。周易本義：「乾盡午中，坤盡子中，離盡卯中，坎盡酉中。陽生於子中，極於午中；陰生於午中，極於子中。」

〔二〕朱震進周易表：「陳摶以先天圖傳種放，放傳穆修，穆修傳李之才，之才傳邵雍；放以河圖、洛書傳李溉，溉傳許堅，許堅傳范諤昌，諤昌傳劉牧；穆修以太極圖傳周惇頤，惇頤傳程顥、程頤。」此説或有不實（其歸程、張於陳摶，尤謬），然邵子之數非儒門易所能局限，亦可知也。船山批駁先儒之説，尤以康節爲重點。

迹象之瑣瑣也。而以爲伏羲之始制，曠萬年而何以忽出？此又不待智者而知其不然矣。「乾知大始，坤作成物。」「是故剛柔相摩，八卦相盪。」夫子之學易，學此者也。非仲尼之徒者，惟其言而莫之違，而孰與聽之？

第二章

陰陽與道爲體，道建陰陽以居〔一〕。相融相結而象生，相參相耦而數立。融結者稱其質而無爲，參耦者有其爲而不亂。象有融結，故以大天下之生；數有參耦，故以成天下之務。象者生而日生，陰陽生人之撰也；數者既生而有，陰陽治人之化也。

陰陽生人而能任人之生，陰陽治人而不能代人以治。既生以後，人以所受之性情爲其性情，道既與之，不能復代治之。象日生而爲載道之器，數成務而因行道之時。器有小大，時有往來；載者有量，行者有程。亦恒齟齬而不相值。春霖之灌注，池

〔一〕陰陽載道，道主持分劑陰陽。

沼溢而不爲之止也；秋潦之消落，江河涸而不爲之增也。若是者，天將无以祐人而成之務矣。

聖人與人爲徒，與天通理。與人爲徒，仁不遺遐；與天通理，知不昧初。將延天以祐人於既生之餘，而易繇此其興焉。[一]

夫時固不可儌也，器固不可擴也。儌時而時違，擴器而器敗。則抑何以祐之？器有小大，斟酌之以爲載；時有往來，消息之以爲受。載者行，不載者止；受者趨，不受者避。前使知之，安遇而知其无妄也；中使憂之，盡道而抵於无憂也；終使善之，凝道而消其不測也。此聖人之延天以祐人也。

雖然，亦待其人矣。器不足以承祐，聖人之於人猶天也，不能保諸既祐之餘。然則能承聖人之祐者，其惟君子也[二]。

[一]　朱伯崑先生曰：「所謂延天，是説依人的智慧和仁德，觀察事物的象和數，深入研究器時相應之理，掌握陰陽變易之道，調治器時不相值、象數不相合的矛盾，使天地萬物有利於人類的生存和發展。」（易學哲學史，昆侖出版社二〇〇九年版，頁二五二。）

[二]　天地不憂患人；聖人憂患人，故欲延天而祐人。雖欲祐人，也一定要根據人的才性和氣質來斟酌灌注，不能强迫其材質之不能容受。句末「也」字，嶽麓本作「乎」。

且夫興鬼神以前民用者，龜莛之事，是不一類，而恒不能壹因於道。象而不數，數而不象，有遺焉者矣。器與時既不相值，而又使之判然无以相濟也。若夫象肖其生，數乘其務，吉凶之外有悔吝焉，晝夜之中有進退焉，則於以承祐也甚易矣。然而舍君子則固不勝者，愚不肖不與其深，賢智恒反其序也。故君子之器鮮矣。〔一〕

何也？易之有象也，有辭也，因象而立者也；有變也，有占也，因數而生者也。象者（氣）［器］〔二〕之始，居乎未有務之先；數者時之會，居乎方有務之際。其未有務，則居也；其方有務，則動也。居因其常；象，至常者也。動因乎變；數，至變者也。君子常其所常，變其所變，則位安矣。常以（制）［治］〔三〕變，變以貞常，則功起矣。象至常而无窮，數極變而有定。无窮，故變可治；有定，故常可貞。

〔一〕此段謂：龜卜莛筮之門類多矣，未必皆合於道，未必皆能統象數而一之。及其象數皆合之卜筮，則可以合道矣，然非君子亦不能用之。

〔二〕嶽麓本校記：「『器』：各印本作『氣』，誤。經文：『以制器者尚其象。』故云『象者氣之始』。周校失記。」今按作「器」是，今據改。然嶽麓本校記引經文「以制器者尚其象」實不足證明。所可證明者，本章「象日生而爲載道之器，數成務而因行道之時。器有小大，時有往來」是也。

〔三〕「治」，底本原作「制」，今據嶽麓本改。

无窮者何也？陰陽形器之盛，放〔一〕乎天地，而察乎臣妾、鼠豕，不勝繁也；始乎風雷，而極乎劓刖、號笑，不勝遷也。〔二〕有定者何也？非其七九，則其六八也；非其七八，則其九六也〔三〕。

君子无窮其无窮，而有定其有定。所觀者，〔統乎〕〔四〕設卦之全象；所玩者，因乎變動之一爻。居不以苟安爲土，纖芥毫毛之得失，皆信其必至；動不以非常爲怪，倉卒倒逆之禍福，一聽其自然。信其必至，故度務之智深；聽其自然，故敦止之仁壹。智深而必无少見多怪之驚，仁壹而必无周旋卻顧之私。則可安可危，而志不可惑也；可生可死，而氣不可奪也。是以能於易而承天之祐也。

其非君子也，則恒反其序。反其序者，執象以常，常其常而昧其无窮；乘數以變，變其變而瞀其有定。是故耳窮於隔垣，笙簧奏而不聞；心窮於詰旦，晴雨變而无備。

〔一〕「放」，嶽麓本作「始」。義同。
〔二〕臣妾、鼠豕、刖、號笑，皆見於易之卦爻辭，即萬事萬物之象也。
〔三〕或陽或陰，或少或老。
〔四〕「統乎」，底本原無此二字，今據嶽麓本補。

偷窳於今日之暇，局促於咫尺之安，專之以爲利，保之以爲歡，而天下則固然其將變矣。此亦一端矣，彼亦一端矣，則又迎之而笑，距之而啼，因杌而疑鬼，因牛羊而夢王公。吉不勝喜，喜至而吉盡；凶不勝懼，凶去而懼未忘。仆亂倀皇以邀福而逃禍者，卒不知禍福之已移於前也，而況能先禍福以擇名義之正也哉？曚瞽塞目於黼黻，稚子揜耳於雷霆，象非其象而數非其數，乃以怨天之不祐也，天且莫如之何，而況於聖人乎？

嗚乎！聖人之承天以祐民者至矣。詩、書、禮、樂之教，博象以治其常；龜筮之設，窮數以測其變。合其象數，貞其常變，而易以興焉。智之深，仁之壹，代陰陽以率人於治，至矣，蔑以尚矣。而非君子之器，則失序而不能承。故天之待聖人，聖人之待君子，望之深，祈之夙。而學易之君子，將何以報聖人邪？〔二〕

〔二〕繫辭曰：「君子居則觀其象而玩其辭，動則觀其變而玩其占，是以自天佑之吉无不利也。」用易之道盡於此矣。船山一言以概之，則曰「占學一理」。君子於易，而得處世之道焉。蓋居則觀象玩辭，學之事也，學其大經常理，遂知天下萬變不離乎是；動則觀變玩占，占之事也，策之揲也無心，爻之動也不可意，猶人生諸事不可逆計也。雖其不可逆計，要之不離乎理，故占豈離乎學哉？大易延天以祐人者，謂觀象玩占皆有以自省，而後修齊治平皆力行之；非若術士詭求吉凶之前知而規避者也。

第三章

得數之體，多者爲大，少者爲小。陰陽動静乎太極，陽倡而陰和，倡者捷得而廉，和者徐收而貪。故陽一而陰二，則陰多也〔一〕；陽數一、三、五、七、九，積二十五，陰數二、四、六、八、十，積三十，是陰猶多也；大衍之數五十五，去中五以用五十，陽未用而早掛其五，是陰又多也。三百八十四位之象，陰陽各半，陰抑不處其少也。然而陰卒以少爲小〔二〕，豈其才之不給？蓋情之不逮矣。

夫數，將以用之也。有數而不用，均於无數；用而苟恤其私，均於不用。故能用者少而有餘，不用者多而不足。紂之億萬，不寡於周之十人也？唐高之一旅，非富於子孫之天下也？陰陽均受數於太極，逮其既用，陽之揲四，凡七凡九，而餘者或十三，或二十

〔一〕陽畫一，陰畫二。
〔二〕易以陽大陰小，如泰卦「小往大來」，否卦「大往小來」。

一。陰之揲四，凡六凡八，而餘者或十七，或二十五。陰之所餘，恒多於陽之一揲〔二〕。不以揲而以餘，陰非不足而吝於用，於是陰遂成乎小焉。〔三〕

夫崇己以替天下，則簞豆見色；利天下而節於己，則膏澤不屯。人莫窺其所藏，而窺其所建，於是乎陽任大而无慚，陰欲辭小而不得。

何也？廉於取者其施必輕，貪於求者其與必吝。受數少，則富不足以自矜，而與物若借；受數多，則情常怙於取贏，而保己恒深。鹿臺、鉅橋之發，封椿之世不能也，而必見之開創之日；〔三〕酒漿、乾餱之愆，薇蕨之士亡有也，而多得之千金之子。薰風之吹，不能如朔風之久；及其怒號披拂，榮百昌之生也，晝夜而有九春之勢，惟其用之大也。

〔二〕少陽七，過揲之數四七二十八，掛扐之數則二十一；老陽九，過揲之數四九三十六，掛扐之數則十三。少陰八，過揲之數三十二，掛扐之數則十七；老陰六，過揲之數二十四，掛扐之數則二十五。船山訓扐爲餘，故以掛扐之數爲餘數。陰餘十七、二十五，較陽餘之十三、二十一皆多四，一揲爲四，故謂「多于陽之一揲」。

〔三〕以掛扐之數（既揲之餘）言之，陰多於陽一揲，以過揲之數言之，則陽多餘陰一揲。筮當用揲，不當用既揲之餘；而陰之所以多於陽者，則以餘數而不以揲數——是知陰之吝也、小也。

〔三〕續資治通鑒長編卷六：「國初，貢賦悉入左藏庫，及取荆、湖，下西蜀，儲積充羨。上顧左右曰：『軍旅饑饉，當預爲之備，不可臨事厚斂於民。』乃於講武殿後別爲内庫，以貯金帛，號曰封椿庫，凡歲終用度贏餘之數皆入焉。」

夫儉其身以利天下者，宜天下多以利報之，則大易而小險，情相稱也。然而數則有不然者。莫大於龍，而亢或有悔；莫小於魚，而貫或承寵。且不但此也。陽一索而震，動物者先自懼也；再索而坎，固物者先自勞也；三索而艮，止物者先自戢也——則皆險也。陰一索而巽，入物者己自遂也；再索而離，麗物者己自明也；三索而兑，説物者己自和也——則皆易也。是故卦小而易，卦大而險。天下替而己崇，天下利而己損，物之不齊，亦莫能得其施報之平矣。

然而易之有辭，恒消息其險易以劑之平。稱陽而險之，或以阻其樂施之氣；稱陰而易之，或以奬其畜厚之私。是故因其所之，以指吉凶，而存介以憂，存悔以无咎，則奬陽而沮陰，權行乎其閒焉。大壯之「尚往」，夬之「中行」，泰然足以大施於物，然且勸之以必進；大過之「滅頂」，節之「貞凶」，苶然不保其小於己，然且慰之以非罪。終不戒陽奢而憂陰以涼也。且夫險者平之基，易者危之府。憂於其介，悔於其震，陰陽之險易，亦豈有恒哉！

若夫異端之竊易也，亦知貴陽而賤陰也，而恒矯陰陽之性情以爲小大。保陽於己，數盈而不勤於用；外陰於物，數歉而乘之以游。其精者以爲貴生，曰「不凝滯於物，而與物推移」〔二〕。其粗者以爲養生，曰「進陽火而退陰符」〔三〕。與物推移，則无貴於大矣。陰符必退，則有受其小者矣。憑險而棄易，以自得其易。易在己，則險在兩閒。始於貴陽，而究與陰同功，是逆數以鬪陰陽之勝矣。

嗚乎！陽之大也，惟其用之天下而大也；其險也，則憂悔之所繇以致功也。己不足以死者，物不足以生。不靳生以死天下，是爲大人而已矣。

第四章

引陰陽之靈爽以前民用者，莫不以象數爲其大司。夫象數者，天理也，與道爲體，道

〔二〕史記屈原列傳，漁父語屈原曰：「夫聖人者，不凝滯於物，而能與世推移。舉世混濁，何不隨其流而揚其波？」

〔三〕彭曉注參同契曰：「『十六轉受統』者，謂十六日以後陽火初退，陰符始生也；『巽辛見平明者』，亦如陽火初進之時，與月生三日同也。下弦二十三日，復如上弦同義，金水各半也。『坤乙三十日，東北喪其明』者，陰符到此消盡陽火也。緣一月内陰陽各半，陰陽相禪，水火相須，一月既終，復又如初，再用復卦起首，故云『繼體復生龍』也。」

之成而可見者也。道，非无定則以爲物依，非有成心以爲期於物。予物有則，象數非因其適然〔一〕；授物无心，象數亦非有其必然矣。適然者尊鬼，必然者任運。則知有吉凶，而人不能與謀於得失。

神祠之筳〔二〕卜也，何承天之棋卜也〔三〕，火珠林之錢卜也，皆聽其適然而非有則也，尊鬼之靈以治人，而无需於人謀。或爲之説曰：「齊戒之誠，神明之通也。」夫自以其誠爲

〔一〕適然，猶偶然。尚書康誥「乃惟眚災，適爾」，蔡傳曰「適，偶也」。

〔二〕「筳」，嶽麓本作「筵」。

〔三〕四庫提要：「靈棋經二卷，舊本題漢東方朔撰；或又以爲出自張良，本黄石公所授，後朔傳其術，漢書所載朔射覆無不奇中，悉用此書；或又謂淮南王劉安所撰。其説紛紜不一，大抵皆術士依託之詞。惟考隋書經籍志即有十二靈棋卜經一卷，而南史所載『客從南來，遺我良材，寶貨珠璣，金盌玉盃』之繇，實爲今經中第三十七卦象詞。則是書本出自六朝以前，其由來亦已古矣。卦凡一百二十有四，合以純陰鏝卦十二棋皆覆者，爲混沌未明，尚不在此數。晁公武讀書志僅載一百二十繇，殆不及檢而偶遺之也。舊傳晉顔幼明、宋何承天皆爲之註，李遠爲之叙，元廬山陳師凱又爲作解。而宋志别有李進註靈棋經一卷，則今已失傳。明初劉基復仿周易象傳體作註，以申明其義，見於明史藝文志，其後序稱靈棋象易而作，以三爲經、四爲緯，三以上爲君，中爲臣，下爲民。四以一爲少陽，二爲少陰，三爲太陽，四爲老陰。少與少爲耦，老陰與太陽爲敵。得耦而悦，得敵而争。或失其道而耦反爲仇，或得其行而敵反爲用。陽多者道同而助，陰盛者志異而乖。數語足盡兹經之要。大抵與易筮相爲表裏，雖所存諸家疏解，或詞旨淺俚，不無後人之緣飾。而青田一註，獨爲馴雅，或實基所自作，亦未可知。觀其詞簡義精，誠異乎世之生克制化以爲術者矣。故録而存之，以備古占法之一種焉。」何承天，南朝宋人，善律曆，詳宋書卷六十四。何氏嘗注此靈棋經。靈棋經之占法，取十二枚棋子，四枚爲上，四枚爲中，四枚爲下，每枚無字之面爲鏝。將十二枚子擲出，則有2^{12}種情況，每種情況有相應之辭。

神明，則曷不斷之心？而又推之於不可知也乎？[一]以誠迓神，誠者人之心，神者天地之道，有往來焉，而豈神之无道以但聽於心邪？

此其説猥陋而不足以眩知者，則又有進焉者：或憑宿舍，或憑日月，[二]或憑候氣，皆取其必然，而非无心也。取其必然，則固以所憑者爲體，故禽壬、奇門、太一[三]之類，其説充塞，而皆依倣曆法之一端以爲體。體循於化迹，而不知其所繇；變因其已成，而非有神以司其動。則亦任運而无需於鬼謀。即使先知之以爲趨避，則亦登禍福而廢善惡，乘捷以争陰陽之勝也。

乃彼自成乎技，而未敢竊易以與聖人争鳴。則又有託於易以鳴者：納甲以月爲體，卦氣以辰爲體，濫而及於五行之生克，占日之孤虛。縮天地之大德，而觀之於一隙，既已亂矣。然亂之於數，而未敢亂其理也。又有進焉者：京房之律也，魏伯陽之契也，揚雄之玄也，關朗之包也，司馬公之虛也，蔡氏之疇也，則要理以爲體矣，因要理以置之於其方矣。

[一] 此謂：若汝自以汝誠爲神明，則曷不斷之於汝心？而又以棋子、金錢隨意拋擲爲斷，推之於不可知，則非以誠而召神明也。

[二] 宿舍，二十八宿所次舍也。宿舍、日月皆星占也，如乙巳占、開元占經之類。

[三] 「一」，嶽麓本作「乙」。

夫律者上生下生，誠肖乎七八九六之往來；而黄鐘之數十一，則天五地六之一數也。〔一〕數全而僅用其二，以之建方，以之立體，是拘守其一而欲蔽其全矣。故易可以該律，律不可以盡易；猶易可以衍曆，曆不可以限易。蓋曆者象數已然之迹，而非陰陽往來之神也。故一行智而京房迷矣〔二〕。

伯陽之以十二時火符進退爲復姤，以子寅爲屯蒙，執而不可易〔三〕。故交變錯綜之捷於往來者，不能與知，而畫陰陽之墟使相敵戰，因擯自姤以往爲必退之符。則將使天地之氣斷而不續，有小知之觀時，而无大仁之安土也。

卦言乎象，爻言乎變。故四千九十六，從人事之類以取决於陰陽，元包、潛虚，録卦而

〔一〕呂氏春秋載十二律相生之法：「黄鐘生林鐘，林鐘生太蔟，太蔟生南呂，南呂生姑洗，姑洗生應鐘，應鐘生蕤賓，蕤賓生大呂，大呂生夷則，夷則生夾鐘，夾鐘生無射，無射生仲呂。三分所生，益之一分以上生。三分所生，去其一分以下生。」十一，天五加地六。漢書律曆志謂：「傳曰『天六地五』，數之常也。天有六氣，降生五味。夫五六者，天地之中合，而民所受以生也。故日有六甲，辰有五子，十一而天地之道畢，言終而復始。」

〔二〕一行以易數爲基而推曆（其實觀測數據亦至關重要），京房卦氣則以曆數解易。

〔三〕「以十二時火符進退爲復姤」，即參同契十二消息説：「故易統天心，復卦建始萌，長子繼父體，因母立兆基。消息應鐘律，升降據斗樞。」。「以子寅爲屯蒙」，即參同契六十四卦值日説與納支説。

廢爻〔一〕，方有涯，體有定，則將使人事之理有静而无動〔二〕，守不流之仁，而无旁行之知也。疇演雒書，而七十二之位，不能摩盪於風雷水火之變，是冬无燠日而夏无陰雨也，堯、湯不異治而政教不合施也。建一極以準福極，則无知命之變遷，而亦无敦土之繁備也〔三〕。

乃其尤倍者，則莫劇於玄焉。其所仰觀，四分曆粗率之天文也；其所俯察，王莽所置方州部家之地理也〔四〕。進退以爲鬼神，而不知神短而鬼長；寒暑以爲生死，而不知冬生而

〔一〕潛虛五十五名，以兩數合爲一「卦」，雖有「卦辭」「爻辭」，然其一卦爻辭有七。這與周易不同，因爲周易一卦有六爻，一爻對於一條爻辭；潛虛每一個象裏根本没有爻。元包爻辭亦無，僅有詰屈聱牙之卦辭與傳文。

〔二〕卦象爲静，爻爲動。占筮，爻不變則占卦辭，爻變則占爻辭。今元包、潛虛録卦而廢爻，故有静而無動。

〔三〕疇，謂蔡沈洪範皇極内篇。河圖數十，洛書（或洪範）數九，故此書以自一至九之數爲基。每一「卦」有兩位，兩位上一至九的數位隨意組合，因此有九九八十一「數」。「七十二之位」似不確。船山於思問録中嘗言及蔡沈「九九數圖」，觀此段文字，亦當爲「九九數圖」，即九九圓數圖也。此圖分八十一「卦」入一年之中，配以二十四氣。洪範次八庶徵列舉了五種氣候現象：雨、暘、燠、寒、風。諸類氣象在一年中固然有大致秩序，然亦因人之善惡而有變動。洪範有「五福六極」，而蔡沈之術僅試圖用一種數位將五福六極的整個人類命運加以統攝，把人們的命運固定化和簡單化，是不符合實情的。

〔四〕漢書揚雄傳：「其用自天元推一晝一夜陰陽數度律曆之紀，九九大運，與天終始。故玄三方、九州、二十七部、八十一家、二百四十三表、七百二十九贊，分爲三卷，曰一二三，與太初曆相應，亦有顓頊之曆焉。」太玄七百二十九贊，一贊半日，則當三百六十四日又二分之一，而踦、嬴兩贊所直日數未有明言。顓頊曆以一年歲實爲三百六十五又四分之一日，故爲四分曆。未知太玄以何曆爲歲實。至於方、州、部、家之設，未必效法王莽區劃。揚雄草玄在哀帝元壽元年；而王莽乃在新莽三年詔謂：「東嶽太師立國將軍保東方三州一部二十五郡；南嶽太傅前將軍保南方二州一部二十五郡；西嶽國師甯始將軍保西方一州二部二十五郡；北嶽國將衛將軍保北方二州一部二十五郡。」且此區劃與太玄亦不盡同。

夏殺。方有定，而定神於其方；體有限，而限易以其體。則亦王莽學周公之故智，新美雄而雄美新，固其宜矣。

要而言之，之數者皆索神於方，而（疑）［泥］〔一〕數於體，其於易也，猶爝火之於日月。何也？「神无方而易无體」，易與神合，而非因物以測神。神司變而物蔽物，易彌綸天地，而彼襲天地之緒餘，則得失之相去，豈特尋丈哉！

夫數之有七八九六也，乾坤之有奇偶也，分二、掛一、揲四、歸奇之各有當〔二〕也，四營之積一三、二二〔三〕，十有八變之乘三六以備陰陽也，三百六十、萬一千五百二十之各有當也，六變而七、九化而八〔四〕之以往來爲晝夜也，象數昭垂，鬼不得私，而任謀於人。五十而用四十有九也，分而爲二，用其偶然而非有多寡之成數也，幽明互用，人不得測，而

〔一〕「泥」，底本原作「疑」，今據嶽麓本改。

〔二〕「當」，嶽麓本作「象」。

〔三〕大衍筮法之第一變，其揲與歸奇之數，或一、三，或二、二，或三、一，或四、四（合掛一，非五則九）。及其第二、三變則或一、二，或二、一，或三、四，或四、三矣（合掛一，非四則八）。此處約第一變之二例而言，不煩具列其數也。

〔四〕老陰變少陽，老陽變少陰也。

聽謀於鬼。待謀於人而有則，則非適然之无端；聽謀於鬼而无心，則非必然之有畛。是故推之律而在，推之曆而在，推之符火而在，推之候氣而在。凡彼所推者，皆待生於神。待者一隅，所待者大全。大全，則固未可以方方矣。

若夫五十六卦之綜也，捷往捷來，而不期以早暮。乾、坤、坎、離、大過、頤、中孚、小過之錯也，捷反捷復，而不期以漸次。始交而屯，不以復、泰；一終而未濟，不以剥、否。一奇一偶而六，六而四十八，四十八而三百八十四，三百八十四而四千九十六，〔二〕四千九十六而出入於三百八十四之中。推之律而无定，推之曆而无定，推之符火而无定，推之候氣而无定。凡彼所推者，皆因生得體。因生者非可因，所因者无不可因，无不可因，則固未可以體體矣。

是何也？方者方而非衆方，體者體而非衆體；東西緯而不可伸以爲經，南北經而不

〔二〕據繫辭上傳第十一章船山云「卦成於八，往來於六十四，動於三百八十四，之於四千九十六，而皆有太極」，則「一奇一偶而六」，謂六爻而成一卦也；「六而四十八」，謂八卦有四十八爻也；「四十八而三百八十四」，則由八卦以至六十四卦，則有三百八十四爻也。自六遞乘以八，而得三百八十四；而三百八十四不可得四千九十六之數也。四千九十六者，據先儒，則六十四卦自乘而得，如易學啓蒙考變占第四謂：「一卦可變六十四卦，而四千九十六卦在其中矣。」

可展以爲緯。耳目法天以虚，使舉實而无力；手足法地以實，使察虚而无權。故將以知取方，而知不能守；以仁守方，而仁不能取；以知用體，而知不能舉；以仁舉體，而仁不能用。方體有限，而仁知偏詘也。

若夫道之於陰陽也，則心之於人也。方者其所字也，體者其所使也。俄而立於此，則此爲東南，此爲西北；俄而移於彼，則彼爲西東，彼爲南北。方其使耳目以視聽，而手足不以實爲扞格；方其使手足以持行，而耳目不以虚相浮盪。方惟其所字，而皆非亂也；體惟其所使，而皆不廢也。一彼一此，則知可取；一彼一此而不亂，則仁可守；使之必任，則仁可舉；使在此而彼不廢，則知可用。是以知仁並用於心，而人鬼交謀於道。

蓋无方者，无方之不（仁）［在］〔一〕；无體者，无體而不充；惟其有則，惟其无心而已矣。待謀於人者其有則，聽謀於鬼者其无心，易之所以合神而與天地準也。繇是而守其則，則可以安土敦仁而能愛；信其无心，則可以樂天知命而不憂；而彌綸天地之

〔一〕「在」，底本原作「仁」，今據嶽麓本改。

道建矣。

夫有則者，因器〔一〕而无定則；无心者，萬物皆見其心；則是惝怳者不足以遇之，希夷者尤不足以君之也。豈彼一技一理，足以與其大哉！然而樂廣之言，猶曰「易以无爲體」〔二〕，是益求虚而限於滯矣。

有所謂爲體者，既困易於體之中；有所謂无者，又立无於易之外。无不給有，天下无需於易而易廢；體非其用，聖人用易而與易相違乎？夫不見七八九六之成於无心以分二，而无心所分之二，受則於七八九六而不過也乎？〔三〕故託玄、老以竊易，覆使易有體而滯焉。善言易者，合天地以皆備，窮幽明物理以見心，其得輒立一體以擬之哉！

〔一〕「器」，嶽麓本作「氣」。

〔二〕世説新語注引晉諸公贊：「頠疾世俗尚虚無之理，故著崇有二論以折之，才博喻廣，學者不能究。後樂廣與頠清閑欲説理，而頠辭喻豐博，廣自以體虚無，笑而不復言。」是樂廣乃與裴頠之崇有相反者。裴頠崇有論「老子既著五千之文……合於易之損、謙、艮、節之旨。而静一守本無，虚無之謂也。損、艮之屬，蓋君子之一道，非易之所以爲體守本無也。」是裴頠所斥者，乃以老子比附周易，徑以「易以无爲本」之説也。而韓康伯注繫辭「鼓萬物而不與聖人同憂」曰「聖人雖體道以爲用，未能全无以爲體」，是以易乃以無爲體者也。

〔三〕「无心以分二」，謂大衍筮法「分而爲二以象兩」也；信手分之，故無心而分。七八九六數之成，自分二而來也。而其分、揲、歸之後所成之數，又不過七八九六，是「无心所分之二」以七八九六爲則也。

第五章

一

「書不盡言，言不盡意」，是故有微言以明道。微言絶而大道隱〔一〕，託之者將亂之，亂之者將叛之，而大道終隱於天下。易曰：「一陰一陽之謂道。」或曰摶聚而合（之一）〔一之〕〔二〕也；或曰分析而各一之也。嗚乎！此微言之所以絶也。

以爲分析而各一之者，謂陰陽不可稍有所畸勝，陰歸於陰，陽歸於陽，而道在其中。則於陰於陽而皆非道，而道且游於其虛，於是而老氏之説起矣。觀陰之徼〔三〕，觀陽之妙，

〔一〕漢書儒林傳：「昔仲尼没而微言絶，七十子喪而大義乖。」顔注：「李奇曰：『隱微不顯之言也。』師古曰：『精微要妙之言耳。』」

〔二〕嶽麓本校記：「『合一之』：各印本俱作『合之一』。馬宗霍按：『此與下文「分析而各一之也」相對，則鈔本是，當據乙。』」今據嶽麓本改。下段「合一之」仿此。

〔三〕「徼」，嶽麓本作「竅」。據老子原文，作「徼」是。

則陰陽瓦解，而道有餘地矣。

以爲摶聚而合（之一）［一之］者，謂陰陽皆偶合者也。同即異，總即別，成即毀，〔一〕而道函其外。則以陰以陽而皆非道，而道統爲攝，於是而釋氏之説起矣。陰還於陰，陽還於陽，則陰陽退處，而道爲大圓矣。

於是或忌陰陽而巧避之，或賤陰陽而欲轉之，而陰陽之外有道。陰也，陽也，道也，相與爲三而一其三。其説充塞，而且囂囂然曰：「儒者言道，陰陽而已矣。是可道之道，而非常道也；是漚合之塵，而非真如也」。亂之者叛之，學士不能體其微言，啟户而召之攻，亦烈矣哉！

嘗論之曰：道者，物所衆著而共繇者也。物之所著，惟其有可見之實也；物之所繇，惟其有可循之恒也。既盈兩間而无不可見，盈兩間而无不可循，故盈兩間皆道也。可見者其象也，可循者其形也。出乎象，入乎形；出乎形，入乎象。兩間皆形象，則兩間皆陰陽也。兩間皆陰陽，兩間皆道。夫誰留餘地以授之虚而使游，誰復爲大圓者以函之而轉之

〔一〕此佛教所謂六相也。

乎？其際无閒，不可以游；其外无涯，不可以函。

雖然，此陰陽者惡乎其著而繇之，以皆備而各得邪？易固曰：「一陰一陽之謂道。」「一之一之」云者，蓋以言夫主持而分劑之也。陰陽之生，一太極之動静也。〔二〕動者靈以生明，以晰天下而不塞；静者保而處重，以凝天下而不浮；則其爲實，既可爲道之體矣。動者乘變以爲常，鋭而處先，故從一得九；静者居安以待化，闢以任受，故從二得十；則其數，既可備道之用矣。夫天下能治其所可堪，不能强其所不受，固矣。是以道得一之一之而爲之分劑也。

乃其必有爲之分劑者：陽躁以廉，往有餘而來不足；陰重以嗇，來恒疾而往恒遲；則任數之固然而各有竭。陽易遷而奠之使居，陰喜滯而運之使化，遷於其地而抑弗能良。故道也者，有時而任其性，有時而弼其情，有時而盡其才，有時而節其氣，有所宜陽則登陽，有所宜陰則進陰。故建一純陽於此，建一純陰於此；建一陰老而陽穉者於此，建一

〔二〕周子太極圖説曰：「太極動而生陽，動極而静；静而生陰，静極復動。一動一静，互爲其根。」在船山看來，不是先生陽而後生陰，動静同時而有，陰陽亦同時並立。太極在陰陽之中，即是爲之主持分劑之道。

陽老而陰穉者於此，建一陰陽相均者於此，建一陰陽相差者於此；建一陰陽畸倍者於此；建一陰少而化陽者於此，建一陽少而主陰者於此；建一相雜以統同者於此，建一相聚以析異者於此。全有所任，而非剛柔之過也；全有所廢，而非剛柔之害也。兩相爲酌，而非无主以渾其和也。

如是，則皆有分劑之者。子得母多而得父少，不獎其多，子必繼父以立統。德逸於知勞於能，不獎其逸，德要於能以成章。故數有多少而恒均，位有亢疑而恒定，極乎雜亂而百九十二之數不損。[一]耳目長而手足短，長以利遠而短以利近；手足彊而耳目弱，彊以載大而弱以入微。孰爲爲之而莫不爲，則道相陰陽；孰令聽之而莫不聽，則陰陽亦固有夫道矣。

動因道以動，静因道以静，任其性而有功，弼其情而非不樂也。盡其才而不倦，節其氣而不菀也。人之生也固然。泝而上之，有天有地，以有山澤、水火、雷風，亦豈有不然者哉？

惟然，非有自外函之以合其離也，非有自虚游之以離其合也。其一之一之者，即與爲

〔一〕易三百八十四爻，陰陽各百九十二。

體，挾與流行，而持之以不過者也。无與主持，而何以情異數畸之陰陽，和以不争而隨器皆備乎？〔二〕和以不争，則善也，其有物之生者此也，非有先後而續其介以爲繼矣；隨器皆備，則性也，非待思爲而立其則以爲成矣。

是故於陰而道在，於陽而道在，於陰陽之乘時而道在，於陰陽之定位而道在；天方命人、和而无差以爲善而道在，人已承天、隨器不虧而道在，持之者固无在而不主之也。一之一之而與共焉，即行其中而即爲之主。道不行而陰陽廢，陰陽不具而道亦亡。言道者亦要於是而已。

是故有象可見，而衆皆可著也；有數可循，而无不共繇也。未有之先此以生，已有之後此以成。往古來今則今日也，不聞不見則視聽也。斡運變化而不窮，充足清寧而不亂。道之緼，盡此而已。如曰摶聚而合之也、分析而置之也，以是謂之曰「一」，道惡乎而不隱，易惡乎而不廢哉！

〔二〕王孝魚先生譯解曰：「船山特别重視和而不争，而不知即在和順之中，已有鬥争的作用。船山不把這種作用稱爲鬥争，而稱爲分劑主持，至於船山所謂的争，則指各走極端，終歸不能再爲統一協調而言。此一分歧，應予注意。」（頁二二七）按船山以横渠爲宗，馮友蘭先生謂横渠之辯證法爲「有反斯有仇，仇必和而解」，而與「仇必仇到底」不同（中國現代哲學史，生活·讀書·新知三聯書店，頁二三一）。

二

人物有性，天地非有性。陰陽之相繼也善，其未相繼也不可謂之善。故成之而後性存焉，繼之而後善著焉。言道者統而同之，不以其序，故知道者鮮矣。〔二〕

性存而後仁、義、禮、知之實章焉，以仁、義、禮、知而言天，不可也。成乎其爲體，斯成乎其爲靈。靈聚於體之中，而體皆含靈。若夫天，則未有體矣。相繼者善，善而後習知其善。以善而言道，不可也。道之用，不僭不吝，以不偏而相調。故其用之所生，无僭无吝以无偏，而調之有適然之妙。妙相衍而不窮，相安而各得，於事善也，於物善也。若夫道，則多少陰陽，无所不可矣。〔三〕

〔二〕　船山此篇文字依託繫辭「一陰一陽之謂道，繼之者善也，成之者性也。仁者見之謂之仁，智者見之謂之智，百姓日用而不知，故君子之道鮮」發揮他的人性論。繫辭叙述這幾個概念的順序是道—善—性。

〔三〕　下文説「天」是道，道可以理解爲自然。性是就人而言，有仁義禮智等具體内容。這些内容，只有在有體、有靈之後纔能成立。道、天的階段，是不能用性來規定的（到了人的階段就可以了）。「善」是一種價值。要依託一個主體，才能説，這個對他是善或者是不善的。比如，對於禾苗而言，風調雨順是善，狂風和乾旱是不善。但對於上天來説，其風調雨順或者狂風乾旱，不是以禾苗的利益爲轉移的，天地無心而成化，不可以善惡加諸其上。

故成之者人也，繼之者天人之際也，天則道而已矣。道大而善小，善大而性小。道生善，善生性。道无時不有，无動无静之不然，无可无否之不任受。善則天人相續之際，有其時矣。善具其體而非能用之，抑具其用而无與爲體，萬彙各有其善，不相爲知，而亦不相爲一。性則斂於一物之中，有其量矣。有其時，非浩然无極之時；有其量，非融然流動之量。〔一〕故曰「道大而善小，善大而性小」也。

小者專而致精，大者博而不親。然則以善説道，以性説善，恢恢乎其欲大之，而不知其未得其精也。恢恢乎大之，則曰「人之性猶牛之性，牛之性猶犬之性」亦可矣；當其繼善之時，有相猶者也，而不可概之已成乎人之性也。則曰「天地與我同根，萬物與我共命」〔二〕亦可矣；當其爲道之時，同也共也，而不可概之相繼以相授而善焉者也。〔三〕惟其有道，是以繼之而得善焉，道者善之所從出也。惟其有善，是以成之爲性焉，善者性之所資

〔一〕「浩然无極之時」謂道，「有其時」「融然流動之量」謂善，「有其量」謂性。

〔二〕孟子歸謬告子之説，則曰「犬之性猶牛之性，牛之性猶人之性」。莊子齊物論「天地與我並生，而萬物與我爲一」。

〔三〕此上一段，中華、嶽麓點校理解皆誤。船山以爲，「恢恢乎大之」有二謬：「人之性猶牛之性」爲一謬，以其「概之已成乎人之性也」；「天地與我同根」爲一謬，以其「概之相繼以相授而善焉者也」。前謬在以善爲性，後謬在以道爲善。

也。方其爲善，而後道有善矣。方其爲性，而後善凝於性矣。

故孟子之言性善，推本而言其所資也。猶子孫因祖父而得姓，則可以姓繫之；而善不於性而始有，猶子孫之不可但以姓稱，而必繫之以名也。然則先言性而繫之以善，則性有善而疑不僅有善。不如先言善而紀之以性，則善爲性，而信善外之无性也。觀於繫傳，而天人之次序乃審矣。〔一〕

甚哉，繼之爲功於天人乎！天以此顯其成能，人以此紹其生理者也。性則因乎成矣，成則因乎繼矣。不成未有性，不繼不能成。天人相紹之際，存乎天者莫妙於繼。然則人以達天之幾，存乎人者亦孰有要於繼乎！夫繁然有生，粹然而生人，秩焉紀焉，精焉至焉，而成乎人之性，惟其繼而已矣。道之不息於既生之後，生之不絕於大道之中，緜密相因，始終相洽，節宣相允，无他，如其繼而已矣。以陽繼陽，而剛不餒；以陰繼陰，而柔不孤；以陽繼陰，而柔不靡；以陰繼陽，而剛不暴。滋之无窮之謂恒，充之不歉之謂誠，

〔一〕如果以集合的形象来比喻，道便是最大的集合，善是屬於道的集合，性是屬於善的集合。船山認爲，孟子講「性善」，容易給人的感覺是，善的集合從屬於性的集合。這樣的從屬關係，就會導致有人認爲性的集合裏還有不善。所以不如說「善性」更爲準確。

持之不忘之謂信，敦之不薄之謂仁，承之不昧之謂明。凡此者，所以善也。則君子之所以爲功於性者，亦此而已矣。繼之則善矣，不繼則不善矣。天无所不繼，故善不窮；人有所不繼，則惡興焉。利者，佹得佹失者也；欲者，偶觸偶興者也。仁者，存存者也；義者，井井者也。利不乘乎佹得，安身利用不損乎義，惟其可貞也；欲不動於偶觸，飲食男女不違乎仁，惟其有常也。乍見之怵惕，延之不息，則群族託命矣；介然之可否，持之不遷，則萬變不驚矣。學成於聚，新故相資而新其故；思得於永，微顯相次而顯察於微。其不然者，禽獸母子之恩，噰噰麌麌〔二〕，稍長而無以相識；夷〔三〕狄君臣之分，炎炎赫赫，移時而旋以相戕——則惟其念與念之不相繼也，事與事之不相繼也爾矣。從意欲之興，繼其所繼，則不可以期月守；反大始之原，繼其所自繼，則終不以終食忘。何也？天命之性有終始，而自繼以善无絶續也。川流之不匱，不憂其逝也，有繼之者爾；日月之相錯，不憂其悖也，有繼之者爾。知其性者知善，知其繼者知天，斯古人之微言，而待於善學

〔二〕詩邶風匏有苦葉「雝雝鳴鴈，旭日始旦」，毛傳：「雝雝，鴈声和也。」詩小雅吉日：「獸之所同，麀鹿麌麌。」毛傳：「麌麌，衆多也。」

〔三〕「夷」，嶽麓本作「戎」。

者與！

故專言性，則「三品」「性惡」之説興〔一〕；溯言善，則天人合一之理得；概言道，則无善、无惡、无性之妄又熺矣。大者其道乎，妙者其善乎，善者其繼乎，壹者其性乎，性者其成乎。性可存也，成可守也，善可用也，繼可學也，道可合而不可據也。至於繼，而作聖之功蔑以加矣。〔二〕。

第六章

擬易以所配，其義精矣。非密審其理者未易晰也。故天陽而地陰，天地亦陰陽也。春

〔一〕性三品，若董仲舒、王充、韓愈者。性惡，若荀子者。

〔二〕按船山論性，有異乎宋、明諸儒，亦不同於孟子，而自易傳「一陰一陽之謂道，繼之者善也，成之者性也」而來。此就人之已成而言性，必合諸理氣，故船山曰「性者，生理也」。又，船山早年言性，見周易外傳、尚書引義、讀四書大全説中，及其晚歲作正蒙注又有不同。可詳見陳來先生詮釋與重建：王船山的哲學精神一書之分析。

夏陽而秋冬陰，四時亦陰陽也。而僅配陰陽於日月者，謂夫陰陽之侀〔一〕成而不易者也。

天道有陰，地道有剛，以言天地，不可矣。四時密相禪，而生殺各有其時，以言四時，不可矣。故日月而後其配確也。日行出則〔二〕晝而入爲夜，月明生於夜而死於晝，相與含吐而各保其時，相與匹合而各貞其德。各保其時，則廣有畛而大有涯；各貞其時，則有通理而无變化。斯以爲陰陽之侀成而不易者爾。〔三〕

若夫廣大者，陰陽之用也；變通者，陰陽之制也。

其爲用也，日月、風雷、山澤，賅而存焉，非日月所能盡也。合一歲以成功，儲其无窮以應氣機，非四時之有待也。非天地，其孰有此不匱之神邪？

其爲制也，四時均此一日月，而无分陰分陽之象；統此一天地，而流行於廣大之中。當其移易也，微動而无垠；當其著效也，專致而不備。故冬之變春，老陰之上生一而七也；夏之變秋，老陽之下化一而八也；春之通夏，少陽之上生二而進九也；秋之通冬，

〔一〕禮記王制：「刑者，侀也。侀者，成也。」

〔二〕「則」，嶽麓本作「爲」。

〔三〕以上兩段謂：天地、四時亦有陰陽，而繫辭獨言「陰陽之義配日月」者，以日月之陰陽有定也。

少陰之下化二而退六也〔二〕。任生者奇，任成者偶。六而七，九而八，各用奇而生；七而九，八而六，各用偶而成。〔三〕生者外生，成者内成。外生變而生彼，内成通而自成。〔三〕故冬以生温於寒，夏以生涼於暑；夏以成温而暑，冬以成涼而寒。力有餘而數未盡，則損益各二以盡之；數已終而力竭，功必以漸而不可驟，則損益各一以漸易之。酌其虚盈，變必通，窮必變。酌其多少，爲度於數。故曰陰陽之制也。

七曜之或進或退，通也，而曆以推；十二宫之上生下生，變也，而律以調。〔四〕律曆本於易之變通，而於陰陽之侀而爲質，廣大之體而爲用者，則未之有準也。故易可以推律曆，律曆不可以盡易。无所準於天地，則德行廢；无所準於日月，則成質虧。久矣，卦氣之説礙於一隅矣。

是故備乎兩間者，莫大乎陰陽，故能載道而爲之體。以用則无疆，以質則不易，以制

〔二〕太陽、少陽、少陰、太陰，九、七、八、六也。

〔三〕奇者一，偶者二。

〔三〕七進而九，在陽之内；八退之六，在陰之内。

〔四〕通言其内部之改易；變謂本質之變革。詳上段所論。

則有則而善遷。天之運也，地之游也，日月之行也，寒暑候氣之節也，莫不各因其情以爲量，出入相互，往來相遇，无一定之度數，雜然各致，而推盪以合符焉。故聖人之於易也，各因其材以配之，形象各得，生成各遂，變化各致，而要不相爲淩背，則吉凶著而化育成矣。若守其一隅，准諸一切，則天理不相搶，而人事相違，又惡足以經緯乎兩閒哉？故曰「神无方而易无體」，廣大之謂也。

乃爲月令之説者曰：「春夏陽，秋冬陰。王者繼天而爲之子，春夏用賞，秋冬用刑。」〔一〕是春夏廢陰而秋冬廢陽也。賞以法陽，刑以法陰，一如日月之懸象，㑹一成而不易，昭垂於庶民，使其以晝夜之行爲吉凶，則刑賞之法日月是已。變刑而先賞，變賞而先罰，通賞以五典〔二〕，通刑以三刺〔三〕，則變通以情理，猶冬无淒陰，夏无酷暑也。賞以勸善而惡者愧，

〔一〕漢書卷五十六董仲舒傳：「天道之大者在陰陽：陽爲德，陰爲刑；刑主殺，而德主生。是故陽常居大夏而以生育養長爲事；陰常居大冬而積於空虛不用之處。以此見天之任德不任刑也。」

〔二〕「典」，嶽麓本作「等」。

〔三〕周禮小司馬：「以三刺斷庶民獄訟之中，一曰訊群臣，二曰訊群吏，三曰訊萬民。」鄭注：「刺，殺也。三訊罪定，則殺之。」三訊定罪，則其刑亦慎矣。

刑以懲惡而善者安，非刑无陽而賞无陰，則上下進退之生積備矣。〔一〕豈規規然晝四時以生殺乎？如其晝賞於春夏，晝刑於秋冬，抑无以待人事之變，而順天命天討之宜。卒有肘腋之姦，待之數月而戎生於莽；大功既建，而印刓〔二〕未與，倘其不逮期而溘先晨露〔三〕，將勿含憾於泉壤哉？故曰「賞不踰時，罰不旋踵」〔四〕，无所待以昭大信也。

然則月令之書，戰國先秦道喪而託於技。蓋非聖之書，而呂不韋、劉安以附會其邪說。戴氏雜之於禮，後儒登之於經，道愈裂〔五〕矣。變復之術，王充哂之，亦知言者夫！〔六〕

〔一〕自「賞以法陽」至此，皆船山所以爲是者。蓋刑賞之用，先法於日月，以其昭明而民皆知也；又法之變通，順其情理也。言月令者不知法之之義，故下文駁之。

〔二〕漢書韓信傳載韓信評項羽曰：「至使人有功，當封爵，刻印刓，忍不能予。」顏師古注引蘇林曰：「刓音刓角之刓，刓與摶同，手弄角訛不忍授也。」漢書酈食其傳：「爲人刻印，玩而不能授。」顏注：「孟康曰：『刻斷無復廉鍔也。』臣瓚曰：『項羽吝於爵賞，玩惜侯印，不能以封人。』」

〔三〕晨露，言其易晞而速逝也；其溘逝竟先於晨露，則早亡可知矣。

〔四〕司馬法天子之義：「賞不逾時，欲民速得爲善之利也；罰不遷列，欲民速睹爲不善之害也。」

〔五〕「裂」，嶽麓本作「烈」。今按：作「裂」是。

〔六〕月令乃今禮記之一篇，而其組織結構，則與呂氏春秋之十二紀首、淮南子之時則訓同。故船山以其爲戰國方術之士所作，呂不韋、劉安先後附會之，及至戴氏編次禮記又采入。初，禮經唯儀禮，禮記爲傳記；其後禮記亦漸登於經。「變復之家」，王充嘗於感虛、寒溫、譴告、明雩諸篇非之。後漢書郎顗傳「果於從政，明達變復」，章懷注曰「言明於變異消復之術也」。蓋人君失道則天地災變，若能修其德，則災變弭而和平復，此之謂「變復」也。

第七章

天地无心而成化，故其於陰陽也，泰然盡用之而无所擇：晶耀者極崇，而不憂其浮也；凝結者極卑，而不憂其滯也。〔一〕聖人裁成天地而相其化，則必有所擇矣。故其於天地也，稱其量以取其精，况以降之陰陽乎？聖人賴天地以大，天地賴聖人以貞。擇而肖之，合之而无閒，聖人所以貞天地也。是故於天得德，於地得業。尊天之崇，不以居業；順地之卑，不以擇〔二〕德。借不然者，違其量不測〔三〕其精。務過高之佹行，不與百姓相親；安不足之涼修，不與禽（獸）［狄］〔四〕相别。行過高，而業不稱義之宜；修不足，而德不揜道之充。乃爲之説曰：「大德若不足。」或爲之説曰：「究竟如虚空。」恒得陰陽之過而倒循

〔一〕晶耀者，三光之類，麗於天而不憂其浮也，繫傳所謂「崇效天」；凝結者，土石之類，載於地極卑而不憂其滯也，所謂「卑法地」。
〔二〕「擇」，嶽麓本作「宅」。
〔三〕「測」，嶽麓本作「擇」。
〔四〕「狄」，底本原作「獸」，今據嶽麓本改。

之，其邪説詖行之成，有自來矣。〔二〕

夫以崇法天，以卑效地，聖人以擇之既精者判然而奠位。然非其判然奠位而遂足以貞天地也。

天終古而崇，无所留以爲滯；地終古而卑，无所隙以爲浮，其位是已。而一往一來，一動一静，其界也迴别而不相襲，其際也抑密邇而不容閒。故天崇而以其健者下行，地卑而以其順者上承，虚實相持，翕闢相容，則行乎中者是已。「行乎其中」者，道也，義也。道以相天而不驕，義以勉地而不倍。健順之德，自有然者，而道義行焉矣。

繼善以後，人以有其生，因器以爲成性，非徒資晶耀以爲聰明，凝結以爲强力也。繼其健，繼其順，繼其行乎中者，繼者乃善也。行乎其中者，則自然不過之分劑，而可用爲會通者也。

〔二〕船山以爲，天地各有其德，天象崇，地象卑，不可相混。天爲德，地爲業。修之而成德，行之而成業。行，當踏實卑順，過高則遠離現實，所謂「務過高之佹行，不與百姓相親」；修，當高尚純潔，過低則污，所謂「安不足之涼修，不與禽狄相别」。行過高，業不能符合其宜；修養過低，德行不能匹配大道。這時候就有異端出來説：「真正偉大的德好像德不足。」這是對德的認識産生了偏差。有的説：「萬物和事業畢竟如夢幻泡影，是空。」這是對事業的認識産生了倒見。

知因虚以入實，其用下徹；禮因器以載道，其用上達。下徹者，要崇而納之於不浮；上達者，致卑而升之於不滯。紹介以使之相見，密絡以不使之相離。故知、禮者，行乎天地之中，以合其判然者也。

惟然，故聖人有門以上而遵道於天，有門以下而徙義於地。天不以處之尊，恝然舍人而養其高；地不以位之實，頹然舍人而保其廣。〔一〕於彼不舍者，於此得存。故存天存地，而行乎其中者，成性固存之矣。

奚以明其然也？天虚而明，地繁而理。禮法繁理，手足爲容；知效虚明，耳目任用。下徹者虚明之垂也，上達者繁理之積也。虚明下徹，故日星風雨，足以析物之根荄而酌爲授；繁理上達，故草木蟲鳥，足以類化之精華而登其榮。是故知无不察，所知者不遺於毫毛；禮无不備，所體者不舍乎仁孝。蓍龜感於无形，吉凶者居室之善否也；俎豆修於在列，昭明者上帝之陟降也。不然，異端浮其量以爲知，崇而不來，覺識无以作則；祝史滯其文以

〔一〕天自矜其尊，則養其高而不下施，是捨棄人；地自愛其卑，則保其廣而不上交。天不下，地不上，則無以成人。天地交，是不捨人也。

爲禮，卑而不往，歌哭无以發情。知禮不相謀，崇卑不相即。篤實之性，去於異端；哀樂之性，去於祝史。去者不存，不存則離。天亢上而地沈下，匪特其中之離也，抑无以安其位矣。大哉！聖人之用易也。擇其精，因其中，合其妙，分以劑之，會以通之，人存而天地存，性存而位存，析乎其有條也，融乎其相得也，斯則以爲「存存」也。玄者之竊易曰：「存存者，長生久視之樞也。」釋者之竊易曰：「存存者，不生不滅之真也。」夫百聖人存之而如一聖人，一聖人存之而正萬愚不肖，要以設人位而貞天地之生。彼之固命以自私，滅性以遠害者，其得竊文句之似以文其邪哉！

第八章

大過之初，陰小處下，履乎无位〔二〕，其所承者，大之積剛而過者也。以初視大，亢乎其相距矣；以大視初，眇乎其尤微矣。以其眇者視其亢者，人之於天，量之不相及也。陽

〔二〕 上下无位。

雖亢而終以初爲棟，陰雖眇而終成巽以入〔一〕，人之事天，理之可相及者也。若此者，其象也。聖人因以制事天之典禮，斟酌以立極，則非擬議不爲功。易曰：「藉用白茅，无咎。」非擬議之餘，因象以制動，亦惡足以知其慎哉！

是故聖人之事天也，不欲其離之，弗與相及；則取諸理也。不欲其合之，驟與相及；則取諸量也。薦之爲明德，制之爲郊禋。不欲其簡，以親大始也；不欲其黷，以嚴一本也；則取諸慎也。

日至以月之，上辛以日之，騂白以腆之，三月以滌之，升歌以和之，天尊而人事事之，以登人而不離於天。陶匏以將之，三燭以獻之，繭栗以進之，玄酒以求之，大裘以臨之；天邇而神事事之，以遠天而不褻於人〔二〕。不敢褻者量，不忍離者理。通理以敦始，故方澤

〔一〕大壯下體爲巽。

〔二〕孔子家語郊問：「周之始郊，其月以日至，其日用上辛，至於啓蟄之月，則又祈穀於上帝。此二者天子之禮也……曰：『其牲器何如？』孔子曰：『上帝之牛角繭，必在滌三月。后稷之牛唯具，所以別事天神與人鬼也。牲用騂，尚赤也；用犢，貴誠也。掃地而祭，於其質也。器用陶匏，以象天地之性也。萬物無可稱之者，故因其自然之體也。』公曰：『天子之郊，其禮儀可得聞乎？』孔子對曰：『臣聞天子卜郊，則受命於祖廟而作龜於禰宮，尊祖親考之義也。卜之日，王親立於澤宮以聽誓命，受教諫之義也……郊之日……天子大裘以黼之，被袞象天。乘素車，貴其質也。旂十有二旒，龍章而設以日月，所以法天也。』」

不敢亢於圜丘；稱理以一本，故上帝不可齊於宗廟[一]。傳曰「絶地天通」[二]，「錯諸地」之謂也，雖有几筵重席，不敢登矣。詩曰「上帝臨女」，「藉之用茅」之謂也，視諸埽地无壇，則已加矣。埽地以質，藉茅以文。要求諸質，進求諸文，求諸文而藉之茅焉。雖然，亦止於此而已矣。不逮此者則已簡，過此者則已瀆，豈慎也哉！

且夫人之生也，莫不資始於天。逮其方生而予以生，有恩勤之者而生氣固焉，有君主之者而生理寧焉。則各有所本，而不敢忘其所遞及，而驟親於天。然而有[三]昧始者忘天，則亦有二本者主天矣。忘天者禽，「主天者狄」[四]。羔烏之恩，知有親而不知有天；「躕林之

[一] 冬至祭天於圜丘，夏至祭地於方澤。廣雅釋天：「圓丘大壇，祭天也；方澤大坎（「坎」，王念孫訂爲「折」），祭地也。」方澤，即澤中之方丘。上帝不可齊於宗廟，謂祭祖厚也。

[二] 尚書呂刑：「乃命重、黎，絶地天通，罔有降格。」孔傳：「重即羲，黎即和。堯命羲、和世掌天地四時之官，使人神不擾，各得其序，是謂絶地天通。言天神無有降地，地祇不至於天，明不相干。」國語楚語下，觀射父謂：「及少皞之衰也，九黎亂德，民神雜糅，不可方物。夫人作享，家爲巫史，無有要質。民匱於祀，而不知其福。烝享無度，民神同位。民瀆齊盟，無有嚴威。神狎民則，不蠲其爲。嘉生不降，無物以享。禍災薦臻，莫盡其氣。顓頊受之，乃命南正重司天以屬神，命火正黎司地以屬民，使復舊常，無相侵瀆，是謂絶地天通。』」

[三] 嶽麓本無「有」字。

[四] 「主天者狄」，底本原作白框，今據嶽麓本補。下文「躕林之會」「若其異于狄也」「狄之自署曰」「歸於狄而已矣」「以遠于狄」皆仿此。

會」，知有天而不恤其親〔一〕。君子之異於禽也，豈徒以禋祀報始哉？巡守則類焉，民籍則獻焉，欽承以通之，昭臨女之毋貳也，故曰「乾稱父，坤稱母」。［若其異于狄也］，則用重而物則薄也，天子之外未有干焉者。等人而專於天子，而抑又用之以薄，非能侈然驟躋於帝之左右矣。［狄之自署曰］「天所置單于」，黷天不疑，既已妄矣。而又有進焉者，如近世洋夷利瑪竇之稱「天主」〔二〕，敢於褻鬼倍親而不恤也，雖以技巧文之，［歸於狄而已矣］。

嗚乎！郊祀之典禮至矣哉！不敢昧之以遠於禽，不敢主之［以遠于狄］。合之以理，差之以量。聖人之學易，於斯驗矣。德業以爲地，不敢亢人以混於杳冥；知禮以爲茅，不敢絶天以安於卑陋。故曰「惟仁人爲能饗帝」〔三〕，「知其説者之於天下，其如示諸掌乎！」

〔一〕　蹛林，漢書匈奴傳：「秋，馬肥，大會蹛林，課校人畜計。」顔注：「服虔曰：『蹛音帶，匈奴秋社，八月中會祭處也。』師古曰：『蹛者，繞林木而祭也。鮮卑之俗自古相傳，秋天之祭，無林木者尚豎柳枝，衆騎馳遶三周迺止，此其遺法。計者人畜之數。』」

〔二〕　明後期，傳教士西來，甚得中國士人歡心。若利瑪竇（Matteo Ricci）者，其天主實義、交友論等篇，皆極流行，宣傳西洋天文、曆法、倫理及天主教之説。船山嘗任永曆朝行人司行人，而永曆帝及太后皆已入教，船山必知之。其老友方以智，又甚精西人曆算之學。故船山於西洋諸説，亦甚熟知。永曆實録宦者傳載：「上棄肇慶，走梧州，失東粵，遂蒙塵不返，亦天壽致之也。天壽事天主教，拜西洋人瞿紗微爲師，勇衛軍旗幟皆用西番書爲符識，類兒戲。又薦紗微掌欽天監事，改用西曆。給事中尹三聘劾罷之。天壽隨上走南、太入滇，不知所終。或曰爲孫可望所殺。」瞿紗微（Andreas Xavier Koffler）爲德國傳教士。

〔三〕　禮記祭義：「唯聖人爲能饗帝，孝子爲能饗親。」

愼之至而已矣。

大過之初六，克肖之矣。柔而安下，不敢或黷；成巽順入，不敢或簡。故曰「齊乎巽」。齊也者，齊也。側皆切。祓一其德以即於愼，豈有咎與！而不見夫上六乎？躋而升積陽之上，以致其説，无禮而黷，有巫道焉，則地天通而陰陽亂，「滅頂」之凶，亦可爲不愼者之戒矣。〔一〕

〔一〕吾儒以仁爲本，仁非虚名，其實則事親是也，孝悌爲仁之本，仁民愛物皆自此推出。故所謂父母者，即生我育我者是矣；其於天，雖敬畏之，然去人遠，焉可躐父母之等而驟及之？父子之親，萬古不易。然則何解於横渠「乾稱父、坤稱母」之説也？船山正蒙注則曰：此即申一本之正理，破二本之邪説者也。其言真孔、孟血脈，故詳引之于下：「張子此篇不容不作，而程子一本之説，誠得其立言之奥而釋學者之疑。竊嘗沉潛體玩而見其立義之精。其曰『乾稱父，坤稱母』，初不曰『天吾父，地吾母』也。從其大者而言之，則乾坤爲父母，人物之胥生，生於天地之德也固然矣。從其切者而言之，則别無所謂乾，父即生我之乾，别無所謂坤，母即成我之坤。惟生我者其德統天以流形，故稱之曰父，惟成我者其德順天而厚載，故稱之曰母。故書曰『唯天地萬物父母』，統萬物而言之也；詩曰『欲報之德，昊天罔極』，德者，健順之德，則就人之生而切言之也。盡敬以事父，則可以事天者在是；盡愛以事母，則可以事地者在是。守身以事親，則所以存心養性而事天者在是；推仁孝而有兄弟之恩、夫婦之義、君臣之道、朋友之交，則所以體天地而仁民愛物者在是。人之與天，理氣一也；而繼之以善，成之以性者，父母之生我，使我有形色以具天性者也。理在氣之中，而氣爲父母之所自分，則即父母而溯之，其德通於天地也，無有間矣。若舍父母而親天地，雖極其心以擴大而企及之，而非有惻怛不容已之心動於所不可昧。是故於父而知乾元之大也，於母而知坤元之至也，此其誠之必幾，禽獸且有覺焉，而況於人乎！故曰『一陰一陽之謂道』，乾、坤之謂也；又曰『繼之者善，成之者性』，誰繼天而善吾生？誰成我而使有性？則父母之謂矣。繼之成之，即一陰一陽之道，則父母之外，天地之高明博厚，非可躐等而與之親，而父之爲乾、母之爲坤，不能離此以求天地之德，亦昭然矣。張子此篇，補天人相繼之理，以孝道盡窮神知化之致，使學者不舍閨庭之愛敬，而盡致中和以位天地、育萬物之大用，誠本理之至一者以立言，而辟佛、老之邪迷，挽人心之横流，真孟子以後所未有也。惜乎程、朱二子引而不發，未能洞示來兹也！」

第九章

太極之在兩閒，无初无終而不可閒也，无彼无此而不可破也，自大至細而象皆其象，自一至萬而數皆其數。故空不流而實不窒，靈不私而頑不遺，亦静不先而動不後矣。夫惟從无至有者，先静後動而静非其静；從有益有，則无有先後而動要以先。〔一〕若夫以數測者，人繇既有以後測之而見者也。象可以測數，數亦可以測象。象視其已然，静之屬；數乘其自有，動之屬；故數亦可以測象焉。〔二〕要此太極者混淪皆備，不可析也，不可聚也。以其成天下之聚，不可析也；以其入天下之析，不可聚也。雖然，人之所以爲功於道者，則

〔一〕異端從無到有，吾儒從有益有。

〔二〕船山於説卦傳曰：「象自上昭，數繇下積。夫象數一成，咸備於兩閒，上下无别也，昭積无漸也，自然者无所謂順逆也。而因已然以觀自然，則存乎象；期必然以符自然，則存乎數。人之仰觀俯察而欲數之、欲知之，則有事矣。有事則有時，有時則有漸。」天垂象，故象是天地之自然；數，雖然也是象本身所有的特點，但却也是人憑藉自己的智慧，依據事物自身的特點來加以把握事物的尺度。所以象是「自然」，數是「必然」。「必然」不是現代漢語意義上的不可移易的客觀規律。必，讀如「意必」之必。必然，即有發揮了人之主體作用、運用了人之智慧、有人之目的的行爲。

斷因其已然，而益測之以盡其无窮；而神而明之，分而劑之，裒而益之，則惟聖人爲能顯而神之。

其測以數者奈何？太極之一○也，所以冒天下之數也，而惡乎測之？測之者因其所生。動者必先，靜者必隨，故一先二，二隨一，相先相隨，以臻於十。和者非有益於倡者，則无所事於和矣。一而二，二而三，三而四，繇是而之於十，皆加一者，相對之數也。陰欲值陽而與之對，必虛陽之所值而實其兩端，以闢户而受施，不然則相距而齟齬。故一不可對三，二不可對四。一對三則中央相距，二對四則兩端相距也。[二]二一而二，二二而四，繇是而二五而十，皆倍加者，陰承陽一，因其增益之性以爲習，使可闢而有容也。

[二] 船山之意，可以用下圖表示：

一而三，三而五，繇是而之九，皆增二者，陽感陰化，因其所闢而往充其虛也。〔二〕從一合六以得七，繇是而從五合十以得十有五者，因〔三〕生數之終，加其所進以爲成，成不能成，功因乎生也。生數止五，成數盡十者，從太極測之而固有之也。

太極○之實有也。動者橫以亘，无不至也，故爲徑；靜者張以受，无不持也，故爲交。動流而不滯，故爲圓；靜止而必齊，故爲方。外齊者，其中徑也，故爲弦。於徑測之，亘━而一矣；於交測之，✕而二於所徑矣。於圓測之，○流動中規，而三於所徑矣；於方測之，〔□〕〔三〕四岠中矩（□），而四於所徑矣；於弦測之，上弦◗二有半，下弦◖二有半，合以計之，而五於所徑矣〔四〕。五則中實，中實則可爲主於外，而地效其充以相成。生始於陽而終於陽，成始於陰而終於陰，性情之起，功效之登，一也。於方測陰而得四，

〔二〕船山認爲，偶數（陰）二四六八十，是通過一二三四五的二倍而變來的；奇數（陽）一三五七九，是疊加二而得來的。

〔三〕「因」，嶽麓本作「擇」。

〔三〕底本「□」符原在「四岠中矩」後，今據上文文例，及嶽麓本改。

〔四〕古人以爲，圓徑一而圍三，即以粗略言之，圓周長3倍於直徑。據此，則上弦爲直徑之2.5（1+1.5）倍，合上下弦而計則爲徑之5倍。此處諸推算皆粗略言之而已，不免比附之嫌。如圓周徑一圍三，船山亦自知其不確，尚書稗疏謂「以圍三爲徑一者，方田粗率耳。用祖冲之密率校之，則七而差一」。

陰體定矣。以其交者而自實，以方函交，而六於所徑矣〔二〕。交、方皆陰也，陰數純備而爲老陰。陽函陰，動有静，以圓納方，而七於所徑矣。陽外成，則體陽而爲少陽。天包地外，而亦行乎地中。天行地中，施其亘化，以方納圓，徑一充之，而八於所徑矣。陰外成，則體陰而爲少陰。天固包地，盡地之用，地道无成，竭其功化以奉天。以圓納方，方有其交，而九於所徑矣。渾天之體，於斯而著，故爲老陽。「陽知大始，陰作成物」，物數之成，於陰而訖，合徑一、交二、圓三、方四，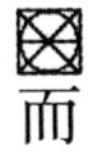而十於所徑矣。至於十，而所以測太極之術盡矣。无以測之，而天地之數一終矣。

若夫有徑━而无豎┃者，天地之際甚密，不可以上下測。測之以豎者，太玄、元包、潛虚之所以成乎其妄也。太極之有十，渾成者也。非積而聚之，剖而析之也，而何所容測焉？

乃數因於有象，象則可測矣，可測則可積矣。故積之以二十有五，積之以三十，而天地之數紀焉。積之者，天地以爲功而无窮，聖人既於其象而灼知之。雖然，固然之積引於

〔二〕正方形之對角綫長與邊長絶不相等，船山則概等視之，故以此爲徑之6倍。其下仿此。

无窮者，尤存乎分劑而裒益之，則易興焉。

天地之數五十有五，大衍之數五十。其差五者，以積計之，裁地之有餘，同天之不足。健行者速而得廉，順承〔一〕者遲而得奢，亦勉地而使配天行也。且靜者无繇以得數，因動而隨，則虛中而重〔二〕其兩端，數斯立矣。兩端建而中皆虛一，所增者僅與天及，外密而反以中疏，是五位皆缺其一，而數亦二十有五矣。〔三〕

以乘計之，北南東西者，陰陽老少之位，中无定位，以應四維。陰不適主，陽之珠聚者，與太極同而无所歉。故以天乘地而爲五十〔四〕。天乘地而非地（承）〔乘〕〔五〕天者，一可以生十，二必不可以成九，數之固然也。裁而成之，稱量而（承）〔程〕〔六〕之，而大衍之

〔一〕「承」，嶽麓本作「行」。

〔二〕「重」，嶽麓本作「留」。

〔三〕謂陰之數亦二十有五也。天數二十有五，地數三十，合之而天地之數五十有五。然地之數虛，故其二四六八十各減一，亦二十有五也，合之得五十之數。此大衍之數自天地之數而來也。

〔四〕河圖其中央，天五、地十。

〔五〕「乘」，底本原作「承」，今據嶽麓本及文義改。

〔六〕「程」，底本原作「承」，今據嶽麓本改。程，即衡定測量之義。

數登焉。

大衍五十，而一不用。一者，天之始數也，亦地之始數也。一一而二，二固始於一也。繇是而十，繇十〔一〕而五十，皆以一爲始。太極之有數生於動，易之變化亦動也。動君動，則一可不用，以君四十有九。故自此而七八九六，合符而不爽，豈非其固然者哉！

不用之一，以君動而不以君静，故大衍之數，常者五十，而乘乎變者四十有九。一〔二〕因動以爲君，未動則合五十而爲一。合而爲一者，太極混淪周徧之體；而非動而倚數，於五十之中立一以爲一矣。立一以爲一，而謂之太極，韓康伯之臆説也。〔三〕立一於數外，與四十有九參立，乃自外來而爲之君，此老氏之所謂一也。易固不曰

〔一〕「十」，嶽麓本作「是」。

〔二〕嶽麓本所據底本無「一」字。

〔三〕繫辭傳「其用四十有九」韓康伯注引王弼曰：「演天地之數，所賴者五十也。其用四十有九，則其一不用也。不用而用以之通，非數而數以之成，斯易之太極也。四十有九，數之極也。夫無不可以無明，必因於有，故常於有物之極，而必明其所由之宗也。」性理大全載朱子亦云：「太極雖不外乎陰陽五行，而亦不離乎陰陽五行。與其以握而未分者象太極，反不若以一策不用者象之爲無病也。」

「掛一以象太極」，太極不可與陰陽析處而並列也。繇是而變矣，則數以測象矣。自掛一象三以後，及於萬一千五百二十之象，萬物皆有成則之可法；分而爲兩，无成（則）［數］〔二〕而託於无心者，神之所爲无心而成化也。有成則者，範圍天地之成化，所以顯道；无成數者，上迓太極之无心，所以神德行也。道顯於有則，故恒而可繇；德神而无心，故與時偕行。故曰：「神无方而易无體。」非然，則吉凶仰成於必至，誰與爲「震无咎」之功，誰與爲「憂悔吝」之幾也哉？以天治人而知者不憂，以人造天而仁者能愛，而後爲功於天地之事畢矣。乃若四營、十八變之數，有則者亦與无心者相閒，而後道无不顯而德无不神。象兩象三，四時閏期，萬物之數，象各有當，其有則焉固矣。

其揲四之數，六揲而二十四，七揲而二十八，八揲而三十二，九揲而三十六。六七八九，河圖之成數，水火木金之化也。〔三〕歸奇之十三、十七、二十一、二十五，三四五六以乘

〔二〕「數」，底本原作「則」，今據文義及嶽麓本改。

〔三〕漢儒之説，一二三四五爲生數，加五之後，得六七八九十爲成數；其一二三四五之序，則水火木金土也。詳本書坎卦下小注「天一生水」之説。

四而加一，其一爲餘，餘者奇之歸，皆掛一不用，以爲一爻之君也。初變之餘皆五九，再變、三變之餘皆四八者，因其盈而多餘之，因其虚而少餘之，自然之樽節而不濫也。三變之數，中分无心，其所變者初揲一、二揲二、三揲三、四不足於揲，自五以至四十四，凡百九十六變，奇九十，偶百有六〔一〕。三變之偶多於奇者十六，積十八變而多於奇者九十六。偶多而奇少者，稱其固有之數，陽少而陰多也。而筮者之所得，未嘗見偶多於奇，周流於六十四，各足於百九十二，陰雖多而无心之化必平也。

大衍之數，六積而三百；天地之數，六積而三百三十。裁地以相天，則詘其三十而爲衍；相天以冒地，則伸其三十而爲期。〔二〕故乾坤之策三百六十，天行之度，不息之健，雖少而恒速，亦固有之也。

〔一〕四十九策中分爲二，左右手各執一。每手中的策數是要大於等於五的，所以説「自五以至四十四」。至於爲何有百九十六變，奇九十，偶百有六，則不知船山用何種方法計算，故存疑。朱子易學啟蒙明蓍策列畫圖表，窮舉揲蓍中遇到的各種可能性組合（比如五、四、四、九、四、八等），共百九十二小格，亦與船山所説不同。

〔二〕嶽麓本此句無「而爲衍」「而爲期」字。

四十有九，六積而二百九十有四，六十四積而萬八千八百十六〔一〕，老陽之餘七十八，少陽之餘百二十六，少陰之餘百有二，老陰之餘百五十，乾坤之餘二百二十八，二篇之餘七千三百八十。其不逮四十有九之策萬一千六百有四，較之二篇之策不相值者七十有四。凡此皆无心而不期於肖也。銖銖而期之，節節而肖之，是陰陽无往來，而吉凶无險阻矣。揲者有則，天地之成理；餘者无心，天地之化機。以化歸餘，而不以餘歸揲。君子貞其常以聽變，非望之福不以寵，非望之禍不以驚，優游於變化之至，固不取截然均析以爲體，如邵子之四塊八段〔二〕，以歸於无餘也。

嗚乎！道之大也，神之无方也，太極之動，奇⚊偶⚋而已。非可與神者，其孰能與於斯！然而聖人終盡之於乾坤，則奇⚊偶⚋者，萬變〔三〕之取以爲實而隨化皆始者也。聖人約之於仁知，賢者充之以知能，「可與酬酢，可與佑神」，此物此〔四〕志也夫！

〔一〕嶽麓本校記：「『八百十六』：據各印本改。」
〔二〕即邵康節之「小横圖」，見周易本義卷首所載。
〔三〕「變」，嶽麓本作「物」。
〔四〕「此」，嶽麓本作「之」。

第十章

天下非特有深也，參淺而積之，則深矣；天下非特有幾也，析大而詳之，則幾矣。舍淺而浚之，略大而察之，謂有深且幾者立於天下之外，捷取焉而以制天下，豈不誖哉！然則天下非特有神也，行乎淺而已深，圖乎大而已幾，有所以至，而人莫測其即此而至，斯天下之至神者矣。是故至深者天下也，至幾者天下也。莫深於天下之志，莫幾於天下之務也，故足以相因而底於成與通也。

奚以明其然也？天下之志亦淺矣，而求其通，則深也〔一〕；天下之務亦大矣，而泝所成，則幾也。中人以上極於聖，中人以下極於頑，或敝屣天下，或操刃錙銖，或願盡闉堂，或圖度荒裔——其不相通也而欲通之，則杳乎其未易測矣。一事之本末，變之不勝其繁；一代之成毀，開之不俟其鉅。質文之尚，達乎幽明；喜怒之情，動乎海嶽。俟之後

〔一〕「也」，嶽麓本作「矣」。

王而萬祀，逮之編甿而九州——其不易成也而欲成之，則纖乎其无所遺矣。夫未易測者以爲通，无所遺者以爲成，聖人之於天下，鼎鼎焉，營營焉，愛而存之，敬而盡之，存其志，盡其務，其不敢不忍於天下者，以是爲極深而研幾也。

是故不曰「我高以明，而天下之志不足知；我静以虚，而天下之務不足爲。」極天下之固有，攘君誶母，皆志之所必悉〔一〕；極天下之大有，酒漿瓜棗，皆務之所必勤。固有者象也，大有者變也。小大有象，往來有變。无小无大，无往无來，一陰一陽之間，有其至賾而極詳者。豈以增志之所本无，而强務以所不必也哉！

是故金夫之女，負乘之子，不食之飛，得敵之鼓，志无窮而象與之无窮；濡之衣袽，繫之苞桑，前禽之失，得妾之子，務靡盡而變與之靡盡。〔二〕未易測者，小大之生生不可測也；无所遺者，往來之亹亹不可遺也。若此者，藏天下於爻，府天下於卦，貞天下於乾易坤簡，以其易簡，推之近遠，抵之幽深，會其參伍，通其錯綜，然後深可極而幾可研。要

〔一〕攘君，逐却其君；誶母，責駡其母。此等逆人，亦君子所當知曉。
〔二〕蒙六三、解六三、明夷初九、中孚六三、既济六四、否六五、比九五、鼎初六。

豈立易簡於事外，以忍於不知，而敢於不爲也哉？

是故志下通於愚賤，而頑讒可格；務積成於典禮，而天鬼不違。詩曰「求民之莫」，極深之謂也；書曰「所其無逸」，研幾之謂也。〔一〕夫乃以大通而集成矣。

彼何晏、夏侯玄之流，麥菽不知，蕭牆不戒，遁卽荒薄，而竊其目以相題，戕其身而禍人家國，蓋有繇矣。〔二〕春秋之紀事也，篡君召王，無不志也；螽蜚鷁石，无不詳也。采物之覆亡，陰陽之愆伏，與易爲表裏。〔三〕故曰：「易言其理，春秋見諸行事。」「守經事而知宜」，以極深也；「遭變事而知權」，以研幾也；而固已早合於神矣。〔四〕太子弘廢商臣之

〔一〕大雅皇矣：「皇矣上帝，臨下有赫，監觀四方，求民之莫。」毛傳：「皇，大；莫，定也。」鄭箋：「臨，視也。大矣天之視天下，赫然甚明。以殷紂之暴亂，乃監察天下之衆國，求民之定，謂所歸就也。」

〔二〕三國志卷九何晏傳裴注引魏氏春秋曰：「初，夏侯玄、何晏等名盛於時，司馬景王亦預焉。晏嘗曰：『唯深也，故能通天下之志，夏侯泰初是也；唯幾也，故能成天下之務，司馬子元是也；惟神也，不疾而速，不行而至，吾聞其語，未見其人。』蓋欲以神況諸己也。」何、夏侯自詡爲通天下之志，其實浮華誇飾，故對曹魏政權没做出貢獻，身死人手。

〔三〕春秋與易相表裏，精闢之見。

〔四〕太史公自序：「爲人臣者不可以不知春秋，守經事而不知其宜，遭變事而不知其權。爲人君父而不通於春秋之義者，必蒙首惡之名。」尚書無逸蔡傳：「所，猶處所也。君子以無逸爲所，動静食息無不在是焉。作輟，則非所謂所矣。」

篇，王安石恣「爛報」之誣〔一〕，宜其與何晏、夏侯之徒異車而同僨也。

第十一章

是故性情相需者也，始終相成者也，體用相函者也。性以發情，情以充性；始以肇終，終以集始；體以致用，用以備體。陽動而喜，陰動而怒，故曰性以發情；喜以獎善，怒以止惡，故曰情以充性。三時有待，春開必先，故曰始以肇終。四序所登，春功乃備，故曰終以集始。无車何乘？无器何貯？故曰體以致用；不貯非器，不乘非車，故曰用以備體。六者異撰而同有，同有而无不至。至，則極；无不至，則太極矣。

〔一〕春秋經文公元年：「冬十月丁未，楚世子商臣弒其君頵。」商臣即楚穆王，頵爲商臣之父楚成王。左傳載：「初，楚子將以商臣爲大子，訪諸令尹子上。子上曰：『君之齒未也，又多愛，黜乃亂也。楚國之舉恒在少者。且是人也，蠭目而豺聲，忍人也，不可立也。』弗聽。既又欲立王子職，而黜大子商臣……冬十月，以宮甲圍成王。王請食熊蹯而死，弗聽。丁未，王縊。謚之曰靈，不瞑；曰成，乃瞑。」新唐書李弘傳載太子李弘少「受春秋左氏於率更令郭瑜，至楚世子商臣弒其君，喟而廢卷曰：『聖人垂訓，何書此邪！』瑜曰：『孔子作春秋，善惡必書，褒善以勸，貶惡以誡，故商臣之罪雖千載猶不得滅。』弘曰：『然所不忍聞，願讀它書。』」王安石以春秋爲「斷爛朝報」。

「易有太極」，固有之也，同有之也。太極生兩儀，兩儀生四象，四象生八卦，固有之則生，同有之則俱生矣，故曰「是生」。〔二〕「是生」者，立於此而生，非待推於彼而生之，則明魄同輪〔三〕，而源流一水也。

是故乾純陽而非无陰，乾有太極也；坤純陰而非无陽，坤有太極也。剥不陽孤，夬不陰虚；姤不陰弱，復不陽寡，无所變而无太極也。〔三〕卦成於八，往來於六十四，動於三百八十四，之於四千九十六〔四〕，而皆有太極。策備於五十，用於四十九，揲於七八九六，變

〔二〕「是生」的「是」，即「此」「這」的意思。此、這並不僅僅是個空間位置概念，且具有共時性的意味。「太極是生兩儀」，說明了太極與兩儀乃同時具備、同時而有。所謂「同有」，稗疏有言曰：「生者，非所生者爲子、生之者爲父之謂。使然，則有有太極無兩儀，有兩儀無四象，有四象無八卦之日矣。生者，於上發生也，如人面生耳、目、口、鼻，自然賅具，分而言之謂之生耳。邵子執加一倍之小數，立一二畫之象，一純陽，一純陰，一陽上陰下，一陰上陽下，謂之四象……但以八生十六，十六生三十二，三十二生六十四，教童稚知相乘之法則可，而於天人之理數毫無所取。」

〔三〕尚書武成：「四月哉生明，王來自商，至于豐。」孔傳：「哉，始也。始生明，月三日，與死魄互言。」正義：「顧命傳以『哉生魄』爲十六日，則『哉生明』爲月初矣。以三日月光見，故傳言『始生明，月三日也』。生明死魄俱是月初，上云『死魄』，此云『生明』，而『魄死』『明生』互言耳。」

〔三〕此段話，還是要結合將太極看作十二陰陽的球體來想象。思問録外篇：「繪太極圖，無已而繪一圓圈爾，非有匡郭也。如繪珠之與繪環無以異，實則珠環懸殊矣。珠無中邊之別，太極雖虛而理氣充凝，亦無內外虛實之異。從來說者，竟作圓圈，圍二殊五行於中，悖矣。此理氣遇方則方，遇圓則圓，或大或小，絪緼變化，初無定質；無已而以圓寫之者，取其不滯而已。」

〔四〕詳繫辭上傳第四章注。

於十有八，各盡於百九十六，而皆有太極。故曰「易有太極」，不謂「太極有易」也。〔一〕惟易有太極，故太極有易。

所自生者肇生，所已生者成所生。无子之叟，不名爲父也。性情以動靜異幾，始終以循環異時，體用以德業異跡，渾淪皆備，不漏不勞，固合兩儀、四象、八卦而爲太極。其非別有一太極，以爲儀、象、卦、爻之父明矣。

故太極之於河圖未有象也，於易未有數也，於筮未有策也，於卦未有占也。象皆其象，數皆其數，策皆其策，占皆其占。〔二〕有於易以有易，莫得而先後之。

故吉凶日流於物，大業日興於事，知禮日行於兩間，道義日存於人心。性善而情善，情善而才善，反身而誠，不遠而復。天下之道冒，而聖人之藏亦密矣。冒者於彼於此而无不被，密者於彼於此而无或疏也。是太極有於易以有易，易一太極也，又安得層纍而上求之？

〔一〕就是因爲「易」其實就是天地生生不已、流行之全體，天地萬物之總稱。「易有太極」，就是道（太極）在器中。因爲太極在天地流行之中（易有太極），故太極能統攝天地之流行（太極有易）。

〔二〕太極即在河圖、易、筮、卦之中，然太極非另有、自有其象、數、策、占，而以河圖、易、筮、卦之象、數、策、占爲己所有者也。

乾鑿度曰：「有太易，有太初，有太始，有太素。」〔一〕危搆四級於无形之先。哀哉！其日習於太極而不察也！故曰「闔户之謂乾」「闢户之謂坤」〔二〕。有户，則必有材以爲户者，則必有地以置户者。闔，則必有闔之者；闢，則必有闢之者。爲之置之，闔之闢之，彼遂以是爲太極也，且以爲太易、太初、太始、太素也。夫爲之置之，必有材矣，大匠不能摶空以造樞棖〔三〕；闔之辟之，必有情矣，抱關不能无司以爲啟閉。材則其陰陽也，情則其往來也。使陰陽未有之先而有太極，是材不夙庀〔四〕，而情无適主；使儀象既有之後遂非太極，是材窮於一用，而情盡於一往矣。又何以云「乾坤毀則无以見易」也乎？

故不知其固有，則絀有以崇无；不知其同有，則獎无以治有。无不可崇，有不待治。故曰「太極有於易以有易」，不相爲離之謂也。彼太易、太初、太始、太素之紛紜者，虛

〔一〕易緯乾鑿度：「夫有形生於無形，乾坤安從生？故曰：有太易，有太初，有太始，有太素也。太易者未見氣也，太初者氣之始也，太始者形之始也，太素者質之始也。氣、形、質具而未離，故曰渾淪。」

〔二〕嶽麓本所據底本無「之謂乾」「之謂坤」。

〔三〕說文：「門樞謂之棖。」

〔四〕玉篇：「庀，具也。」

爲之名而亡實，亦何爲者邪？彼且曰：「有有者，有無者，有未始有夫有無者。」〔二〕或且曰：「七識以爲種子，八識以爲含藏，一念緣起無生。」〔三〕嗚乎！毀乾坤以蔑易者，必此言夫！〔三〕

第十二章

一

夫緼者，其所著直略切也。著者，其所歸也。歸者，其所充也。充者，其所調也。〔四〕是

〔二〕淮南子俶真訓約莊子之語曰：「有始者，有未始有有始者，有未始有夫未始有有始者。有有者，有無者，有未始有有無者。」

〔三〕八識即阿賴耶識，亦即藏識。七識末那，即能熏。萬物皆識所變現，詳相宗絡索。

〔三〕所謂「太極有於易以有易」者，易即天地間氣之流行生化是矣，太極之理即在其中，舍氣化萬變而無太極，此「易有太極」也，即「太極有於易」。太極在易中，而主持分劑其氣化，即「太極有易」也。師曰：「太極有於易以有易，是説太極與易相互蘊含，共生共有。太極是具體事物産生的根據，而它本身並非在具體事物之外；太極是具體事物運行法則之所出，但太極本身無法則。具體事物構成的有機整體即是太極，具體事物的法則即是太極的法則。」（張學智：明代哲學史，中國人民大學出版社二〇一二年，頁五四七）

〔四〕船山音注「著」字曰「直略切」，即是附著之著，訓爲置、附。「緼者，其所著也」，即是「所置於中者」，即是物之所歸，歸則充實，充而調之。内傳：「緼，充實於中之謂。」

故无以爲之緼，既郛立而不實，亦瓦合而不浹矣；既絶黨而相叛，亦雜類以相越矣。而不見天地之閒乎？則豈有堅郛外峙，而庬雜内塞者乎？[一]

今夫陽以成男，陰以成女，其以達情，即以達性也。飲以養陽，食以養陰，其以輔形，即以充神也。然而牝牡異質，姬、姜異宗，水土異産，甘鹹異味。夫婦之合，非巧媒所能合也。榮衛之分，非良庖所能齊也。於此於彼而各有宜，於此於彼而互有成，宜以不亂，成以不過。[二]則誰爲爲之而有非其著焉者也？

以爲即器而保器，器无情者也，而惡乎保之？以爲離器而用器，則器賤矣，賤者惟貴者之所使，則胡不惟其情之所使以相暱，惟其形之所可受以相取，而又惡乎相調而各有司邪？且盈天地之閒，則皆有歸矣。有其表者，有其裏者，則有其著者。著者之於表裏，使其二而可以一用，非既已二而三之也。盈天地之閒，何非其著者之充哉！

天位乎上，地位乎下，上下之際，密邇而无毫髮之閒，則又惡所容其著者？而又非

[一] 乾坤充實於易之中，非空虛、龐雜也。

[二] 道能主持分劑。

也。天下濟而行，地上承而合。下行之極於重淵，而天恒入以施；上合之極於層霄，而地恒蒸以應。此必有情焉，而必有性焉；必有以輔形，而有以充神焉。故乾曰「時乘六龍以御天」，乾者所以御天而下濟也；坤曰「牝馬地類，行地无疆」，坤者所以行地而上承也。盈天地之閒皆器矣。器有其表者，有其裏者，成表裏之各用，以合用而底於成，則天德之乾、地德之坤，非其緼焉者乎？

是故調之而流動以不滯，充之而凝實以不餒，而後器不死而道不虛生。器不死，則凡器皆虛也；道不虛生，則凡道皆實也。豈得有堅郛峙之以使中屢空邪？豈得有庬雜窒之而表裏不親邪？故合二以一者，既分一爲二之所固有矣。是故乾坤與易相爲保合而不可破，破而毁，毁而息矣。極乎變通，而所緼者常與周旋而不離，而易備。

故夫天下之賾，天下之動，事業之廣，物宜之繁，典禮之別，分爲陰，分爲陽，表裏相待而二，二異致而一存乎其人，存乎德行。德行者，所以一之也。在天地爲乾坤，在人爲德行。乾坤固以其德行充兩閒而調之，而後器不死而道不虛生。

繇此思之，七八九六之數，上生下生之變〔一〕，吉凶悔吝之辭，以實道而虛器。大哉，充滿流通於天地之閒，豈不一誠而无妄哉！若夫懸道於器外以用器，是縕與表裏異體；設器而以道鼓動於中，是表裏真而縕者妄矣。先天之說，橐籥之喻。〔二〕其於易之存人以要天地之歸者，又惡足以知之！

二

「謂之」者，從其謂而立之名也。「上下」者，初无定界，從乎所擬議而施之謂也。然則上下无殊畛，而道器无（易）［異］〔三〕體，明矣。天下惟器而已矣。道者器之道，器者不可謂之道之器也。

〔一〕上生下生，既可指音律的相生，也可指數字的相生。觀此處前後四句都是在説易，應當是指七、八、九、六的相生。本書説卦傳第五節曰「陽可變八，而所下生者七；陰可合七，而所上生者八。」

〔二〕「懸道於器外以用器」，即邵子「先天之説」，這是把「縕」（道）抽離出了表裏（器、天地間）之外，使道器異體；「設器而以道鼓動於中」，即老子「天地之間其猶橐籥乎」的言論，這是以表裏（天地）爲真，以縕爲妄（橐籥中間是空的，也就把充實的「縕」給空掉了）。

〔三〕「異」，底本原作「易」，今據嶽麓本改。

无其道則无其器，人類能言之。雖然，苟有其器矣，豈患无道哉！君子之所不知，而聖人知之；聖人之所不能，而匹夫匹婦能之。人或昧於其道者，其器不成，不成非无器也。

无其器則无其道，人鮮能言之，而固其誠然者也。洪荒无揖讓之道，唐、虞无弔伐之道，漢、唐无今日之道，則今日无他年之道者多矣。未有弓矢而無射道，未有車馬而无御道，未有牢醴璧幣、鐘磬管弦而无禮樂之道。則未有子而无父道，未有弟而无兄道，道之可有而且无者多矣。故无其器則无其道，誠然之言也，而人特未之察耳。

故古之聖人，能治器而不能治道。治器者則謂之道，道得則謂之德，器成則謂之行，器用之廣則謂之變通，器效之著則謂之事業。故易有象，象者像器者也；卦有爻，爻者效器者也；爻有辭，辭者辨器者也。故聖人者，善治器而已矣。自其治而言之，而上之名立焉。上之名立，而下之名亦立焉。上下皆名也，非有涯量之可别者也。

形而上者，非无形之謂。既有形矣，有形而後有形而上。无形之上，亘古今，通萬變，窮天窮地，窮人窮物，皆所未有者也。故曰：「惟聖人然後可以踐形。」踐其下，非踐其上也。

故聰明者耳目也，睿知者心思也，仁者人也，義者事也，中和者禮樂也，大公至正者刑賞也，利用者水火金木也，厚生者穀蓏絲麻也，正德者君臣父子也。〔一〕如其舍此而求諸未有器之先，亘古今，通萬變，窮天窮地，窮人窮物，而不能爲之名，而況得有其實乎？老氏瞀於此，而曰道在虛，虛亦器之虛也。釋氏瞀於此，而曰道在寂，寂亦器之寂也。淫詞輠炙〔二〕，而不能離乎器，然且標離器之名以自神，將誰欺乎？

器而後有形，形而後有上。无形无下，人所言也。无形无上，顯然易見之理，而邪説者淫曼以衍之而不知慚，則君子之所深鑒其愚而惡其妄也。故「作者之謂聖」，作器也；「述者之謂明」，述器也。「神而明之，存乎其人」，神明其器也。識其品別〔三〕，辨其條理，

〔一〕聰明、睿知、仁、義、中和、大公至正、利用、厚生、正德者，道也；耳目、心思、人、事、禮樂、刑賞、水火金木、穀蓏絲麻、君臣父子，器也。尚書洪範有三事，曰正德、利用、厚生。

〔二〕輠，史記孟子荀卿列傳：「談天衍，雕龍奭，炙轂過髡。」集解：「劉向別録『過』字作『輠』。輠，車之盛膏器也。」炙之雖盡，猶有餘津，言淳于髡智不盡，如炙輠也。」

〔三〕「別」，嶽麓本作「式」。

善其用，定其體，則默而成之，不言而信，[一]成器之在心而據之爲德也。

嗚乎！君子之道，盡夫器而已[二]矣。辭，所以顯器而鼓天下之動，使勉於治器也。王弼曰：「筌非魚，蹄非兔。」[三]愚哉，其言之乎！筌、蹄一器也，魚、兔一器也，兩器不相爲通，故可以相致，而可以相舍。形而上者謂之道，形而下者謂之器，統之乎一形，非以相致，而何容相舍乎？「得言忘象，得意忘言」，以辨虞翻之固陋則可矣，而於道則愈遠矣。

周易外傳卷五終

[一] 嶽麓本「成器」前有「皆有」二字。

[二] 「已」，嶽麓本作「止」。

[三] 周易略例明象：「言者所以明象，得象而忘言；象者所以存意，得意而忘象。猶蹄者所以在兔，得兔而忘蹄；筌者所以在魚，得魚而忘筌也。然則言者象之蹄也，象者意之筌也。是故存言者，非得象者也；存象者，非得意者也。」

周易外傳卷六

繫辭下傳第一章 〔章句依朱子本義〕〔一〕

一

爲治水之術者曰「陻其所自溢」，是伯鯀之術，而白圭〔二〕襲之者也。則爲安身利用之術者曰「杜吉凶悔吝之所從生」，亦猶是而已矣。

〔一〕「章句依朱子本義」：底本脱此注，今據嶽麓本補。

〔二〕韓非子喻老：「千丈之隄，以螻蟻之穴潰；百尺之室，以突隙之煙焚。故曰：白圭之行隄也，塞其穴；丈人之慎火也，塗其隙。是以白圭無水難，丈人無火患。」

天下固有此洚洞浩瀚之流行之〔一〕地中，中國自足以勝之。〔二〕驚其无涯而陘以徼幸，禁其必動，窒其方生，汩亂五行，而不祥莫大焉。知吉凶悔吝之生乎動也，則曰：「不動不生，不生則不肇乎吉，不成乎凶，不貽可悔，不見其吝，而以逍遥乎蒼莽，解脱乎火宅。」〔三〕嗚乎！无以勝之，而欲其不生，則將謂「稻麥生夫饑，絲麻生夫寒，君師生夫亂，父母生夫死」，亦奚爲而不可？其云「大盜生於聖人」，「無明生於知見」，猶有忌而不敢昌言。充其所操，惟乾坤父母爲古今之大害，而視之若仇讎。乃要其所挾，則亦避禍畏難之私，與禽獸均焉而已矣。

夫聖人亦既知之，曰「吉凶悔吝生乎動」者矣。而吉者吾道也，凶者吾義也，悔者吾行之幾也，吝者吾止之時也。道不可疑，義不可避，幾不可逆，時不可違，恒有所奉以勝

〔一〕「之」，嶽麓本作「於」。

〔二〕王孝魚先生譯解曰：「具有如此大無畏的精神，才敢於擔負起民族中興的歷史使命。船山的偉大，僅此一文，已是壓倒古今，而且這一點精神也就是我們祖國文化的精華所在，具有如此的自信力，才能使我們祖國文化數千年維繫不絕。」（頁二七一）

〔三〕蒼莽者道家之説，火宅者佛教之喻。

之。故袗衣、鼓琴而居之自得，夏臺、羑里而處之不憂[一]。怨艾以牖其聰明，而神智日益；退抑以守其堅忍，而魄骨日彊。統此者，貞而已矣。惟其貞也，是以无不勝也。无不勝，則无不一矣。

且夫欲禁天下之動，則亦惡從而禁之？天地所貞者可觀，而明晦榮凋弗能禁也；日月所貞者可明，而陰霾暈珥弗能禁也；天下所可貞者君子之一，而得失憂虞弗能禁也。當其吉，不得不吉，而固非我榮；當其凶，不得不凶，而固非我辱。

如曰「无吉則无凶，无凶則无悔吝」，則莫如舍君子而野人，野人之吉凶，不出乎井廬者也；則莫如舍野人而禽魚，禽魚无所吉，而凶亦不先覺也；則莫如舍禽魚而塊土，至於塊土，而吉凶悔吝之端泯，終古而穨[二]然自若也。[三]乃天既不俾我爲塊土矣，有情則有

[一] 孟子盡心下：「舜之飯糗茹草也，若將終身焉；及其爲天子也，被袗衣，鼓琴，二女果，若固有之。」趙岐注：「袗，畫也。果，侍也。及爲天子，被畫衣黼黻絺繡也，鼓琴以協音律也，以堯二女自侍，亦不佚豫，如固自當有之也。」夏臺，桀囚湯處；羑里，紂囚文王處。

[二] 「穨」，嶽麓本作「頹」。

[三] 要真想逃避吉凶，只好最終變成土塊，變成原子。

動，且與禽魚偕動焉；抑不俾我爲禽魚矣，有才則有動，且與野人偕動焉。抑彼自謂絀才去情，以偕乎野人，而抑以擅君子之實，思以易天下，有道則有動，必將與君子偕動焉。姑且曰「胡不如野人之貿貿？胡不如禽魚之狉狉〔二〕？胡不如塊土之冥冥？」以搖天下葸畏偷安者，而自命爲道。

嗚乎！勿憂其无冥冥之日也。死則亦與塊土同歸，動不生而吉凶悔吝之終離，則虛極静篤，亦長年永日而宴安矣。故其爲道也，與禽爲嬉，與魚爲泳，與土爲委，與野人爲偷，與死爲滅，與鬼爲幽。

乃其畏凶而憚悔吝也，畏死而已矣。畏凶者極於死，畏悔吝者畏其焦肺怵心以迫乎死，然而與死爲徒焉。此无藉之子逃桁楊而自雉經之智計〔三〕，亦惡足比數於人類哉！

其爲心也，非无所利於吉也。畏不得吉，无可奈何而甯勿吉也。夫君子則无所利於吉，而何畏乎非吉？故守貞而一之，而道乃无窮。其視天下，不可无吉也，无吉則道不行；

〔二〕狉狉，蔣之翹注柳宗元封建論「草木榛榛，鹿豕狉狉」曰「群走貌」。

〔三〕莊子在宥：「今世殊死者相枕也，桁楊者相推也，刑戮者相望也。」音義引崔云：「械錮頸及脛者皆曰桁楊。」釋名：「屈頸閉氣曰雉經，如雉之爲也。」無賴之輩爲避刑罰，乃佯爲自經而死；若佛老畏死，乃爲計以逃之也。

不可无凶也，无凶則義不著；不可无悔也，无悔則仁不復；不可无吝也，无吝則志不恒。故不知進退存亡，而龍德乃備；不憚玄黄之血，而天地以雜而成功。則天下日動而君子日生，天下日生而君子日動。動者，道之樞，德之牖也。易以之與天地均其觀，與日月均其明，而君子以與易均其功業。故曰「天地之大德曰生」，離乎死之不動之謂也。

彼異端者，導翁嫗饔粟之欲，守稚子衽席之逸，雖嵬瑣曼延，而慮不出乎此；乃竊〔二〕大易之言，曰「『吉凶悔吝生乎動』，吉一而凶三。天下皆羿之彀，不如窒其動以絶其源」，泂湍汪濊，亦何從而測其所歸哉！

二

樂行而不釋其焦勞，憂違而不改其訢適，〔三〕貞夫一矣。則得失皆貞也，吉凶悔吝可以俱忘，而奚有於卜筮以審其疑邪？

〔二〕「竊」，嶽麓本作「竊」。

〔三〕乾文言：「樂則行之，憂則違之。」

夫天下之有所大疑者二，得之思保之，未得思致之，未失思存之，失而思安之：位也，財也。天下之得失盡於此而已矣。蔑君罔親而圖之者，姦人也；詘節芟廉以利之者，庸人也；圖功取譽而終身以之者，當世之士也。如是，則聖人奬當世之士，而啟庸愚姦宄以争疑信於不必得之中，則何貞之有哉？

曰：非然也。位者仁之藏，「何以守位曰仁」，「仁」字當如字〔二〕。財者義之具也。故天下无吉凶，而吉凶於財位；君子无吉凶，而財位有吉凶。此所謂與百姓同其憂患者也。察原觀化，渾萬變而一之，渾涵於仁義之大有，則位惡得而不寶，財惡得而不聚乎！

且位惡從而設於倫類，財惡從而流行於事物哉？愚者見位，知其貴而已也，而驕肆以喪其仁；愚者見財，矜其富而已也，而鄙吝以墮其義。故位非其位，而財非其財。若夫位則有所自設矣，若夫財則有所自殖矣。

天地之大德者生也，珍其德之生者人也。胥爲生也，舉蚑行喙息、高鶱〔三〕深泳之生彙

〔二〕本義作「人」，曰：「『曰人』之『人』，今本作『仁』，吕氏從古。」故船山如此注。

〔三〕鶱，説文「飛皃」。

而統之於人，人者天地之所以治萬物也；舉川涵石韞、旉榮落實之生質而統之於人，人者天地之所以用萬物也。胥爲人矣，舉彊武智文、效功立能之生理而統之以位，位者天地之所以治人也；舉賦（質）［職］〔一〕修事、勸能警惰之生機而統之以財，財者天地之所以用人也。

不得其治，則叛散孤畸，而生氣不翕〔二〕，天地於此有不忍焉；不任以用，則委棄腐萎，而生道不登，天地於此有不倦焉。故翕天下以位而人統乎人，人乃以統乎物；登天下以財而人用乎人，人乃［以］〔三〕用乎物。故天地於其所生，无所恝置於已生之餘。莫之喻而喻，使之自相貴而位以定；莫之勸而勸，使之交相需而財以庸。然則位者，天地不忍不治之仁，因以秩之；財者，天地不倦於用之義，因以給之。〔四〕

〔一〕「職」，底本原作「質」，今據嶽麓本改。
〔二〕翕，和也，合也。
〔三〕「以」，底本原脱，今據上句對文，及嶽麓本補。此句謂領導者以財用物。
〔四〕位與財，也是天地間秩序和流行的必須，只是聖人、小人利用它的方式不一樣。

聖人欽承於天，而於天步之去留，天物之登耗，單〔一〕心於得失之林，弗容已矣。其得也，吉也；其失也，凶也；其悔也，欲其得也；其吝也，戒其失也。請命於天，與謀於鬼，大公於百姓，興神物以使明於消息存亡之數，尚德而非以獎競，崇功而非以導貪，而天地之德，亦待聖人而終顯其功。

嗚乎！彼驕語貧賤，何爲也哉？「金夫不有躬」，非其財也；「負乘致寇至」，非其位也。「君子于行，三日不食」，以安位也；「困于赤紱，乃徐有説」，以節財也。非然者，貧其身以貧萬物，巽於牀而喪資斧；賤其身以賤天下，折其足以覆公餗。〔二〕於陵仲子以餒成其不義，延陵季子以讓成其不仁〔三〕，君子將厚責之，況乎創越人熏穴之言〔四〕，拾食蛤遨

〔一〕「單」，嶽麓本作「殫」。單、殫字通。

〔二〕蒙六三「見金夫，不有躬」，是貪圖别人的財富而喪失自我；解六三「負乘致寇至」，是小人占據君子的位置，而招致禍患。君子不屑於此，才會有明夷的「三日不食」，因爲那是不義之食（禄位）；才會有困卦的「困於赤紱，乃徐有説」，不爲赤紱（財）所誘惑，而有節制。但君子不是故意追求貧窮和卑賤。所以像巽卦上九遠離財物，故「巽在牀下，喪其資斧，凶」；鼎之九四自甘卑賤，導致了「鼎折足，覆公餗，凶」。

〔三〕於陵仲子，陳仲子也，餒，楚王欲聘之，辭，詳皇甫謐高士傳。延陵季子即季札，讓其王位，以致吴國之亂，詳史記吴太伯世家。

〔四〕「越人」事詳震卦注。

遊之説〔一〕，桎梏寶命，塵垢天物，以絶仁棄義，而刓天地之生者哉！

故聖人之於易也，據位財爲得失，以得爲吉，以失爲凶，以命之不易、物之艱難爲悔吝，與百姓同情，與天地同用，仁以昌，義以建，非褊心之子所可與其深也。故洪範以福極爲嚮威，春秋以失地亡國爲大惡，誠重之也。非徒與陶、猗争區區之廉，莽、操争硜硜之節也。〔二〕

第二章

法象莫大乎乾坤，法皆其法，象皆其象，故曰大也。資始、資生，而萬物之數皆備；易知、簡能，而天下之理皆得。〔三〕是盡天下之象而无以當之。故佃漁耒耜以給養，交易以利

〔一〕淮南子道應訓載盧敖游北海遇一士食蛤梨，可遨遊九垓。

〔二〕漢書載賈誼過秦「陶朱、猗頓之富」，師古注曰：「越人范蠡逃越，止於陶，自謂陶朱公。猗頓本魯人，大畜牛羊於猗氏之南，貲擬王公，馳名天下。」王莽、曹操皆罔君無節之人。聖人君子雖不屑陶、猗逐利與莽、操無節，然區區之廉、硜硜之節，亦所不取焉。

〔三〕乾元資始，坤元資生。乾以易知，坤以簡能。

用，弧矢門柝以禦害，舟楫服乘以致遠，宮室棺槨以衛生而送死，書契以紀事而載道，民用之所以浹，王道之所以備，而皆不足以當乾坤。

衣裳之垂，其爲生人之用，亦與數者均爾〔一〕。且其始於毛革，繼以絲枲，冬以温，夏以清，别嫌疑，厚廉恥，猶其切焉者也。若夫上衣下裳，施以繡，閒以繪，采以五，章以十二，配以六冕，綴以韍佩，〔二〕應乎規矩，中乎準繩，炎非以適，寒非以温，爲之也勞，服之也若贅。乃聖人獨取乾坤之法象以當之，而以天下之治繫之。嗚乎！孰有知其爲天地之大經，人禽之大别，治亂之大辨，以建人極而不可毁者乎？

夫法象之於天地，亦非有〔三〕其功德之切，與於人物者也。懸日月星辰於上，而人有不可法之知；奠海嶽邱原於下，而人有不可效之能。始有所以始，而可觀者非能爲美利；生有所以生，而昭著者非能爲變蕃。然而文之所著，變之所自察；理之所顯，化之所自宜。无功之功，啟群倫之覺；无用之用，安萬彙之宜。天地不事以其德業詹詹與萬物寡

〔一〕謂與觀象制器之諸器如網罟、耒耜、舟楫等均。
〔二〕此帝王之章服。
〔三〕嶽麓本無「有」字。

過，而治莫尚焉矣。故水、火、雷、風，不能越其廣大；六子、五十六變，不能亂其崇卑。

大哉法象乎。而生人之事，聖人所以繼天而致治者，孰足以當此乎。天位尊，地位卑，上下定矣；天成象，地成形，文章著矣。上下定，故萬物戢然而不敢干；文章著，故萬物訢然而樂聽其命。戢然而不敢干，訢然而樂聽其命，〔一〕則天地可得而治萬物，人可得而治物，君子可得而治野人。而非此者，則亂。

古之聖人，思有以治天下，而其心殫矣。久而乃得之於法象焉。人之所可受吾治者，惟其敬愛而已矣。怵然不敢干之心生，則敬興；訢然樂聽其命之心生，則愛生。觸目而天地之法象在焉，莫或不敬也，莫或不愛也。人成位乎中，而君子者野人之耳目也。人成位乎中，則可以效法天地而无慚；君子爲野人之耳目，則利用其敬愛法象之心，以作其敬愛而受治。

故衣裳之垂也，上下辨焉，物采昭焉，榮華盛焉。潔齊，以示无散亂也；寬博，以示

〔一〕嶽麓本無「戢然而不敢干，訢然而樂聽其命」兩句。

无虔鷙〔二〕也。天地方圜之儀則、天産地産之精華，咸備焉；陰陽損益之數、律度規矩準繩自然之式，咸在焉；以示人極之全也。而天下悉觀感以生其敬愛，於是而聖人者亦有其无功之功，以與天地相參。故惟衣裳可以配乾坤，而非他制器尚象所得而擬焉者也。

嗚乎，衣裳之於人，大矣哉。可敬者義之府也，可愛者仁之緼也。是善惡之樞也，生殺之機也，治亂之司也，君子野人之辨也，而尤莫大乎人禽之别焉。鶗鴂負葉以覆露，水鸛畜礜以禦寒，歐蛋文身以辟蛟，〔濊貊重貂以履雪〕〔三〕，食衣裳之利而去其文，无以自殊〔於羽毛之族而人道亡〕，則乾坤之法象亡矣。

黄帝以前，未之備也，及其有之，而乾坤定；趙〔武靈〕以後，淪於替也，寖以亂之，而乾坤傷。妲己男冠以亡殷，何晏女服以覆晉，宋齊邱羽衣而裁及其身，王旦披緇而

〔二〕廣雅釋詁：「虔，殺也。」説文：「鷙，擊殺鳥也。」二字皆引申爲凡狠毒之稱。

〔三〕禽經張華注曰：「鸛，水鳥也。伏卵時數入水冷則不毈，取礜石周卵以助暖氣。」歐蛋，即甌蜑。文選張景陽詩「甌駱從祝髮」，李善注曰：「史記曰：『東海王摇者，其先越王勾踐之後也，姓騶氏。摇率越人佐漢，漢立摇爲東海王，都東甌，世俗號爲東甌王。』穀梁傳曰：『吴，夷狄之國，祝髮文身。』范寧曰：『祝，斷也。』」蜑，説文「南方夷也」，字亦作「蛋」。漢書地理志載越地之人「文身斷髮，以避蛟龍之害」，顔師古注引應劭曰：「常在水中，故斷其髮文其身，以象龍子，故不見傷害也。」史記正義引括地志云：「濊貊在高麗南，新羅北，東至大海。」重貂，謂以貂皮爲裘且又重累之，以禦寒也。

辱逮於死。〔二〕小變而流於妖，禍發於當年；大變而濫於「禽，禍」且移於「運會」矣。古之聖人，法象治之而有餘；後之王者，干戈争之而不足。易曰：「易不可見，乾坤或幾乎息矣。」是殆易毁而乾坤「將息之日也與！悲夫」！〔三〕

第三章

天下无象外之道。何也？有外，則相與爲兩，即甚親，而亦如父之於子也；无外，則相與爲一，雖有異名，而亦若耳目之於聰明也。父生子而各自有形，父死而子繼；不

〔二〕宋書卷三十五行志：「魏尚書何晏，好服婦人之服。傅玄曰：『此服妖也。』夫衣裳之制，所以定上下，殊內外也。大雅云『玄袞赤舄，鉤膺鏤鍚』，歌其文也。小雅云『有嚴有翼，共武之服』，詠其武也。若內外不殊，王制失叙，服妖既作，身隨之亡。末喜冠男子之冠，桀亡天下；何晏服婦人之服，亦亡其家。其咎均也。」末喜，即妹喜，而船山以爲妹喜、妲己、褒姒諸事，史書多混淆。宋齊邱，南唐宰相，嘗隱居九華山，作化書。最後被李璟逼迫，自縊而死。見十國春秋卷二十宋齊邱傳。所謂羽衣，即穿了道士的衣服。王旦，續資治通鑑長編卷九〇：「咸平初，旦聞李沆之言，固未深信。及親見王欽若、丁謂等所爲，欲諫則業已同之，欲去則上遇之厚，不忍去，乃歎曰：『李文靖真聖人也。』祥符以來，每有大禮，輒奉天書以行，且爲儀衛使，常悒悒不樂。既寢疾，遺令削髮披緇以斂，蓋悔其前之爲也。諸子欲奉遺令，楊億以爲不可，乃已。議者謂旦逢時得君，言聽諫從，安於勢位而不能以正自終，或比之馮道云。」

〔三〕「濊貊重貂以履雪」「於羽毛之族而人道亡」「武靈」「禽禍」「運會」「將息之日也與悲」諸字，底本作白框，今據嶽麓本補。

曰道生象，而各自爲體，道逝而象留？然則象外无道，欲詳道而略象，奚可哉？

今夫象：玄黄純雜，因以得文；長短縱横，因以得度；堅脆動止，因以得質；大小同異，因以得情；日月星辰，因以得明；墳埴壚壤，因以得産；草木華實，因以得財；風雨散潤，因以得節。其於耳啟竅以得聰，目含珠以得明，其致一也。象不勝多，而一之於易。〔一〕易聚象於奇偶，而散之於參伍錯綜之往來，相與開合，相與源流。開合有情，源流有理。故吉凶悔吝，舍象而无所徵。乾非六陽，无以爲龍；坤非六陰，无以爲馬。中實外虚，頤无以養；足欹鉉斷，鼎无以亨。推此而言，天下有象，而聖人有易，故神物興而民用前矣。

漢儒泥〔二〕象，多取附會。流及於虞翻，而約象互（體）［卦］，（半）［大］象變爻〔三〕，

〔一〕天地萬物之象統攝於卦象，卦象統攝於陰陽之錯綜往來，即易是也。

〔二〕「泥」，嶽麓本作「説」。

〔三〕「約象互卦，大象變爻」，底本原作「約象互體，半象變爻」，今據嶽麓本改。「約象互卦」即互體之説。如泰卦之二三四爻互兑卦，三四五爻互震卦。「大象變爻」，蓋爻變之正説，如蒙初六虞翻注曰：「發蒙之正。初爲蒙始，而失其位。發蒙之正，以成兑，兑爲刑人，坤爲用，故曰『利用刑人』矣。」半象，如小畜卦虞翻注曰「上變爲陽，坎象半見，故密雲不雨」。

曲以象物者，繁雜瑣屈，不可勝紀。王弼反其道而概廢之，曰「得象而忘言，得意而忘象」。乃傳固曰：「易者，象也。」然則彙象以成易，舉易而皆象，象即易也。何居乎以爲兔之蹄、魚之筌也？

夫蹄非兔也，筌非魚也。魚、兔、筌、蹄，物異而象殊，故可執蹄筌以獲魚兔，亦可舍筌蹄而別有得魚兔之理，畋漁之具夥矣。乃盈天下而皆象矣。詩之比興，書之政事，春秋之名分，禮之儀，樂之律，莫非象也，而易統會其理。舍筌蹄而別有得魚得兔之理，舍象而別有得易之塗邪？〔二〕

若夫言以明〔三〕象，相得以彰，以擬筌蹄，有相似者。而象所繇得，言固未可忘已。魚自游於水，兔自窟於山，筌不設而魚非其魚，蹄不設而兔非其兔。非其魚兔，則道在天下

〔二〕 這裏的意思是説，易即象，象即易，二者不是兩個各自獨立的事物。如果易和象是兩個具體獨立的物體，那麼可以運用筌和魚的比喻，但即便用筌得到魚，它們也仍然是兩個獨立的實在。但易和象却是一而二、二而一的關係。王弼反對漢儒的瑣碎，固然有其合理性；但在把象和易看成二物的思路上，却與漢儒一樣。

〔三〕 「明」，嶽麓本作「説」。

而不即人心，於己爲長物，而何以云「得象」「得意」哉？〔二〕故言未可忘，而奚況於象？況乎言所自出，因體因氣，因動因心，因物因理。道抑因言而生，則言、象、意、道，固合而无畛，而奚以忘邪？

蓋王弼者，老、莊之支子，而假易以文之者也。老之言曰：「言者不知。」莊之言曰：「言隱於榮華。」而釋氏亦托之以爲教外別傳之旨。棄民彝，絶物理，胥此焉耳。

嗚乎！聖人之示人顯矣。因像求象，因象成易。成而爲材，動而爲效。故天下无非易而无非道，不待設此以掩彼。俱无所忘以皆備，斯爲善言易者與！若彼泥象忘理以支離附會者，亦觀象以正之而精意自顯，亦何必忘之而始免於「小言破道」之咎乎！

〔二〕此處意思是説：如果不設置筌、蹄，那麼魚游於水，兔藏於草原，它們都是大自然的一部分，不會與人類發生關係而產生利用，那麼如何説「得到了魚兔」呢？可見筌蹄是不可或缺的。就好比，想要得象，言不可忘；想要得意，象不可忘。既然施設了言象，就已經無法「忘」掉了（王弼的本意是，筌蹄是工具，也是必要的，但得到目的後應該忘掉）。

第四章

君用獨以統群，民用衆以從主。君制治而民從法，故莫要於立君以主民，而民但受治焉。君子恒順，小人恒逆，而卦之陰陽肖之：奇一也，偶二也，陽卦以一陽統二陰，以奇爲君，以偶爲民，是一君而二民也，故曰順；陰卦以二陽歸一陰，以偶爲君，以奇爲民，是二君而一民也〔一〕，故曰逆。

試論之：道之流行於人也，始於合，中於分，終於合，以始終爲同時同撰者也。始者生也，終者死也，中者今日是也。

君子以人事天，小人以鬼治人。以人事天者，統乎大始，理一而已。理氣一也，性命一也。其繼也，合於一善而无與爲偶。故君子奉一以爲本，原始以建中，萬目從綱，有條不紊，分之秩之，兩端審而功滿天下。一念之誠，一心之健，推而準之於无窮，皆是物

〔一〕「是一君而二民也」「是二君而一民也」，嶽麓本所據鈔本無。

也。若其所終，則无事逆挽以求合。言滿天下，行滿天下，斯以爲全歸而已矣〔一〕。故謹於知生而略於知死。

若夫小人之道，則亦有一之説矣，而必先之以二。君二者，因中以歸終也。「載營魄」以始，「抱一」以終；「萬法」以始，「歸一」以終。從多致寡，從寡致无，以鬼統人，而返人於鬼。是故期於知死，而忽於知生。先後、制從之閒，逆計而挽其末流，則志懾而氣亦萎矣。

故聖人之與異端，均言一矣。彼曰「歸一」，此曰「一貫」；彼曰「抱一」，此曰「一致」。抱以歸者所終也，處後而從治之績也；貫以致者所始也，處先而制法之主也。故君子君一，而小人民一。民一而未嘗不一，小人乃无忌憚而以一傲君子矣。是以異端必濫於鬼，而聖人必本於天。惟然，故習於小人之道以應吉凶之務者，亦君子恒順而小人恒

〔一〕全歸者，君子之所言終也。大戴禮記曾子大孝：「父母全而生之，子全而歸之，可謂孝矣；不虧其體，可謂全矣。」此先秦所謂全歸。船山從而發之，則生時一純乎善、死不以濁疵遺太虚，斯之謂全歸。又其思問録曰：「子孫，體之傳也；言行之跡，氣之傳也；心之陟降，理之傳也。三者各有以傳之，無戕賊汙蝕之，全而歸之者也。」

逆。〔一〕

君子之動〔二〕，榮辱貴賤、安危生死之殊絶，喜怒憂樂、醲〔三〕賞重罰之洊用，敦土以旁行，安身以定交，皆本一誠以先，而洋溢敷施，萬變而無必然之信果。究其所歸，堯、禹異治，姬、孔異教，天下見君子之大，而不見君子之一。君得所麗，民得所紀。亦猶深宫无褻見之天顔，而比屋有可書之閭黨矣。

小人之動也，一榮一辱而志移，一喜一怒而情變；持兩端以揣勢，分兩念以圖全；一以爲禍福而瞿然恐，一以爲善惡而厭然畏。早作夜思，雙行於義利而庶幾其可合。〔四〕機深巧售，終以自得，曰吉凶之變於前而終歸於畫一之算也。則小人亦利賴其一以安矣。先利而後誼，先成敗而後是非。要其所君，則中庸模棱爲固藏之宗主，擁戴而高居者也。

〔一〕嶽麓本校記：「本句，鈔本及各印本皆同。後中華本註：『「小人」二字上，疑脱「君子」二字。』」今按中華本校記所以疑其脱者，蓋因下文君子小人對舉也。然不必爲此句脱文之證。「習於小人之道以應吉凶之務者」，謂卜筮以問吉凶，小人之道也；而君子小人皆習焉，其所以習者則有别也。

〔二〕嶽麓本有「也」字。

〔三〕醲，説文「厚酒也」，通作「濃」。後漢書馬援傳：「明主醲於用賞，約於用刑。」

〔四〕刻畫小人之體貌，惟妙惟肖。學者讀外傳至此，當以是段文字爲鏡而自照。

嗚乎！以一爲君，德主天而行主義。以二爲君，德尚鬼而行尚利。鬼、利者，陰之性也。一亂其統，疾入於小人之道而不復。巽之「頻」，兑之「來」，離之「沱若」〔二〕，且不自保，而況其變焉者乎！

第五章

一

天地之閒，流行不息，皆其生焉者也，故曰「天地之大德曰生」。自虛而實，來也；自實而虛，往也。來可見，往不可見。來實爲今，往虛爲古。來者生也，然而數來而不節者，將一往而難來。一噓一吸，自然之勢也，故往來相乘而迭用。相乘迭用，彼異端固曰「死此生彼」，而輪回之説興焉。死此生彼者，一往一來之謂也。夫一往一來，而有同往同

〔二〕巽、兑、離皆陰卦，所謂一陰二陽、以二爲君者。故巽九三「頻巽，吝」，兑六三「來兑，凶」，離六五「出涕沱若，戚嗟若」。

來者焉，有異往異來者焉，〔一〕故一往一來而往來不一。化機之妙，大造之不可爲心，豈彼異端之所得知哉！

嘗論之：天地之大德，則既在生矣。陽以生而爲氣，陰以生而爲形〔二〕；有氣无形，則遊魂盪而无即；有形无氣，則胔骼具而无靈。乃形氣具而尚未足以生邪！〔三〕形盛於氣則壅而萎，氣勝於形則浮而枵，爲夭、爲虺、爲不慧，其去不生也无幾。惟夫和以均之，主以持之，一陰一陽之道善其生而成其性，而生乃伸。則其於生也，亦不數數矣。〔四〕

男女搆精而生，所以生者誠有自來；形氣離叛而死，所以死者誠有自往。聖人之與異端，胥言此矣。乃欲知其所自來，請驗之於其所自往。氣往而合於杳冥，猶炊熱之上爲濕也；形往而合於土壤，猶薪炭之委爲塵也。所以生者何往乎？形陰氣陽，陰與陽合，則

〔一〕見下文「既往之於且來，有同焉者，有異焉者」。

〔二〕形亦氣而已矣。然於船山著作中，形、氣常相對，此當注意。

〔三〕僅僅有形、氣還不行，還需要形、氣有合適的配比。

〔四〕船山莊子解：「數數，猶汲汲。」謂不汲汲於生，需要各種條件合宜之後方可。

道得以均和而主持之。分而各就所都，則无所施和，而莫適爲主。〔一〕杳冥有則，土壤有實，則往固可以復來。然則歸其往者，所以給其來也。

顧既往之於且來，有同焉者，有異焉者。其異者〔二〕，非但人物之生死然也。今日之日月，非用昨日之明也；今歲之寒暑，非用昔歲之氣也。明用昨日，則如鐙如鏡，而有息〔三〕有昏；氣用昨歲，則如湯中之熱，溝澮之水，而漸衰漸泯。而非然也。是以知其富有者惟其日新，斯日月貞明而寒暑恒盛也。陽實而翕，故晝明者必聚而爲日；陰虚而闢，故夜明者必凝而爲月。寒暑之發斂而无窮，亦猶是也。不用其故，方盡而生，莫之分劑而自不亂，非有同也。

其同者，來以天地之生，往以天地之化，生化各乘其機而從其類，天地非能有心而分别之。故人物之生化也，誰與判然使一人之識亘古而爲一人？（一物之命）誰與判然［使

〔一〕「均和而主持之」則生，「分而各就所都」則死。
〔二〕「其異者」，嶽麓本所據底本無。
〔三〕「息」，嶽麓本作「熄」。

一物之命」〔一〕亘古而爲一物？且惟有質而有形者，可因其區宇，畫以界限，使彼此亘古而不相雜。所以生者，虛明而善動，於彼於此，雖有類之可從，而无畛之可畫，而何從執其識命以相報乎？〔二〕夫氣升如炊濕，一山之雲，不必其還雨一山；形降如炭塵，一薪之糞，不必還滋一木。有形質者且然，奚況其虛明而善動者哉？則任運自然，而互聽其化，非有異也。

是故天地之以德生人物也，必使之有養以益生，必使之有性以紀類。養資形氣，而運之者非形氣；性資善，而所成者麗於形氣。運形者從陰而濁，運氣者從陽而清。清濁互凝，以成既生以後之養性，濁爲食色，清爲仁義。其生也相運相資，其死也相離相返。離返於此，運資於彼。則既生以（爲）〔三〕後，還以起夫方生。往來交動於太虛之中。太虛

〔一〕「誰與判然使一物之命」，底本作「一物之命誰與判然」，今據上文例及嶽麓本改。

〔二〕沒有什麼亘古如一的一人之識，也不存在什麼永久的一物（而庸俗化的佛教則以爲，識或身，累世皆同，以産生業力受其報應）。況且衹有有形質的存在者纔能建立界限，人死後，形質皆回歸於太虛之中。雖然有清濁的類別，但根本没有其界限。比如王二的識，死後散歸太虛，將來可能被分成張三、李四、孫五的識（下文謂「一人之養性散而爲數人」），又怎麼去找尋王二前世的識來承受他生前的業力呢？

〔三〕「爲」字據嶽麓本删。

者，本動者也。動以入動，不息不滯。其來也，因而合之；其往也，因往而聽合[一]。其往也，養與性仍弛乎人，以待命於理數；其來也，理數紹命，而使之不窮。其往也，渾淪而時合；其來也，因器而分施。其往也，无形无（已）［色］[二]，而流以不遷；其來也，有受有充，而因之皆備。摶造无心，勢不能各保其故[三]然，亦无待其故然而後可以生也。

清多者明，清少者愚；清君濁者聖，濁君清者頑。既已弛人而待命矣，聽理數之分劑，而理數復以無心，則或一人之養性散而爲數人，或數人之養性聚而爲一人。已散已聚，而多少倍蓰因之以不齊[四]。故堯之既崩，不再生而爲堯；桀之既亡，不再生而爲桀。

[一] 嶽麓本校記：「『其來也，因而合之；其往也，因往而聽合』二句，鈔本及各印本皆同。後中華本註謂：『疑應作「其往也，因來而合之；其來也，因往而聽合」。』」今按後中華本的意改毫無道理。其來是指人之生，當然是「因而合之」；其往是人之死，形氣分離，有待於未來的重新摶合，所以說「因往而聽合」。

[二] 「色」，底本原作「已」，今據嶽麓本改。按孟子曰「形色天性也」。

[三] 「故」，嶽麓本作「固」，下「故」字仿此。

[四] 孟子滕文公上：「夫物之不齊，物之情也。或相倍蓰，或相什百，或相千萬。」蓰，五倍。

藉其再生，則代一堯而國一桀矣。〔一〕

清聚者，積中人而賢，積賢而聖；清散者，分聖而數賢，分賢而數中人。濁散者，分頑而數中人，分中人而數賢；濁聚者，積賢而中人，積中人而頑。清本於陽，二十五而不足，故人極於聖，而不能无養。濁本於陰，三十而有餘，故人極於頑，而不知有〔二〕性。又極而下之，則狗馬鹿豕、蚓蠋梟獍〔三〕之類充矣。要其方往而方來之際，或聚或散，固不可刻梔以問遺劍也。

使此一人焉，必死於此而生於彼，魂魄既分於升降，又各尋其合，而營營往來，交午於道，亦紛詭而必迷矣。故往之或來，來之必往，可信其自然，以爲天地之大德；而往來

〔一〕比較一下宗炳的明佛論，可見船山此觀點的針對性。宗炳說：「舜生於瞽，舜之神也，必非瞽之所生；則商均之神，又非舜之所育。生育之前，素有麤妙矣。既本立於未生之先，則知不滅於既死之後矣。又不滅則不同，愚聖則異，知愚聖生死不革不滅之分矣……夫以累瞳之質，誕於頑瞽，嚚均之身，受體黄中，愚聖天絶，何數以合乎？豈非重華之靈，始粗於在昔，結因往劫之先，緣會萬化之後哉？」

〔二〕「有」，嶽麓本作「其」。

〔三〕蠋，蛾類幼蟲。梟獍，漢書郊祀志注引孟康曰：「梟，鳥名，食母；破鏡，獸名，食父。黄帝欲絶其類，使百吏祠皆用之。破鏡如貙而虎眼。」

之衡，聚散多寡之際，聽乎理數之无心，則所謂「過此以往」者也。有心可億以其〔二〕心，无心无定以召億。「未之或知」，豈復有知此者哉！雖欲知之，而不能强无心者以聽我，徒眩而憂。憂而召妄，固將悲其往而幸其不來，則生老病死皆苦，將滅情絶識，居長策於无生矣〔三〕，則又何貴乎知之邪？

不必知之，而聖人之利用以貞來而善往者，固有道矣。生化之理，一日月也，一寒暑也。今明非昨明，今歲非昔歲，固已異矣。而實而翕者，明必爲日；虚而闢者，明必爲月；温而生者，氣必爲暑；肅而殺者，氣必爲寒；相因以類，往來必貞。故人物之生，莫之壹而自如其恒。特其用也，陽數寡動，以喜來而大；陰數多静，以喜往而小。養與性均，以有生。養數多，下逮乎蟲鳥；性數少，遞殺於中人。多者不恤其往，寡者重予以來，聖人之所以必盡性而利天下之生也。

性之數既寡，而人抑不能存之，且虧替之。大寶在位，而聰明彊力之足任，則爲功於

〔二〕「其」，嶽麓本作「因」。

〔三〕佛陀於鹿野苑初轉法輪，即説四諦，而四諦始於八苦，曰生、老、病、死、怨憎會、愛别離、求不得、五取藴。其中憂死之苦尤爲關隘。

往來以節宣陰陽者，存乎其人矣。充性以節養，延於他日，延於他人，而要有餘清；充養以替性，延於他日，延於他人，而要有餘濁。故成周之刑措百年，衰晉之五胡雲擾。善惡之積，亦有往來，率數百年而一復。

然且聖人憂之者，化不可知而幾甚危也。是故必盡性而利天下之生。自我盡之，生而存者，德存於我；自我盡之，化而往者，德歸於天地。德歸於天地，而清者既於我而擴充，則有所埤益，而无所吝留。他日之生，他人之生，或聚或散，常以扶清而抑濁，則公諸來世與群生，聖人固以贊天地之德；而不曰「死此而生彼」，春播而秋獲之，銖銖期報於往來之閒也。

是故詩、書、禮、樂以敦其教，綱常秩叙以峻其防，功不預擬於將來，事必先崇於今日。爲埤益之，勿吝留之，正昏媾以厚男女之别，謹饗食以制飲食之度，猶日无朒朓〔二〕而月有盈虛也，猶寒暑相半而和勝於寒以助温也，則聖人與天地之相斟酌深矣。且今日之來，聖人之所珍也；他日之往，聖人之所慎也。因其來而善其往，安其往

〔二〕說文：「朔而月見東方謂之縮朒」，「晦而月見西方謂之朓」。

所以善其來。物之來與己之來，則何擇焉！是則屈於此而伸於彼，屈於一人而伸於萬世，長延清紀，以利用无窮。（此）［尺］蠖之（屈）［信］而龍蛇之（伸）［存］〔一〕，其機大矣。故生踐形色而没存政教，則德徧民物而道崇天地。豈舍身以他〔二〕求入神之效也乎？惟然，故不區畫於必來，而待效於報身也；抑不愁苦於必往，而苟遯於（一來）〔三〕不來也。

然則天下之淫思而過慮者，何爲也哉？釋守性以爲己貞，老守命以爲己寶，以同所異而異所同，立藩棘於蕩平之宇，是亦共、驩朋黨之私，屠酤固吝之情已耳〔四〕。故曰：「君子和而不同。」與天下萬世和也，而不怙必同於己也。

〔一〕嶽麓本校記：「『尺蠖之信而龍蛇之存』：守遺經書屋本、金陵本均作『此蠖之屈而龍蛇之伸』。前後中華本雖云據周調陽校勘記改正，而較鈔本多一『此』字，作『此尺蠖之信而龍蛇之存』。又馬宗霍校記則謂：『當從刻本。』今仍據鈔本排印。」今按：據上文「屈於此而伸於彼，屈於一人而伸於萬世」，是謂屈一時而伸萬世，君子之德也，乃引此章「尺蠖之屈，以求信也；龍蛇之蟄，以存身也」以證之，而後曰「其機大矣」。然則原文似當作「尺蠖之屈而龍蛇之蟄」。以上但是推測，今仍據鈔本改刻本。

〔二〕「身以他」，嶽麓本作「安身以」。

〔三〕「一來」：據嶽麓本删。

〔四〕共、驩，共工、驩兜也。酤同沽，屠夫市酒之徒，言其低賤也。淮南子氾論訓：「出於屠酤之肆。」

然則何以見其義於咸之九四也？艮，男之成也；兑，女之成也。三、四之爻，男女相感之際，人道之終始、往來之衝，而取諸身者爲心。心感而思，感思以止，秉貞而盡道之常，不安養之悦以叛性，不專己而絶物，故曰：「聖人感人心而天下和平。」天下和平，則己之思慮釋矣。若夫迷於「往來」之恒理，惑其「憧憧」，而固守己私，以覬他生之善[一]，謂死此生彼之不昧者，始未嘗不勸進於无惡[二]；而怙私崇利，離乎光大以即卑暗，導天下以迷，而不難叛其君親。聖人有憂之，故於此三致戒焉。

嗚乎！聖人之時，彼説未來也，而知人思慮之淫，必有疑於此者，故早爲之剖析於千歲之上，可不謂「前知」者與！列禦寇西方聖人之説，又何誣焉！[三]雖然，聖人之於此，

[一] 希求來世之福報。

[二] 謂佛、老之説，其初亦勸善，如「衆善奉行」是也；然其終則成人之惡也。

[三] 謂列子之説甚誣妄也。列子仲尼載孔子答商太宰曰：「西方之人，有聖者焉，不治而不亂，不言而自信，不化而自行，盪盪乎民無能名焉。丘疑其爲聖，弗知真爲聖歟？真不聖歟？」湯用彤先生謂：「後世佛徒，常據此以謂孔子亦知有佛（弘明集後序及廣弘明集卷一）。列子一書乃魏晉時人所僞造。而其孔子所稱之西方聖者，以至周穆王時之西極化人，亦或指西出關之老子。故六朝人士多不引列子以證孔子之尊佛。」（漢魏兩晉南北朝佛教史，北京大學出版社二〇一一年，頁五）

廣矣大矣，易道備矣，豈獨爲咸四言之與？〔一〕

二

「歸」者其所自來也，「致」者其所自往也。天下有所往非其所自來者乎？則是別有一壑，受萬類之填委充積而消之，既歸非其歸，而來者抑數用而不給矣。繇此言之，流動不息，要以敦本而親用，恒以一而得萬，不强萬以爲一也，明矣。

異端之言曰「萬法歸一」，一歸何處？信萬法之歸一，則一之所歸，舍萬法其奚適哉？是可截然命之曰「一歸萬法」，弗能於一之上索光怪泡影以爲之歸，然而非也〔二〕。萬

〔一〕張橫渠立「太虛即氣」之說，以人死氣散復歸太虛，還以生人物。程子、朱子非之，以爲近於輪迴。船山則引申橫渠之說，反以朱子死則氣散之說近於斷滅：「朱子以其言既聚而散，散而復聚，譏其爲大輪迴。而愚以爲朱子之說反近於釋氏滅盡之言，而與聖人之言異。」此蓋時代既異，而其關注之重心亦有別也。其實朱子何嘗以人物終皆斷滅，橫渠、船山又何嘗從其輪迴之說哉？如其曰：「浮屠明鬼，謂有識之死受生循環，遂厭苦求免，可謂知鬼乎？以人生爲妄見，可謂知人乎？天人一物，輒生取捨，可謂知天乎？孔孟所謂天，彼所謂道。惑者指『遊魂爲變』爲輪廻，未之思也。大學當先知天德，知天德則知聖人，知鬼神。今浮屠極論要歸，必謂死生轉流，非得道不免，謂之悟道，可乎？悟則有義有命，均死生，一天人，惟知晝夜，通陰陽，體之不二。」船山所謂既散之氣又生人，如某甲死，其氣散，則或生人乙、丙、丁，或生草木。豈如輪廻之說，中陰受報三世，乃至無窮世皆同一識而受報哉？人刻刻皆有生氣，其氣有清濁，則其遺太虛者亦有清濁；是知變化氣質，所以延天地清紀，其功亦大矣。

〔二〕非獨不可曰「萬法歸一」，亦且不可曰「一歸萬法」也。惟「萬法一致」爲正。

法一致，而非歸一也，致順而歸逆也。〔一〕

夫彼之爲此說也，亦有所測也：謂天下之動也必增，其静也必減；其生也日以增而成，其死也日以減而滅。千章之木，不給於一埵之灰；〔二〕市朝之人，不給於原阜之冢。初古之生，今日而无影跡之可舉。因而疑天下之始鉅而終細也。獨不曰前此之未有，今日之繁然而皆備乎？

且以爲繇一而得萬，如竅風之吹於巨壑，或疑其散而不歸；浸以萬而歸一，如石粟之注於蠡瓢，不憂其沓而難容邪〔三〕？强而歸之，必殺其末以使之小，是以輕載重，以杪承幹，而化亦弱喪以不立矣。

且夫「同」而「一」者非其少也，「殊」而「百」者非其多也。天下之生，无不可與道爲體；天下之理，无不可與道爲本。成熟擴充，以臻於光大，隨所入德而皆有其大備，而量有不齊，則難易差焉。故君子擇其精粹以爲之統，則仁首四端而孝先百行，其大凡

〔一〕致，推致，自源以推其流也，故順，謂萬法由一而致；歸，歸結，自萬以溯其一，故逆。

〔二〕千章之木，章爲量詞，史記貨殖列傳云「木千章，竹竿萬個」。埵，説文「堅土也」，字林「聚土」，字又借作垛。

〔三〕説文：「瓢，蠡也。」遝，雜也。一石或數石之粟，非瓢所能容。

也。立本者，親始者也。序立而量能相給也。亦非有一之可執以臣妾乎萬有，況得有一立於萬有之餘，以吸萬而爲之藏哉！

天地之閒大矣，其始終亦不息矣。盈然皆備而咸保其太和，則所謂「同歸」而「一致」者矣。既非本大而末小，亦非本小而末大。故此往彼來，互相經緯而不礙。夫道，則必與天地相稱也。彼之言曰「世界如腰鼓顙」〔二〕矣，抑以道爲兩端小而中大，則是天地之兩端有餘，而道之中央无頓舍也，其亦不相揜以相稱矣。

且其謂津液煖氣之屬歸乎地水火風〔三〕，亦既粗測夫即化之歸，而要以致辨於知死。知死而不知生，是故地水火風之精粹，聽往來以利天下之用，來歸而爲生者，顧略而不審。又恐其斷滅而說不立也，則取乎既同既一之化，櫛比而絲續之，曰「死此而生彼」。乃「殊塗」「百慮」之不可齊者，横立此疆彼界於大同之中，思其无可思，慮其无可慮，亂始

〔二〕楞嚴經：「眼如蒲萄朵，耳如新卷葉，鼻如雙垂爪，舌如初偃月，身如腰鼓顙，意如幽室見。」按，船山所引非楞嚴本意。

〔三〕圓覺經：「我今此身四大和合，所謂髮毛、爪齒、皮肉、筋骨、髓腦、垢色皆歸於地。唾涕、膿血、津液、涎沫、淡淚、精氣、大小便利皆歸於水。煖氣歸於火。動轉歸於風。」

終之條理，而曰「芥子納須彌」〔二〕。「納」者不受而强致之也，亦未知芥子、須彌之同原而異理也。騖天下於往來而昧其生道，則其爲害豈勝道哉！

子曰「天下同歸而殊塗，一致而百慮」，一本萬殊之謂也。借曰「殊塗而同歸，百慮而一致」，則二本而无分矣。同而一者，所以來也；殊而百者，所以往也。過此以往，爲殊爲同，爲一爲百，不容知也。子曰：「未之或知」，豈復有知之者？而必推本以觀其往來，豈强知之哉！亦以明其不可知者而已。殊塗百慮，不勝知矣。稍進而親始，不勝知者，亦可以止思慮之濫，而作「憧憧」之防。「書不盡言，言不盡意」，聖人之意，莫與繹之，將誰紀以別於異端？

三

下生者其本立，積之再三者其本盛，故乾坤其蔑以加矣。未至乎乾坤者：艮，陰之盛

〔二〕維摩詰經不可思議品：「若菩薩住是解脱者，以須彌之高廣内芥子中，無所增減。須彌山王本相如故，而四天王忉利諸天，不覺不知己之所入，唯應度者，乃見須彌入芥子中，是名不可思議解脱法門。」其後禪宗多以之爲公案，而宗鏡録亦廣申其説。

也；兑，陽之盛也；泰，陰陽之盛也。陰盛於艮，乾道乃致一而成之；陽盛於兑，坤道乃致一而成之；陰陽盛於泰，損乃致一而成之。三致一陽於上，上乃下交而爲友。〔一〕未盛者，授之成而不能成，欲致之而未可致也。故曰：「天地絪緼，萬物化醇。」時雨將至，炎氣隆隆；宿靄欲消，寒（清）〔清〕〔二〕肅肅。炎之薄，而密雲无以成其膏澤；寒之淺，而旭日无以成其滌清。天地且不能强致，而况於人乎？

三人行，則可損一人矣。三人損一以行，則友得矣。藉其惟一人之踽踽，欲往合而定交，非徒其損極而无以自存，佻佻之子，物亦且疑之，而孰令聽之乎？故曰「介于石，不終日」；匪介于石焉，終日而猶憂其速也，〔三〕武王之所以養之於十三祀，而耆定於一朝也〔四〕。

〔一〕泰卦九三上於上位，上六下於三，而成損卦。按此節釋繫辭「天地絪緼萬物化生」一段，所以釋損卦六三「三人行則損一人，一人行則得其友」也。損上艮下兑，又自泰卦三、上相交而來。船山乃有如是之申説。覽者詳之。

〔二〕嶽麓本校記：「『清』：前後中華本均從金陵本（守遺經書屋本同）作『清』。按『清』亦有『寒』意，然於此句，似未若『清』之善也。」今據改。

〔三〕介如石，則不俟終日便能成事；若其不能介固如石，則雖用終日，猶嫌其速。

〔四〕詳史記周本紀。祀，猶年也，釋天「商曰祀，周曰年」。按，武王伐紂，史記、書序以爲在十一年，劉歆、孔傳以爲十三年。周頌「耆定爾功」，毛傳「耆，致也。」

故曰「安其身而後動」；其身不安焉，民不與而傷之者至矣，孔子之所以天下莫與而莫能傷也。故曰「成器而動」，「動而不括」；器不成焉，弗能不括而遽釋也，孟子之所以三見齊王而不言事也〔一〕。

是故損之爲德，儉人之所修；致之爲功，惠人之所樂；友之爲益，通人之所尚。而絪緼者，莫之能逮。夫絪緼者，而豈易言哉！旁薄以充陽之能，欲怒以發而不爲震之「虩虩」，欲洊以至而不爲坎之「不盈」；凝固以厚陰之藏，欲利其入而不爲巽之「紛若」，欲麗其明而不爲離之「突如」；動静交貞以奠陰陽之所，欲往合其孚而不爲恒之「浚」以「振」也〔二〕。夫然後以之損而可損，鉅橋之發，非李密敖倉之發也〔三〕；以之致而可致，冏、畢之命，非襄王河陽之命也〔四〕；以之友而可友，庸、蜀、羌、髳之合，非蘇秦

〔一〕荀子大略：「孟子三見宣王，不言事。門人曰：『曷爲三遇齊王而不言事？』孟子曰：『我先攻其邪心。』」

〔二〕損上艮下兑，於陽卦無震、坎，於陰卦無巽、離，故船山以震、坎、巽、離與之比較。恒爲震巽相交，損爲艮兑之合，皆自泰來。

〔三〕詳剥卦注。

〔四〕書序：「康王命作册畢分居里，成周郊，作畢命。」孔傳：「命爲册書以命畢公。」書序又曰：「穆王命伯冏爲周太僕正，作冏命。」孔傳：「伯冏，臣名也。太僕長，太御中大夫。」河陽：城濮之戰後，晉國勢日盛，乃欲大合諸侯，確立霸主地位。春秋經僖公二十八年云「天王狩於河陽」，左傳：「是會也，晉侯召王，以諸侯見，且使王狩。仲尼曰：『以臣召君，不可以訓，故書曰「天王狩於河陽」，言非其地也，且明德也。』」

洹水之合也〔一〕。

故威不厚者不可以恩，恩不篤者不可以威；知不徹者不可以行，行不慥者不可以知。周公七年而定宗禮，非叔孫緜蕝而創漢儀也；孔子五十而學大易，非揚雄泚筆而作太玄也〔二〕。博學不教者，內而不出；多聞而闕者，必慎其餘。〔三〕道溢於事，神充於形。神充於形，則不謂之耳目而謂之聰明；道溢於事，則不謂之功名而謂之學問。

故損其有餘以致諸天下之不足，雷雨之屯猶惜其不滿，火風之鼎猶慮其不足以安。〔四〕然後行者其三人也，非睘睘而呼將伯也〔五〕；致者可一人也，非連雞而相觀望也〔六〕。故曰「乾道成男，坤道成女」，震巽坎離讓其成以徯艮兑，久矣。偕行者衆，而投之於可遷之地，

〔一〕庸、蜀、羌、髳，皆從武王以伐紂者，詳周本紀。洹水之盟者，蘇秦合縱，說趙王曰：「故竊爲大王計，莫如一韓、魏、齊、楚、燕、趙六國從親，以儐畔秦，令天下之將相相與會於洹水之上，通質刑白馬以盟之。」詳戰國策趙策二。

〔二〕嶽麓本作「非王通泚筆而作元經也」。今按元經乃擬春秋，太玄乃擬易，故金陵本是。

〔三〕禮記內則：「二十而冠，始學禮，可以衣裘帛，舞大夏，惇行孝弟，博學不教，內而不出。」鄭注：「內而不出，謂人之謀慮也。」孔疏：「內而不出者，唯蘊畜其德在內，而不得出言爲人謀慮。」夫子曰：「多聞闕疑，慎言其餘。」

〔四〕屯爲坎震，鼎爲離巽，損則艮兑也。屯象傳曰「雷雨之動滿盈」；鼎大象曰「君子以正位凝命」。

〔五〕詩唐風杕杜「獨行睘睘，豈無他人」，毛傳：「睘睘，無所依也。」詩小雅正月「將伯助予」，毛傳：「將，請；伯，長也。」

〔六〕連雞，詳夬卦下注。

求之不深，給之不捷，天地且然，而況於人乎？

大哉！絪縕之爲德乎！陽翕以固，景融所涵，極碧霄，達黃壚，而輪囷〔一〕不舍。陰闢以演，滋膏所沁，極碧霄，達黃壚，而洋溢无餘。不息者其惟誠也，不閒者其惟仁也，不窮者其惟知也。

故君子以之爲學，耄勤而不倦；以之爲教，循循而不竭；以之爲治，徹百姓之場圃筐籧〔二〕而皆浹乎深宮之志；以之爲功，體萬方之壺漿歌舞而勿貳其旄鉞之心。而後道侔於天，而陽（施）[隆]〔三〕於首出；德均於地，而陰暢於黃裳；天下見其（志）[致]〔四〕而樂其仁，天下見其損而服其義，天下見其一而感其誠。亦孰知損之而不匱，二陽仍定位於下。致之而不勞，三、上非用爻。自有其植本之盛乎？

〔一〕輪囷，史記魯仲連鄒陽列傳「蟠木根柢輪囷離詭」，集解：「輪囷離詭，委曲槃戾也。」

〔二〕豳風七月「九月築場圃」，鄭玄箋：「場、圃同地耳。物生之時，耕治之以種菜茹；至物盡成熟，築堅以爲場。」禮記月令「具曲植、籧筐」，鄭注：「時所以養蠶器也。曲，薄也；植，搥也。」

〔三〕「隆」，底本原作「施」，今據嶽麓本改。「隆」與下句「暢」相對。

〔四〕「致」，底本原作「志」，今據嶽麓本改。「言致一也」之「致」。

「三」者，數之極也，天地人之合也；「行」者，動之效也，陰陽之和也；「損」者，有餘之可損也；「致」者，致之所餘而能受也；「得其友」者，交无所歉而後無所疑也。皆絪緼之所可給也。致其一焉，斯醇矣。故舉天地之大德，萬（化）〔物〕〔二〕之生化，而歸之於損三，豈虚加之哉！〔三〕

第六章

道之見於數者，奇偶而已矣。奇一偶二，奇偶合而三，故八卦之畫三，而數之分合具矣。

然此者，數之自然，未能以其德及乎天下也。推德以及天下，因其自然而復爲之合。三亦奇也，偶其所奇而六，故六十四卦之畫六，而天地之德合。合以成撰，撰備而體不

〔二〕「化」，底本原作「物」，今據嶽麓本改。

〔三〕此段大意謂損德雖盛，然必待己之德充而後能損己以利物。己苟能充，雖損而猶不損也。

缺，德乃流行焉。二其三，三其二，而奇偶之變具矣。

然此者，天地之德固然，人未有以與之也。迓天地之德，以人謀參之，因其固然而復爲之合。六亦偶也，奇其所偶而十八，〔二〕故四營之變十有八，則三極之往來盡矣，而奇偶之分合止矣，過此者皆統於此矣。

要而論之，奇偶合用以相乘，易與筮均是物也。筮者，人之迓天者也；三其六，以奇御偶，圓數也，圓而神者以通神明之德。易者，天地固然之撰也；二其三，以偶御奇，易簡之數也，易以貢者以體陰陽之物〔三〕。故筮用十八，而易盡於六。〔三〕六則德以合矣，體以全矣，无有缺焉，抑豈有能缺者哉？

夫陽奇陰偶，相積而六。陽合於陰，陰體乃成；陰合於陽，陽體乃成。有體乃有撰。

〔二〕 三其二爲六，故六十四卦之畫爲六；三其六爲十八，故十八變而成卦。

〔三〕 嶽麓本校記：「『物』字，鈔本及各印本均同。後中華本改作『撰』，註云：『按這句話是由易繫辭下「陰陽合德而剛柔有體，以體天地之撰」脱化而來，「物」字是「撰」字之誤。』」今按：中華本改非也。前文云「天地固然之撰也」，則此不宜犯複；且「天地之撰」，又何以作「陰陽之撰」？此所以稱「陰陽之物者」，由此章傳文「乾，陽物也；坤，陰物也」而來，不可妄改也。

〔三〕 這一段講兩個數字的區別：一個是十八，一個是六。十八是大衍筮法中的十八變，由三乘六得來，所謂以奇御偶。六是易一卦的畫數，由二乘三得來，所謂以偶御奇。前者之數是筮法數，人用此來推斷天命，故有人爲；後者之數是卦爻數，是自然之象數。

陽亦六也，陰亦六也。陰陽各六，而見於撰者半，居爲德者半。合德、撰而陰陽之數十二〔一〕，故易有十二；而位定於六者，撰可見，德不可見也。陰六陽六，陰陽十二，往來用半而不窮。其相雜者，極於既濟未濟；其相勝者，極於復、姤、夬、剥；而其俱見於撰以爲至純者，莫盛於乾坤。故曰：「乾坤，其易之門邪！」

乾之見於撰者六陽，居以爲德者六陰；坤之見於撰者六陰，居以爲德者六陽。道有其六陽，乾俱見以爲撰，故可確然以其至健聽天下之化；道有其六陰，坤俱見以爲撰，故可隤然以其至順聽天下之變。盡見其純，以受變化之起，則天下之相雜相勝者生矣。借非然而已雜已勝〔二〕，天下亦且日以雜勝爲憂，而務反之純，安能復與之爲相雜而爲相勝乎？故門立，而開闔任乎用。牖无陰，開而不能闔；牆无陽，闔而不能開。德不備而撰不能以相通矣。

繇此觀之，陰陽各六，而數位必十有二，失半而无以成易。故因其撰，求其通；窺其

〔一〕此一節釋繫辭傳「以體天地之撰，以通神明之德」，故以德、撰對舉貫穿全文。德隱而撰顯。

〔二〕嶽麓本有「矣」字。

體，備其德；而易可知已。於乾知六陰，於坤知六陽也。其雜勝也，能雜於六，而有能越於十二者哉？

何以明其然也？易以稱天地之量，而不能爲之增減。增者外附，而量不容；減者內餒，而量不充。乾无六陰，陰從何來？而坤爲增矣。坤无六陽，陽從何來？而乾爲增矣。相勝者，夬、姤一陰，而五陰何往？復、剥一陽，而五陽何歸？相雜者，陰陽之或少或多，已見者在，而未見者何亡？以爲本无，則乾坤加於數外矣。以爲本有，則餘卦宿於象中矣。以爲一有而一无，一多而一寡，則无本之藏，離合起滅於兩間，亦祅眚之不數見，而痎瘧之時去來矣。

夫繇乾而知道之必有六陽也，繇坤而知道之必有六陰也，乾坤必有而知數位之十二皆備，居者德而見者撰也。是故有往來而无死生。〔二〕往者屈也，來者伸也，則有屈伸而无增減。屈者固有其屈以求伸，豈消滅而必无之謂哉？

陰陽各六以爲體，十二相通以合德，而可見者六以爲撰。既各備其六以待變化，故不

〔二〕這是象數學意義上的「太虛即氣」說。

必其均而雜勝起。要非可盡之於可見〔一〕，而謂爻外无位，位外无數乎？爻外有陰陽，雜者豈憂其越哉？繇可以來〔二〕，知其未來者之必有數以儲待〔三〕；繇可以往，知既往者之必有位以居停；繇相勝相雜而不越於乾坤，知未見之數位與已見者而相均。爻外有陰陽，而六外有位，審矣〔四〕。

然可見者，所撰者也。有撰者可體，故未有撰者可通。聖人依人以爲則，準見以爲道，故曰：「過此以往，未之或知也。」未過此者可知以所見〔五〕，形色之所以爲天性，而道之所以不遠人與！

今夫門有開闔，則近而比鄰，遠而胡、越，皆可用吾往來也。今有人焉，行不自門，馳魄飛形而以往以來，爲怪而已矣。故用而可見者以爲之門，乾坤各見其六以待變化之

〔一〕言不可盡於可見之位也，謂可見之外尚有六位。

〔二〕「由可以來」「由可以往」者，「可」謂可見之六位也。此句謂，由可見之以來、以往也。

〔三〕說文：「偫，待也。」

〔四〕又見本書蒙卦第二節。

〔五〕以可見者推知其不可見，非過也；若佛、老揣測乾坤於恍惚之間，乃是專務「過此以往未之或知」之事也。

起，則亦民行濟而得失明矣。若其實有夫十二者，則固不可昧也。故學易者設十二位於嚮背之閒，立十二數於隱見之異，以微顯闡幽，則思過半矣。

第七章

時有常變，數有吉凶。因常而常，因變而變，宅憂患者每以因時爲道，曰「此易之與時盈虛而行權」者也。夫因常而常，氣盈而放逸；因變而變，情虛而詭隨；則常必召變，而變无以復常。今夫月之有盈虛也，明之時爲生死，而魄自貞其常度也。借明死而遂失其十有三度之節〔二〕，則終古虛而不足以盈矣。而何云「因變而變」邪？故聖人於常治變，於變有常，夫乃與時偕行，以待憂患。而其大用，則莫若以禮。

〔二〕船山以爲，魄爲月之體，可以受日之明而爲明暗生死。思問録外篇曰：「月食之故，謂爲地影所遮，則當全晦而現青晶之魄矣。今月食所現之魄赤而濁，異乎初生明時之魄，未全晦也……蓋月之受輝於日，猶中宵之鏡受明於鐙也。」白虎通日月「天左旋，日月五星右行何？日月五星比天爲陰，故右行。右行者，猶臣對君也。含文嘉曰：『計日月右行也，刑德放日月東行，而日行遲月行疾何？君舒臣勞也。日日行一度，月日行十三度十九分度之七。』」

禮之興也於中古，易之興也亦於中古。易與禮相得以章，而因易以生禮。故周以禮立國，而道肇於易。韓宣子觀易象與春秋，而曰「周禮盡在魯矣」〔二〕，殆有以見其然也。易全用而无擇，禮慎用而有則。禮合天經地緯，以備人事之吉凶，而於易則不敢泰然盡用之，於是而九卦之德著焉。易兼常變，禮惟貞常。易道大而无慚，禮數約而守正。故易極變而禮惟居常。其以中古之天下已變矣，變不可與變〔三〕，則莫若以常。是故謹於衣裳袺襘〔三〕，慎於男女飲食而定其志，則取諸履；裒其多以爲節，益其寡以爲文，執平施之柄，則取諸謙；别嫌明微，克己而辨於其細，則取諸復；失位而必應，涉於雜亂而酌情理以不拂於人心，則取諸恒；柔以懲忿，剛以窒欲，三自反以待横逆，則取諸損；因時制宜，如（雷風）［風雷］〔四〕之捷用而條理不窮，則取諸益；君子爲小人所揜，守禮自盡，不競而辨，則取諸困；挹之於此，注之於彼，施敬於人而不孤恃其潔

〔二〕左傳昭公二年。
〔三〕方其已變，不可更變其變。
〔三〕袺襘，即結襘，詳乾卦下第五節注。
〔四〕「風雷」，底本原作「雷風」，今據嶽麓本改。大象曰「風雷益」。

清，則取諸井；情之難格，行之以順，理之以〔一〕正，出之以讓，權度情理，以入乎險阻，則取諸巽。

夫九卦者，聖人以之實其情，酌其理，束其筋骸以彊固，通其志氣以聰明〔二〕，巖巖乎其正也，折折乎其安也〔三〕，若不知有憂患之故，而卒以之涉憂患，而道莫尚焉。蓋聖人反變以盡常，常立而變不出其範圍，豈必驚心耀魄於憂患之至，以與爲波靡也哉？

故得輿如剥，中行如夬，在苦而甘如節，有積而必散如渙，乃至飛於天而如乾，行於地而如坤，非无以大治其變者而有所不敢用，則以智勇加物而已未敦，道義匡物而情未協，固不如禮之盡諸己而達於情，爲能約陰陽之雜而使之整也。故晏子曰：「惟禮可以已亂。」劉康公曰：「威儀所以定命。」〔四〕安危之理，生死之數，於此焉定矣。

〔一〕「以」，嶽麓本作「已」。作「以」是。

〔二〕「聰明」，嶽麓本作「清明」。

〔三〕禮記檀弓「吉事欲其折折爾」，鄭注：「安舒貌。」

〔四〕左傳昭公二十六年，晏子語齊景公：「唯禮可以已之。在禮，家施不及國，民不遷，農不移，工賈不變，守常業，大夫不收公利。」左傳成公十三年，劉康公曰：「吾聞之民受天地之中以生，所謂命也。是以有動作、禮義、威儀之則，以定命也。」

夫禮，極情守經以用其盛，非與憂患謀，而若與憂患反。故世俗之言曰「救焚拯溺而用鄉飲酒之禮」〔一〕，誚其不相謀而相反也。而非然也。苟鄉飲酒之禮行焉，君子以敍，小人以睦，閭井相親，患難相恤，於以救焚拯溺也，固優爲之，豈必求焦頭從井之功於飲博椎埋之攘臂者乎？變者其時，常者其德。涉其迹者疑其迂，體其實者知其大。而奈何曰「因變而變，而奚禮爲」也？

老子曰：「禮者忠信之薄而亂之首也。」〔二〕因之以剖斗折衡，而駔儈亂於市；因之以甘食美居，而嗜欲亂於堂。〔三〕詐僞方興，而愚天下以乘其變，而天下亦起而愚之矣。文王因之，則无以事播惡之主；周公因之，則无以格淫酗之俗；孔子因之，則无以懼亂賊之黨。〔四〕故

〔一〕淮南子齊俗訓：「游者不能拯溺，手足有所急也；灼者不能救火，身體有所痛也。夫民有餘即讓，不足則争；讓則礼義生，争則暴乱起。」

〔二〕今本三十八章。

〔三〕莊子胠篋：「焚符破璽而民朴鄙，掊斗折衡而民不争。」老子八十章：「甘其食，美其服。」

〔四〕孟子離婁上：「不仁而在高位，是播其惡於衆也。」今本尚書泰誓：「淫酗肆虐，臣下化之。」孔傳：「過酗縱虐，以酒成惡。」周公作酒誥則戒此也。夫子作春秋，亂臣賊子懼。

三聖人者，本易以制禮，本禮以作春秋，〔二〕所謂以禮存心而不憂橫逆之至者也。

且夫聖人之於禮，未嘗不因變矣。數盈則憂患不生，乃盈則必溢，而變在常之中；數虛則憂患斯起，乃虛可以受，而常亦在變之中。故天地必有紀，陰陽必有序。數雖至變，无有天下地上、夏寒冬暑之日也。聖人敦其至常而不憂，則忠信无往而不存，斯以厚其藏而物咸受治，亦因乎理之有定者焉爾。

彼馳騁天下而喪其天則者：一爲聃、周之徒，游萬物而自匿，則以禮爲薄；一爲權謀之士，隨萬物而鬬智，則以禮爲迂。此李斯之所以亡秦，而王衍諸人之所以禍晉也〔三〕。而末世之憂患不瘳矣。

〔二〕文王演易；周公制禮作樂，是本易制禮也；夫子纘文、武之緒而作春秋，是本禮以作春秋也。

〔三〕李斯習權謀，王衍祖述聃、莊。晉書王衍傳：「魏正始中，何晏、王弼等祖述老、莊，立論以爲：『天地萬物皆以無爲本。無也者，開物成務，無往不存者也。陰陽恃以化生，萬物恃以成形，賢者恃以成德，不肖恃以免身。故無之爲用，無爵而貴矣。』衍甚重之。惟裴頠以爲非，著論以譏之。而衍處之自若。」王衍爲石勒所殺，死前有所悔恨：「吾曹雖不如古人，向若不祖尚浮虛，戮力以匡天下，猶可不至今日。」

第八章　經文「其出入以度外内」句、「使知懼」句，詳見稗疏。〔一〕

今且設神物［於前］〔三〕而不能自運也，登爻象於書而不能自詔也，立位於六而不能使數之即位也，該數於奇偶而不能使位之受數也。然則興神物、合爻象、奠數於位、通位於數以用易者，豈非人哉？故曰：「苟非其人，道不虛行。」

是故六位无常，剛柔相易，其變亦大矣。天地固有其至變，而存之於人以爲常。盡天

〔一〕嶽麓本尚有「俗以『其出入以度』斷句者不通」一句。稗疏：「旧以『其出入以度』五字爲句，『外内使知懼』爲句，不成文，則云有闕。今按：『度』云者，有常度也。乃易往來之變，初無常度，故曰『周流六虛，不可爲典要』。此卦變彼卦，不相因以爲次序。乾坤次以屯蒙，屯蒙次以需訟，其變無端，不可預測，使人不得以私意擬之，以機智防之，而免於懼；抑不得委於時命消長之固然，而忘其懼。非若京房之乾必生姤，姤必生遯，以來回而反於大有；亦非若邵子之乾一兑二，截然順布八宮，或方或圓，如製衣者之尺寸有成法也。使必有度以出入，則因任自然，可先事而料其一定之吉凶，如火珠林之以答匹夫匹婦之疑問而釋其憂懼，豈聖人師保父母之明威哉！『度』當音鐸，連『外内』七字爲句。『出入』，剛柔之往來，『外内』，内卦外卦之定位也。言使人於不測之往來，揆度其位之所在，或承或乘，或當或不當，或應或不應，使知事變之無方，不可率意妄行，聽禍福之自至，而於人事之酬酢莫敢不戰戰栗栗，以思免咎矣。故易者因占以致戒者也，豈火珠林、先天數以尺度之死法，妄言必然之休咎，慰妄人之疑慮者所可擬哉！」今按稗疏所謂「則云有闕」指朱子，本義於此句謂：「此句未詳，疑有脱誤。」

〔三〕「於前」二字據嶽麓本補。

地之大變，要於所謀之一疑；因所謀之一疑，通天地之大變。變者非所謀，謀者不知所變。變在天地而常在人。

四營十八變之无心，人自循其常耳，非隨疑以求稱所謀而酌用其多寡也。執常以迎變，要變以知常。故天地有易而人用之，用之則麗於人，而无不即人心之憂。故曰：變在天地，而常在人。

若夫世之言易者，居而不遷：居之以律，居之以氣，居之以方，居之以時——則是易有常而人用之以變也[二]。於變以得常，則人凝性正命，以定陰陽之則；取常以推變，則人因仍苟且，以幸吉凶之移。故彼言易者，有吉凶而无憂患，歷憂患而不知其故。蓋外內有定形，不從其出入以致吾度；數伸而理屈，罔於其故而莫知所懼，而何以云「潔静精微，易之教也」哉？

夫立法以制之從，師保之職也；從无造有以成其性命，父母之道也。父母无心以授之

[二]「居之以律」，京房之説也；「居之以氣」，孟喜、京房之卦氣也；「居之以方」，區以分之，以卦配方位之説也。此皆以方所限其變動不居之易。

生，而必予以成；師保立法以導之從，而不保其往；故師保不足以配父母之大。易以无心之變爲其生生，授人以變，而人得凝以爲常，明其故以處憂患，而非但示以吉凶。則如所性之受於父母，而盡之在我，不僅趨其所趨，避其所避，規規然奉師保之詔以爲從違，而冀以去禍而就福。故易者，正誼明道之教，而非謀利計功之術也。神道以教，而用終在人。典常在率辭之後，而无有典要立於象數之先。然則邵子且未之逮也，而況京房、管輅之徒乎！

第九章

夫彖者材也，爻者效也。效者，材之所效也。一木之生，枝莖葉蘤合而成體者，互相滋也；一車之成，輻轂衡軸分而效用者，功相倚也。其生也不相滋，則破而无體；其成也不相倚，則缺而廢用。故爻倚彖以利用，抑（滋）［資］〔二〕於彖以生而成體。吉凶悔吝之

〔二〕「資」，底本原作「滋」，今據嶽麓本改。

效，未有離彖以別有指歸者也。故曰：「觀其彖辭，則思過半矣。」

有如曰：「易者意也。意者，乘人心之偶動，而无定則者也。」无定則以求吉凶之故，抑將（率）〔索〕〔一〕之位與應而止。比之初亦坤之初矣，履之五亦乾之五矣。〔二〕位齊應均，而情殊道異，則位豈有定，而應豈有準哉？

夫筮以得象，則自初至上而積爲本末。易之有卦，則六位皆備，而一成始終。積以相滋，而合之爲體，是故象静而爻動，動者動於所静，静者固存也。僅乘其感，以據所處之位而爲得失，感之者无本，據之者滯，將任天下之意知，詭天則以爲善敗，惡能原始要終，以爲通變之質乎？故〔三〕君子以人合天，而不强天以從人，則奈何舍所效之材，以惟意是徇邪？

夫易，廣矣，大矣。學易者或有所擇矣，然亦擇材而非擇效。擇材則專，擇效則固也。

〔一〕「索」，底本原作「率」，今據嶽麓本改。
〔二〕比之初，與四位之陰相敵，坤之初、四亦如是；履之五，與二位之陽相敵，乾之五、二亦如是。
〔三〕「故」，嶽麓本作「是」。

故顏子用復，曾子用泰，以擇德也[一]。文王、箕子同事暗主則皆用明夷，既濟、未濟共臨坎險則胥伐鬼方，以擇用也。擇德者從其性之所近，擇用者從其心之所安，咸必其材之具成，而後始成乎其章。故利用者，亦以静爲主，而動於其静。故動亦大矣，非乘於一效之偶著，而舍所主以從之，爲能應天下之賾也。蓋静者所生，動者其生。生於所生，則效固因材而起矣。

乾惟利貞，是以上過貞而龍亢；坤惟先迷，是以初在迷而履霜。師利丈人，是以三稚而輿尸；履陽不疚，是以陰孤而虎咥。復期七日，是以上失期而君凶；剥戒攸往，是以五承寵而得利。遯小利貞，是以二能執革；壯宜大正，是以五必喪羊。夬无即戎之功，是以前趾[二]不勝；姤非取女之道，是以无魚而起凶。萃亨於大人之見，是以三、上遇小而咨嗟；升志在南征之行，是以上六北轅而不富。兑道在貞而乖於苟説，故三凶於上；巽命必申而利於攸往，故四吉於初。

[一] 説詳前復卦。
[二] 嶽麓本「趾」後有「而」字。

凡此數〔一〕者，或彖方致譬，而爻以凶；或彖非有功，而爻无懼。然且即彖以推，存亡具在，况其相因以起義，彖爻道合，如无首之後夫，女貞之中饋者哉〔二〕？然則彖外无爻，而效必因材也，不亦審與！

唯析彖爻以殊物，則抑謂三聖之異宗。多歧既以亡羊，後來彌多標指，故且曰「有文王後天之易，有庖犧先天之易」。天〔三〕且剖先後以異道，而况於聖人？則羲、文自爲門户，周、孔各爲朋黨，亦奚恤哉！

彼將曰：「易者意也，聖人各以其意遇之也。」聖人有其意，則後之爲術數異端者亦可有其意矣。私意行則小智登，小智登則小言起。故或以律爲易，或以兵爲易，或以節候爲易，或以納甲爲易，或以星度爲易，〔四〕既偶測其偏，而納全體於一（偶）〔隅〕〔五〕；繇是

〔一〕嶽麓本無「數」字。
〔二〕比卦辭曰「後夫凶」，上六曰「比之五首」；家人卦辭曰「利女貞」，六二曰「在中饋」。
〔三〕嶽麓本所據底本無「天」字。
〔四〕以律與節候言易者，孟喜、京房者也；納甲者，京房、干寶也；星度者，如以分野説易是也（或有以分野爲費氏之學，亦未必然）。
〔五〕「隅」，底本原作「偶」，今據嶽麓本改。

而王輔嗣以重玄爲易，魏伯陽以爐火爲易，李通玄以十玄六相爲易，〔一〕則濫淫於妄，而誣至道以邪辭，亦曰「意至則易存，意不禁則易无方」。故易訟於庭而道喪於室，非一晨一夕之故矣。

且夫彖之效而爲爻，猶爻之效而爲變也。極四千九十六於三百八十四之中而无異占，極三百八十四於六十四卦〔二〕之中而豈有殊旨哉！焦延壽嘗屑屑以分矣，卒无别研之幾，〔三〕故但有吉凶而无憂患之故，則亦惡用此紛紛射覆者爲也！

故君子之於易也博，用其簡；細人之於易也錮，用其繁。用其簡，則六十四象之中以備雜物撰德而不遺；用其繁，則極延壽之四千九十六占，以訖於邵子萬萬有奇之策，以測其始終本末而不能該。故曰「觀其彖辭，則思過半矣」「易簡而天下之理得」「日新

〔一〕重玄者，老子「玄之又玄」也。輔嗣以道家之説解易，故船山云此。此「重玄」非其後成玄英之「重玄學」也。伯陽撰周易參同契，以六十四卦爲煉丹之火候。李通玄新華嚴經論則以易解華嚴，如以八卦方位配菩薩等。十玄者，華嚴所言十玄門；六相，華嚴常道之總、别、成、壞、同、異也。李通玄嘗作六相十玄，其新華嚴經綸亦常十玄、六相並稱。

〔二〕嶽麓本無「卦」字。

〔三〕從道理上來説，周易每一卦每一爻都有可能是變爻，也有可能多爻變，也就是説，每一個卦可以因變爻而變成任何另外六十三卦，那麼占筮的時候就有六十四乘六十四，這四千零九十六種情況。焦延壽作焦氏易林（或以爲非延壽作），爲每一種情況都撰寫了林辭。

「富有」，豈他求之哉！

或曰：「元亨利貞，象與文言殊矣，則文王、孔子非異意與？」曰：四德者，合體用而言之也。體一成，而用有先有後，有生有成。仁生禮，義成信。故「元亨」，以元故亨；「利貞」，貞而得利。二篇之辭，終无曰「元利」而「貞亨」者，體用相因之序也。文言四德之目，又豈邵子四塊八方、瓜分瓦合之説邪？而又何疑焉！〔二〕

第十章

「悉備」者，大全統乎一端，而一端領乎大全也。易之六位，有天道焉，有地道焉，有人道焉，爲易所備，而非奉以爲典要也。

道一成而三才備，卦一成而六位備。六位備而卦成，三才備而道成。天地有與來，而人有與往。都往來之通，凝天地之交，存乎其中，人乃以肖道而主天地。凝而存之，成位

〔二〕此一章，宜與内傳發例第一節合觀。

乎中，故於德有中焉，於位有中焉。德有中，貞之以二爲中也；位有中，悔之以五爲中也。〔一〕然德位有定矣，神而明之，通人於天地，非有定也。時在退，初、四俱爲藏密之人事；時在進，三、上俱爲尚往之人謀。故曰：三才之道，易所悉備，而非有典要之可奉也。

且夫天地之際，間不容髮，人與萬物，皆天地所淪肌浹髓以相涵者也。道所必動，生生者資二氣以變蕃〔二〕之。乃物之生也，因地而形，因天而象，晐存乎天地，不能自有其道而位亦虛。人之有道也，成性存存，凝繼善以妙陰陽之會，故其與〔三〕天地也，數有盈虛，而自成乎其道。有其道者有其位，无異本者无異居。故可别可同，而與天地相往來焉。喜德者，陽之生；怒刑者，陰之發。情以盛之，性以主之。於天地之外而有道，亦入天地之中而備其道，故人可乘六位以御天而行地。故天地之際甚密，而人道參焉。相容相受，而人終不自失。别而有其三，同而統乎人。易之所以悉備乎廣大也。

〔一〕内卦爲貞，外卦爲悔。
〔二〕「變蕃」，嶽麓本作「蕃變」。
〔三〕「與」，嶽麓本作「於」。

今夫凡言位者，必有中焉，而易无中，三之上、四之下无位也；凡言中者，必一中焉，而易兩中，貞之二，悔之五皆中也。[一]无中者散以无紀，而易有紀；兩中者歧而不純，而易固純。

何以明其然也？有中者奇，无中者偶，奇生偶成。聚而奇以生，散皆一也；分而偶以成，一皆散也。故曰：「喜怒哀樂之未發謂之中。」未發者，四情合一，將盈天下皆一，无非中矣；已發者，各形爲理，將盈天下皆道，不見中矣。樸滿一（室）［實］[二]，始終内外，渾成一中，而无有主輔之别，當位皆實，中不可得而建焉。故易立於偶以顯无中之妙，以著一實之理，而踐其皆備者也。一中者不易，兩中者易。變而不失其常之謂常，變而失其常，非常矣。故曰：「執中无權，猶執一也。」中立於兩，一无可執，於彼於此，道義之門。三年之哭無絶聲，哀亦一中矣；燕射之終[三]无算爵，樂亦一中矣。春補秋助而國

[一] 易有六位，若取其中則在三、四位之間，然三四之間無位也。而易固有中，其中分取内外卦之中。「今夫凡言」云云，謂以常理度之，非謂有解易者如此説也。

[二] 「實」，底本原作「室」，今據嶽麓本改。

[三] 「終」，嶽麓本作「禮」。儀禮之鄉飲酒、燕禮、射禮皆有無算爵之説。鄭注：「筭，數也。賓主燕飲，爵行無數，醉而止也。」

不貧，恩亦一中矣；釁社孥戮而民不叛，威亦一中矣〔一〕。父師奴，少師死，俱爲仁人〔二〕；伯夷餓，太公封，俱爲大老。同其時而異其用，生死進退而各一中矣。則極〔三〕致其一而皆中也。

其不然者，移哀之半，節樂之全，損恩之多，補威之少，置身於可生可死之中，應世以若進若退之道，乃華士所以逃譏〔四〕；而見一無兩，可其可而不可其不可，畸所重而忘其交重，則硜硜之小人所以自棘其心也。

一事之極致，一物之情狀，固有兩塗以合中，迹有異而功无殊。兩中者，盡事物而貞其至變者也。故合體天地之撰而用其盈，則中之位不立；辨悉乾坤之德而各極其致，則中之位可並設而惟所擇。故曰：三才之道，大全統乎一端，而一端領乎大全也。非達於

〔一〕尚書甘誓：「弗用命，戮於社。予則孥戮汝。」

〔二〕父師，箕子；少師，比干（見尚書微子）。箕子爲之奴，比干諫而死。

〔三〕「極」，嶽麓本作「各」。

〔四〕韓非子外儲説右上載，齊東海有居士狂矞、華士二人，「不臣天子，不友諸侯，耕作而食之，掘井而飲之，吾無求於人也」，太公呂望殺之。

天人之際者，无以喻其深矣。

若陋者之説易曰：「初爲士，二爲大夫，三卿，四公，五天子，上爲宗廟。」〔一〕或曰：「二爲臣，五爲君，上爲師。」〔二〕以人之位，限天之理；以物之滯，錮道之靈。技術之鄙，訓詁之愚，學易者斥而絶之久矣。

第十一章

夫以易心而行危道者，湯、武是已。其行危，其時盛，故處危而不疑〔三〕。處危不疑，道一而已矣。順百姓之心，已无慚於後世；承非常之慶，而不悖於先猷。以德以福，一而

〔一〕此漢人常言，如易緯乾鑿度：「天地之氣，必有終始，六位之設，皆由上下。故易始於一，分於二，通於三，□於四，盛於五二，終於上。初爲元士，二爲大夫，三爲三公，四爲諸侯，五爲天子，上爲宗廟。凡此六者，陰陽所以進退，君臣所以升降，萬人所以爲象則也。」京房亦用此。後漢書郎顗傳章懷注：「凡卦法，一爲元士，二爲大夫，三爲三公，四爲諸侯，五爲王位，六爲宗廟。」

〔二〕二、三爲臣，五爲君，此易學常説。以上爻爲師，自程子始言之，其注頤卦六五曰「上，師傅之位也」。「二」，嶽麓本作「三」。

〔三〕革命之際，豈不危乎？天下皆從，豈非盛乎？盛則信其必義且成，故不疑。

已矣，故道不疑而心恒易。其心易者其辭易，故書簡而直，詩至而和。

若夫以危心而行危道者，其惟文王乎？其君明夷也，其世密雲也，決於飛而非其小心，安於潛而无其餘位，進則革命於崇朝，退則不保其囚戮。季歷之事，勢不能爲；武王之舉，心不忍發；遲回鄭重，終守侯服。非僅末世難濟之可憂，抑亦盛德難終之足恤矣。盛德欲終，懼以終始，則心不敢易而疑生焉。心不易者辭不易，故岐土无詩〔一〕，崇征无誓，簡直和至之言沮，而潔静精微之義著也。嗚乎！此文王之所以爲盛德也。

靈承者天，周知者人，昭對者心。以俯以仰，以外以内，以出以入，而皆有參差兩不相承〔二〕之數，則疑天疑人，而還自疑其心。於是精白齊祓，疑其所疑，舍天人之信，而訖用其疑。是故易者，謀天下之疑也。謀天下之疑，道恒不一。不一，故大。大，故百物備焉。陰陽之險阻，祥變之消長，悔吝之往來，可生可死，可危可安，可難可易，一皆象數之固然，爲百物之自有。閱百物而莫不〔三〕有其道，故進不必爲武王，退不必爲季歷，以退

〔一〕詩有二南，有豳風，然非岐土也。
〔二〕「承」，嶽麓本作「成」。
〔三〕嶽麓本「不」後有「自」字。

讓事天，以憂閔恤人，以戰慄存心，无所從違而道乃定。故備百物以安於數，要危懼以養其德。安數者樂天，養德者敦仁，盡仁知於震動之介，而德終以不衰。

是故以德，則文王陽也，紂陰也；以位，則殷陽也，周陰也。有德不恃，故陽亢而戒其災，陰中而幸其有慶；守位不革，故陽失當而代爲之憂，陰乘時而不欲其長。〔二〕命與義争而命勝者，天也；理與命争而理勝者，文王也。争則危，危則疑。疑以教天下之疑，而民用之，吉凶悔吝，咸得用其疑以存憂患而審幾微。抑將曰：天下之大疑，有甚於文王與紂之（時）〔事〕〔三〕者乎？而文王猶然其无咎矣，則危何不可使易？傾何不可使平？研幾於百物不廢之中，而載懼以終始，則亦何咎之有哉！是故文王以西伯終，周易以未濟終，懼以終也。

自公羊高謂文王受命稱王，而異説滋。董仲舒、何休、蔡邕附會而爲之徵，而聖人之道

〔二〕乾之上九文言曰「亢龍有悔，窮之災也」。易卦爻辭唯豐六五言慶，象傳多於六五言慶，大畜、晉、睽、豐（其他則履、頤上九，困九二，兑九四）是也。「陽失當而代爲之憂，陰乘時而不欲其長」，謂紂之失德，文王非幸之，乃反而憂之；周之雖三分天下有其二，文王猶戒之而不欲長。

〔三〕「事」，底本原作「時」，今據繫辭傳文及嶽麓本改。

隱。〔二〕夫文王受理而不受命。假使受命而不必受理，則道一而无疑，事不危而辭易，陳詩以歌先公之德，稱誓以暴獨夫之罪，當不俟武王而蚤爲之矣。乃斤斤然僅托危辭於易象乎？六國亡，秦欲亟自尊以争衰周之統，九鼎、三川未亡，早計而捷得之，故爲之説曰「先受命而後伐商」，以自文其僭誕也。漢儒因之，不亦愚乎！〔三〕武王有詩、書，文王有易，聖人之情見乎辭矣。

第十二章

陽健陰順，積陽以純健而乾成，積陰以純順而坤成。積故能至，純故至，而天下之至

〔二〕　公羊傳解「元年春王正月」曰：「王者孰謂？謂文王也。曷爲先言王而後言正月？王正月也。何言乎王正月？大一統也。」何休解詁謂：「文王，周始受命之王，天之所命，故上繫天端。方陳受命制正月，故假以爲王法。」禮記文王世子正義引尚書大傳：「五年之初得散宜生等，獻寶而釋文王。文王出則克耆，六年伐崇，則稱王。」春秋繁露郊祀：「文王受天命而王天下，先郊乃敢行事，而興師伐崇……其下曰：『文王受命，有此武功。既伐於崇，作邑於豐。』以此辭者，見文王受命則郊，郊乃伐崇。伐崇之時，民何處央乎？」史記周本紀：「詩人道：西伯蓋受命之年稱王，而斷虞、芮之訟。後七年而崩。」

〔三〕　此未必秦人之説而後漢人因之。

者莫至也。至健而易，至順而簡，易簡而險阻知，惟其純也。若夫一變而六子，再變而五十六卦，陰陽多少之數畸[一]而不積，雜而不純，然且吉凶定而亹亹成，以分功於乾坤，則何也？曰：因此而知陰陽之數，凡卦而皆六，未有缺矣。陰陽各六而十二，其來也有位，其往也必有居。以其來知其往，亦因而知嚮背之位，凡卦皆十二位，而未有缺矣。

昨日謀之，今日行之，是行者來之位，謀者往之位也。今日行之，他日改之，是行者來之位，改者往之位也。不可見而有其理，方可見而有其事。理與事稱，六位相準而必均。然而盈虛多寡之不齊，則謀與行舛錯於物變，而行與改參差於事情也。理與事稱，吉凶非妄，而事有理。事與理稱，吉凶不虛，而理有事。事有離合[二]，理有柔剛，理事各半。事在理之中，而居理之半；理在事之中，而居事之半。合離柔剛各分其所半，互相乘以成乎半。故陰陽之各六，與十二位迭運於往來而相若焉。

數與位之相若，則與六位相若也，與一位亦相若也。故以往以來[三]，而健順之至者，

[一] 說文：「畸，殘田也。」又荀子楊注「不齊也」。是畸乃殘缺不整齊之義，與積相反。
[二] 「離合」，嶽麓本作「合離」。
[三] 嶽麓本校記：「『一往一來』：各印本作『以往以來』。」

恒一成具在而无不足。往來相期，存發相需，多寡相倚，理事相符。有其至積，給〔一〕其或畸，有其至純，治其或雜。六子五十六卦，皆具六陰六陽於嚮背之六位，无不具者无不至，无不至者无不知，而又何疑邪〔二〕？

老陽之積，老陰爲衝，少陰爲委。老陰之積，老陽爲衝，少陽爲委。其衝也，道以配而相制；其委也，道以漸而不窮。故用九用六之餘於爻外，輸其委也；八錯五十六綜，反其衝也。有所可輸，有所必反。是陰陽本至，而一日、一事（一物）〔三〕无或歉縮矣。一日无縮，一事无歉，故可盡无窮於一象，而皆其健順之至。用其往者以待其來，居其來者以聽其往，故陰陽无極盛不復之理，恒用其半以運於无窮。而純以必雜，雜而不失；積以必畸，畸而不亡。數賅而存，位留而有待。故乾可以有坤，坤可以有乾，乾坤可以有六十二卦，六十二卦可以有乾坤。乾坤恒有，則健順恒至，恒至而恒无不知，則六十二卦之效法聽治於一存一發之乾坤，而又何疑乎？

〔一〕「給」，嶽麓本作「成」。
〔二〕「邪」，嶽麓本作「焉」。
〔三〕「一物」，據嶽麓本刪。據下文，知「一物」爲羨文。

且夫天下何以有險阻邪？健者過剛以峻岌，陰往遇之，堅峭而不能入，則阻生；順者過柔以溽[一]弱，陽往涖之，沈没而不能出，則險生。是險阻者，陰陽德行之固有，而相交不偶之必然也。

健以成阻，順以成險。當其至，則本天親上，本地親下，相與應求而德位稱所馳騁，故乾易而未有險，坤簡而未有阻。其偶有者，亦初、上之即於衝委爾。及其積者可畸而必畸，純者可雜而必雜，畸雜以交相遇涖，陰行於陽而觸於峻岌，陽行於陰而蹈於溽弱。險阻者，六十二卦之固有也。

因其畸雜而險阻生，有其至足而險阻在。相敵則疑，偏孤則憂。以至生不至，則險阻起；以至治不（足）［至］[二]，則險阻消。消之者，即其起之者也。健順本予天下以險阻，按其懷來，知其情僞，達其性情，辨其藥石。使非至足者交乘乎嚮（往）［背］[三]以相往來，亦孰從於其不足知其有餘，於其有餘知其不足，以備悉乎險阻之故，而通其消息哉？

[一] 説文：「溽，多汁也。」
[二] 「至」，底本原作「足」，今據嶽麓本改。
[三] 「背」，底本原作「往」，今據嶽麓本改。

夫不至而險阻生，至而易簡得。不至者因於至，故險阻亦至者之必有，易簡亦不至者之賅存。嚮背往來，𦦨變參差而无所少，其數全也，其位全也，數全、位全，而時亦全也。故曰：无有乾而无坤之一日，无有坤而无乾之一日，无陰陽多少不足於至健至順之一日。要所用者恒以其數位之半，相乘於錯綜而起化。故氣數有衰王而无成毁，𦦨陶運動以莫與爲終始，古今一至，而孰有不至者哉？

邵子曰：「天開於子，消於亥；地闢於丑，消於戌。」不知至健之清以動者，何容施消？至順之濁以静者，何所以受其消也？此殆陳摶狎侮陰陽之言，非君子之言理氣之實也。〔一〕

周易外傳卷六終

〔一〕按此章的特色，除了講明陰陽十二位嚮背之外，還用理氣來講陰陽嚮背。

周易外傳卷七

說卦傳

一

天下有截然分析而必相對待之物乎？求之於天地，无有此也；求之於萬物，无有此也；反而求之於心，抑未諗其必然也。故以此深疑邵子之言易也。

陰陽者，二儀也；剛柔者，分用也。八卦相錯，五十六卦錯綜相值，若是者，可謂之截然而分析矣乎？天尊地卑，義奠於位；進退存亡，義殊乎時；是非善惡，義判於幾；立綱陳常，義辨於事；若是者，可謂之截然而分析矣乎？

天尊於上，而天入地中，无深不察；地卑於下，而地升天際，无高不徹。其界不可得而剖也。進極於進，退者以進；退極於退，進者以退。存必於存，邃古之存，不留於今日；亡必於亡，今者所亡，不絶於將來。其局不可得而定也。天下有公是，而執是則非；天下有公非，而凡非可是。〔一〕善不可謂惡，盜蹠亦竊仁義；惡不可謂善，君子不廢食色。其别不可得而拘也。君臣有義，用愛則私，而忠臣愛溢於羹牆；父子有恩，用敬則疏，而孝子禮嚴於配帝。其道不可得而歧也。

故麥秋於夏，螢旦其昏〔二〕，一陰陽之无門也。金煬則液，水凍則堅，一剛柔之无畛也。齒發不知其暗衰，爪甲不知其漸長，一老少之无時也。雲有時而不雨，虹有時而不晴，一往來之无法也。截然分析而必相對待者，天地无有也，萬物无有也，人心无有也。

然而或見其然者，據理以爲之銖兩已爾。〔三〕夫言道者而不窮以理，非知道者矣；言道

〔一〕不可以執一。
〔二〕麥於夏而成熟收藏，螢則昏時始興。
〔三〕嶽麓本「夫」前有「今」字。

者而用〔二〕其耳目思慮以窮理於所窮，吾不敢以爲知道者也。夫疏理其義而別之，有截然者矣；而未盡其性也，故反而求之於吾心无有也；而未至於命也，故求之於天地无有也，求之於萬物无有也。天地以和順而爲命，萬物以和順而爲性。繼之者善，和順故善也；成之者性，和順斯成矣。

夫陰陽者呼吸也，剛柔者燥溼也。呼之必有吸，吸之必有呼，統一氣而互爲息，相因而非反也。以燥合燥者裂而不得剛，以溼合溼者流而不得柔，統二用而聽乎調，相承而无不可通也。呼而不吸，則不成乎呼；吸而不呼，則不成乎吸。燥之而剛，而非不可溼；溼之而柔，而非不可燥。合呼吸於一息，調燥溼於一宜，則既一也。分呼分吸，不分以氣；分燥分溼，不分以體，亦未嘗不一也。

是故易以陰陽爲卦之儀，而觀變者周流而不可爲典要；以剛柔爲爻之撰，而發揮者相雜而於以成文；皆和順之謂也。和順者性命也，性命者道德也。以道德徙義，而義非介然；以道德體理，而理非執一。大哉和順之用乎！

〔二〕「用」，嶽麓本作「困」。

故位无定也：坤位西南而有東北之喪，小畜體乾巽而象西郊之雲，解體震坎而兆西南之利，升體坤巽而得南征之吉；行六十四象於八方之中，无非其位矣。〔二〕序无定也：繼乾坤以屯蒙，而消長无端；繼屯蒙以需訟，而往來无迹；運六十四數於萬變之内，无非其序矣。〔三〕蓋陰陽者，終不如斧之斯薪，已分而不可〔三〕合；溝之疏水，已去而不可回；争豆區銖絫之盈虚，辨方四圜三之圍徑，以使萬物之性命分崩離析，而終无和順之情。然而義已於此著矣。秩其秩，叙其叙，而不相淩越矣。則窮理者窮之於此而已矣。

今夫審聲者，辨之於五音，而還相爲宫，不相奪矣；成文者，辨之於五色，而相得益彰，不相揜矣；别味者，辨之於五味，而參調巳和，不相亂矣。使必一宫一商，一徵一羽，序而閒之，則音必瘖；一赤一玄，一青一白，列而緯之，則色必黯；一苦一鹹，一酸一辛，等而均之，則味必惡。取人禽魚獸之身，而判其血氣魂魄以各歸，則其生必

〔一〕易卦雖有坎北離南（所謂後天八卦）之方位，而不可拘泥。
〔二〕今本卦序，雖然在形式上可以看出「二二相耦，非覆即變」的規律，分爲三十二對，但乾坤之後何以安排屯蒙？這是没有象數規律的，這種没有機械規律，恰恰顯示出周易的不測之妙，對於機械論的反對。
〔三〕嶽麓本「不可」後有「復」字，下「不可」後仿此。

死；取草木穀果之材，而齊其多少華實以均用，則其效不成。子曰：「使回多財，吾爲爾宰。」[一]假令邵子而爲天地宰也，其成也毀，其生也死，又將奚賴哉？

故參天兩地，一義也；兼三才而兩之，一義也；分以兩，掛以奇，變以十八，一義也；天地山澤雷風水火之相錯，一義也；出乎震，成言乎艮，一義也；始以乾坤，歷二十六卦而繼以坎離，歷二十卦而繼以震艮，歷四卦而繼以巽兑[二]，一義也。皆命之所受，性之所成，和順因其自然，而不限以截然分析之位者也。

理數既然，則道德之藏從可知矣。誠斯幾，幾斯神。幾不可期，神不可測，故曰「神无方而易无體」。故疑邵子者，非徒疑之於性命也，且疑邵子之於理也，執所見以伸縮乎物，方必矩而員必規，匠石之理而已矣。京房分八宮爲對待，不足於象，而又設游魂、歸魂以湊合之[三]，尤其不足言者也。

[一] 孔子家語、史記孔子世家夫子謂顏回曰：「使爾多財，吾爲爾宰。」

[二] 今本六十四卦，船山以乾坤及六子卦爲骨架，詳序卦傳船山之説明。

[三] 分八經（六畫）卦爲八宮，每一宮，自本卦之初爻始變，爲一、二、三、四、五世，其上不足於變，則四爻返其本而爲遊魂，再變而下體三爻皆返本而爲歸魂。

故所惡於執中之無權者，惟其分仁義剛柔爲二而均之也。窮理而失其和順，則賊道而有餘。古今爲異說不一家，歸於此而已矣。

二

兩間之有，孰知其所自昉乎？无已，則將自人而言之。今我所以知兩間之有者，目之所遇，心之所覺，則固然廣大者先見之；其次則其固然可辨者也；其次則時與相遇，若異而實同者也；其次則盈縮有時，人可以與其事，而乃得以親用之者也。〔一〕是故寥然虛清，確然凝立，无所不在，迎目而覺，遊心而不能越，是天地也。故曰「天地定位」，謂人之始覺知有此而位定也，非有所在有所不在者也。

有所不在者，平原斥磧〔二〕之地，或窮年而不見山，或窮年而不見澤。有所在，故舟居而漁者，窮年見澤而不見山；巖棲而鉏〔三〕者，窮年見山而不見澤。乃苟見之，則一如天地

〔一〕此就「天地定位，山澤通氣」之次序而言。
〔二〕漢書顏注：「斥，鹹鹵之地。」慧琳一切經音義：「磧者，邊塞沙石之地無水、乏草木、絶人境處也。」
〔三〕鉏，即鋤。

之固然，峙於前而不移也。故曰「山澤通氣」。陟山而知地之固不絕於天，臨澤而知天之固不絕於地，非截然分疆而不相出入也。固終古恒然，无與爲期者也。

抑有不可期而自有期者，遇之而知其有，未遇不知其何所藏也。蓋陰陽者恒通，而未必其相薄，薄者其不常矣。陽欻[一]薄陰而雷作，陰欻薄陽而風動，通之變也[二]。變則不數與之相遇，歷時而知之，始若可驚，繼乃知其亦固然也。故曰「雷風相薄」。

惟其不可期也，而爲兩閒之固有。其盈也人不得而縮之，其縮也人不得而盈之。爲功於萬物，而萬物不得執之以爲用。若夫陽燧可致，鑽木可取；方諸可聚，引渠可通[三]。熂之淪之而盛，撲之陻之而衰。雖陰陽之固然，而非但以目遇、以心覺也，於是而始知有水火。故終之曰「水火不相射」。合致其功於人，而人以合陰陽之感者也。

[一] 「欻」，即「歘」，說文「有所吹起」，玉篇「忽也」。

[二] 一陽動與二陰之下而爲震，一陰襲於二陽之下則爲巽。

[三] 淮南子天文訓：「陽燧見日則燃而爲火，方諸見月則津而爲水。」高注：「陽燧，金也。取金杯无緣者熟摩令熱，日中時以當日下，以艾承之，則燃得火也。方諸，陰遂大蛤也。熟磨拭令熱，月盛時以向月下，則水生，以銅盤受之，下水數滴。」船山此句謂：若夫火，則可以陽燧之法致之，以鑽木之法取之；若夫水，則方諸可聚而爲水，亦可開渠而引水也。

可親者順之德，有功者健之德。道定而德著，則曰「山澤通氣，雷風相薄，水火不相射」；德至而道凝，則曰「水火相逮，雷風不相悖，山澤通氣」。其理並行而不相拂矣。夫動乎暄、潤之幾，成乎動、撓之用，底乎成以忻悦乎有生，此變化以成物有然者，然而非己所固然而見其然矣。无已，則察乎他物以知之。固然而有天地，見其位定；固然而有山澤，見其氣通；時而知有雷風，見其相薄；與其事而親之以爲〔二〕功，則知有水火，疑其相射而終不相射也。此人之所目遇而心覺，知其化有然者。

惟然，故後天、先天〔三〕之説不可立也。以固然者爲先天，則以次而有者其後矣。以所從變化者爲先天，則已成者爲後矣。兩者皆不可據也。以實言之，徹乎古今，通乎死生，貫乎有无，亦惡有所謂先後者哉！无先後者，天也；先後者，人之識力所據也。在我爲先者，在物爲後；在今日爲後者，在他日爲先。不貳則无端委之殊，不息則无作止之分，不測則无漸次之差。故曰「神无方而易无體」。

〔二〕「爲」，嶽麓本作「有」。
〔三〕「後天、先天」，嶽麓本作「先天、後天」。

東西南北者，人識之以爲嚮背也。今、昔、初、終者，人循之以次見聞也。物與目遇、目與心喻而固然者如斯，舍所見以思所自而能然者如斯，要非理氣之但此爲先，但此爲後也。

理之御氣，渾淪於〔一〕无門，即始即終，即所生即所自生，即所居即所行，即分即合，无所不肇，无所不成。徹首尾者誠也，妙變化者幾也。故天之授我以命，今日始也；物之受性於天，今日始也；成形成色，成生成死，今日始今日終也。而君子以之爲體天之道：不疑未有之先何以爲端，不億既有之後何以爲變，不慮且无之餘何以爲歸。夭壽不貳而死生貞，學誨不倦而仁智定。乃以肖天地之无先无後，而純乎其天。不得已而有言，則泝而上之，順而下之，神明而隨遇之，皆无不可。而何執一必然之序，睘括大化於區區之格局乎？「天地定位」至「八卦相錯」爲一章，「數往者順」三句爲一章。本義拘邵子之說，合爲一章。〔二〕其說牽强支離，出於陳摶仙家者流，本不足道；而邵子曰：「此伏羲八卦之位。」伏羲至陳摶時，將近

〔一〕「於」，嶽麓本作「乎」。

〔二〕合爲一章者，自正義已如此，非朱子因邵雍之說而有意合之。乃康節特合此以申其先天後天之說也，而朱子引用之。

萬年，中間並无授受，其誕可見。蓋摶師呂嵒〔一〕，或託云「伏羲不死，面〔二〕授之嵒」也。

三

象自上昭，數繇下積。夫象數一成，咸備於兩間，上下无（别）〔時〕〔三〕也，昭積无漸也，自然者无所謂順逆也。而因已然以觀自然，則存乎象；期必然以符自然，則存乎數。人之仰觀俯察而欲數之、欲知之，則有事矣。有事則有時，有時則有漸。故曰：象自上昭，數繇下積。

象有大小，數有多寡。大在而分之以知小，寡立而合之以爲多。象不待合小以知大，數不待分多以知寡。是猶掌與指也：立全掌之象於此，而拇、食、將、無名、季指之别，粲乎分之而皆可知；掌象不全，立一指焉，弗能知其爲何指也。若以數計指也，則先拇以爲一，次食以爲二，次將以爲三，次無名以爲四，次季以爲五，而後五數登焉。未有先

〔一〕宋史陳摶傳：「關西逸人呂洞賓，世以爲神仙，數來摶齋中，希夷丹道豈即純陽所授邪？」
〔二〕「面」，嶽麓本作「而」。
〔三〕「時」：底本原作「别」，今據嶽麓本改。

五而後得四、三、二、一者也。

故象合以聽分，數分以聽合也。合以聽分，必先上而後下；先下而後上，則上者且爲下所蔽矣。分以聽合，必先下而後上；先上而後下，則下者枵而上无所載矣。象，陽也；數，陰也。日月之照，雨露之垂，自高而及下；人物之長，草木之茂，自卑以至高。是故疇成象以起數者也，易因數以得象者也。〔一〕疇，人事也，而本乎天之自然；易，天道也，而行乎人之不容已。疇因雒書，起九宮而用陽〔二〕；易因河圖，以十位合八卦而用陰。疇以倣，易以謀。倣務知往，謀務知來。疇徵而无兆，易兆而无徵。

疇之始五行，以中五始也；雒書象見於龜，龜背隆起，中五在上。次五事，以戴九先也；次八政、五紀而後皇極，履一在下也。詳具思問録外篇，蔡氏舊解非是。〔三〕五行，天也，天所垂

〔一〕有天地間九疇之象、九疇之事，而後有九個數字。這是疇。通過筮數來確定卦象，這是易。

〔二〕太一行九宮之圖。

〔三〕蔡氏以洛書之一、二、三即洪範之初一、次二、次三。船山則以五爲初一五行，四爲次二五事，三爲次三八政，八爲次四五紀，一爲次五皇極，六爲次六三德，七爲次七稽疑，二爲此八庶徵，九爲次九五福六極。詳尚書稗疏及思問録外篇。按今小注如此，則知外傳晚年又有新訂；而因小注提及稗疏故以外傳晚於稗疏者，其不可信矣。

也。人法天。天垂象，人乃仰法之，故疇先上而後下。若易之本於河圖也，水一火二，水下火上，則先一而後二，先少而後多矣。先少而後多，故卦首初，次二，次三，次四，次五，以終於上。十八變之策，繇少而多；六爻之位，繇下而上。下不先立，則上浮寄而无所承。易因數以得象，分以聽合，積以漸上〔一〕，所繇異於疇［之因象以起數］〔二〕也。

夫［上下，定分也。］〔三〕自上下者順，自下上者逆，故曰「易逆數」也。［夫數則豈有不逆者哉。］〔四〕逆以積，積以成，人迓天而後天牖人。其往也逆，則其來也順。非數有順者而易不用，顧用其逆者以巧爲合也。

故乾一索而得震，再索而得坎，三索而得艮；坤一索而得巽，再索而得離；三索而得兑；无非逆也。其曰乾一、兑二、離三、震四，陰自上生，以次而下，乃生乎巽、坎、

〔一〕「分以聽合，積以漸上」，嶽麓本作「自分以聽合，積下以累上」。
〔二〕「之因象以起數」，據嶽麓本補。
〔三〕「上下定分也」，據嶽麓本補。
〔四〕「夫數則豈有不逆者哉」，據嶽麓本補。

艮、坤，以抵乎純陰而陽盡无餘，吾未知天地之果有此象焉否也？若夫數，則必无此懸虚建始於上而後逮於下之理矣。

易之作也以蓍，蓍之成象也以數，故有數而後有象。數自下積，而後象自上昭。自有易以來，幽贊於神明而倚數者，必无殊道。伏羲氏邈矣，見聞不逮，授受无人矣。以理度之，亦惡能外此哉？故言易者，先數而後象，先下而逆上，萬世不易之道也。

四

著其往，則人見其往，莫知其歸矣；飾其歸，則人見其歸，莫知其往矣。故川流之速，其逝者可見，其返而生者不可見也。百昌之榮，其盛者可知，其所從消者不可知也。雖然，耳目之限，爲幽明之隔，豈足以知大化之神乎？大化之神，不疾而速，不行而至者也。故曰：「闔户之謂（乾）［坤］，闢户之謂（坤）［乾］，〔二〕一闔一闢謂之變，往來不窮謂之通。」

〔二〕底本「乾」「坤」字顛倒，今據嶽麓本改。

闔有闢，闢有闔，故往不窮來，來不窮往。往不窮來，往乃不窮，川流之所以可屢遷而不停也；來不窮往，來乃不窮，百昌之所以可日榮而不匱也。故闔闢者疑相敵也，往來者疑相反也。然而以闔故闢，无闔則何闢？以闢故闔，无闢則何闔？則謂闔闢以異情而相敵，往來以異勢而相反，其不足以與大化之神，久矣。〔一〕

是故動之使合，散之使分也，其勢殊矣；潤之使柔，暄之使勁也，其質殊矣；止之使息，説之使作也，其功殊矣；君之使動，藏之使静也，其德殊矣。則疑〔二〕乎陰陽有各致之能，相與偶立而不相浹，而非然也。

統此大鈞之中，雷洊風申〔三〕，晴薰雨蒸，川融山結，健行而順受，充盈於一日，淪浹於一物，而莫之閒矣。抑就其分用者言之：雷迅則風烈，風和則雷起；極暄而雨集，至清而日霽〔四〕；山夾磵以成川，川環邱而成嶂；天包地外而行地中，地處天中而合天氣。

〔一〕闔闢、往來雖似情異而相敵，其實異用而相成也；若直謂其相敵相反，是不足以知大化之神也。
〔二〕「疑」，嶽麓本作「宜」。今按似當作「疑」是。要之，此句乃船山先立異説，而後破之。
〔三〕申，重也，「重巽以申命」。
〔四〕「霽」，嶽麓本作「霧」。

故方君方藏，其錯也如響之應聲；方動方散，方潤方暄，方止方説，如影之隨形。爲耦合也，爲比鄰也。无有南北隔乎嚮背，東西四隅閒乎方所，劃然成位，而各止其所，以不遷也〔二〕。

位乾健於南，而南氣何以柔和？位坤順於北，而北氣何以剛勁？位離於東，而春何以滋膏雨？位坎於西，而秋何以降水潦？則震、巽、艮、兑之非定位於四隅，抑又明矣〔三〕。顧不謂乾不可南，坤不可北，離不可東，坎不可西也。錯綜乘乎化，方所因乎時，則周流八方，唯其所適，而特不可以偶然所值者爲之疆域爾。

〔二〕 此處批評先天八卦方位，圖見下：

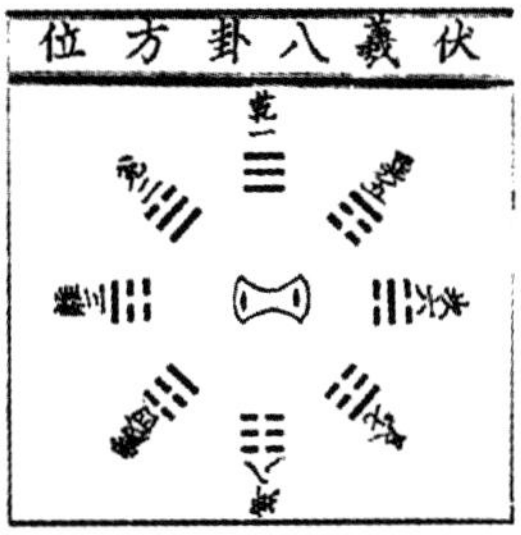

〔三〕 先天之位，乾坤坎離居四正，震巽艮兑居四隅。

故動散合勢，潤暄〔一〕合質，說止合功，君藏合德；一錯一綜而闔闢之道立，一錯三綜而闔闢之道神，八錯二十八綜而闔闢之用備。〔二〕故方言雷而即言風，方言雨而即言日，方言艮而即言兑，方言乾而即言坤。鈞之所運，軸之所轉，疾以相報，合以相成。一氣之往來，成乎二卦，而剛柔之用全。則散止以著動說之往，君暄以飾藏潤之歸。君子之於易，无往而不得妙萬物之神，曾何局於方，劃於對，剖於兩，析於四，殺於八之足云！〔三〕

五

震東、兑西、離南、坎北，因河圖之象，奠水、火、木、金之位，則莫之與易矣。若夫乾坤者，經乎四維者也。乾非隅處於西北也，位於西北而交於東南；風者天之餘氣也，

〔一〕「潤暄」，嶽麓本作「暄潤」。今按：依說卦次序，當作「潤暄」。

〔二〕疑此句當作：「一錯而闔闢之道立，一錯二綜而闔闢之道神，八錯二十八綜而闔闢之道備。」「闔闢之道立」，謂乾坤也，有乾坤而後其道立，「闔户謂之乾，闢户謂之坤」是也，乾坤爲錯卦。「闔闢之道神」，謂用綜卦震艮、巽兑也，合相錯之坎離爲六子，而八經之卦成。外傳於序卦曰：「震艮、巽兑有錯有綜，震錯巽，艮錯兑；用綜而不用錯，陰陽不宅其中，則以捷往捷來見運行之神。」「八錯二十八綜而闔闢之道備」者，成六十四卦也。

〔三〕謂邵康節局分之說，不足道也。

風莫烈於西北，而被乎東南。故巽爲乾之餘，而受位於乾之所經。坤非隅處於西南也，位於西南而交於東北；山者地之委形也，山莫高於西南，而迤於東北，故艮爲坤之委，而受位於坤之所經。震、兑、坎、離之各有其位，受職於天地，居其所而不相越。天地經水、火、金、木而運其化，故絡貫乎其閒，而與巽艮合其用。乾坤非隅也，行乎四維而各適有正也。震、兑、坎、離非正也，受乾坤之化而各司其一偏〔一〕也。謂之「正」，謂之「隅」者，人之辭也。大圜普運，无往而非正也。此八方配卦之大綱也。

夫八卦有位焉，雖天地不能不與六子同乎其有位也，昭著乎兩閒者有然也；乾坤有神焉，則以六子效其神而不自爲功者也，體兩閒之撰則實然也。位者其體也，神者其用也。體者所以用，而必有其定體，雖无用而自立乎其位；用者用其體，而既成乎用，則无有定位而效其神。

神不測，則六子之用，相成相濟而无其序。乃麗乎萬物而致功，則神且專有所主而爲之帝，帝則周流於八方，以有序而爲始終，故易不可以一理求者也。參觀之而各有其理，

〔一〕「一偏」，嶽麓本所據底本作「偏一」。

故在帝言帝，於是而萬物之生成有序，亦因之以爲序焉。故曰「帝出乎震」，帝於震乎出，非謂震方之德爲所出之帝也。繇是以行乎巽而「齊」，行乎離而「相見」，行乎坤而「致養」乎地，行乎兑而「説」，行乎乾而争功於天，行乎坎而「歸」，行乎艮而一終以更始。歷其地則致其功，逮其期則見其效，而果誰爲之帝乎？妙萬物而麗乎物者也。或動或撓、或燥或説、或潤或止者也。故六子之神，周流於八卦，而天地則在位而爲午貫之經，在神則爲統同之主。妙矣哉！渾淪經緯，无所擬而不與道宜。故「神无方」者「不」〔一〕可爲之方，「易无體」者不可爲之體。同别合離，體用動静，罔不賅存於道，而易妙之。惟然，則豈滯於方所者之所與知哉！

夫易於象有徵焉，於數有實焉，於化有權焉。擬之以其物，奠之以其位，象之徵也。上生者積以生變，下生者節以成合，逆而積之，得乃知之，數之實也。徹乎數而與之爲損益，行乎象而與之爲盈虚，化之權也。

〔一〕「不」，據嶽麓本補。

擬［物］〔二〕者必當其物，以乾爲金，以艮爲土，則非其物也。奠位者必安其位，位乾於南，位坤於北，則非其位也。陽可變八，而所下生者七；陰可合七，而所上生者八〔三〕。乾生兑，坤生艮，則非所生矣〔三〕。逆而積之而數非妄，得乃知之而數无方，而變從上起，限以其序，則无實而不可與盡變矣〔四〕。徹乎數而皆在，往來无時也，而序之以天時人事之一定，則有不周矣；行乎象而皆通，帝之繇出以成，閲八位而皆有功也，而限之以對待倚伏之一局，則不相通矣。

況夫位者，資數以爲實，資化以爲權，而尤未可據者也。大畜之「天衢」，在明夷而爲「入地」；小過之「西郊」，在既濟而爲「東鄰」；賁无水而「濡如」，隨无山而「用亨」；睽火亢之極而「遇雨」，巽東南之卦而「先庚」。然則數殺而起變，化運而因時，帝

〔二〕「物」，據嶽麓本補。
〔三〕老陽九下生少陽七，老陰六上生少陰八。
〔三〕先天八卦之次，則乾左生兑，坤右生艮。老陽當生少陽，而今生少陰（兑）；老陰當生少陰，而今生少陽（艮），故曰「非所生」。
〔四〕先天之圖，乾左而兑、離、震，陰自上變而漸盛；坤右而艮、坎、巽，陽自上變而漸盛。

之所臨，初无必然之衰王；神之所集，何有一定之險夷？故冀、代之士馬，或以彊，或以弱；三塗、四嶽〔一〕之形勝，或以興，或以亡。天无拘方之生殺，人无據位之安危，其亦審矣。

蓋乾坤之德具行於六子，六子各稟乾坤之撰。六子之用徧歷乎八卦，乾坤亦載六子之施，易之所以妙萬物而无典要，故六十四象、三百八十四變之大用顯焉。典之要之，而易理限於所域，此後世術數之徒所以終迷於大化也。

不然，天无乎不覆，地无乎不載，健順之德業无乎不行，且无有於西北、西南之二隅，又何乾南坤北之足言乎？〔二〕今夫天圜運於上，浩乎其无定畛也；人測之以十二次，而天非有次也。配之以十二辰者，不得已而爲之驗也。局之以分野者，小道臆測之陋也。黄道密移，而皆其正；昏旦日改，而皆其中。易與天合者，可以悟矣。

〔一〕「四嶽」，嶽麓本作「嶽鄙」。

〔二〕此句謂：説卦所明言乾西北、坤西南之説尚且有誤，康節乾南坤北之圖，豈不謬之甚耶！

六

天地府大用而官之，震、巽、坎、離、艮、兑受材於乾坤而思肖之，繁然各有其用。故天地之閒，其富矣哉！聖人受材以肖陰陽之德，陰陽之富有，皆其效法也。將繁然而盡用之乎？繁然盡用之，則純者、駁者、正者、奇者弗擇而求肖之，必將詭而趨於不經。故有所用，有所不用；有所用以興利而不以立教，有所用以立教而不以興利。惟聖人爲能擇於陰陽之粹精，故曰：「賾而不可惡，動而不可亂。」

是故震雷、巽風、坎水、離火、艮山、兑澤，象之盛者也，他有象而不足以擬其盛也。然而大過、益、升、井、鼎、漸、渙、中孚，則退風之功而升木於用者，乘木而觀往來之通塞，賢於風之拂散而无功也。故君子擇於巽而利用木也。〔一〕

傳曰：「雨以潤之，日以晅之。」舍水火而用雨日，日不偶月而配雨，擇之尤嚴者也。雨性足於潤，日性足於烜，乃以潤以烜，豈徒以其性之足者哉！徒以性，則水豐於雨，火

〔一〕巽卦兼有風、木兩象，而以上數卦的彖傳或象傳用木之象來解説，不用風。

烈於日矣。以者，有所施也；潤之烜之，有所麗也。施以爲恩，麗以爲效，則潤烜之德，水火不及雨日之用矣。何也？水火之德不勝刑，雨日之刑不勝德。雨儉於水，故鮮淪没之害；日和於火，故无焚灼之災也。

天地之生化消息[一]萬物者，有以藏之，有以散之，有以止之，可以弗憂其盛而難繼矣。而尤[二]授水火以刑害之權，則萬物其傷矣乎！老氏之言曰「上善如[三]水」，其有刑之心也夫！故言刑名者、言兵者皆祖之。然後知天地之生，聖人之德，用雨日而非用水火也。

乃若天地之最无以爲功於萬物者，莫若月焉。繼日以明，而不能廢夜作之炬；秉陰以清，而不能減暑夕之炎；照物若暴，而不能熭[四]濡濕之氣；漾物若流，而不能津既暵之草。一盈一虛，資日而自揜其魄，類无本者；疾行交午，以争道於陽，類不正者。特其炫

〔一〕嶽麓本「息」後有「夫」字。
〔二〕嶽麓本校記：「『尤』：守遺經書屋本、金陵本、前中華本並同。後中華本註：『「尤」疑應作「猶」。下文「用以利而尤不盡用之」「用以教而尤不盡用之」，「尤」字同。』」
〔三〕「如」，嶽麓本作「若」。
〔四〕熭，説文「暴乾火也」。

潔涵空，微茫晃爍，以黠宕人之柔〔二〕情，而容與適一覽之歡，見爲可樂，故釋氏樂得而似之。非色非空，无能无所，僅有此空明夢幻之光影，則以爲「法身」，則以爲「大自在」，則以爲「无住之住」，以天下爲游戲之資，而納群有於生化兩无之際。然則非遊惰忘歸之夜人，亦誰與奉月以爲性教之藏也哉？故其徒之覆舟、打地、燒庵、斬貓也〔三〕，皆月教也。求其明且潤者而不可得，乃曰此亦一明也，亦一潤也，豈不悲乎！〔三〕

是〔四〕故聖人知月非天地之用，而終不以月爲用。中孚之四，小畜之（五）〔上〕〔五〕，陰中而「月望」，「月望」而陽疑，故「既雨」不能免小畜之凶，「匹亡」而後謝中孚之

〔二〕嶽麓本校記：「『遊』：守遺經書屋本、金陵本作『柔』，前後中華本同。」

〔三〕南泉斬貓，見景德傳燈録。「覆舟」，見无妄卦下注「離鉤三寸」。打地，見五燈會元卷三打地和尚以棒打地示學者。「燒庵」，見本書損卦下「寒巖枯木」注。

〔三〕以道、佛之教爲月教，則儒家爲日教矣。

〔四〕嶽麓本無「是」字。

〔五〕嶽麓本校記：「『小畜之上』，係鈔本原文。守遺經書屋本、金陵本、太平洋本均作『小畜之五』。周校失記。前中華本由王孝魚改『五』爲『上』。後中華本仍復作『五』，而加按云：『「月幾望，凶」是小畜上九爻辭，不是第五爻，也不是陰爻。這裏説「小畜之五」又説「陰中」，當是記憶錯誤。』」今按當作「上」，故據嶽麓本改。不過中華本懷疑「記憶錯誤」則毫無理由。所謂「陰中」，指的是中孚、小畜皆是陰爻在卦内，陽爻在外。

（吝）［咎］〔一〕。則斟酌其功過之實，以爲扶抑，其亦審矣。

故天地之所可弗用者月也，其次則風也。佐陽以行令而不能順承以興利，則可散而不可聚。乃釋氏則又效之以爲教矣，其言曰：「願風持世界。」〔二〕无實於己，而但求動焉；蘋末之起无端，怒號之吹自已。蓋將以散之者持之，而破亡摧折之餘，其得存於兩閒者能幾也，而曾足以持之不毁乎？

是故易之於水火也，不用以教而用以利，用以利而尤不盡用之。斂其炎，取之於日；節其淫，取之於雨。其於風也，不用以利用以教，用以教而尤不盡用之。或取之木，以使有實；或取之風，取其及遠而已矣。其於月也，无所取之也。故詩曰：「彼月而（微）［食］〔三〕，則惟其常。」天地之閒，即无月也，而亦奚損？而或以侵陽，則害生焉。是故伐鼓責陰，而端冕請陽，貴日而賤月，則利存而教正。君子擇陰陽之德而慎用之，豈徒然

〔一〕「咎」，底本原作「吝」，今據嶽麓本改。
〔二〕華嚴經以爲，風輪能持須彌山等莊嚴世界。新華嚴經論卷十三：「行菩薩行，修大願力，報得風輪以持華藏世界。」李通玄又以巽卦配之。
〔三〕「食」，底本原作「微」，今據小雅十月之交及嶽麓本改。

哉！彼納甲之例，以月爲卦體〔二〕，益陋而不足録矣。

七

陰陽不孤行於天地之閒。其孤行者，欻危幻忽而无體，則災眚是已。行不孤，則必麗物以爲質。質有融結而有才，才有衰王而有時。爲之質者常也，分以爲才，乘之爲時者變也。常一而變萬，其一者善也，其萬者善不善俱焉者也。才純則善，雜則善不善俱，時當其才則善，不當其才則善不善俱。才與時乘者萬，其始之因陰陽之翕闢者一；善不善萬，其始之繼善以成者一。故常一而變萬，變萬而常未改一。是故乾坤六子，取諸父母男

〔二〕以月相示陽火陰符之進退，以八卦當其月相及陰陽消長，所謂月體納甲是也。參同契云：「三日出爲爽，震受庚西方；八日兑受丁，上弦平如繩；十五乾體就，盛滿甲東方；十六轉受統，巽辛見平明；艮直於丙南，下弦二十三；坤乙三十日，東方喪其明。節盡相禪與，繼體復生龍；壬癸配甲乙，乾坤括始終。」月體納甲圖如下：

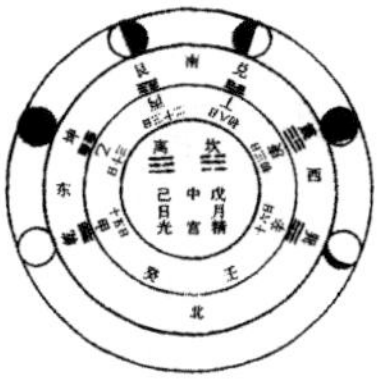

女，取諸百十有二之象，〔二〕无不備焉。

嗚乎！象之受成於陰陽，豈但此哉？而略括其徵，則有如此者。大爲天地而无慚，小爲蟹蚌葦蓏而无損；貴爲君父而非僭，賤爲盜妾而非抑；美爲文高而不誇，惡爲臭眚毀折而不貶；利爲衆長而非有缺，害爲寡髮耳痛而不〔三〕能瘳；皆陰陽之實有而无所疑也。〔三〕

實有无疑，而昧者不測其所自始，而驚其變。以爲物始於善，則善不善之雜進，何以積也？必疑此不善之所從來矣；以爲始一而後不容有萬，則且疑變於萬者之始必非一也。故荀悦「三品」之說以立〔四〕。其不然者，以不善之无所從來，抑且疑善所從來之无實，故釋氏之言曰「三界唯心，萬法唯識」。如東蘆之相交，如蕉心之亡實，觸目皆非，

〔二〕說卦自「乾爲天」以下，凡列八卦所取一百一十二象，故周易大全引雲峰胡氏曰：「此章廣八卦之象，凡百十有二。」學者觸類旁通，而後可盡天下萬物萬象。

〔三〕「不」，嶽麓本作「弗」。

〔三〕乾爲天，坤爲地。離爲蟹、蚌，震爲葦，艮爲果蓏。乾爲君父，坎爲盜，兑爲妾。坤爲文，巽爲高，巽爲臭，坎爲多眚。兑爲毀折，坤爲衆，震爲長。巽爲寡發，坎爲耳痛。凡此諸象，或美或醜，或善或惡，皆易象之所有，所以彌綸天地之道也。

〔四〕以上是一種人性論的類型：認爲現實中具體有萬類的情況，至少有善惡的二分，便認爲在本原上也不可能是一，而是多，所以有性善惡混、性三品等觀點。申鑒雜說下：「或問天命人事。曰：『有三品焉。上下不移，其中則人事存焉爾。命相近也，事相遠也，則吉凶殊矣。』」詳困卦注。

游心无據，乃始别求心識消亡之地，億爲淨境，而斥山林瓦礫之鄉以爲濁土。〔二〕則甚矣，愚於疑者之狂惑以喙鳴〔三〕也！

夫天下之善，因於所繼者勿論矣。其不善者則飲食男女以爲之端，名利以爲之緣。非獨人有之，氣機之吐茹匹合、萬物之同異攻取皆是也。名虚而陽，利實而陰；飲資陽，食資陰；男體陽，女體陰。无利不養，无名不教；无飲食不生，无男女不化；若此者豈有不善者乎？才成於摶聚之无心，故融結偶偏而器駁；時行於推移之无憂，故衰王偶争而度舛。乃其承一善以爲實，中未亡而復不遠，是以聖人得以其有心有憂者裁成而輔相之。〔三〕故瞽者非无目也，蹇者非无足也，盗之憎主非无辭也，子之誶母非无名也；梟逆而可

〔二〕以上是人性論的另一種類型：認爲不善没有其來源，善的價值如果追溯其所自來，亦没有根源和自性，所以「三界唯心，萬法唯識」。東蘆、蕉心諸説，喻事物自性爲空，佛經常喻，而並見於宗鏡録。蓋宗鏡録一書實爲船山了解佛教之基礎。

〔三〕莊子天地：「同乃虚，虚乃大，合喙鳴。」

〔三〕船山此段反駁以上兩種人性論，他認爲只有至善是本原，這樣纔成其一本；惡没有其來源，但是是以善爲基而變。萬事萬物皆從一本而變。不可把惡也當作本原之一，也不可把善與不善一起空掉。不善産生於個體在凝結形成時的氣質之偏，這是無心的，就好比自然界的許多事物有偏頗一樣，這不能視作是惡。只是氣質之偏隨著人後天的發展，在與外界的交流中，做的事情不合度，便産生了惡。船山在他處指出，惡産生於「變合之機」，其實也就是没有獨立來源。不能因爲看到某些人後天有惡行，就喪失了善爲唯一本原的信心。

羹，堇毒而可藥；雖凶桀之子，不能白晝无詞而刃不相知之人於都市。有所必借於善，則必有緣起於善矣。故曰常一而變萬，變萬而未改其一也。

是以君子於一得善焉，於萬得善不善之俱焉，而皆信以爲陰陽之必有。信而不疑，則即有不善者塵起泡生於不相謀之地，坦然不驚其所從來，而因用之以盡物理。奚況山林瓦礫，一資生之利用，而忍斥之爲濁乎！

是故聖人之教，有常有變。禮樂，道其常也，有善而无惡，矩度中和而侀成不易，而一準之於書；書者，禮樂之宗也。詩、春秋兼其變者，詩之正變，春秋之是非，善不善俱存，而一準之於易；易者，正變、是非之宗也。

鶉之奔奔、桑中諸篇，且有疑其録於國風者矣。況於〔二〕唐太子弘者，廢讀於商臣之弑，其能免於前謏而後賊也哉？〔三〕天下之情，萬變而无非實者，詩、春秋志之。天下之理，萬變而无非實者，易志之。故曰：易言其理，春秋見諸行事。是以君子格物而達變，而後可

〔二〕「於」，嶽麓本作「如」。

〔三〕詳繫辭上傳第十章下注。

以擇善而執中。貞夫一者，所以異於執一也。

序卦傳

序卦非聖人之書也〔一〕。

乾坤並建而捷立，周易以始，蓋陰陽之往來无淹待而嚮背无吝留矣。故道生於有，備於大，繁有皆實，而速行不息，太極之函乎五行二殊，固然如斯也。

有所待非道也：續有時則斷有際，續其斷者必他有主，陰陽之外无主也。［有所留非道也］〔二〕：存諸无用則出之不力，出（且）［其］〔三〕存者必別有情，往來之外无情也。是故

〔一〕大全引語類：「或問：『序卦非聖人之書，信乎？』朱子曰：『此沙隨程氏之説也。先儒以爲非聖人之蘊；某以爲謂之非聖人之精則可，謂非易之蘊則不可。周子分精與蘊字甚分明。序卦却是易之蘊，事事夾雜，都有在這裏面。』」韓康伯謂：「序卦之所明，非易之蘊也。」蓋朱子所本。

〔二〕「有所留非道也」，據嶽麓本補。

〔三〕「其」，底本原作「且」，今據嶽麓本改。

六陰六陽，十二皆備，統天行地，極盛而不缺，至純而奠位，以之爲始，則萬物之生，萬物之化，質必達情，情必成理，相與參差，相與夾輔，相與補過，相與進善，其情其才，其器其道，於乾坤而皆備。抑无不生，无不有，而後可以爲乾坤，天地不先，萬物不後。而序傳曰：「有天地，而後萬物生焉。」則未有萬物之前，先有天地，以留而以待也。是以知序卦非聖人之書也。河内女子獻於購書之時〔一〕，傳於專家之學，守文而困於理〔二〕，昧大始而破大成，故曰非聖人之書也。

其爲説也：有相因者，有相成者，有相反者。〔三〕相因者，「物生必蒙」之類也；相成者，「物穉不可不養」之類也；相反者，「物不可以苟合」之類也。因之義窮則託之成，

〔一〕論衡正説篇載：「至孝宣皇帝之時，河内女子發老屋，得逸易、禮、尚書各一篇，奏之。宣帝下示博士，然後易、禮、尚書各益一篇，而尚書二十九篇始定矣。」隋書經籍志又據此加以推演，曰：「孔子爲彖、象、繫辭、文言、序卦、説卦、雜卦，而子夏爲之傳。及秦焚書，周易獨以卜筮得存，唯失説卦三篇。後河内女子得之。」河内女子所獻易，論衡但謂一篇，而隋志則謂説卦三篇；後世學者如皮錫瑞、劉盼遂爲之彌縫曰：所上者説卦、序卦、雜卦三篇，總言之則爲説卦一篇。按，説卦已見河内女子獻書前（如史記），所獻者或即序卦也。船山之説尚有據。

〔二〕專家之學，博士之學也，其以專門名家，謹守師法、家法。

〔三〕周易大全引臨川吴氏曰：「吕大圭云：『序卦之意，有以相因爲序，如屯、蒙、需、訟是也；有以相反爲序，如泰、否、同人是也。天地間不出相反、相因而已。』」

成之義窮則託之反，惟其意之所擬，説之可立，而序生焉，未有以見其信然也。

天地之間，皆因於道。一陰一陽者，群所大因也。時勢之所趨，而漸以相因，遂私受之，以爲因亦无恒，而統紀亂矣。且因者之理，具於所因之卦，則屯有蒙，師有比，同人有大有，而後卦爲贅餘矣。〔二〕況如隨之與蠱，漸之與歸妹，錯卦也，相反之卦也，本非相因，何以曰「以喜隨人者必有事」，「進必有所歸」邪？如是者，因義不立。

受成者器，所可成器者材，材先而器後。器已成乎象，无待材矣。前卦之體象已成，豈需後卦乎？假无後卦，而前卦業已成矣，而何以云「履而泰然後安」，「革物者莫如鼎」邪？若无妄之承復，萃之承姤，陰陽速反而相報，非相成明矣。而曰「復則不妄」，「相遇而後聚」？如是者，成義不立。

陰陽各六，具足於乾坤，而往來以盡變。變之必盡，往來无期。无期者，惟其无心也。天地之既无心矣，淫亢孤虛，行乎衝委，而不辭其過。故六十四象有險有駁而不廢，一隆

〔二〕如乙因於甲，則乙之理已具足於甲中，既已有甲矣，復何須乙。如序卦謂「屯者盈也，物生必蒙」，屯有蒙之理，哪復須蒙卦耶？

世之有頑讒，豐年之有荑稗也。險而險用以見功，駁而駁用以見德，胥此二氣之亭毒。險易純駁，於彼於此，不待相救而過自寡。謂寡過者必待後起之救也，吾未見賁立而噬嗑之合遂不苟，遯來而恒可舍其所而弗久居也。以此卦之長，補彼卦之短，因前卦之屈，激後卦之伸，然則南粤之暄，致北胡之凍；詰旦之風，解今日之暍〔一〕乎？是以極重相争者與艱難之際，抑亦亂必安之土而强施檠括於陰陽矣。如是者，反義不立。

三義不立，而舞文句〔二〕以相附合，故曰非聖人之書也。

然則周易何以爲序邪？曰：周易者，順太極之渾淪而擬其動静之條理者也。故乾坤並建而捷立，以爲大始，以爲成物。資於天者，皆其所統；資於地者，皆其所行。有時陽成基以致陰，有時陰成基以致陽。材效其情而情无期，情因於材而材有節。有節則化不溢於範圍，无期則心不私於感應。〔三〕

〔一〕暍，説文「傷暑也」，玉篇「中熱也」。
〔二〕嶽麓本無「句」字。
〔三〕周易何以爲序？周易的卦序不出於人心機械的安排，而是盡顯天地造化不測之妙。有總體的範圍（「有節則化不溢於範圍」），却没有被預先設定好的方向（「无期則心不私於感應」）。

藉其不然，无期而復无節，下流且不足於往來；有節而復有期，一定之區〔一〕，一（形）［型］〔二〕之埜，將一終而天地之化竭矣。此京房八宮〔三〕世應之術、邵子八八相乘之數所以執一以賊道，而周易之妙則固不然也。

故陽節以六，陰節以六，十二爲陰陽之大節而數皆備；見者半，不見者半，十二位隱見具存，而用其見之六位，彼六位之隱者亦猶是也。故乾坤有嚮背，六十二卦有錯綜，衆變而不舍乾坤之大宗。闔於此闔，闢於此闢，節既不過，情不必復爲之期。消長无漸，故不以无心待天佑之自至；往來无據，故不可以私意邀物理之必然。豈必乾左生夬，下生姤，坤左生剥、下生復之區區也邪？

雖然，博觀之化機，通參之變合，則抑非无條理之可紀者也。故六十四卦之相次，其條理也，非其序也。夫一闔一闢而情動，則皆道之不容已。故其動也，極而正，不極而亦

〔一〕「區」，嶽麓本作「樞」。
〔二〕「型」，底本原作「形」，今據嶽麓本改。
〔三〕「宮」，嶽麓本作「卦」，作「宮」是。

正。因材以起萬變，則无有不正者矣。乾坤極而正者也，六十二卦不極而亦正者也。何也？皆以其全用而无留无待者並建而捷立者也。

坎離、小過中孚合其錯，而陰陽各六，視乾坤矣。六十四卦嚮背顛倒，而象皆合錯。象三十六，其不可綜者八。凡綜之象二十八，其可綜者固可錯也。合四卦而一純，則六陰六陽之全再備矣。錯者捷錯，綜者捷綜，兩卦合用，四卦合體，體有各見而用必同軸。故屯、蒙之不可離析，猶乾坤也；頤、大過之无所需待，猶乾坤也。非始生必蒙，不養則不可動也。化不停，知之所以周流；復不遠，仁之所以安土也。乾坤並建以捷立，自然者各足矣。

天地自然，而人之用天地者，隨其隱見以爲之量。天地所以資人用之量者，廣矣、大矣。伸於彼者詘於此，乃以无私；節其過者防其不及，乃以不測。故有長有消，有來有往，以運行於隱見之殊[一]，而人覺其嚮背。易以前民用，皆言其所嚮者也，則六位著而消

[一] 嶽麓本校記：「自『以運行於隱見之殊』起，至『則天下之理自此而出』句止，凡四百二十字，鈔本原置於下文『於此而著氣機流行之妙』句後（『妙』字下增『經全往』三字，然後接以此四百二十字而與『經以設而静』句相連）。馬宗霍校記按云：『此處疑鈔本有誤，未可從。』周調陽校勘記亦按云：『此處疑鈔本有誤。』」

長往來，无私而不測者行焉。消長有幾，往來有迹，而條理亦可得而紀矣〔二〕。乾坤定位，而隱見輪周，其正相嚮者，值其純陽，旋報以純陰，則爲乾坤；欹而側也，則或隱而消，或見而長，爲泰、否、臨、觀、剥、復、遯、大壯、夬、姤。故消長之幾爲變化之所自出，則之十二卦者以爲之經。

乾坤合用，而乘乎不測，以迭相屈伸於彼此，其全用而成廣大之生者，則爲乾坤；乾不孤施，陰不獨與，則來以相感，往以相受，分應於隱見之閒，而爲坎、離、震、艮、巽、兑。故往來之迹，爲錯綜之所自妙，則之八卦者以爲之經。此二經者，並行而不悖者也。

自兩卦而言之，錯者捷錯，綜者捷綜，乾坤通理皆在，而未嘗有所缺於陰陽健順之全。自八卦之所統、十二卦之所絡而言之，往來不以均，消長不以漸。交无適交，變无定變，故化不滯，進退乘時之權也；盛不益盛，衰不浸衰，故道不窮，陰陽彌綸之妙也。自六十四卦、三十六象兼二經而並行者言之，於消長有往來焉，於往來有消長焉。消往不同時，

〔二〕消長爲一條理，消息卦是也；往來爲一條理，八經卦是也。即下二段所言。

長來不同域〔一〕，則流形无畛，而各成其訢合。

蓋以化爲微著，以象爲虛盈，以數爲升降，太極之動静固然如此，以成其條理。條理成，則天下之理自此而出。人以天之理爲理，而天非以人之理爲理者也。故曰相因，曰相成，曰相反，皆人之理也。易本天以治人，而不强天以從人。觀於六十二卦之相次，可以亡疑也〔二〕。其圖如左。

因三畫八卦而重之，往來交感，爲天地、水火、雷山、風澤之定體，其卦八，其象六：〔三〕

乾䷀　坤䷁　坎䷜　離䷝　震䷲艮　巽䷸兌

乾坤首建，位極於定，道極於純，十二位陰陽具足，爲六子五十六卦闔闢顯微之宗。

〔一〕嶽麓本校記：「『消長不同時，往來不同域』：金陵本作『消往不同時，長來不同域』。馬宗霍校記云：『鈔本「消往」作「消長」、「長來」作「往來」。此當從鈔本。』周校亦録此異文。前中華本已據周校改正，而未加方、圓括弧或旁注。後中華本註云：『以上二句，嘉愷鈔本作「消往不同時，長來不同域」。』當爲檢閲周校時之疏忽，以致誤以金陵本之文爲嘉愷鈔本之文。」今按：既曰「兼二經而並行者言之」，則似當作「消往」「長來」。

〔二〕「也」，嶽麓本作「已」。

〔三〕此節言八經卦之爲經（骨幹）。

乾見則坤隱。坤見則乾隱。隱者非无也，時之所乘，數之所用，其道在彼不在此也。以其隱而未著，疑乎其无，故方建乾而即建坤，以見陰陽之均備。故周易首乾坤，而非首乾也。其次爲坎離。卦以中位爲正，坎得乾之中，離得坤之中也。乾坤、坎離有錯而无綜。天雖周行而運行乎上，地雖四游而運行乎下，而高卑[一]不移，虛實不改。水火无[二]變，不從不革，不曲不直，其性不易，其質不遷。[三]四卦爲往來之定經，而震艮、巽兑以交爲往來，一經一緯之道也。陰陽之動，一上一下，變之復也；陽先陰後，理之順也；故震艮先而巽兑後。震艮、巽兑有錯有綜，震錯巽，艮錯兑；用綜而不用錯，陰陽不宅其中，則以捷往捷來見運行之神。乾坤、坎離既已著陰陽十二之全有矣，於此而著氣機流行之妙，經全設而静，緯次積而動[四]也。凡綜卦合四卦而見陰陽之本數，非震艮之有八陰，巽兑之有八陽也。

[一]「高卑」，嶽麓本作「卑高」。
[二]「无」，嶽麓本作「不」。
[三]尚書洪範：「水曰润下，火曰炎上，木曰曲直，金曰从革，土爰稼穡。」
[四]「經全設而静，緯次積而動」：嶽麓本作「經以設而静，緯以積而動」。

因六爻而消長之，乾坤、泰否、臨觀、剥復、遯大壯、夬姤陰陽屈伸之數，其卦十二，其象七：〔一〕

乾䷀　坤䷁　泰䷊否　臨䷒觀　剥䷖復　遯䷠大壯　夬䷪姤

乾坤首建，極陰陽之至盛，以爲變化之繇，故曰：「乾坤其易之門邪！」消長之數，皆因此而生。惟極盛也，而後可以消，可以長，可以長而有其消，可以消而復能長。若謂自復而上，歷臨、泰、大壯、夬而至乾；自姤而上，歷遯、否、觀、剥而至坤；則是本无天地，因漸而成矣。无其理，无其實，无其象，无其數，徒爲戲論而已。此京房候氣之鄙説也。

乾坤立而必交，其交有多寡，多因謂之長，寡因謂之消，非消遽无而長忽有。其交之數，參伍不容均齊，陰陽之妙也。繼乾坤以泰否，不以復姤，則非漸長；不以夬剥，則非漸消。繼之以泰否者，乾坤極盛，泰否次盛。其位實，其德均，其變純。六陰六陽隱見於嚮背，則爲乾坤。凡二卦而陰陽全，錯綜於嚮背，六陰六陽，其位固純，則爲泰否。即一

〔一〕按此節言十二消息之爲經（骨幹）。

卦而陰陽全具，則泰否亦立於極盛以起變者也。

又次而臨觀，又次而剥復。消長之機，陽先倡之，長則必有消，用之廣則必反之約，故次以二陽之卦二，次以一陽之卦二也。陽變則陰必合，故次以二陰之卦遯、大壯，次以一陰之卦夬、姤也。臨陽長也而先觀，復陽生也而次剥；遯陰長也而先大壯，姤陰生也而次夬，陰陽迭爲主，一翕一闢，而先後因之也。

繇乾坤而生泰否以上之十卦[二]，十卦皆乾坤所有之通變也。繇乾坤泰否而及臨觀以上之八卦，八卦皆天地相交之變通也。以次而變合，不以次而消長[三]，天地渾淪无眕之幾固然也。

乾坤定位以交感而成六子，六子立而與乾坤分功，則乾坤亦自有其化矣。凡乾坤之屬，

[二] 嶽麓本校記：「『由乾坤而生泰否以下之十卦』及下文『由乾坤泰否而及臨觀以下之八卦』兩句，守遺經書屋本、金陵本『以下』均作『以上』。前後中華本據周調陽校記依鈔本改『以上』爲『以下』，但馬宗霍校記則認爲：『此當從刻本』。」今按：馬宗霍以爲當從刻本作「上」者，蓋依六十四卦之次，以此十卦爲自屯蒙至否泰之十卦，然非此段本義。所謂「由乾坤而生泰否以下之十卦」，謂乾坤生其他消息卦也，自否泰以下，消息卦凡十。『由乾坤泰否而及臨觀以下之八卦』，謂以乾坤爲本，以否泰爲變之大，而臨觀以下之消息卦特變之一隅，故又自臨觀而下數，凡八。由是，則固當從鈔本作「上」。

[三] 若漢儒十二消息之説，則是以次消長也。

其卦二十六，其象十四：〔一〕

屯䷂蒙　需䷄訟　師䷆比　小畜䷈履　泰䷊否

同人䷌大有　謙䷎豫　隨䷐蠱　臨䷒觀　噬嗑䷔賁

剥䷖復　无妄䷘大畜　頤䷚　大過䷛

坎離之屬，其卦二十，其象十：

咸䷞恒　遯䷠大壯　晉䷢明夷　家人䷤睽　蹇䷦解

損䷨益　夬䷪姤　萃䷬升　困䷮井　革䷰鼎

震艮之屬，其卦四，其象二：

漸䷴歸妹　豐䷶旅

巽兑之屬，其卦六，其象四：

渙䷺節　中孚䷼　小過䷽　既濟䷾未濟

〔一〕按此節以八卦爲經（骨幹）統攝六十四卦序。

乾坤之德純，其數九十而得中，乾坤之數，老陽則五十四，老陰則三十六；少陽則四十二，少陰則四十八，皆合爲九十〔二〕。故其卦多。坎離之位正，其數九十，與乾坤均。坎之數，老陽則十八，老陰則二十四，爲四十二；離之數，老陽則三十六，老陰則十二，爲四十八。合爲九十。坎之數，少陽則十四，少陰則三十二，爲四十六；離之數，少陽則二十八，少陰則十六，爲四十四。亦合爲九十。陰陽合德，水火相入，熱入湯中，油升焰内，渾合无閒。故其卦次多。震艮毗陽，巽兑毗陰，德既不合，用亦相違，其數非過則不及，震艮老陽皆十八，老陰皆二十四，爲四十二。合八十四。少陽皆十四，少陰皆三十二，爲四十六。合九十二。巽兑老陽皆三十六，老陰皆十二，爲四十八。合九十六。少陽皆二十八，少陰皆十六，爲四十四。合八十八。故其卦少。巽兑之屬雖六卦，而既濟未濟與乾坤相爲終始。乾坤，純之至者也；既濟未濟，雜之尤者也。一致而百慮，故始乎純，終乎雜。則既濟未濟不繫乎巽兑而自爲體，是巽兑之屬四，與震艮均也。頤、大過，乾坤之用終；中孚、小過，六子之用終。頤、大過、中孚、小過，四隅之經，與乾坤坎離相爲維絡者也。故既濟、未濟紹合天地之初終，而錯綜同象，爲卦變之盡神者，以成乎渾淪變合之全體焉。

〔二〕六、七、八、九，各乘以六爻之六，則得各數。以下算術仿此。

天地之交感以陽始，故一索得震，再索得坎，而爲屯；再索得坎，三索得艮，而爲蒙。陽倡其先，陰定其體，故爲物始生而蒙昧之象焉，此以繼天地之生者也。自此而天以其神生水者爲需、訟，地以其化成水者爲師、比，而皆以受天地之中者成天地之化矣。天乃以其全體生巽生兑，〔一〕而〔二〕交乎陰，爲小畜、履。天既交〔三〕陰，則合乎地而爲泰、否，天於是乎成火而爲同人、大有。地受天施而效其化，亦以其全體應乎陽，生艮生震，而爲謙、豫。天地屢交以施生，則其化且錯，故隨、蠱陰陽交雜而自相錯。隨、蠱者雜之始，少長相耦而不倫，而天地之純將變矣。地於是乎生巽、兑而爲臨、觀，以效天化之履、小畜也。而又雜變乎噬嗑、賁，震雜離，離雜艮，亦陰陽之不相倫而尤雜者也。凡相雜者，以未定者爲未離乎純；已定其倫，則成乎雜矣。故隨、蠱、噬嗑、賁未成乎雜，而地之生剥、生復猶純也。乃孤陽之僅存，而地之用亦訖矣。地之生也，極乎震、艮；天之生也亦

〔一〕以性言，乾生震坎艮，坤生巽離兑，此乾坤六子生成之法。以體言，乾賦二陽而生巽兑，坤賦二陰而生震艮。
〔二〕嶽麓本「而」後有「下」字。
〔三〕「交」，嶽麓本作「施」。

因之〔一〕，故无妄、大畜爲天化之終也。震艮者，帝之終始，〔二〕故合而爲頤，而天地之終始備；其錯〔三〕爲大過，則澤風以備地化而應乎（賾）［頤］〔四〕者也。頤之有位者純乎坤，大過之有位者純乎乾，蓋亦乾坤之變，而反常之象有如此者，而頤象離，大過象坎，則又以起坎離焉，此二卦者，天地水火之樞也。

坎、離者，陰陽相交之盛者也。陽得乾之中而爲坎，陰得坤之中而爲離，於是而備陰陽交感之德。故其爲屬也，始乎咸、恒：離中之陰升而上，坎中之陽升而三；離中之陰降而初，坎中之陽降而四；水火升降之始也。坎中之陽升而三以應乎天，則爲遯；坎中之陽降而四以聚乎陽，則爲大壯；皆坎之合乎乾者也。而晉、明夷，離之麗乎地者也。離中之陰降而四，爲家人；升而三，爲睽；火之自化者也。坎中之陽升而三，爲蹇；降而

〔一〕「亦因之」，謂坤生震艮而乾因之也。因乎震上成无妄，因乎艮下成大畜。

〔二〕帝出乎震，成言乎艮。

〔三〕「錯」，嶽麓本作「雜」。今按：作「錯」是。

〔四〕嶽麓本校記：「『頤』：此字鈔本作『順』，金陵本作『賾』，前後中華本據周調陽校記依鈔本改『賾』爲『順』。惟馬宗霍校記云：『賾、順皆誤，當作頤。』按守遺經書屋本正作『頤』，今據改。」馬宗霍似是，今從之。

四，爲解；水之自化者也。離中之陰升而三，坎中之陽升而上，爲損；坎中之陽降而初，離中之陰降而四，爲益；水火之交化者也。離中之陰升而上，爲夬；降而初，爲姤；皆[一]火之應乎天者也。離中之陰升而上，爲萃；降而初，爲升；火之應乎地者也。坎欲交離，而離中之陰升而上，爲困；降而初，爲井；火不與水應而雜者也。於是水用不登，而火道亦替。離中之陰降而初，爲鼎；升而上，爲革；火自化而无水以濟之，水火之道變矣。故曰「革去故」而「鼎取新」也。凡水火之屬，火之化多於水者，水生於天，行於地，與雷、風、山、澤爲依，而火自生滅於兩閒，其爲用獨[二]多也。若屯蒙、需訟、師比、同人大有，則義從天地，水火不得而私之；既濟未濟，水火之交不失其位，與泰否同其爲經者，則陰陽終始之幾，坎離固不得而屬之。

震艮、巽兑，陰陽雜而不得中，故其卦僅有存者。巽道猶存而震變，陽雜起而上於三，則爲漸；震道猶存而巽變，陰雜起而上於三，則爲歸妹；交錯之卦，象之雜者也。震存

[一] 嶽麓本無「皆」字。
[二] 「用獨」，嶽麓本作「獨用」。

可以交巽，而巽陰升乎二，不與震應，爲豐；艮存可以交兑，而兑陰降乎五，不與艮應，爲旅；此震巽、艮兑之將交而以雜不合，雜之尤者也。巽存可以交震，而震陽升乎二，不與巽應，爲涣；兑存可以交艮，而艮陽降乎五，不與兑應，爲節；此巽兑之變，與豐旅其尤雜者也。故是四卦相錯，雜出於震、艮、巽、兑之閒，互爲往復，其相比附也，密邇呼應。雜不可久，將反貞也。反其貞，而巽、兑交而爲中孚，震、艮交而爲小過。於是而震艮、巽兑之體定，雜之必貞也。震艮、巽兑之體定，而有坎離之象，則六子之體咸於此定，故繼以水火交合之定體焉。既濟、未濟，水火交定，而乾坤相交之極致，亦於是而成。一上一下，水火相接〔二〕而成化；一陰一陽，乾坤相錯而成章。其於震、艮、巽、兑也，則：既濟，震陽上升于五，巽陰上升於二，艮陽下降於五，兑陰下降於二；未濟，則震陽上升於二，巽陰上升於五，艮陽下降於二，兑陰下降於五；皆升降相應，往來而得中者也。自屯蒙以來，陰陽相交相雜〔三〕，迨是而始定，乃殊塗之極則，百致之備理也。

〔二〕「接」，嶽麓本作「交」。
〔三〕「雜」，嶽麓本作「錯」。

故列乾坤於首，以奠其經；要既濟未濟於終，以盡其緯；而渾淪无垠、一實（蕃）［萬］〔一〕變之理皆具，此周易之所以合天也。

凡錯而不綜之卦八，即以錯相從，見六陰六陽皆備之實：

乾䷀　頤䷚　坎䷜　中孚䷼

坤䷁　大過䷛　離䷝　小過䷽

乾坤、中孚小過以爲始終，頤大過、坎離以位乎中，天地水火之有定體也。頤大過外象坎離，内備乾坤之德，其有位者一乾坤之純也。中孚、小過外象乾坤，中含坎離之理，其致用者，一坎離之交也。凡不綜之卦，非不可綜也，綜之而其德與象无以異。其志定，其守貞，其德凝，故可以始，可以終，可以中，而爲變化之所自生也。

凡錯綜同象之卦，其卦八，其象四：

泰䷊否䷋　隨䷐蠱䷑　漸䷴歸妹䷵　既濟䷾未濟䷿

〔一〕「萬」，底本原作「蕃」，今據嶽麓本改。

否䷋泰　蠱䷑隨　歸妹䷵漸　未濟䷿既濟

錯綜同象，其德成乎巽之甚，雖變更來往而亦不齊也。故泰通而否塞，隨從而蠱改，漸貞而歸妹淫，既濟成而未濟毀；非若屯、蒙相仍，師、比相協，同人、大有相資，損、益相劑之類也。泰、否者，乾坤之大機，隨、蠱、漸、歸妹者，雷風山澤之殊用；既濟、未濟者，坎離之極致。隨、蠱從乎乾坤，雷風山澤之承天地也；漸、歸妹之際乎震、艮、巽、兑，從其類也。

凡綜卦有錯，用綜不用錯者，以大化方往方來，其機甚捷，而非必相對待，如京氏、邵子之説也。故曰「易圓而神」，「神」以言乎其捷也。「圓」以言乎其不必相爲對待也。

其卦四十八，其象二十四：

屯䷂蒙　需䷄訟　師䷆比　小畜䷈履　臨䷒觀

鼎䷱革　晉䷢明夷　同人䷌大有　豫䷏謙　遯䷠大壯

噬嗑䷔賁　剝䷖復　无妄䷘大畜　咸䷞恒　家人䷤睽

井䷯困　夬䷪姤　升䷭萃　損䷨益　解䷧蹇

震䷲艮　豐䷶旅　巽䷸兌　渙䷺節

卦相次而各成象，象立而有德，因德以爲卦名而義行焉。其綜卦相次者，以捷往捷來，著化機之不滯，非因後起之名義而爲之次，明矣。故二卦相綜，名義有相反者，如剥復、家人睽之類；有相合者，如屯蒙、咸恒之類；抑有以錯而相反者，如需晉、剥夬之類；有因錯而相合者，如蒙（萃）［革］〔一〕、師同人之類；抑有於錯於綜，名義絶不相涉者，如小畜於履，謙於豫之類。蓋卦次但因陰陽往來消長之象，天之所以成化也；名義後起於有象之餘，人之所以承天，初非一致也。

乾坤爲化之最盛，以該十卦之成，凡消長者皆自此而出。凡乾坤之屬，其卦八，其象四：〔二〕

屯䷂蒙　需䷄訟　師䷆比　小畜䷈履

泰否者，三陰三陽適得其均，消長之不偏者也。分體乾坤之純，故足以繼乾坤之盛。

〔一〕「革」，底本原作「萃」，今據圖及嶽麓本改。

〔二〕按以下一節，以十二消息卦爲經統攝六十四卦序。

凡泰、否之屬，其卦六，其象三：

同人　大有　謙　豫　隨　蠱

臨觀二陽之卦，泰否之陽漸消。凡臨觀之屬，其卦二，其象一：

噬嗑　賁

剥、復，陽再消而爲一（陰）［陽］〔二〕，陽之消止矣，消則（不）［必］〔三〕長。泰、臨皆先而復獨後剥，以起陽也。凡剥復之屬，其卦八，其象六：

无妄　大畜　頤　大過　坎　離　咸　恒

遯、大壯，陰之消以漸也。凡遯、大壯之屬，其卦八，其象四：

晉　明夷　家人　睽　蹇　解　損　益

夬、姤陰消之極，消亦且長，於是而陰陽交相爲進退，以極變化之繁。至於既濟、未濟，而後復於泰、否之交。凡夬、姤之屬，其卦二十，其象十一：

〔二〕「陽」，底本原作「陰」，今據嶽麓本改。

〔三〕「必」，底本作「不」，當爲「必」。作「不」，非是。

升䷭ 困䷮ 井䷯ 革䷰ 鼎䷱ 震䷲ 艮䷳ 漸䷴ 歸妹䷵

豐䷶ 旅䷷ 巽䷸ 兌䷹ 渙䷺ 節䷻ 中孚䷼ 小過䷽

既濟䷾ 未濟䷿

凡二變而得陰消之卦三十二，二陰則四陽，二陽則四陰〔二〕。乃消之卦多繫之陰消陽長，而不繫之臨觀、剥復者，陽不可久消，陰不可久長，周易扶抑之權也。乾坤者衆變之統宗，故其屬卦八，酌其中也。泰否則減，而屬卦六。臨觀，二而已。剥復而復八，消極則長也。遯大壯陰消之始，其卦八。夬姤陰消之極，陰消而陽大有功，故屬卦最多。天化之昌昌於此，人事之賾賾於此也。

彖曰：「剛柔始交而難生。」剛柔者，乾坤也。屯、蒙陽生陰中，以交陰而消之，消之故難生。一陽始交於二陰之下，繼交於二陰之中，爲屯；繼交於二陰之中，遂交於二陰之上，爲蒙；陽道不迫以漸升也。陽用其少以麗於陰之多，變之始也。始交乎陰，不致

〔二〕自遯、大壯以下，陰消陽長，凡三十二卦。遯二陰四陽，大壯二陽四陰。

一而内外迭用二陽，變之未甚，其數猶豐也。需、訟二陰交陽之卦，陰之未長者也。乾以二陽交陰爲屯、蒙，坤以二陰交陽爲需、訟，陰陽盛，各致其交，於此四卦爲始合。陽生得中，陰生不得中，陰之始化不足以中，柔道然也。初長而即消：師、比，乾之消也；小畜、履，坤之消也。凡消長之理，不遽不漸，出入百變，旋往旋復，旋復旋往。驗之於呼吸，而知陽消則陰長，陰消則陽長。陽長而小畜、履失中，陰長而師、比未失中，剛道然也。要所謂消長者，自其顯而見者言之；若合其隱而藏者，則无有消長。故屯、蒙之錯爲鼎、革，屯、蒙生也，鼎、革化也，生化合而六陰六陽之用全矣。需、訟之錯爲晋、明夷，皆争卦也，消長漸盛而争矣。師、比之錯爲同人、大有，皆和卦也，陰函陽而不使失中，陽亦養陰而使（下）［得中］[一]也。小畜、履之錯爲謙、豫，陽安陰，陰亦不得危孤陽也。凡錯卦合四卦而道著，皆倣此。六十二卦皆乾坤之有，而獨此八卦繫之者，自其化之純盛者而始動於微則如此。

否長二陽於初、三爲同人，泰長二陽於四、上爲大有。長必二者，大化无漸長之幾，

[一]「得中」，底本原作「下」，今據文義及嶽麓本改。「陰函陽而不使失中」，師、比也；「陽亦養陰而使得中」，同人、大有也。

能長則必盛也。（同人、大有）〔一〕陽長而陰不失其中，陽之消陰，不遽奪其正位，君子道也。泰長二陰於初、二，爲謙，否長二陰於五、上爲豫，陰陽迭爲消長，消長必二，陰陽之變同也。陰長而據陽之中位，小人道也。且消長所臨必參差，亦於此而見化機无對待之理矣。前有師、比、小畜、履，後有同人、大有、謙、豫，夾泰否於中，消長相互，天地之交乃定也。（陽消）〔陰長〕〔二〕不已，无即至於臨觀之理；陽長不已，无即至於遯大壯之理，消長必乘乎大變。隨蠱者，大變之卦也。泰僅留上一陰下一陽，而中位皆變，爲隨；否僅留上一陽下一陰，而中位皆變，爲蠱。二卦錯綜同德，其變大矣。變之極而後臨觀乃來，陽非極變，不遽消也。

臨、觀，泰否之消（長）〔者〕〔三〕也。消不可久，消盛則變。復長一陽而雜之陰，居中位得勢而安。噬嗑陽遷於四，與所長之上九合而函五；賁陽遷於三，與所長之初九合而函二。蓋臨觀、剥復之際，陽道已微，不能順以受消，雜亂起而後陽乃不絶。故噬嗑爲强

〔一〕「同人大有」，此四字衍，據嶽麓本删。
〔二〕「陰長」，底本作「陽消」，今據嶽麓本改。
〔三〕「者」，底本原作「長」，今據嶽麓本改。

合，賁爲强飾。其錯爲井、困。噬嗑、賁剛合柔，井、困柔揜剛，皆以迎其長而息其消也。剥、復，陽消之極矣。消之極，則長之不容不速。其長也，必有所因。剥餘艮上之一陽，復餘震下之一陽，而震、艮皆陽體，故可以召陽而爲君。坤之錯乾也，長之速而反其所錯，爲无妄、大畜，其錯爲萃、升。當乍長乍消之際，消者相保，以誠而聚，以聚而興，四卦之德，所以繼剥復、夬姤也〔一〕。

剥復之屬，无妄、大畜而已。自頤至於咸、恒六卦，則統三十二陽卦而盡其消長之變。剥長爲大畜而艮體存，復長爲无妄而震體存。震艮者，陽之所自終始，故合震艮而爲頤。頤、大過、坎、離、咸、恒，皆乘消長之機，相摩相盪而爲之樞者也。頤之錯爲大過，至於頤而陽卦之變止矣，則見其所隱，而大過以來。頤，陽消之極也，有位之位，皆陰處之。大過，陽處於位而陰擯矣，陰消之尤也。迭相爲消，所以爲變化之樞也。消則必長，失則必得，往來之機，速於響應，故頤有離象而失位，二陽旋得乎中，則爲坎；大過有坎象而失位，二陰旋得乎中，則爲離。頤、大過、坎、離定位於中，而陰陽消長乃不失其權

〔一〕「也」，嶽麓本作「後」。

衡。權衡定而陰陽漸返於均，則大過陰生於二而爲咸，生於五而爲恒。抑此二卦，乃坎離中爻之升降，相摩盪以復泰否之平，而特爲感通以可久，則自泰否以來，消長之機一終，而陰消之卦起矣。咸、恒之錯爲損、益。咸、恒起遯、大壯，損、益起夬、姤，其義一也。陰陽均定，而消長生焉。咸、恒、損、益，久暫多寡之待酌者也。

遯、大壯，陰於是而消矣。消則必長，晉、明夷陰長而據其中，陰進而陽傷也。其長甚則又消，家人、睽陽又長而陰反其消。明夷陽上長居九五之中而爲家人，晉陽下長居九二之中而爲睽，閑其傷，散其進也。陰不久消，長乎初、上而爲蹇、解，其中猶家人、睽也。此四卦互相爲錯，捷隱捷見，蓋自遯、大壯以來，陰陽衰旺之衝，不適有寧，再消再長而定之以損、益。損三之陽不復爲泰以益上，益四之陽不復爲否以益下，所以平其争而後陰安於消也。則夬、姤可來矣。晉、明夷者，需、訟之錯也。需、訟陽初起而疑，晉、明夷陰將伏而争，皆大變之機也。

夬、姤，陰消之極矣。故陰憤盈而驟長，陽乃聚處而保其位於五，爲萃；於二，爲升。長極而漸消，陽乃漸生以得中，而終陷於陰中，爲困、井。困、井雜矣。水火相貿，因困、井之巽、兑，而水貿爲火，以增長乎陽，爲鼎、革。陰之暴長，凡三變而始消，陰之難於消也如此。亦惟其難於消也，相持之久而終詘，故其消以定，於是而爲震、艮。陰雖長而體則陽，陽乃召陽以長居於中位，而爲漸、歸妹。漸、歸妹，錯綜合之卦也，變之尤也〔二〕。自是而豐、旅、涣、節，陰陽皆均。陰上下皆中而爲豐、旅，陽上下皆中而爲涣、節，四卦交錯以相均。震、艮、巽、兑，四卦交錯以互勝。消長迭乘，而一陰一陽之局汔成，則陰陽各相聚合以持消長〔三〕之終。陽長而保陰以爲中孚，陰長而含陽以爲小過。中孚一離也，小過一坎也。相雜而安，則天地之化於斯備矣。長之无可復長也，消之无可復消也，而一陰一陽盡。泰否之交，既濟未濟，斟酌常變，綜之則總十卦消長之文，錯之則兼乾坤六陽六陰之質，无有畸焉，无有缺焉。故周易者，渾成者也。

是故易有太極，无極而太極。无所不極，无可循之以爲極，故曰无極。往來者，往來於十二位之中也。消長者，消長於六陰六陽之内也。於乾、坤皆備也，於六子皆備也，於

〔二〕 二卦既錯且綜。
〔三〕 「長」，嶽麓本作「息」。息即長，皆可。

泰、否、臨、觀、剥、復、遯、大壯、夬、姤皆備也，於八錯之卦皆備也，於二十八綜之卦皆備也。錯之綜之，兩卦而一成，渾淪摩盪於太極之全；合而見其純焉，分而見其雜焉，純有雜而雜不失純，孰有知其始終者乎？故曰：「太極无端，陰陽无始。」〔一〕

爲之次者，就其一往一來之經緯而言之爾。往來之序，不先震、巽而先坎、離；消長之幾，不先復、姤而先泰、否。道建於中以受全體，化均於純以生大用，非有漸也明矣。如以漸而求之，則乾必授〔二〕震，坤必授巽，乾必授姤，坤必授復。强元化以稗、老、生、死之幾，而元化之始終可執，其不肖天地之法象明矣。

无待也，无留也。无待，而〔三〕後卦不因前卦而有；无留，則前卦不資後卦以成。渾淪之中，隨所變合，初无激昂，又何有相反？而規規然求諸名象以刻畫天地，不已固乎！

二經交錯，各行其化，屬卦之多寡，陰陽之登耗，不相值也。故六子之屬，與十二卦

〔一〕程子曰：「動静無端，陰陽無始，非知道者，孰能識之？」
〔二〕「授」，嶽麓本作「援」，蓋形譌。
〔三〕「而」，嶽麓本作「則」。

之屬，犬牙互相函受，而无同分之畛以成斷續之迹。取諸法象，則日月五緯經星之相錯，曠萬年而无合璧連珠之日，易亦如是而已矣。故曰「神无方而易无體」。

動靜，其幾之見爾；吉凶，其時之偶爾；貞淫，其象之迹爾。因而爲之名，名不相沿，如魚鳥木石之各著也；因而有其義，義不相倚，如君父刑賞之各宜也。在天有不測之神，在人有不滯之理，夫豈求秩叙於名義，以限天人之必循此以爲津塗哉？故曰：「序卦非聖人之書也。」〔一〕

雜卦傳

夫錯因嚮背，同資皆備之材；綜尚往來，共役當時之實。會其大全而非異體，乘乎可

〔一〕按船山反對序卦及京、邵諸家所言卦序之理，而另立新解。及其晚歲，則不以外傳所解爲是。内傳曰「二篇必非聖人之書，即以文義求之，亦多牽强失理，讀者自當辨之。餘詳外傳。」内傳發例又明言之曰：「序卦非聖人之書，愚於外傳辨之詳矣。易之爲道，自以錯綜相易爲變化之經，而以陰陽之消長屈伸、變動不居者爲不測之神。間嘗分經緯二道，以爲三十六象，六十四卦之次序，亦未敢信爲必然，故不次之此篇。」

見而无殊用。然則卦雜而德必純，德純而无相反之道，其亦曙矣。而雜卦之德恒相反者，何也？道之所凝者性也，道之所行者時也。性之所承者善也，時之所承者變也。性載善而一本，道因時而萬殊也。

則何以明其然邪？一陰而不善，一陽而不善，乃陽一陰一而非能善也。堅輭合則熨之而不安，明暗交則合之而必疑，求與勤則施之而不忘，非能善也。其善者，則一陰一陽之道也：爲主持之而不任其情，爲分劑之而不極其才，乃可以相安相忘而罷其疑，於是乎隨所動而皆協於善。

雖然，陰陽之外无物，則陰陽之外无道。堅輭、明暗、求與，賅而存焉，其情不可矯，其才不可易也。則萬殊仍乎時變，而必有其相爲分背者矣。往者一時，來者一時，同往同來者一時，異往異來者一時。時亟變而道皆常，變而不失其常，而後大常貞，終古以協於一。小變而輸於所委，大變而反於所衝，性麗時以行道，時因保道以成性，皆備其備，以各實其實，豈必其始之有殊心，終之无合理，而後成乎相反哉？故純者相峙，雜者相遷，聽道之運行不滯者，以各極其致，而不憂其終相背而不相通。是以君子樂觀其反也。

雜統於純，而純非專一也。積雜共處而不憂，如水穀燥潤之交養其生，生固純矣。變不失常，而常非和會也。隨變屢遷而合德，如温暑涼寒之交成乎歲，歲有常矣。雜因純起，即雜以成純；變合常全，奉常以處變；則相反而固會其通，无不可見之天心，无不可合之道符也。〔一〕

是以乾爲剛積，初則「潛」而不「飛」；坤用柔成，二則「直」而不「括」。比逢樂世，「後夫」抱戚於「无號」〔二〕；師蹈憂危，「長子」諧心於「三錫」。未濟男窮，「君子」之暉有「吉」；夬剛道長，「獨行」之愠「若濡」。即此以推，反者有不反者存，而非極重難回以孤行於一逕矣。

反者，疑乎其不相均也，疑乎其不相濟也。不相濟，則難乎其一揆；不相均，則難乎其兩行。其惟君子乎！知其源同之无殊流，聲叶之有衆響也，故樂觀而利用之，以起主持分劑之大用。是以肖天地之化而无慚，備萬物之誠而自樂。下此者，驚於相反而无所不

〔一〕此句爲本篇主旨。
〔二〕「无號」，各本同，然據文義則顯當作「无首」。

疑，道之所以違，性之所以缺，其妄滋矣。規於一致而昧於兩行者，庸人也。乘乎兩行而執爲一致者，妄人也。夫君子盡性不安於小成，因時不徼其極盛。性无小成，剛柔之嚮背而同體；時不徼盛，憂樂之往來而遞用。故道大无私，而性〔一〕貞不亂。其不然者，一用其剛，一用其柔，且有一焉不剛不柔，以中剛柔而尸〔二〕爲妙；一見爲憂，一見爲樂，且有一焉不憂不樂，以避憂樂而偷其安。則異端以爲緣督之經，小人以爲詭隨之術矣。

異端者，小人之捷徑也。有莊周之「寓庸」，斯有胡廣之「中庸」；有莊周之「至樂」，斯有馮道之「長樂」〔三〕。曰：「盛一時也，衰一時也，盛德必因於盛時，涼時聊安於涼德。古人之道可及〔四〕，而吾心之守亦可反也。吾自有所保以怙成於一德，而他奚恤哉？」怙成於消而迷其長，嚴光際光武而用蠱；怙成於往而迷其來，許衡素夷狄而用隨。其尤者：譙周賣國而自鳴其愛主，可云既濟之定？張邦昌篡位而苟託於從權，且矜大過

〔一〕「性」，嶽麓本作「情」。按此文道、性對舉，當作性。
〔二〕尸，主也。
〔三〕後漢書胡廣傳：「京師諺曰：『萬事不理問伯始，天下中庸有胡公。』」馮道號「長樂老」。
〔四〕「及」，嶽麓本作「反」。

之顛〔一〕。匡之以大，則云「吾循其一致」；責之以正，則云「吾善其兩行」。始以私利爲詖行，繼以猖狂爲邪説，如近世李贄之流，導天下以絶滅彝性，遂致［日月］失其貞明，［人禽］〔二〕毁其貞勝，豈不痛與！

天之生斯人也，道以爲用，一陰一陽以爲體。其用不滯，其體不偏。嚮背之閒，相錯者皆備也；往來之際，相綜者皆實也。迹若相詭，性奚在而非善？勢若相左，變奚往而非時？以生以死，以榮以賤，以今以古，以治以亂，无不可見之天心，无不可合之道符。是故神農、虞、夏世忽徂，而留於孤竹之心〔三〕；周禮、周官道已墜，而存於東魯之席。亦奚至驚心於險阻，以賊道於貞常也哉〔四〕！

〔一〕鄧艾伐蜀，或有以爲當奔吴，譙周以爲當降魏：「方今東吴未賓，事勢不得不受，受之之後，不得不禮。若陛下降魏，魏不裂土以封陛下者，周請身詣京都，以古義争之。」三國志以爲「劉氏無虞，一邦蒙賴，周之謀也」。靖康之變，金人立張邦昌爲僞帝，張邦昌謂宋高宗曰：「所以勉循金人推戴者，欲權宜一時以紓國難也，敢有他乎？」

〔二〕「日月」「人禽」，原作白框，今據嶽麓本補。

〔三〕史記伯夷列傳：「武王已平殷亂，天下宗周，而伯夷、叔齊恥之，義不食周粟，隱於首陽山，采薇而食之。及餓且死，作歌。其辭曰：『登彼西山兮，采其薇矣。以暴易暴兮，不知其非矣。神農、虞、夏忽焉没兮，我安適歸矣？于嗟徂兮，命之衰矣！』遂餓死於首陽山。」

〔四〕出處進退悖於義，則賊道。

是以君子樂觀其雜以學易，廣矣，大矣，言乎天地之閒則備矣。充天地之位，皆我性也；試天地之化，皆我時也。是故歷憂患而不窮，處死生而不亂，故人極立而道術正。傳曰：「苟非其人，道不虛行。」聖人贊易以竢後之君子，豈有妄哉！豈有妄哉！〔二〕

〔二〕船山效法夫子贊易，所俟之後世君子也。

中外哲學典籍大全·中國哲學典籍卷

已出版書目

《讀禮疑圖》,〔明〕季本著，胡雨章點校。

《王制通論》《王制義按》，程大璋著，吕明烜點校。

《關氏易傳》《易數鉤隱圖》《删定易圖》，劉严點校。

《易説》,〔清〕惠士奇著，陳峴點校。

《易漢學新校注（附易例)》,〔清〕惠棟著，谷繼明校注。

《春秋尊王發微》,〔宋〕孫復著，趙金剛整理。

《春秋師説》,〔元〕黄澤著,〔元〕趙汸編，張立恩點校。

《宋元孝經學五種》，曾海軍點校。

《孝經集傳》,〔明〕黄道周撰，許卉、蔡傑、翟奎鳳點校。

《孝經鄭注疏》《孝經講義》，常達點校。

《孝經鄭氏注箋釋》，曹元弼著，宫志翀點校。

《孝經學》，曹元弼著，宫志翀點校。

《四書辨疑》,〔元〕陳天祥著，光潔點校。

《小心齋劄記》,〔明〕顧憲成著，李可心點校。

《太史公書義法》，孫德謙著，吴天宇點校。

《肇論新疏》,〔元〕文才著，夏德美點校。

《張九成集》,〔宋〕張九成著，李春穎點校。

《周易口義》,〔宋〕胡瑗著，白輝洪、于文博、［韓］徐尚賢點校。

《周易外傳校注》,〔清〕王夫之著，谷繼明校注。

《周易内傳校注》,〔清〕王夫之著，谷繼明校注。

《春秋集注》,〔宋〕張洽著，蔣軍志點校。

《春秋集傳》,〔宋〕張洽著，陳峴點校。

《錢時著作三種》,〔宋〕錢時著，張高博點校。

《涇皋藏稿》,〔明〕顧憲成著，李可心點校。

《周易玩辭》,〔宋〕項安世著，杜兵點校。

更多典籍敬請期待……